근대 자본주의와 혁신의 기원

이탈리아 상인의 위대한 도전

지도 목록

판화가 마태우스 메리안이 1641년에 조각한 베네치아(위), 그로부터 약 370년 후 구글 어스에서 바라본 베네치아(아래)

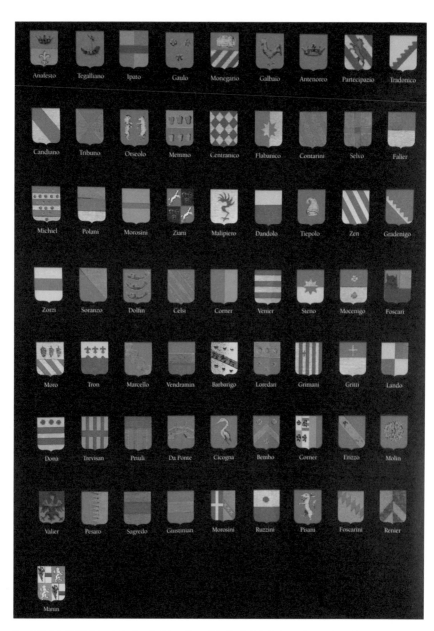

베네치아 공화국의 정치 지도자인 '도제'를 배출한 베네치아 귀족 가문들의 문장紋章. 중세의 대표적인 상인 가문과 일치한다.

1

2

3

4

5

1 이탈리아 해군기
2 베네치아기
3 제노바기
4 피사기
5 아말피기

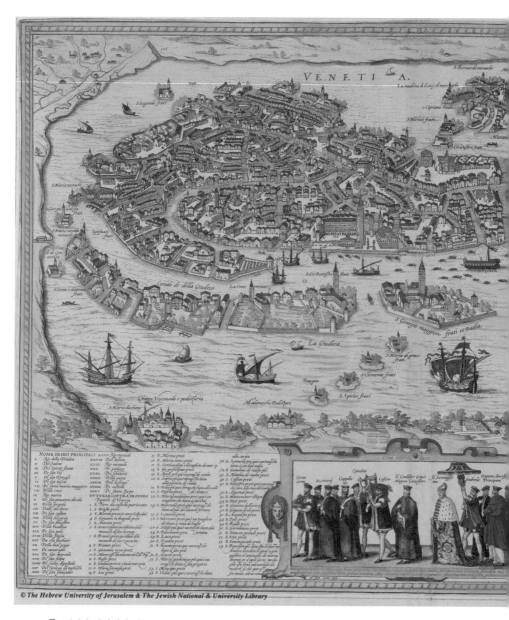

16세기 베네치아 지도(1567년 파올로 푸를라니)

베네치아 모리 광장에 위치한 마스텔리 팔라초(궁전)의 귀퉁이에 장식된 '13세기 베네치아 상인 리오바'상. 터번 등 이슬람 복식을 하고 있다.

16세기 제노바(위). 오늘날의 제노바 항(아래)

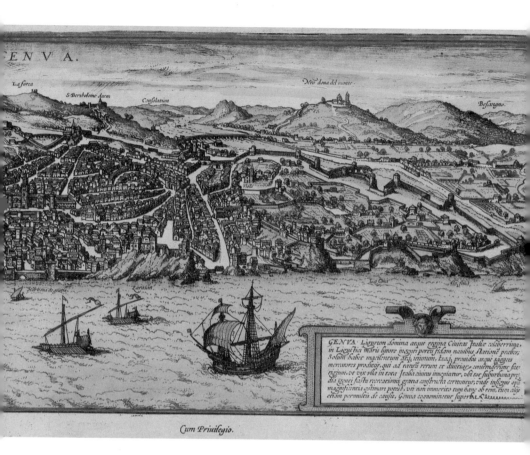

15세기 제노바와 제노바 선단

17세기 시에나. 1640년 마태우스 메리안(위). 18세기 제노바(아래)

1450년 베네치아 수도사 마우로가
제작한 세계지도

베네치아 산 마르코 광장
앞 선착장. 중세 베네치아
선단의 출항지였다.

18세기 베네치아 두칼레(도제Doge) 궁전

베네치아 산 마르코 광장에 면한 두칼레 궁. 두칼레 궁전은 중세 베네치아 정치의 산실이었다.
두칼레 궁에서 바라본 선착장(맨 아래)

13

베네치아 도심을 흐르는 대운하를 관통하는 리알토 다리(위)
베네치아 정부의 포고령은 이 다리에서 소리꾼을 통해 공포되었다.
베네치아 산 마르코 광장(아래)

15세기 리알토 다리. 15~16세기 베네치아 화가 비토레 카르파초가 그린 〈리알토 다리에서 일어난 십자가 유물의 기적〉

1481년 초대형 범선들이 정박해 있는 제노바 항구 전경

■ 베네치아 국영 조선소

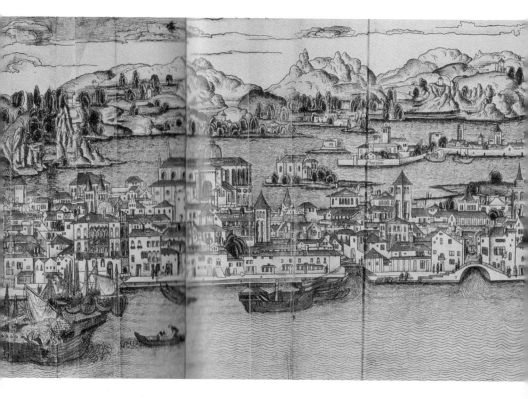

중세 베네치아 국영 조선소는 현재 이탈리아 해군 기지로 쓰이고 있다.

베네치아 원형 범선 건조를 마무리하는 공장의 모습

위에서부터 베네치아 문서고(맨 위)와 제노바 문서고. 15세기 초엽 베네치아를 대표하는 국제적인 규모의 중개무역상 소란초 가문의 저택 (맨 아래)

피렌체 정치 중심지 시뇨리아 광장(왼쪽)
피렌체 제일의 모직물 조합 '칼리말라' 거리. 지금은 도심의 상점가가 되었다.(오른쪽)

시에나 광장(왼쪽)
시에나 톨로메이 광장(오른쪽)

▌중세 이탈리아 상인의 구원을 관장한 로마 교회

▌시에나 톨로메이 저택. 현재는 은행 건물로 쓰이고 있다.

아비뇽 시내 전경

14세기 말 유럽 전역을 상
대로 활동한 피렌체 출신
상인 프란체스코 다티니

근대 자본주의와 혁신의 기원

이탈리아 상인의 위대한 도전

남종국 지음

이 책은 11~15세기 유럽 경제에서 주도적인 역할을 했던 베네치아, 제노바, 피렌체, 시에나 등의 이탈리아 도시와 그 상인들의 이야기다. 험준한 알프스를 넘어 샹파뉴 정기시로, 악천후로 인한 난파와 해적의 위험이 상존하는 지중해의 거친 바다를 헤치고 이슬람과 비잔티움 세계로, 실크로드의 흙길을 따라 몽골제국의 수도 대도로, 페르시아 만을 경유해 향신료의 산지인 인도 남부까지 이윤을 찾아 떠난 이탈리아 상인들의 모험을 그리고 있다.

첫 번째 이야기는 12세기 베네치아 상인 로마노 마이라노에 관한 것이다. 비잔티움제국과 시리아의 라틴 왕국, 이집트의 알렉산드리아, 북아프리카의 이슬람 도시를 누볐던 상인의 진취적 기상과 모험정신을 느끼게 한다.

두 번째 이야기는 12세기 제노바 정·재계를 주름 잡은 귀족 출신의 투자 상인 인고 델라 볼타와 그 세력에 관한 것이다. 정치적 실권을 이용해 자신들의 상업적 이해관계를 적극적으로 관철시킨 그들의 이야기는 정치와 경제는 분리되어 있지 않다는 동서고금의 진리를 잘 보여 준다. 아울러 지배계급인 귀족과 성직자들에게 상업 활동이 금지되었던 당시의 다른 나라들과는 다른 이탈리아의 구조적 특수성을 잘 보여 준다.

세 번째 이야기는 샹파뉴 정기시를 오가며 장사했던 13세기 시에나 출신의 톨로메이 상사에 관한 것이다. 환어음이라는 새로운 상업 기술을 기반으로 물류와 자본의 흐름을 주도했던 이탈리아 상인의 혁신성을 들려준다.

네 번째는 종교적 금기를 깨뜨린 베네치아 상인들의 이야기다. 기독교인이기에 앞서 상업으로 먹고 살아야 했던 베네치아 상인의 숙명을 만날 수 있다.

다섯 번째 이야기는 몽골 평화시대 이윤을 찾아 먼 아시아 땅으로 갔던 제노바와 베네치아 상인들에 관한 비사祕史이다. 유럽과 지중해를 넘어 아시아라는 새로운 '블루 오션'을 개척한 이야기가 비사인 이유는, 당시 아시아에 대한 정보와 지식은 일급 기밀로 여겨져 그 기록이 많이 남지 않았기 때문이다.

여섯 번째는 14세기 초반 국제적인 거상으로 성장한 피렌체 페루치 상사의 성공과 파산 이야기다. 그들의 성공 신화는 남부 이탈리아의 앙주 가문, 잉글랜드 왕실과 교황청 등 당시 유럽을 대표하는 정치권력과의 결탁이 없었으면 불가능한 일이었다. 그리고 이 유착 관계가 파멸을 불러왔다.

일곱 번째는 중세 말 명반 무역을 주도했던 제노바 명반 상인들의 이야기로, 당시 '독점'이 최고의 상업 기술이었음을 보여 준다. 자본주의가 자유시장 경쟁이 아니라 독점을 유지할 수 있는 권력이었다는 브로델의 지적처럼, 그들은 자본주의의 선구자들이었다.

여덟 번째는 15세기 베네치아 소란초 형제상회의 면화 장사 이야기다. 복식부기를 이용해 자본과 상품의 이동을 효과적으로 조직한 소란초 형제상회는 근대 자본주의 기업가의 면모를 보여 준다.

마지막 이야기는 중세 이탈리아 상인 중 가장 많은 기록을 남긴 프라토 상인 프란체스코 다니티에 관한 것이다. 그의 삶은 사업적 성공과 부뿐만 아니라 영혼의 구원까지 모두 얻고자 했던 당시 이탈리아 상인들의 간절한 소망을 느끼게 해 준다. 결국 다티니의 삶은 상업과 이자 대부를 죄악시했던 기독교의 윤리적 가르침이 중세 상인들을 짓누르는 이데올로기적 장벽이었고, 이러한 교회의 경제 윤리가 자본주의 성장을 억제했다는 자크 르 고프의 지적을 다시금 생각하게 한다.

이 책은 한국연구재단의 지원을 받아서 4년간 진행된 연구의 결과물이다. 여전히 미비한 점투성이다. 사료의 부족은 말할 것도 없거니와, 저자의 글재주와 상상력 부족으로 중세 이탈리아 상인들이 펼친 위대한 모험을 생생하게 그려 내지 못했다. 게다가 과장되거나 왜곡되지 않은 있는 그대로의 이탈리아 상인을 그리겠다는 애초의 결심과 달리, 거의 1천 년 전 중세 이탈리아 상인들이 보여 준 거침없는 도전과 모험정신에 개인적으로 매료되는 '오류'를 범하고 말았다. 연구 대상에 대한 감정적 이해가 지나쳐 공감으로 변한 실수를 너그러이 이해해 주길 바란다.

많은 아쉬움과 오류가 남아 있지만 그나마도 책이 나올 수 있었던 것은 사랑하는 아내이자 서양사 전공자인 윤은주가 형편없는 초고를 꼼꼼하게 읽어 주고 교정해 준 덕분이다. 항상 옆에서 예쁘고 명랑하게 자라 주는 내 사랑 채원에게도 사랑과 고마움을 전한다. 그리고 책의 편집과 교정에 많은 배려와 정성을 보여 준 앨피, 책을 읽고 독자로서 비평을 해 준 막내 동서 박상돈과 두 벗인 이창하와 김성민에게 진심으로 감사한다. 마지막으로 저자를 '중세 지중해 세계와 이탈리아 상인'이라는 주제로 이끌어 주신 주경철 선생님의 은혜에 감사드린다.

2015년 4월

남종국

차례

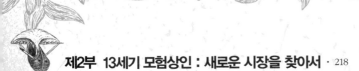

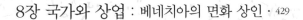

중세 이탈리아 상인의 유산을 찾아

르네상스와 자본주의의 산실

이탈리아 역사에서 가장 위대했던 시절은 언제였을까? 고대 로마가 고전 그리스Ancient Greece 문명을 받아들이며 찬란한 문명을 건설했다는 것은 잘 알려진 사실이다. 지중해 전역을 관통하는 거대 제국을 건설하고, 여러 민족들 간의 사회문화적 통합을 이루며 무려 400여 년 동안 번영을 구가한 고대 로마 시대야말로 이탈리아 최고의 전성기였음을 누구도 부인할 수 없을 것이다.

유럽에서 로마가 무너진 뒤 천 년이 흐른 뒤에도 이탈리아의 시인과 사상가들은 이 시대의 위대함을 찬양했다. 14세기 르네상스 인문주의자인 페트라르카Francesco Petrarca가 이 시대를 '문명의 빛'으로 묘사했을 때 그의 말은 결코 과장이 아니었다. 그러면서 그는 자신이 사는 14세기가 다시 고대 로마의 빛으로 충만해 있음을 자신했다. 이탈리아에 다시 역동적인 활기를 몰고 온 힘, 그것은 이탈리아 상

업도시들과 상인들에게서 나왔다.[†]

　11~12세기를 전후하여 지중해와 유럽 대륙 곳곳을 누비고 다니기 시작한 이탈리아 상인들은 이 무렵에 이르러 유럽 최고의 거상들로 성장했고, 이탈리아의 도시들은 모직물과 향신료를 사러 온 외국인들로 붐볐다. 이러한 상업적 활기에 힘입어 이탈리아는 새로운 도약을 이루었고, 마침내 유럽 근대 문화의 산실이 되었다. 오늘날 이탈리아 해군은 과거 위대했던 중세 해양도시의 업적을 기려 이 시대를 대표하는 4대 해양도시인 베네치아, 제노바, 피사, 아말피의 깃발을 해군기로 사용하고 있다.

　이 책은 바로 11~15세기 유럽 경제에서 주도적인 역할을 했던 베네치아, 제노바, 피렌체, 피사 등의 이탈리아 도시와 그 상인들의 활약상을 이야기한다. 이들의 활동이 사회사적으로나 정치문화사적으로나 두드러졌던 만큼 이들에 관한 연구의 역사는 길고, 그 연구 성과도 방대하다.[1] 하지만 바로 이런 이유에서 기존의 연구들은 한편으로는 이탈리아 상인들의 업적을 지나치게 과장하거나 미화하고, 다른 한편으로는 과소평가하는 경향이 있다.

　중세 이탈리아 상인의 활약상을 가장 화려하게 묘사한 사람은 이브 르누아르였다. 그는 《중세 이탈리아 사업가들》에서 이탈리아 상인들이 새로운 시대를 창조한 선구자였다고 칭송했다.[2]

[†] 본 책에서는 이탈리아 상인들이 예술 활동을 지원한 역사에 대해서는 의미 있게 다루지 않았다. 이에 관해서는 다음 자료 참고. 성제환, 《피렌체의 빛나는 순간 : 르네상스를 만든 상인들》, 문학동네, 2013 ; 양정무, 《상인과 미술 : 서양 미술의 갑작스러운 고급화에 관하여》, 사회평론, 2011 ; 이은기, 《르네상스 미술과 후원자》, 시공사, 2002 ; 신준형, 《르네상스 미술사 3권》, 사회평론, 2013.

"이탈리아 상인들은 고대 헬레니즘 시대의 상업과 은행 기술들을 보존시켰고, 그것을 바탕으로 상업, 은행, 정보 그리고 근대적 은행제도들을 더욱 발전시켰다. 그들은 산업을 발전시켰고, 오늘날 우리가 르네상스라 부르는 새로운 문화를 창조해 냈다. 그들에 의해서 농촌적이고, 집단적이고, 종교적인 삶의 방식이 지배적인 사회에서 도시적이고, 개인적이고, 세속적인 삶의 방식이 나타났다."

이탈리아 역사가 아르만도 사포리 또한 《중세 이탈리아 상인》에서 이탈리아 상인의 초상화를 다소 과장되게 그려 냈다. 그가 묘사한 이탈리아 상인은 출신 도시, 더 나아가 이탈리아에 대한 강한 애국심을 품고 있으며, 높은 문화적 식견을 보유하고 이를 유럽 전역에 퍼뜨린 시대를 앞서간 선구자였다. 사포리는 중세 이탈리아 상인의 애국심이 19세기 말 이탈리아 통일운동의 기원이었다고까지 말한다.[3] 결국 그가 묘사한 이탈리아 상인은, 중세 유럽이라는 구체적 시간과 공간에 실존했던 인물이라기보다는 그 자신의 생각과 사상으로 이상화된 얼굴을 한 상인의 모습이었던 것이다.

또한 사포리는 "오늘날 우리가 가진 모든 것은 이탈리아 공화국의 천재성 속에서 그 선례를 찾을 수 있다"며 중세 이탈리아 도시 공화국의 업적을 미화했다.[4] 브로델 역시 사포리의 주장에 공감하면서 환어음, 신용, 화폐 주조, 은행, 공공 재정, 대부, 자본주의, 식민주의와 사회문제, 계급투쟁 등 이 모든 것이 중세 이탈리아 공화국에 있었던 것들이라고 말한다.[5] 폴 그루세는 여기서 더 나아가, 중세 이탈리아 공화국의 업적을 치켜세우며 "현대 자본주의는 아무것도 발명하지 않았다"고까지 선언했다.[6]

반면에 중세 이탈리아 상인의 업적을 낮게 평가하는 역사가들도 있다. 19세기 독일을 대표하는 사회학자 좀바르트는, 19세기 상인들과 비교했을 때 이탈리아 상인들이 이룬 성과는 그리 대단한 것이 아니었다고 평했다.[7] 물론 그가 이탈리아 도시의 역할을 축소하고 상대적으로 독일 도시들의 업적을 강조한 것은 그의 민족주의적 역사 인식에서 비롯된 것이다.

한편 유럽 중심적 역사 서술을 비판해 온 홉슨은 중세 이탈리아가 유럽 자본주의를 가속화한 모든 혁신의 본거지라는 주장이나, 이탈리아 상인들이 대부제도와 은행 및 복식부기와 같은 선진적·자본주의적 상업 기술들을 독자적이고 창의적으로 개발했다는 주장 등을 신랄하게 비판했다.[8] 홉슨은 이러한 주장들이 유럽 중심주의적 역사 인식의 대표적 사례라고 지적했다.

이탈리아 상인의 부富와 위세

이처럼 중세 이탈리아 상인에 대한 평가는 극단적으로 엇갈린다. 이쯤 되면 의문이 들지 않을 수 없다. 그들은 무엇을 만들고 무슨 활동을 했으며, 대체 어떤 사람들이었을까?

홉슨의 주장처럼 코멘다commenda, 환어음, 보험, 은행업과 같은 선진적인 금융제도를 이탈리아 상인이 독자적으로 개발하지 않았다는 것은 이제 대부분의 역사가들이 인정하는 바이다. 이탈리아인들은 다만 이슬람 세계와 비잔티움제국(동로마제국), 아시아의 선진적인 문화와 기술을 받아들여 이를 적극적으로 활용했을 뿐이다. 그럼에도 중세 이탈리아 상인의 위대함을 이야기하는 것은 지금으로부터 거의 1천 년 전 베네치아·제노바·피렌체·밀라노 등 이탈리아의 작은 도시들이 동서무역과 제조업, 해운업, 조선업 등 다양한 분야에서 외래의 선진 기술을 활용하여 유럽 자본주의의 토대를 마련했기 때문이다.

중세 이탈리아 상인들의 활약상은 수많은 동시대인들의 증언으로도 확인된다. 비잔티움 황제는 제노바가 지중해를 장악했다고 한탄했으며, 12세기 후반 비잔티움 출신의 연대기 작가 키나모스Kinnamos는 "비잔티움의 부富가 거의 모두 라틴인(이탈리아인)들의 수중에 들어갔다. 더 나쁜 것은 그들의 거만함"이라며 이탈리아 상인들의 경제적 침탈과 위세를 개탄했다.[9]

비잔티움제국과 이탈리아인 사이의 갈등과 적대감을 이해하려면 중세 지중해 세계에 대한 기본적인 이해가 필요하다. 중세 후반 이탈리아 상인들이 주로 활동했던 지중해 세계는 크게 세 개의 문명권, 즉 서유럽 세계/동로마제국인 비잔티움제국/이슬람 세계로 나뉘어 있었다. 세 문명은 종교, 인종, 문화 등 여러 차원에서 달랐다.

종교적인 측면에서 서유럽 세계는 로마 가톨릭을, 비잔티움제국은 그리스정교를, 이슬람 세계는 이슬람교를 신봉하며 서로 대립했다. 이러한 상호 불신은 인종적·문화적 차이로 인해 더 깊어졌다. 서유럽은 크게 이탈리아 반도 출신의 라틴인과 북유럽에서 남하해 온 여러 게르만족들로 구성되었다. 반면 로마제국을 계승한 동로마제국, 즉 비잔티움제국은 6세기 유스티니아누스 대제 이후 그리스인들 중심의 제국으로 변화했다. 이슬람 세계는 아랍인과 튀르크인, 베르베르인을 비롯한 다양한 민족들의 지배를 받았다.

이러한 차이는 타 세계를 지칭하는 표현으로 굳어지기도 했다. 중세 유럽사에서 '라틴인'이라는 용어는 넓은 의미에서 로마 가톨릭을 믿는 서유럽 사람 전체를 포괄한다. 이슬람 세계는 라틴인 대신에 10세기까지 유럽을 지배한 제국을 기억하며 '프랑크인'이라는 표현을 선호했다. 특기할 만한 것은, 갈등의 전선이 기독교 대 이슬람이 아니라 가톨릭·정교·이슬람 사이에 복합적으로 형성되었다는 사실이다. 특히 서유럽 세계의 라틴인들과 비잔티움제국의 그리스인들의 반목과 갈등은 기독교 전체와 이슬람 사이의 갈등 못지않았다. 앞서 보았듯이, 비잔티움제국민들의 이탈리아인들에 대한 경계심은 이렇듯 종교적·문화적·인종적 색채를 띠고 있었다.

그러나 이탈리아에 대한 비잔티움제국의 경계심을 타 문화에 대한 적대감으로만 이해해서는 곤란하다. 그 바탕에는 이탈리아인의 경제적 침탈에 대한 우려가 짙게 자리잡고 있었기 때문이다. 당시 이탈리아 상업도시들은 지중해 세계 최고의 경제력을 자랑했다. 1202년 제4차 십자군 병력을 수송할 선단을 빌리려고 베네치아를 방문한 샹파뉴 백작의 봉신 빌라르두앵Geoffroi de Villehardouin은, 이처럼 대규모의 인력과 말을 수송할 수 있는 도시는 베네치아밖에 없다며 베네치아의 해상력에 감탄했다.[10] 교황 보니파키우스 8세Bonifacius VIII는 피렌체 사람들이 세상을 구성하는 다섯 번째 요소라고 했고,[11] 피렌체 출신의 연대기 작가 조반니 빌라니Giovanni Villani는 잉글랜드 왕 에드워드 3세가 피렌체 은행가들에게서 빌린 돈이 왕국 하나의 가치와 맞먹는다며 피렌체가 유럽 경제를 떠받치는 기둥이라고 자랑했다.

해상무역과 상업뿐 아니라 정보력에서도 이탈리아 상업도시들의 우세는 두드러졌다. 14세기 중반 피렌체 출신의 작가 보카치오는 중국에 관한 이야기의 진위를 알아보려면 제노바 상인들에게 물어보라며 제노바의 정보력을 높이 평가했다.[12] 실제로 14세기 중엽 유럽에서 제노바 상인만큼 중국에 대해 잘 아는 사람은 없었다. 제노바 상인들은 동방에 관한 지식을 비밀스럽게 유지했고, 이러한 정보는 15~16세기 대항해시대에 새로운 항로를 개척하는 데 긴요하게 쓰였다.

15세기 말 베네치아 상인 지롤라모 프리울리Girolamo Priuli는 포르투갈 왕국의 선단이 인도 남서부 캘리컷(지금의 '코지코드')에 도착했다는 소식을 일기에 기록했다.[13] 새로운 항로 개척의 소식을 가장 먼저 접한 곳이 베네치아였던 것이다. 중세 말 베네치아는 유럽 제일의 정보 수집 능력을 보유하고 있었다고 해도 과장이 아닐 것이다.

이 밖에도 중세 이탈리아 상업도시의 위상과 상인들의 활약상을 증언해 주는 동시대인들의 기록은 헤아릴 수 없을 정도로 많다. 물론 당시의 기록들을 액면 그대로 받아들일 수는 없지만, 당시 이탈리아 상인들의 부富의 규모와 위상을 짐작하기에 충분하다.

세 차례의 구조적인 변화

그렇다면 이탈리아 도시 상인들은 어떠한 경로를 통해 중세 후반 동서무역을 주도하고, 세계 각처의 정보를 장악했던 것일까? 자금을 모으고, 배를 띄우고, 물품을 구매하고, 판로를 조직하는 이 일련의 과정들을 개별적인 사례 분석 없이 도식적으로 이해하는 것이 가능할까?

상인들의 사업 활동과 범위를 개설적으로 분석하여 일반화하고,

그들의 정치적·경제적·사회적·문화적 역할을 종합적으로 평가하는 것만으로는 중세 이탈리아 상인의 모습을 온전히 되살릴 수 없다. 이탈리아 상인들은 시대와 지역 그리고 개인별로 다양한 모습을 보이기 때문이다. 12세기 동지중해의 여러 시장을 누볐던 베네치아 출신의 순회상인 로마노 마이라노Romano Mairano와 15세기 다수의 해외시장에 대리인을 두고 복식부기로 사업을 관리감독한 베네치아 상인 소란초 형제상회La fraterna Soranzo는 질적으로 너무 다른 종류의 상인이었다. 바로 그렇기 때문에 상인 한 사람 한 사람의 면모에 관한 치밀한 분석이 필요하다.

이 책에서는 이탈리아 상인들의 전성시대였던 11세기부터 15세기까지의 시기를 세 시기로 나누어 서술하려고 한다. 이러한 3분 구조는 이 기간 동안 이탈리아 상인들이 세 차례의 큰 구조적인 변화를 겪었다는 점을 고려한 것이다.

제1기는 십자군전쟁부터 13세기 중엽까지로, 이 시기를 대표하는 이탈리아 상인의 전형적인 모습은 순회상인과 모험상인이다. 순회상인은 상품을 직접 가지고 이곳저곳을 찾아다닌 상인을, 모험상인은 낯선 땅을 찾아 항상 모험과 위험을 감수하면서 그만큼 큰 이익을 노렸던 상인을 가리킨다. 12세기 베네치아 상인 로마노 마이라노와 제노바 상인 인고 델라 볼타Ingo della Volta가 바로 그런 종류의 상인이었다. 이들의 활동을 중심으로, 이 시기 유럽 국제 거래의 중심지 역할을 했던 샹파뉴 정기시에서 활동한 이탈리아 상인들을 살펴볼 것이다.

13세기 중엽에서 14세기 중엽에 이르는 제2기는 이탈리아 상인들의 활동 무대가 지리적으로 확대되는 시기로, 꽤 많은 자본을 축적한 거상들이 출현한 시기다. 특히 몽골의 서방 진출과 십자군 왕국의 몰락이라는 역사적 사건은 이탈리아 상인들의 상업 활동 패턴을 크게 변화시켰다. 십자군 왕국이 몰락하자 교황청은 이슬람과의 무역을 전면 금지시켰다. 이는 이슬람과의 교역으로 큰 이익을 얻던 이탈리아 상인들에게 심각한 경제적 타격을 주는 조치였다.[14] 이탈리아 상인들이 이 어려운 국면을 어떻게 극복했는지를 알아볼 것이다. 몽골 평화시대에 아시아로 진출한 이탈리아 상인들의 활동 또한 분석 대상이다. 14세기 피렌체 출신의 은행 상사이자 유럽 제일의 갑부였던 바르디Bardi와 페루치Peruzzi 상사의 성공과 파산도 이 시대를 이해하는 좋은 사례가 될 수 있다.

14세기 중엽부터 15세기 말에 이르는 제3기를 특징짓는 키워드는 '전문화'이다. 중세 시대의 일반적인 투자 형태는, 여러 가지 상품에 자본금을 분할하여 위험을 분산하는 것이었다. 그만큼 사업이 위험하고 불안정했다. 하지만 중세 말로 갈수록 사업은 안정되었고, 보험과 같은 위험에 대처하는 상업 수단들이 늘면서 좀 더 장기적인 안목에서 한 상품에 집중 투자하는 상인들이 생겨났다. 15세기 초반 베네치아 출신의 소란초 형제상사는 대부분의 자본을 면화에 집중 투자했으며, 동시대의 제노바 상인들은 합자회사를 결성해 '명반明礬'이라는 염색 재료에 사업의 명운을 걸었다.

또한 이 시기에는 상호 간의 경쟁이 치열해지면서 복식부기와 같은 새로운 상업 기술들이 발달했다. 효율적인 사업 관리뿐만 아니라 빠른 정보 수집과 소통이 사업의 성공에 중요한 요소로 부상했다. 1400년경 중부 이탈리아 프라토 출신의 상인 프란체스코 디 마르코 다티니Francesco di Marco Datini는 이러한 변화된 상황을 가장 잘 보여 주는 사례이다. 그가 남긴 방대한 기록은 상업 활동 외에도 당시 상인의 일상적인 삶을 엿볼 수 있게 하는 소중한 자료이다.

상업 활동을 좌우한 정치적 · 지리적 요인들

이상 언급한 아홉 명의 상인 혹은 집단의 활동을 거시적인 구조 속에서 분석하는 것이 이 책의 일차적인 목표이다. 중세 이탈리아 상인의 성공 요인을 그들의 창의성과 천재성에서 찾으려 한 기존 연구는 그들에 대한 신화화로 이어질 수밖에 없었다.

물론 개별 상인들의 능력과 자질 및 창의성이 성공의 중요한 열쇠였던 점은 부인할 수 없지만, 거시적인 차원의 국제 정세와 유럽 봉건 왕조의 변화, 지리적 이점,[†] 선진 문명과의 교류와 접촉 등의 구조적 요인들이 상인들의 성공에 지대한 영향을 미쳤음은 분명한 사실이다. 특히 거래 허가와 면세 혜택과 같은 특혜 없이는 현지에서 어떤 거래도 진행시킬 수 없었던 중세 상업 세계의 특수성을 고려할 때 정치권력과 상인들의 유착 관계는 면밀히 검토되어야 할 주제이다. 지중해 상업사가 지중해 정치사가 될 수밖에 없는 이유이다.

11세기에 시작된 이탈리아 상업도시의 비약적인 발전은, 지중해에서 이슬람과 비잔티움제국의 해상력이 쇠퇴하는 국면과 어느 정도

[†] 프라이어는 지중해라는 물리적 공간이 제공한 이점이 중세 이탈리아 상업도시의 성공에 매우 중요한 역할을 했다고 주장한다. 그의 분석에 따르면, 지중해 북쪽에 위치한 이탈리아 도시들은 항해에 유리한 지중해 북부의 해안 지형의 지리적 이점을 활용할 수 있었다. J. H. Pryor, *Geography, technology, and war : studies in the maritime history of the Mediterranean 649~1571* (Cambridge, 1988).

일치한다.[15] 예컨대 12세기 베네치아 상인 로마노 마리노가 비잔티움 제국의 수도 콘스탄티노플(지금의 터키 이스탄불) 시장에서 활발한 사업 활동을 펼칠 수 있었던 것은 당시 비잔티움제국이 맞이한 정치적·경제적 어려움에 기인한 바가 컸다. 즉, 11세기 말 이후 비잔티움 제국은 이탈리아 반도와 발칸 반도를 잇는 아드리아 해를 통한 외적의 침략을 막고자 막강한 베네치아 해군의 도움을 받았고, 그 대신에 베네치아 상인들에게 상업적 특혜를 줄 수밖에 없었다.

유럽 봉건 왕조들의 취약한 재정 구조 또한 이탈리아 은행가들의 성장을 촉진한 요인으로 손꼽힌다. 피렌체 출신의 바르디와 페루치 상사가 14세기 초엽 유럽 제일의 대형 상사로 부상할 수 있었던 핵심 배경 중 하나가 유럽 왕실의 구조적 변화였다.[16] 아직 전국적인 차원의 세금 징수를 조직할 능력이 없었던 봉건 왕조들은 늘어나는 왕실 소비와 전쟁 자금을 충당할 방법이 없어 왕국의 생산물을 담보로 돈을 차용하려 했다. 하지만 상당한 액수의 자금을 대부할 수 있는 재력가를 왕국 내부에서는 구하기가 어려워, 당시 가장 큰 규모로 은행업을 하고 있던 이탈리아 상인과 은행가들을 찾게 되었다. 그러나 정치권력과의 밀월은 상인들에게 성공의 발판이자 몰락을 재촉한 양날의 검이었다.[†]

....

[†] 루카의 리차르디 은행은 1272년 잉글랜드 왕 에드워드 1세에게 40만 파운드를 대부했다가 이를 상환받지 못하고 파산했으며, 피렌체의 바르디와 페루치 은행은 백년전쟁을 준비하는 에드워드 3세에게 막대한 자금을 빌려 주었다가 1348년 에드워드 3세가 채무 불이행을 선언하자 파산했다. 15세기 메디치 은행 또한 군주들에게 돈을 빌려 주었다가 결국 15세기 말에 파산했다. 찰스 P. 킨들버거, 《경제 강대국 흥망사 1500~1900》, 주경철 옮김, 까치, 2004, 102쪽.

세속의 정치권력뿐 아니라 종교 권력인 교회도 이탈리아 상업도시
와 상인들의 활동에 지대한 영향을 끼쳤다. 중세 이탈리아 상인 연
구에서 간과해서는 안 될 중요한 사실은, 중세 유럽 사회에서 교회
는 가장 강력한 경제주체 중 하나였다는 점이다.[17] 중부 이탈리아의
시에나와 피렌체 출신의 은행가들이 국제적인 위상과 명성을 얻을
수 있었던 것은 교황청의 든든한 지원과 후원 덕분이었다. 이들은
교황청의 재정을 담당하는 은행가로서 교회세를 대신 징수하고 이
를 교황청으로 수송하는 등의 업무에서 큰 이익을 취했다. 또한 교
황청의 추천으로 유럽 왕실들로부터 상업상의 특혜를 얻기도 했다.

그러나 교회 역시 이탈리아 상인의 상업 활동을 위축시키고 이윤
활동을 저해하는 최대의 장애물이기도 했다. 교회는 이교도인 이슬
람과의 교역을 원론적으로 반대했고, 이를 금지하는 포고령을 주기
적으로 내렸다. 1291년 십자군 왕국이 당시 이집트와 시리아 일대를
통치하던 이슬람 정권인 맘루크Mamluk제국의 수중에 들어간 이후에
는 더욱 강경한 입장을 취하여, 맘루크제국과의 교역을 전면적으로
중단하는 금지령을 내리고 이를 어기면 파문에 처하겠다고 위협했
다. 그전까지는 주로 선박 건조용 목재, 철, 무기, 식량, 노예와 같은
전략적으로 중요한 물자들의 교역을 금하는 정도였으나, 이제는 전
면적인 교역 금지령을 내렸다.[18]

근본적으로 교회의 윤리적인 경제 교리는 이탈리아 상인의 자유
로운 상업 활동 욕구와 심리를 위축시켰다. "상인은 신을 결코 기쁘
게 할 수 없거나 거의 그렇게 하기가 힘들다Homo mercator nunquam aut
vix potest Deo placere!"이 말은 12~13세기 교회의 공식적인 경제 윤리
로서 상인에 대한 교회의 부정적인 인식을 가장 적나라하게 보여 준

다.[19] 르 고프를 포함한 다수의 역사가들은 이자 대부를 금지하는 이러한 교회의 가르침이 자본주의의 탄생과 발전에 심각한 장애로 작용했다고 지적했다.[†]

이 같은 사회적 지탄과 멸시로부터 가장 일찍 적극적으로 벗어난 이들이 바로 이탈리아 상인들이었다. 그런 점에서 이탈리아 상인은 새로운 경제적 심성을 만들어 내는 선구적인 역할을 했다고 볼 수 있다. 그러나 물론 그 과정은 순탄하지 않았고, 실제로 1400년 프라토의 상인 다티니는 돈과 구원 사이에서 여전히 고민했다.

이탈리아 상업도시들만의 특수성

이 같은 상인들의 지난한 여정에서 기존 연구가 거의 주목하지 못한 대목이, 이탈리아 상업도시들이 가지고 있었던 특수성이다. 다른 나라의 경우에는 지배계급인 귀족과 성직자들에게도 예외 없이 상

[†] 넬슨은 중세 이탈리아의 상인과 은행가들이 세속 권력의 지원으로 '이자 대부업자'라는 오명에서 완전히 벗어난 것이 유럽 자본주의 발전의 선결 요건이었다고 말한다. 암스트롱은 이자 대부 금지로 인해 부富가 생산적인 투자보다는 종교적 유증遺贈으로 흘러들어감으로써 자본시장의 발전이 늦어졌다고 이야기한다. 막스 베버와 그의 제자 토니Tawney는 종교 윤리가 경제활동에 매우 중요한 영향을 미친다는 점에 주목하면서 프로테스탄티즘이 자본주의 발전을 촉진하는 역할을 했다고 주장한다. 이들의 사고에는 중세 기독교의 종교와 경제 윤리가 자본주의 발전을 저해했다는 생각이 내포되어 있는 것이다. B. N. Nelson, "The usurer and the merchant prince : Italian businessmen and the ecclesiastical law of restitution, 1100~1500", *Journal of Economic History*, no. 7(1947), p. 121 ; L. Armstrong, "Usury", *Oxford encyclopedia of economic history*, vol. 5 (New York, 2003), p. 184 ; J. W. Baldwin, "The medieval merchant before the bar of canon law", *Journal of European Economic History*, vol. 44(1959), p. 287.

업 행위가 금지되어 있었다. 반면 중세 이탈리아 도시국가에서는 귀족들의 상업 활동이 허용되었고, 실제로 다수의 귀족들이 상업 활동에 적극적으로 참여했다. 그 영향으로 베네치아·제노바·피사·피렌체와 같은 대표적인 이탈리아 도시들에서는 지배계급이 상인이었고, 그렇기 때문에 상인의 이해관계가 곧 도시 정부의 이해관계와 일치했다. 이런 연유로 도시 정부는 국가적 차원에서 상인과 상업 활동을 지원했다.[††]

대부분의 역사가들이 인정하듯이, 중세 베네치아의 성공 신화는 공화정 정부가 귀족의 상업 활동을 효율적으로 통제 육성했기 때문에 가능했다.[20] 베네치아에 비해 개인주의 성향이 강했던 제노바에서도 귀족을 포함한 거의 모든 계층이 상업 활동에 직간접적으로 참여하고 있었다. 이 책에서 다룰 상인들도 대부분 귀족 출신이다.

지배계급인 귀족의 적극적인 상업 활동이 중세 이탈리아 상업도시의 성공에 결정적인 영향을 미쳤다는 것은 남부와 북부 이탈리아의 차이에서도 잘 드러난다. 상업에 적극적이었던 북부와 달리 남부 이탈리아의 귀족들은 상업 활동을 멀리했고, 그 결과 남부 이탈리아는 북부 이탈리아의 경제적 성장과 발전을 뒤따라가지 못했다.[21]

이탈리아 북부 상업도시들이 이와 같은 특수성을 띠게 된 것은 이탈리아 반도의 특수한 정치적 발전의 결과였다. 게르만족의 침입과 서로마제국의 멸망 이후 이탈리아 반도는 19세기 말까지 통일된

[††] 특히 베네치아의 사례가 이에 해당한다. 중세 후반 베네치아 정부는 정기 수송선단을 운영하여 베네치아 상인들의 상업 활동에 편의를 제공했다. 이에 관해서는 D. Stöckly, *Le système de l'incanto des galées du marché à Venise(fin XIIIᵉ~milieu XVᵉ siècle)* (Leiden, 1995) 참조.

국가를 형성하지 못했다. 그런 연유로 중세 내내 이탈리아 반도는 주변 세력의 간섭과 침략을 받았다. 중세 초기에는 비잔티움제국의 지배와 간섭을 받았고, 8세기 이후 비잔티움의 영향력이 줄어들면서 프랑크족의 세력권 하에 들어갔다. 비잔티움 황제의 간섭과 당시 이탈리아 반도의 상당 부분을 장악하고 있던 롬바르드족의 공격이라는 이중의 어려움에 처해 있던 로마 교황청은 프랑크족과 연합하면서 살길을 도모했다.

프랑크제국이 와해되고 10세기 말 독일 지역에 등장한 신성로마제국은 더욱 공격적으로 이탈리아 반도를 공략했다. 북부 이탈리아 도시들은 신성로마제국 황제에 맞서 싸웠고, 최종적으로는 독립을 쟁취했다. 이 과정에서 베네치아, 제노바, 피사, 피렌체 등 북중부 이탈리아의 주요 상업도시들이 자신들만의 정치 공동체, 즉 공화국을 건설했다. 이때 도시 운영을 맡은 지배 귀족계급은 장원을 기반으로 한 서유럽의 토지귀족들과 달리 농업이 아니라 상업과 제조업에서 활로를 찾았다. 그 결과 이탈리아 상업도시들은 국제무역에서 막대한 부를 축적함으로써 유럽 제일의 경제 세력으로 부상했고, 그 덕분에 비잔티움과 신성로마제국, 프랑스와 같은 봉건영토 국가들이 함부로 침략하거나 점령할 수 없는 막강한 존재로 성장할 수 있었다.

반면 남부 이탈리아는 북중부 이탈리아와는 다른 길을 걸었다. 북중부의 상업도시들이 외부의 침략을 막아 내고 자치 공화국을 건설한 것과 달리, 남부 이탈리아는 결국 외세의 침략에 굴복하고 봉건적 지배를 수용하게 되었다. 7세기 이후 비잔티움제국, 이슬람 세력, 노르만족, 프랑스 앙주 가문, 아라곤 왕실 그리고 신성로마제국과 교황청까지 남부 이탈리아를 두고 경쟁을 벌였다. 11세기 노르만족은 남부 이탈리아와 시칠리아를 장악하고 이곳에 봉건 왕조를 수립했다. 13세기에는 프랑스 출신의 앙주 가문이 남부 이탈리아를 장악하지만, 중세 말 이베리아 반도에서 성장한 아라곤 왕실이 시칠리아와 남부 이탈리아를 차지하게 된다.

이렇듯 남부 이탈리아는 토착 세력이 아니라 외부 침입자들의 지배를 받으면서 북부보다 한층 복잡한 정치경제적 상황에 직면했다. 외부에서 이식된 봉건제도의 틀 안에서 농업 위주의 경제는 남부 이탈리아를 북부에 비해 가난하게 만들었다.

상인들이 남긴 기록

이 책에서는 사료를 폭넓게 활용하려고 한다. 아무리 흥미 있는 주제라 할지라도 사료 없이는 연구 자체가 불가능하다. 그런 점에서 이탈리아 상인은 좋은 연구 주제이다. 이탈리아 상인들이 역사가들을 매료시킨 이유 중 하나는 그들이 남긴 기록이다. 물론 이탈리아 상인들이 기록한 문서들은 극히 일부만이 보존되었고, 특히 제노바 상인들은 상업 기록을 비밀스럽게 보관했기 때문에 문서가 많이 남지 않았다. 그러나 그들의 활약상을 재구성할 정도의 사료는 남아 있다.

사료 면에서 주목할 점은, 중세 이탈리아 상인들이 남긴 문서가 시대별로 약간씩 다르다는 것이다. 이러한 차이는 상업 활동의 구조적 변화를 반영한다. 제1기의 상인들을 연구하는 데 가장 중요한 일차 사료는 공증인이 작성한 문서이다. 물론 공증인 문서가 상인들의 활동을 낱낱이 보여 주는 것은 아니지만, 이마저도 없었다면 이 시기 이탈리아 상인의 활동을 복원하는 것은 거의 불가능했을 것이다. 다행히 중세 말로 갈수록 참조할 수 있는 문서가 다양해지며 그 덕분에 좀 더 세세한 면까지도 확인할 수 있다.

이탈리아 상인들이 상품을 가지고 여러 지역을 돌아다니는 '순회 상인'에서, 본토에 지점을 설치하고 해외시장에 대리인을 파견하는 '정주상인'으로 변화하면서 상거래 자체뿐만 아니라 이를 기록하고 전달하는 업무도 중요해졌다. 이제 글쓰기가 상인의 일상에서 핵심적인 업무로 부상했다. 상인들은 일주일에 적어도 서너 통의 편지를 써야 했으며, 이에 더해 사업 활동을 상세하게 장부에 기록해야만 했다. 물품을 받고 부칠 때 관련 증빙서류를 함께 동봉해야 했고, 시장에서 판매되는 상품의 목록을 작성하고, 수시로 시세를 파악해서 사업상의 동료나 고용주에게 보내야 했다. 대상사나 국제 거래상들은 상업 활동을 원활히 하기 위해 각 지역의 특산품과 도량형이 담긴 상업 지침서를 자체 제작하기도 했고, 주고받은 서신을 필사하여 이것들을 함께 묶어서 신참 교육에 활용하기도 했다.

도시 정부를 장악했던 지배계층인 귀족들도 상업 활동에 적극 참여했기 때문에 그들의 국정 운영 기록도 상업 활동에 관한 많은 정보를 담고 있다. 특히 국가가 상업 활동을 적극적으로 후원했던 베네치아 정부가 남긴 회의록은 베네치아 상인들의 상업 활동을 연구하는 데 없어서는 안 될 사료이다.

이 책에서는 이 다양한 기록들을 모두 참조하여 중세 이탈리아 상인들의 모습을 생생하게 복원할 것이다.[22] 하지만 개별 상인의 경우에는 현존하는 사료의 양과 내용에 큰 차이가 있기 때문에, 우리가 복원할 상인들의 모습 또한 이에 좌우될 수밖에 없는 한계가 있음을 미리 고백해 둔다.

이제 중세 이탈리아 상인들의 모험여행을 따라가 보자. 중세 말 이탈리아 상인들은 장사를 시작할 때 회계장부에 '벤투라ventura' 계정을 열었다.[23] 벤투라의 원래 뜻은 모험이나 행운이다. 그만큼 당시 사업은 모험에 가까웠고 수많은 난관과 변수들이 존재했기 때문에 이탈리아 상인들은 새로운 사업을 개시할 때 벤투라 계정, 즉 '모험계정'을 열었던 것이다. 만약 사업에 행운, 즉 벤투라가 깃들면 큰 이익을 기대할 수 있었다. 벤투라 계정은 당시 상업 활동의 특징을 잘 보여 주는 관행인 것이다. 이탈리아 상인들의 여정을 따라가다 보면, 어려운 시대를 살았고 새로운 시대를 여는 데 주도적인 역할을 했으며 그 공로로 근대의 선구자로까지 평가받는 중세 상인들을 만날 수 있다.

[1] 대표적인 연구자들만 거론하면 다음과 같다. David Abulafia, Benjamin Arbel, Eliyahu Ashtor, Michel Balard, Jacques Heers, David Jacoby, W. Heyd, Jean-Claude Hocquet, R. S. Lopez, F. C. Lane, Gino Luzzato, Federigo Melis, Yves Renouard, Armando Sapori, Freddy Thiriet.

[2] Yves Renouard, *Les hommes d'affaires italiens du Moyen Age* (Paris, 1968), pp. 7-9.

[3] A. Sapori, *The Italian merchant in the Middle Ages* (New York, 1970), pp. 9-38.

[4] A. Sapori, *Studi di storia economica* (1955), vol. 1, p. 630.

[5] 페르낭 브로델, 《물질문명과 자본주의 III-1》, 주경철 옮김, 까치, 1997, 119~120쪽.

[6] R. Pernoud, *Les villes marchandes aux XIVe et XVe siècles* (1948), p. 18.

[7] A. Sapori, *The italian merchant in the Middle Ages* (New York, 1970), pp. 28-29.

[8] J. M. 홉슨, 《서구 문명은 동양에서 시작되었다》, 정경옥 옮김, 에코리브르, 2005, 159~179쪽.

[9] Jean Kinnamos, *Chronique*, translated by J. Rosenbelum (Nice : Les Belles Lettres, 1972), p. 181.

[10] Geoffroy de Villehardouin, *La conquête de Constantinople* (Paris, 2004).

[11] A. Sapori, *The Italian merchant in the Middle Ages* (New York, 1970), p. 79.

[12] R. S. Lopez, "European merchants in the medieval Indies : the evidence of commercial documents", *Journal of Economic History*, vol. 3(1943), p. 167.

[13] G. Priuli, *I diarii* (Bologna, 1938), vol. 1, p. 153.

[14] S. K. Sttantchev, *Embargo : the origins of an idea and the implication of a policy in Europe and the Mediterranean*, ca. 1100~ca. 1500 (dissertation of the university of Michigan, 2009).

[15] D. Abulafia (ed.), *The Mediterranean in history* (London, 2003).

[16] A. Sapori, *The Italian merchant in the Middle Ages* (New York, 1970), pp. 86-89.

[17] J. Gilchrist, *The church and economic activity in the Middle Ages* (New York, 1969), p. viii.

[18] N. Daniel, *Islam and the West : the making of an image* (Oxford, 1993), p. 137.

[19] E. Friedberg, *Corpus juris canonici* (Leipzig, 1879~1881), t. 1, c. 308/9.

[20] 찰스 P. 킨들버거, 《경제 강대국 흥망사 1500~1900》, 주경철 옮김, 까치, 2004, 100~101쪽.

[21] A. Sapori, *The Italian merchant in the Middle Ages* (New York, 1970), pp. 52-53.

[22] 남종국, 〈상업 기록 속의 중세 이탈리아 상인과 상업세계〉, 《서양중세사연구》, 18호, 2006, 129~163쪽.

[23] F. C. Lane, *Andrea Barbarigo : merchant of Venice, 1418~1449* (Baltimore, 1944), p. 167.

제1부

12세기 순회상인

: 상품과 이윤을 찾아서

우리는 앞서 중세 이탈리아 상인들의 전성시대를 세 시기로 구분하였다. 순회상인과 모험상인이 활약한 제1기(11세기 십자군전쟁~13세기 중엽), 활동 무대가 확대되고 거상들이 출현한 제2기(13세기 중엽~14세기 중엽), 상업 활동이 전문화되고 상업 기술이 발달한 제3기(14세기 중엽~15세기 말)가 그것이다. 그리고 많은 역사가들이 11세기에서 13세기 중엽에 이르는 제1기를 '상업혁명'의 시대로 일컫는다.

《중세의 상업혁명》의 저자인 로페즈는 이 시기의 경제적 팽창이 18~19세기 산업혁명에 비길 만큼 중요했다며,[1] 이탈리아 상업 팽창의 원인으로 인구 증가에 주목했다. 이탈리아 반도의 경작지로는 늘어난 인구를 먹여 살릴 수 없었기 때문에 해외로 눈을 돌리게 되었다는 것이다.[2] 이 시기 유럽의 상업혁명을 견인한 요인들은 또 있다.

먼저 이 시대는 '십자군 시대'였다. 단일 사건으로서 십자군전쟁만큼 중세 지중해 교류를 촉진시킨 사건도 없을 것이다. 비잔티움 제국의 황제 알렉시우스 1세Alexius I가 소아시아의 비잔티움 영토로 진출해 온 셀주크튀르크족에 대항하기 위해 교황청에 원조를 요청하고, 이에 교황 우르바누스 2세Urbanus II가 1095년 클레르몽 공의회에서 셀주크튀르크에 대한 성전聖戰을 촉구하면서 전쟁이 발발했다. 이렇게 시작된 십자군은 200년 동안 여덟 차례의 동방 원정으로 이어졌다. 십자군을 주도한 것은 물론 셀주크튀르크가 점령

---

[1] R. S. Lopez, *The commercial revolution of the Middle Ages, 950~1350* (Cambridge, 1976).

[2] Y. Renouard, "Lumières nouvelles sur les hommes d'affaires italiens au Moyen Age", *Annales : Economies, Sociétés, Civilisations*, vol. 10 (1955), p. 65.

한 성지를 회복하고 교세를 확장하고자 한 교회였다. 그리고 중세 기독교인들의 종교적 열정과 신앙심이 십자군을 가능하게 했다. 그러나 십자군전쟁에는 당시 이탈리아 상업도시들의 경제적 이해관계와 유럽 봉건 기사들의 영토 지배욕 등 좀 더 다양하고 복잡한 요인들이 함께 작용했다. 각 집단의 이해관계가 뒤얽히면서 종교적 열정은 점차 수그러들었다.

지중해 교역과 관련하여 한 가지 기억해야 할 것은, 전쟁이 곧 교역의 중단을 의미하지는 않았다는 점이다. 십자군 시대에 여덟 차례의 대규모 군사 원정이 있었지만 200년 동안 전쟁보다는 평화가 오래 지속되었고, 때론 전쟁이 벌어지는 극한 상황에서도 교역은 계속되었기 때문이다. 실제로 십자군전쟁을 계기로 지중해를 통한 교역은 더욱 활발해졌다.

그런 만큼 십자군전쟁은 이탈리아 상업도시의 성장에 매우 중요한 역할을 했다. 르누아르는 이탈리아 상인들이 지중해 무역을 주도한 데에는 '십자군 사업'이 결정적이었다고 언급하면서, 그 이유가 천 가지도 더 된다고 말했다.[3]

물론 그전에 이미 이탈리아 상업도시들은 지중해로 진출한 상태였다. 이러한 흐름을 주도한 세력은 베네치아, 제노바, 피사, 아말피 등 이탈리아의 4개 항구도시들이었다. 이곳 상인들은 9~10세기부터 지중해에서 상업 활동을 벌였다.[4] 이탈리아 상인들이 지중해로 본격 진출하기 전에는 동지중해의 상인들, 즉 시리아와 그리스 및

----

[3] Y. Renouard, *Les hommes d'affaires italiens du Moyen Age* (Paris, 1968), p. 58.

[4] D. Abulafia(ed.), *The Mediterranean in history* (Los Angeles, 2003), p. 187.

유대 상인들이 지중해 교역을 주도하고 있었다. 그러나 11세기 이후 이탈리아 상인들이 지중해 교역에서 점차 입지를 강화했다.[5]

이탈리아 항구도시들의 최대 강점은 뭐니 뭐니 해도 지리적 이점이었다. 이탈리아는 지중해 중간에 위치했을 뿐만 아니라, 큰 항구도시들이 번성했다. 이곳에서는 게르만족의 이동과 서로마제국의 몰락 이후에도 교환경제가 완전히 사라지지 않았으며, 비잔티움제국과 이슬람 세계와의 교역도 계속되고 있었다.[6]

십자군전쟁은 이렇게 성장하고 있던 이탈리아 항구도시들에 날개를 달아 주었다. 특히 1099년 유럽의 기독교도 십자군이 예루살렘을 정복하면서 끝난 제1차 십자군전쟁은 이탈리아 상업도시들에게 더할 나위 없는 기회가 되었다. 왜냐하면 제1차 십자군은 예루살렘을 점령하고 시리아와 팔레스타인 지역에 '라틴 왕국'으로 불리는 네 개의 기독교 왕국(에데사 백국/안티오크 공국/트리폴리 백국/예루살렘 왕국)을 건설했기 때문이다. 그리고 바로 이 라틴 왕국에 물자와 인력을 공급하는 일이 이탈리아 도시들에 맡겨졌다. 여기에 이슬람 세계들을 연결하는 역할까지 이탈리아 상선들이 맡게 되면서, 지중해 해상 수송에서 이탈리아 선박이 차지하는 몫이 점점 더 커졌다.[7]

12세기 후반 이베리아 반도 출신의 이슬람 여행객이 성지 메카를 순례하며 이용한 배는 제노바 상선이었다. 시리아 현지에서 이슬

---

[5] Y. Renouard, *Les hommes d'affaires italiens du Moyen Age* (Paris, 1968), p. 56.

[6] Y. Renouard, *Les hommes d'affaires italiens du Moyen Age* (Paris, 1968), p. 57.

[7] J. Pryor, *Geography, technology and war : studies in the maritime history of the Mediterranean 649~1571* (Cambridge, 1988), pp. 25-39.

람과 기독교 세력 간의 전투가 한창인 상황에도 이슬람 사람이 기독교 선박을 이용할 수밖에 없었던 것은 그만큼 지중해에 이탈리아 선박이 압도적으로 많았음을 시사한다.[8]

십자군전쟁은 이미 시작된 이탈리아 항구도시들 간의 경쟁을 격화시켰고, 그 최대 수혜자는 베네치아였다.[9] 1202년 교황 인노켄티우스 3세Innocentius III가 발동한 제4차 십자군이 비잔티움제국(동로마제국)을 무너뜨리면서, 십자군 수송을 담당한 베네치아가 제국 영토의 8분의 3을 획득한 것이다. 주로 지중해에 면한 항구도시와 그 주변 도서들이 베네치아의 몫이었다. 반면 이탈리아 남부에 위치한 아말피는 이 경쟁에서 탈락했다.[10]

남부 이탈리아의 항구도시가 경쟁에서 탈락한 것은 이 지역의 정치적 구조 변화와 밀접한 관련이 있다. 11세기 중엽 노르만족이 남부 이탈리아를 정복한 사건은 이후 이탈리아뿐만 아니라 지중해, 더 나아가 유럽 역사 발전에 꽤 중요한 변수로 부상했다.

이 시대는 또한 '샹파뉴 정기시의 전성시대'이기도 했다. 이 시기 이탈리아 상인들이 주도한 서유럽 국제 교역의 기본 틀은, 동지중해에서 오리엔트의 상품을 들여와 서유럽 시장에 내다 파는 것이었다. '오리엔트orient'의 원래 뜻은 '해가 뜨는 곳', 즉 동쪽이다. 그런 점에서 동방과 같은 의미다. 하지만 이 용어는 역사적 맥락이나 구체적인 상황에 따라 약간씩 다르게 사용되기도 한다. 서유럽 기

[8] Ibn Jubayr, *The travels of Ibn Jubayr*, tr. by R. J. C. Broadhurst (London, 1951).

[9] 남종국, 〈제4차 십자군과 베네치아 경제 발전〉, 《전북사학》, 제32호, 2008, 155~180쪽.

[10] M. Del Treppo, *Amalfi medioevale* (Napoli, 1977).

독교 입장에서는 해가 뜨는 동쪽이 이집트·메소포타미아·페르시아를 뜻하지만, 좀 더 넓은 지리적 맥락에서 보자면 인도와 중국을 포함한 아시아도 오리엔트의 범주에 속하게 된다. 그래서 오리엔트 상품이라고 할 때는 상대적으로 가까운 동쪽에 위치한 이집트·시리아·메소포타미아 등지에서 생산된 상품을 뜻하기도 하지만, 멀리 인도와 아시아에서 들어온 상품 또한 오리엔트 상품이라 불릴 수 있는 것이다.

이탈리아 상인들은 동지중해에서 들여온 오리엔트의 상품을 지금의 프랑스 동부의 샹파뉴 시장에서 판매했다. 샹파뉴 시장까지 온 이탈리아 상인들은 항구도시가 아닌 내륙 도시의 상인들이었다." 베네치아, 제노바, 피사 상인들이 동지중해에서 수입한 향신료와 고가의 직물, 이탈리아산 상품들을 내륙 상인들이 샹파뉴 시장에 내다 팔고 그 대신에 모직물과 마직물을 수입해 갔다.

이러한 국제무역 구조에서 이탈리아 상인들이 직면했던 심각한 구조적 문제는 무역 적자였다. 이탈리아 상인들이 동지중해의 이슬람 세계와 비잔티움제국에서 들여오는 상품들은 향신료나 비단과 같은 사치품들이 주종을 이루고 있었던 데 반해, 유럽이 이 선진 지역에 내다 팔 물건은 별로 없었다. 이러한 무역 구조에서 유럽은 항상 무역 적자 상태에 놓일 수밖에 없었고, 그 차액을 귀금속으로 지불해야 했다.

이탈리아 상인들은 북아프리카 수단에서 확보한 금으로 이 문제

───────────────

" 재닛 아부-루고드, 《유럽 패권 이전 : 13세기 세계체제》, 박흥식·이은정 옮김, 까치, 2006, 93~94쪽.

를 해결했다. 금을 확보하는 방법은 나라마다 달랐다. 11세기 제노바와 피사는 이탈리아 반도의 서쪽 바다인 티레니아 해에서 이슬람 세력을 몰아내고 북서아프리카 항구도시에까지 진출했다. 그들은 이곳에서 현지 상인들에게 서유럽의 상품을 팔았고, 이 이슬람 상인들은 그 상품을 사하라 사막을 넘어 오거나 수단에서 온 상인들에게 되팔았다. 수단에서 온 상인들은 물건 값을 금으로 결제했다.[12] 이렇게 하여 제노바 상인들은 12세기 중엽 이후 충분한 양의 금을 확보할 수 있었다.[13]

베네치아 상인들은 슬라브족 노예들을 북아프리카 시장에 팔고 금을 얻었다. 크로아티아 남서부 달마티아 항구도시들에서 목공예품을 팔고 그 돈으로 노예를 구입한 후 북아프리카에서 되팔아 투아레그족들이 사하라 사막을 통해 들어온 금을 확보하였다. 그런데 960년 비잔티움제국은 베네치아 상인들이 슬라브족 노예를 이슬람 세계에 판매하는 것을 금했고, 971년에는 북아프리카의 이슬람교도들을 상대로 한 무기와 목재 판매도 막았다. 그러나 이러한 조치들이 베네치아 상인들을 효과적으로 저지한 것 같지는 않다.[14]

이 시기 국제 원거리 무역에서 두각을 나타내기 시작한 이탈리아 상인의 전형적인 모습은 '순회상인'이었다. 상품을 가지고 라틴 왕국과 이슬람 세계, 비잔티움제국, 샹파뉴 시장 등을 직접 돌아다니며 장사를 했기 때문에 이런 이름이 붙었다. 이들은 같은 도시에

....
[12] Y. Renouard, *Les hommes d'affaires italiens du Moyen Age* (Paris, 1968), p. 60.

[13] Y. Renouard, *Les hommes d'affaires italiens du Moyen Age* (Paris, 1968), p. 59.

[14] J.-C. Hocquet, "La vie mouvementée du marchand Mairano", *Historia*, no 88(2004), p. 12-13.

사는 여러 계층 사람들의 투자를 받아 초기 종잣돈을 마련했는데, 이들이 이용한 투자계약이 바로 '코멘다commenda'이다.

그러나 중세 지중해의 무역 세계는 그리 호락호락하지 않았다. 지중해는 기라성 같은 군주들과 이윤에 혈안이 된 수많은 상업도시들의 각축장이 된 지 이미 오래였다. 이곳에서 살아남으려면 남다른 재능과 추진력, 정보력은 물론이고, 무엇보다 기막힌 행운과 유력자의 보호가 필요했다.

1장
베네치아 상인과 비잔티움제국

"비잔티움의 부富가 거의 모두 이탈리아인들의 수중에 들어갔다. 더욱 나쁜 것은 그들의 거만함이다."

"베네치아 상인들의 상관商館이 너무 부유하고 번창한 탓에 그들은 비잔티움제국의 공권력을 비웃는다."

1453년 오스만제국의 공격으로 비잔티움제국(동로마제국)이 무너졌다. 당시 비잔티움제국은 이미 군사적으로나 경제적으로 외부의 침입을 막아 낼 힘이 없었다. 사실 비잔티움제국의 멸망은 이미 오래전에 예견된 것이었다. 이처럼 제국을 허약하게 만든 요인들 중 하나가 베네치아와 제노바로 대변되는 이탈리아 도시들의 경제적 침탈이었다.[1]

이탈리아 상인들이 비잔티움제국의 경제를 '침탈'하기 시작한 것은 11세기부터였다. 11세기 말, 비잔티움제국은 이탈리아 남부를 장악한 노르만 세력의 침입을 자력으로는 막지 못해 베네치아 수군의 도움을 받았다. 그 대가로 베네치아 상인들에게 엄청난 상업상의 특혜를 제공해야 했다. 그리고 이는 제국의 경제적 쇠퇴를 초래하는 서막이었다.

13세기 초, 비잔티움제국은 제4차 십자군 원정대에게 제국의 수도인 콘스탄티노플까지 잃고 쫓겨나는 수모를 겪었다. 이때 십자군 병력의 수송을 담당했던 베네치아는 큰 이익을 얻었다. 이제 비잔티움의 경제는 베네치아 상인들의 수중에 떨어진 것이나 다름없었다. 비잔티움제국의 영토까지 일부 획득한 베네치아는 에게 해와 아드리아 해 주변에 '해상제국'을 건설했다.[2]

1261년 비잔티움은 수도인 콘스탄티노플을 되찾았지만 제국의 상황은 별반 달라지지 않았다. 수도를 회복하는 과정에서 제노바에 군사적 협조를 요청하면서, 베네치아가 누리고 있던 상업상의 특혜를 이번에는 제노바 상인들에게 약속했기 때문이다. 1259년 비잔티움제국의 새로운 왕조를 개창한 팔레올로고스Palaeologos 왕조는 비록 수복 과정에서 제노바의 지원을 받지 않았지만 약속을 지키지 않을 수 없었다. 여전히 건재한 베네치아 세력을 견제할 대항 세력이 필요했기 때문이다. 제노바 연구자인 미쉘 발라는 이것이 제노바 상인들의 경제적 지배를 가능하게 한 발판이었다고 말한다.[3] 이로써 이탈리아 상인에 의한 제국 경제 침탈의 두 번째 국면이 시작되었다. 중세 말에 이르러 비잔티움제국과 그 주변 해상무역 및 경제는 제노바 상인들의 손에 넘어갔다.

12세기 베네치아 상인 로마노 마이라노의 이야기는 베네치아가 비잔티움 시장에서 독보적인 위치를 점하게 되는 과정 안에서 이해되어야 한다. 브로델은 "비잔티움제국 없는 베네치아는 상상도 못 할 일"이라며 베네치아의 성공에 비잔티움제국의 희생이 있었음을 지적했다.[4]

로마노 마이라노는 이렇게 자국 시장을 외세의 경제적 침탈로부터 지켜 내려는 비잔티움제국과, 자국의 이권을 위해서라면 무엇이든 서슴지 않는 베네치아, 그리고 호시탐탐 상권 확대의 기회를 엿보

1493년 간행된 뉘른베르크 연대기에 담긴 비잔티움제국의 수도 콘스탄티노플. 40년 전 이 위대한 도시는 이슬람에 무릎을 꿇었다.

던 제노바라는 세 개의 정치체가 격돌하는 시간을 함께한 인물이었다. 그의 상업 여정이 결코 순탄할 수 없었을 것이라는 당연한 추측과 함께, 모험에 가까웠을 한 상인의 삶이 어떻게 꾸려져 나갔을지 궁금하지 않을 수 없다.

1
군사 협력과 맞바꾼 상업 특혜

11세기에 열린 세계 최대의 시장

과거 베네치아는 비잔티움제국의 영토였다. 395년 로마제국이 동서로 분할될 당시, 이 도시는 서로마제국에 편입된 상태였다. 그러다 6세기 동로마제국의 유스티니아누스 황제가 서로마 지역에 대한 재정복 전쟁을 단행하여 이탈리아 반도를 회복하면서 베네치아는 다시 비잔티움제국으로 넘어갔고, 이후 꽤 오랫동안 비잔티움제국령으로 남았다.[†]

승승장구하던 비잔티움제국의 국력이 쇠진하게 된 결정적인 계기는, 당시 제국의 동쪽과 남쪽에 버티고 있던 사산조 페르시아(226~651) 및 이슬람과의 전쟁 때문이다. 특히 7세기 중반부터 급속

[†] 베네치아 역사에 관해서는 과장과 오류가 있기는 하지만 시오노 나나미의 저서(시오노 나나미, 정도영 옮김,《바다의 도시 이야기 : 베네치아 공화국 1천년의 메세지》, 한길사, 1996.)를 참조할 만하다. 물의 도시 베네치아가 건설되는 과정에 관해서는 건축학자 손세관의 저서(손세관,《베네치아 : 동서가 공존하는 바다의 도시》, 열화당, 2007) 참조.

도로 팽창하기 시작한 이슬람 제국과의 전쟁으로 비잔티움제국은 영토는 물론이고 국력도 현저히 줄어들었다.

비잔티움제국이 이탈리아 영토에 대한 실질적인 지배력을 행사하지 못하게 되면서, 베네치아는 비잔티움제국으로부터의 독립을 공식적으로 허용받기 전에 이미 사실상 독립 상태였다. 그러나 베네치아는 비잔티움제국과 우호적인 관계를 유지해 나갔고,[†] 제국의 황제 역시 베네치아의 지배자인 도제doge[††]에게 히파투스Hypatus, 스파타리우스Spatharius, 프로토스파타리우스Protospatharius, 파트리키우스Patricius 등 점점 더 권위 있고 새로운 직함들을 부여했다.

이러한 우호적인 관계 덕분에 베네치아는 일찍부터 비잔티움제국과 활발한 상업 교류를 할 수 있었다.[5] 8세기 말 교황 하드리아누스 1세Hadrianus I가 베네치아 선박을 이용해 콘스탄티노플로 사절을 파견한 것을 보면, 이 시기 베네치아의 해상무역 노선이 가장 안정적이었다는 것을 알 수 있다.

실제로 9세기 말 교황 요하네스 8세Johannes VIII는 베네치아 상인들이 매년 동방으로 장사를 떠난다고 증언했다. 비잔티움 황제도 유럽에서 필요한 물품은 베네치아를 통해서 구매했던 듯하다. 9세기 후반 비잔티움 황제 미카엘 3세Michael III는 베네치아 도제에게 종 열

[†] 807년부터 991년까지 일곱 차례 이상 베네치아의 외교사절이 콘스탄티노플을 방문했고, 비잔티움제국에서도 다섯 차례 정도 베네치아에 외교사절을 파견했다. M. E. Martin, "The Venetians in the byzantine empire before 1204", *Byzatinische forschungen : internationale Zeitschrift für Byzantinistik*, Band XIII(1988), p. 202.

[††] 이탈리아어 '도제'는 라틴어 '둑스dux', 즉 공작에서 유래했다. 베네치아가 비잔티움의 지배를 받을 당시 비잔티움 황제는 베네치아의 수장에게 '달마티아 공작Dux Dalmatiae'이라는 칭호를 하사했다. 이후 베네치아를 다스리는 지도자는 '도제'로 불렸다.

두 개를 보내 달라고 요청했고, 그 이후에도 여러 차례에 걸쳐 종을 주문했다.[6]

베네치아는 비잔티움제국에서 수입한 고급 직물을 이탈리아 반도 여기저기에서 열리는 정기시에서 팔았다. 중세 서유럽에서는 대부분의 시장이 상설 시장이 아니라 일정한 주기를 두고 열리는 정기시였다. 당시 가장 규모가 큰 정기시는 샹파뉴 정기시였고, 각 지역마다 크고 작은 정기시들이 열렸다.

10세기 들어서면 베네치아와 비잔티움 간의 교역을 증명하는 기록들도 늘어난다. 기록이라고 하는 것이 갖는 특성상 정상적인 교역보다는 밀무역에 관한 사례들이 많을 수밖에 없다. 이와 관련하여 눈에 띄는 일화가 하나 있다.

949년 리우프란트Liutprand라는 한 주교가 콘스탄티노플에 갔다가 그곳 세관원에게 당시 입고 있던 자주색 주교복에 대한 조사를 받았는데, 이런 종류의 옷은 베네치아와 아말피 상인들을 통해 구할 수 있다고 답하여 베네치아 상인들을 난처하게 만들었다. 그 옷은 콘스탄티노플 제품으로 무역 금지 품목이었기 때문이다. 이는 베네치아 상인들이 비잔티움제국에서 밀거래를 하고 있었음을 반증하는 사건이다. 밀거래 품목은 옷감만이 아니었던 듯하다. 940년 비잔티움제국의 콘스탄티누스 7세가 베네치아 상인들이 제국에 노예를 판매하는 행위를 금지하는 법령을 반포했으나, 베네치아의 노예무역은 조금도 영향을 받지 않았다.[7]

이런 여러 가지 일들에도 불구하고, 비잔티움제국이 베네치아와 좋은 관계를 유지했던 것은 양자가 공통의 이해관계를 가지고 있었기 때문이다. 비잔티움제국은 롬바르드족(8세기)이나 프랑크 왕국(9세기)이 베네치아를 점령하는 것을 원하지 않았다.[†] 또한 해적들이 아드리아 해를 장악해 자유로운 상업 활동을 막는 것은 비잔티움제국이나 베네치아 둘 다 원치 않는 일이었다.

가장 중요한 이해관계는, 이슬람 세력이 남부 이탈리아와 아드리아 해 입구를 장악하는 것을 막으려면 함께 노력해야 했다는 점이다. 11세기 중엽 노르만이 남부 이탈리아를 장악하면서 베네치아와 비잔티움제국은 노르만족에 공동으로 대응할 수밖에 없었다.[8] 베네치아와 비잔티움 양국 모두 그들의 경제활동의 토대인 지중해를 지키려면 서로 협력해야만 했다.

물론 비잔티움제국의 수군이 동지중해를 장악할 정도로 막강한 시절도 있었다. 유스티니아누스 1세Justinianus I(483~565)가 편성한 '드로몬dromon'이라는 갤리선 함대는 12세기까지도 지중해를 지키는 강력한 선단이었고, 7세기에는 '그리스의 불'이라는 무기를 사용하여 이슬람 함대의 동지중해 진출을 막는 데 성공했다.[9] 그러나 지중해의 지배적인 해상 전력으로 군림하던 비잔티움의 함대는 8세기 후반을 기점으로 크게 약화되기 시작했다. 이는 비잔티움제국의 국력 쇠퇴와 관련이 있을 것이다. 이제 함대는 점차 제국의 해안을 방어하는 전략에 치중하면서 이전의 공격력을 상실하게 된다. 게다가 제국의 중앙정부는 함대의 유지를 제국의 각 지역으로 이관하고, 중앙에서는 콘스탄티노플 시의 방어 전력만을 유지하는 수준으로 함대

[†] 베네치아는 프랑크 왕국의 페피누스에게 "우리는 당신이 아니라 로마 황제의 신민으로 남아 있길 원합니다"라고 대답했다. M. E. Martin, "The Venetians in the byzantine empire before 1204", *Byzantinische forschungen : internationale Zeitschrift für Byzantinistik,* Band XIII(1988), p. 202.

를 재조직했다. 12세기에 비잔티움제국이 베네치아를 비롯한 이탈리아 해상 세력의 도움을 필요로 하게 된 이유도 여기에 있다.

11세기 말~13세기 말 십자군 시대 이전에 이미 베네치아는 비잔티움제국에 수군을 지원할 수 있을 정도로 성장했다. 10세기 초 베네치아는 본토인 이탈리아는 물론이고, 시칠리아 해안의 이슬람 세력과 대립하고 있던 비잔티움제국에 갤리선과 병력을 제공했다.[10] 비잔티움제국은 그 대가로 베네치아에 상업적 특혜를 부여했다. 특히 992년 황제 바실리우스 2세 불가록토누스Basilius II Bulgaroctonus(재위 976~1025)가 조인한 여러 가지 특혜 조치 덕분에 베네치아 상인들은 비잔티움제국에서 확고한 입지를 다질 수 있는 기반을 마련했다.[††]

가장 중요한 특혜는 관세 인하였다. 이전에 아비도스 항에서 30솔디의 수입관세를 물던 상인들은 이제 2솔디의 관세만 지불하면 되었고, 아비도스 항에서 타 지역으로 물건을 수출할 경우에도 15솔디의 수출관세만 지불하면 되었다.[†††] 수입관세가 훨씬 저렴했던 이유는 비잔티움제국으로 들여오는 물건보다 비잔티움제국에서 가져가는 상품이 훨씬 고가의 물건들이었기 때문이다.

이러한 특혜는 베네치아 상인만이 누릴 수 있었다. 이탈리아 바리

....

[††] 992년 맺어진 특혜협정의 의미에 대해서는 여러 사가들의 견해가 갈린다. 티리에는 992년 협정이 베네치아 상인들에게 새로운 특혜를 부여한 것이 아니라고 했다. 반면 이 협정으로 베네치아 상인들이 제국 내에서 확고한 기반을 마련할 수 있었다고 평가하는 의견도 있다. M. E. Martin, "The Venetians in the byzantine empire before 1204", *Byzatinische forschungen : internationale Zeitschrift für Byzantinistik*, Band XIII (1988), p. 206.

[†††] 투마는 이것이 관세가 아니라 베네치아 선박의 헬레스폰트(에게 해에서 흑해로 통하는 다르다넬스 해협)의 통과비로 간주한다. O. Tuma, "Some notes on the significance of the imperial chrysobull to the Venetians of 992", *Byzantion*, LIV (1984), p. 366.

항구에서 베네치아 선박을 이용해 비잔티움제국으로 가는 아말피 상인이나 유대, 롬바르드 상인들은 이런 특혜를 누릴 수 없었다. 관세 특혜 이외에도 베네치아 상인들은 사법상의 특권도 얻었다. 비잔티움제국의 사법 당국은 베네치아인들을 함부로 체포 혹은 구금할 수 없었고, 이들의 물건을 임의로 압수하거나 매각하지 못했다.

약 100년 후인 1082년, 베네치아는 황제 알렉시우스 1세 콤네누스Alexius I Comnenus(재위 1081~1118)에게 더 폭넓은 상업적 특혜를 보장받았다.[†] 이 특혜협정은 이후 한 세기 동안 베네치아와 비잔티움이 유지하는 상업 관계의 기본 틀을 만들었다는 점에서 매우 중요하다. 황제는 베네치아 도제와 그 후계자들에게 '프로토세바스토스Protosebastos'라는 칭호를 부여하고, 베네치아 상인들에게 광범위한 상업 특혜를 보장했다. 이러한 특혜 덕분에 베네치아 상인들은 콘스탄티노플을 포함한 제국의 여러 시장에서 자유롭게 장사할 수 있게 되었고, 기존에 부담했던 관세와 세금을 면제받았으며,[††] 콘스탄티노플 내에 자신들의 상업지구까지 확보했다.[†††]

[†] 베네치아가 비잔티움제국과 맺은 협정에 관해서는 다음 사료 참조. M. Pozza and G. Ravegnani (ed.), *I trattati con Bisanzio, 992~1198* (Venezia, 1993). 협정이 정확히 언제 체결되었는지는 여전히 논란거리지만, 대체로 1082년에 체결된 것으로 간주된다.

[††] 협정에는 제국의 모든 항구에서 관세를 면제해 준다고 포괄적으로 언급하면서도 개별 조항에서 허용된 32개 지역을 구체적으로 명시했다. 흑해 연안의 항구와 크레타와 키프로스 섬의 항구는 이 목록에 포함되지 않았다. D. Jacoby, "Italian privileges and trade in Byzantium before the Fourth Crusade", *Anuario de Estudios Medievales*, 24(1994), pp. 351-357.

[†††] 이 목록에 근거해 티리에와 다수의 역사가들은 베네치아 상인들이 자유롭게 상업 행위를 할 수 있었던 공간은 제국 전역이 아니라 일부 지역이었다고 말한다. 반면 마틴은 반론을 제기하면서 흑해도 베네치아 상인들에게 개방되었다고 주장한다. M. E. Martin, "The Venetians in the byzantine empire before 1204", *Byzatinische forschungen : internationale*

관세 특혜가 비잔티움제국 전역에 해당했는지의 여부를 두고는 여전히 학자들 사이에 논란이 있지만, 이 협정이 베네치아 상인들에게 엄청난 특혜였음은 분명한다. 황제 알렉시우스 1세의 딸이자 연대기 작가였던 안나Anna는 이 특혜 덕분에 베네치아 상인들이 비잔티움 당국의 간섭을 전혀 받지 않고 자유롭게 장사할 수 있었다고 기록했다.[11] 12세기 후반 비잔티움 사람 키나모스도 자신의 연대기에 이 특혜로 베네치아 상인들이 관세를 한 푼도 물지 않게 되었고, 엄청난 부를 쌓아서 비잔티움 사람들에게 거만하게 굴게 되었다고 말한다.[12] 비잔티움제국 사람들의 증언대로 이 조치 이후 베네치아 상인들의 상업 활동은 크게 확대되었다.

그렇다면 왜 비잔티움의 황제들은 제국의 경제에 큰 타격을 줄 엄청난 상업적 특혜를 베네치아 상인들에게 허용했을까? 바로 제국을 침략한 남부 이탈리아의 노르만족 때문이었다. 1081년 비잔티움의 알렉시우스 1세 콤네누스는 남부 이탈리아를 장악하고 있던 노르만족 수장 로베르 기스카르Robert Guiscard(1015~1085, 이탈리아어로는 '로베르토 기스카르도')에 대항하는 동맹을 맺기 위해 교황과 신성로마제국 황제, 여러 군주들, 심지어는 튀르크의 술탄 술레이만에게까지 편지를 보냈다. 그러면서 베네치아에는 함대를 지원해 달라고 부탁했다.[13] 황제의 요청에 가장 적극적으로 응답한 것은 베네치아였다.[14] 베네치아 입장에서도 남부 이탈리아의 노르만이 아드리아 해 통행을 막는다면 큰 피해를 입게 되기 때문에 이 사태를 묵과할 수 없었다.

이 전쟁에서 베네치아도 큰 희생을 감수해야 했다. 1081년 기스

Zeitschrift für Byzantinistik, Band XIII(1988), p.209.

카르가 제국의 영토를 침략했다는 소식을 들은 비잔티움의 황제는 베네치아에 긴급 지원을 요청했다. 베네치아 도제 도메니코 셀보 Domenico Selvo는 직접 함대를 이끌고 전장으로 달려왔다. 황제의 딸 안나의 설명에 따르면, 이때 베네치아 병사 1만3천 명이 사망하고 2,500명이 포로로 잡혔다. 그러나 승승장구하던 노르만 군대를 무력화시킨 것은 비잔티움 군대보다 더 무시무시한 전염병이었다. 1085년 봄까지 노르만 기사 500명이 숨졌고, 상당수 병력이 힘을 쓰지 못하게 되었다. 그해 7월 17일에는 기스카르 역시 병으로 숨을 거두었다. 기스카르의 죽음으로 비잔티움제국은 위기를 모면했다. 하지만 노르만족의 위협이 완전히 사라진 것은 아니었다. 이렇듯 베네치아가 지원한 병력은 비록 승리에 결정적인 역할을 하지는 못했지만, 당시 기준으로 보았을 때 결코 적은 규모의 지원은 아니었다.[15] 큰 특혜에는 그만큼의 희생이 있어야 했던 것이다.

이 전쟁으로 노르만족이 완전히 괴멸되었다면 제국의 황제가 이런 특혜를 주지 않았을 수도 있다. 하지만 전쟁 후에도 노르만족의 위협은 여전했다. 제국으로선 베네치아의 협조가 계속 필요했고, 황제는 베네치아에게 특별한 선물을 줄 수밖에 없었던 것이다. 황제의 딸 안나는 연대기에 "아버지 황제가 특혜와 선물을 주겠다는 약속을 하며 베네치아의 도움을 구했다"고 적었다.[16]

비록 상업적 특혜가 장기적으로는 비잔티움제국에 심각한 악영향을 미쳤지만, 당시 비잔티움제국이 처한 상황에서는 어쩔 수 없는 선택이었다. 우선 1081년 알렉시우스 1세가 즉위할 당시 비잔티움제국은 여러 면에서 곤경에 처해 있었다. 남부 이탈리아의 노르만 이외에도 셀주크튀르크가 소아시아 일대를 휩쓸고 있어 곡물 수급이 여의

〈지도 1〉 1053~1108년 중부 지중해에서 노르만족의 팽창

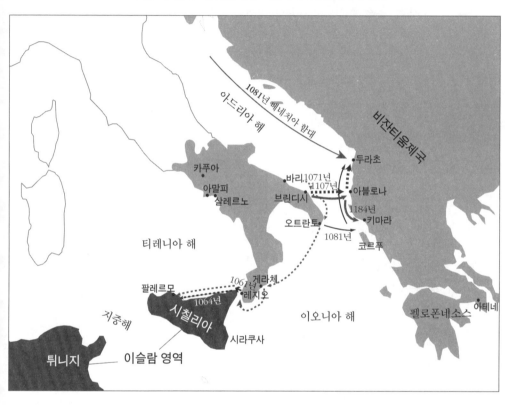

아드리아 해

1081년 베네치아 함대

비잔티움제국

카푸아

아말피
살레르노

바리 1071년
1107년
브린디시

두라초

아블로나

1184년
키마라

오트란토

1081년

코르푸

티레니아 해

팔레르모

1061년 게라체
1064년 레지오

시칠리아

시라쿠사

이오니아 해

펠로폰네소스

아테네

지중해

튀니지 — 이슬람 영역

치 않았다. 어쩌면 국제무역을 활성화시켜 제국의 재정을 안정시킬 생각으로 베네치아 상인들의 적극적인 활동을 장려했을 수도 있다.[17]

하지만 이러한 특혜 정책은 이후 비잔티움 황실을 진퇴양난에 빠지게 했다. 1122년 요하네스 2세Johannes II(재위 1118~1143)가 1082년의 특혜 조약을 폐기하려 하자, 베네치아는 200척의 선박을 동방으로 파견했다. 팔레스타인 지역에서 베네치아의 입지를 견고히 하고, 동시에 비잔티움제국의 황제를 압박할 목적이었다. 베네치아 선단은 1124년 시리아에서 돌아오는 길에 로도스, 사모스, 레스보스, 모돈을 약탈하고 이곳에 전진기지를 세웠다. 다음 해에는 이오니아 지역의 섬들을 약탈했다. 결국 황제는 1126년 8월 칙령을 내려 1082년의 특권을 연장해 주었다. 기존의 특혜에 더해 베네치아 상인들에게 키프로스와 크레타 섬을 자유롭게 드나들 수 있는 통행권까지 부여했다.[18] 1136년에는 피사에도 상업 이권을 양보해야 했고, 이후 제노바에게도 비슷한 요구를 받기 시작했다.[19]

베네치아를 견제하려는 노력은 그 다음 황제들 대에도 계속되었다. 하지만 위기 상황이 발생하면 여전히 베네치아 함대의 지원이 필요했기 때문에 쉽게 뜻을 이루지 못했다. 1147년 남부 이탈리아의 노르만이 다시 제국을 공격하자 황제는 베네치아 함대의 지원을 받았다. 그 대가로 콤네누스 왕조의 황제 마누엘 1세Manuel I(재위 1143~1180)는 1147년 8월에 이전의 특권들을 승인하는 조약을 맺고, 1148년 3월에는 콘스탄티노플 내의 베네치아 거류지를 확대해 주었다.[20]

당시 국제 정세는 비잔티움제국에 결코 유리하지 않았다. 시칠리아 왕 로저 1세Roger I, 프랑스의 루이 7세Louis VII, 신성로마제국 황제 프리드리히 1세Friedrich I, 소아시아의 여러 술탄들, 십자군 왕국들과 이집트 및 북아프리카의 이슬람 세력들, 이탈리아 상업도시들, 발칸 반도의 여러 소국 등 제국을 둘러싼 세력들이 언제 적으로 돌변할지 모를 상황이었다. 비잔티움 황제 마누엘은 이러한 복잡한 국제 정세 속에서 힘의 균형을 유지하는 정책을 최우선적으로 펼쳤다.

1158~9년 황제는 이집트의 칼리프(이슬람 지배자)와 시칠리아 왕 사이를 갈라놓았고, 1159년 시리아의 누르 알 딘에게 이코니움(지금의 터키 코니아 지역에 있던 셀주크튀르크 도시)의 킬리지 아르슬란Kilic Arslan 에 대항하는 동맹을 맺자고 제안했다. 그리고 1161년 가을에는 밀라노를 무너뜨린 신성로마제국의 황제 프리드리히 1세가 동로마제국을 공격한 다음에 동쪽의 이슬람 세계에까지 쳐들어올 것이라고 튀르크, 이집트, 페르시아 등지의 이슬람 군주들에게 경고했다.[21] 그러나 황제의 노력에도 불구하고, 비잔티움제국의 상황은 좀처럼 나아질 기미가 보이지 않았다.

비잔티움제국의 약화는 베네치아 상인들에게는 큰 기회였다. 많은 상인들이 일확천금을 꿈꾸며 비잔티움으로 향했고, 비잔티움의 정세를 이용해 시장을 장악해 나갔다. 비록 국력은 크게 쇠했어도 제국은 여전히 큰 시장이었다. 동방에서 진귀한 물건들이 끊임없이 흘러들고, 최고의 직조 기술과 유리 세공 기술을 가진 장인들이 활동하는 곳이었다. 뿐만 아니라 시리아의 다마스쿠스, 이집트의 알렉산드리아라는 번창하는 지중해 도시들이 인근에 있었고, 발칸 반도와 흑해가 그 뒤를 받쳐 주고 있었다. 11세기를 전후하여 바로 이 큰 시장이 베네치아 상인들에게 열렸다.

2

순회상인 로마노 마이라노

콜레간차 계약과 동지중해 삼각무역

로마노 마이라노Romano Mairano는 십자군 시절에 활약한 모험상인의 대표적인 사례이다. 그는 정치군사적으로 불안정한 국제 정세 속에서 성공과 실패와 재기를 거듭한 의지와 모험정신이 강한 상인이었다. 그가 활동한 시기는 사업을 하는 데 여러 가지 위험부담이 크고, 성공하면 그만큼 이익도 큰 시대였다. 마이라노는 평범한 출신을 딛고 성공한 신흥 부자였다.[22] 그래서 그의 성공 이야기는 더 흥미롭다.

하지만 우연히 남은 문서가 아니었다면, 그는 그냥 그렇게 역사 속으로 사라졌을 것이다. 사실 마이라노는 12세기 베네치아 상인 중에서 가장 많은 기록을 남긴 상인이다. 가문의 마지막 후손이 베네치아의 산 자카리아San Zaccaria 수녀원의 수녀가 되면서 조상들의 문서를 수녀원에 보관한 덕분에 문서가 잘 보존될 수 있었고, 현재는 베네치아 시립 문서고에 이관되어 있다. 그의 기록은 거의 전부가 공증인이 작성한 공증 계약서이다.[23] 구체적으로는 투자계약서, 채무와 채권 증명서, 대리인 임명 계약서, 수송 계약서 등이다. 이 계약서 덕분에 마이라노가 어떻게 사업 자금을 마련했는지, 누구와 함께 장사를 했는지, 어디에서 장사를 했으며 어떤 상품을 거래했는지 등을 꽤 상세하게 알 수 있다.

귀족 출신도 아니고 큰 재산도 없던 그는 어떻게 크게 성공할 수 있었을까? 그것은 '콜레간차colleganza'라고 하는 해상 투자계약 덕분이었다. 이 해상 투자계약은 도시별로 다르게 불렸는데, 베네치아에서는 서로를 함께 묶는다는 뜻의 '콜레간차colleganza'로, 제노바에서는 '소키에타스 마리스societas maris'로 불렀다. 이름만 조금씩 달랐을 뿐, 이 계약은 본국에 머물면서 자본을 제공한 투자자와 총 자본의 일부만 투자하고 여행하면서 장사하는 상인을 함께 묶어 주는 효력을 지녔다.

마이라노는 1150년 귀도 발레레소Guido Valeresso에게 사업 자금을 투자받는 것을 시작으로 여러 사람들로부터 자금을 조달했다.[24] 마이라노는 첫 번째 여행에서 빌린 돈을 어려움 없이 상환하고, 얼마간의 사업 자금도 마련할 수 있었던 것으로 보인다. 그리고 2년 후인 1152년 결혼한 아내 마리오타Mariota의 지참금까지 해외 사업에 투자했다. 장인 만두카 카세오Manduca Caseo는 딸 내외에게 800리라를 제공하기로 약속했는데, 그중 3분의 1은 사위에게 나머지 3분의 2는 딸에게 돌아갔다.[25]

1153년 이후 마이라노는 비잔티움제국 시장에 본격적으로 뛰어들었다. 12세기에는 베네치아의 해외무역 중 3분의 2가 제국과의 무역일 정도로 비잔티움 시장은 베네치아 상인들에게 익숙한 곳이었다.[26] 약간 과장된 당시 기록에 따르면, 1170년에만 3만 명의 베네치

중세의 포도주 상인

아 상인들이 비잔티움을 방문했다고 한다.[27]

마이라노는 친형제인 사무엘과 동업하여 그리스와 소아시아를 오가며 교역했다. 1156년 5월부터 1158년 3월 사이에 마이라노는 적어도 다섯 차례 이상 콘스탄티노플과 소아시아를 오갔다. 한 마디로, 그는 동지중해 여러 지역을 떠도는 여행상인이었다.[28]

베네치아에서 처리해야 할 업무는 처남이 담당했으며, 비잔티움제국에서 활동하던 마이라노는 종종 처남의 대리인 역할을 했다.[29] 비잔티움제국에서 장사를 시작한 지 얼마 지나지 않아 마이라노는 콘스탄티노플 내에 약간의 땅을 살 수 있을 정도로 돈을 벌었고, 조금씩 자본금을 늘리며 사업 규모도 키워 나갔다.

1161년 이후 마이라노는 사업 영역을 라틴 왕국과 이집트의 알렉산드리아로까지 확장했다.[†] 당시 이집트의 알렉산드리아는 이슬람 세계에서 가장 활기찬 시장 중 하나였고, 인도양에서 들어오는 다양한 향신료가 지중해를 통해 유럽으로 수출되는 항구였다. 1183년 메카로 순례여행을 가던 중 알렉산드리아를 방문한 이베리아 반도 출신의 무슬림 이븐 주바이르는, 알렉산드리아만큼 넓은 거리와 높은 건물들과 번창하는 시장을 가진 도시는 없다고 알렉산드리아의 위대함에 감탄했다.[30]

당시 콘스탄티노플과 라틴 왕국 그리고 알렉산드리아를 연결하는 삼각무역은 많은 베네치아 상인들에게 인기 있는 사업 루트였다. 11

[†] 1161년 마이라노는 라틴 왕국의 항구도시 아크레에서 베네치아 상인들에게 해상 대부를 받았다. R. Morozzo della Rocca and A. Lombardo, *Documenti del commercio veneziano nei secoli XI-XIII* (Torino, 1940), p.152.

세기에 이미 베네치아와 아말피 선박들은 이탈리아 반도, 비잔티움 제국과 이집트를 연결하는 삼각무역 체제를 구축하고 있었다. 12세 기에 십자군전쟁으로 시리아에 라틴 기독교 왕국이 건설되면서 이 러한 무역 네트워크는 한층 더 공고해졌고,[31] 알렉산드리아 시장은 베네치아 상인들의 활동 중심지가 되어 가고 있었다. 1215년 알렉산 드리아에는 약 3천 명의 이탈리아 상인들이 활동하고 있었는데, 그 중 다수가 베네치아 상인이었다. 베네치아 상인들은 자신들만의 무 역소貿易所인 '폰다코Fondaco'를 운영할 정도로 큰 세력을 형성했다.[32]

마이라노는 돈이 되는 것이면 어떤 물품이든 가리지 않았다. 마이 라노는 베네치아에서 목재를 구입해 비잔티움제국에 팔았다. 당시 목 재는 서지중해에서 동지중해로 수출되는 주요한 품목이었다. 목재가 부족한 이슬람 국가에서 유럽산 목재에 대한 수요가 높았기 때문이 다. 그런데 목재는 선박을 제조할 수 있는 일종의 군수 상품이었기 때문에 교황청에서는 이교도에 대한 목재 판매를 금하려고 노력했 다.[33] 교회의 금지령에도 불구하고, 이탈리아 상인들은 목재를 포함한 여러 전쟁 물자들을 동지중해로 수출하는 것을 꺼리지 않았다.[34]

목재뿐 아니라 구리, 철, 직물, 특히 마직이 서유럽에서 비잔티움제 국으로 들어왔다. 올리브유도 마이라노의 거래 품목 중 하나였다. 마 이라노를 포함한 다수의 베네치아 상인들은 비잔티움제국에서 생산 된 올리브유를 이집트로 수송했다. 특히 베네치아 상인 비탈레 볼타 니가 비잔티움제국에서 생산된 올리브유를 알렉산드리아로 수출하 는 사업을 독점하고 있었다.[35] 베네치아 상인들이 이집트와 시리아 시장에서 구입한 핵심 상품은 향신료였다. 이집트의 알렉산드리아와 시리아의 베이루트는 지중해에서 가장 큰 향신료 거래 시장으로, 인도양에서 들어오는 대부분의 향신료가 이 두 항구를 통해 비잔티움 제국과 서지중해로 팔려 나갔다. 베네치아 상인들이 가장 많이 구입한 향신료는 후추였고, 계피와 사프란 등도 거래되었다.[36]

마이라노는 다른 많은 베네치아 상인들처럼 본국으로 돌아오지 않고 대부분 동지중해에 머물렀다. 1158년 이탈리아 반도 달마티아 해안에 위치한 자라(현재의 자다르) 시가 반란을 일으켜 베네치아 정부가 시를 재탈환하고자 병력 소집령을 내렸는데, 마이라노는 이를 거부하고 돌아가지 않아 무거운 벌금을 물어야 했다.[37] 하지만 이때 이미 그는 성전기사단에 5만 리브르(여기서는 무게 단위(파운드))의 철을 발송할 정도로 큰 규모의 상인으로 성장해 있었다.

마이라노가 다시 고향 베네치아로 돌아온 것은 1163년이었다. 금의환향인 셈이었다. 그가 고향에서 가장 먼저 한 일은 선박 매입이었다. 이제 그는 자기 배에 자신의 상품을 싣고 사업여행을 떠날 수 있게 된 것이다. 또한 거상답게 베네치아를 대표하는 귀족 가문들의 투자를 받았다. 다수의 도제를 배출한 단돌로 가문 사람들도 마이라노에게 자금을 투자했다. 1165년에는 베네치아 상인 마르코 엔초 Marco Enzo에게 이슬람 금화 300브잔트를 투자받았다. 당시 십자군이 세운 예루살렘 왕국의 기독교 왕은 이슬람과의 교역을 위해 알라가 새겨진 이슬람 금화를 주조하고 있었다.

두 상인은 함께 라틴 왕국의 영토였던 아크레에서 출발해 크레타로 가서 장사를 하고 다시 아크레나 알렉산드리아로 귀환하는 데 합의했다. 동지중해의 항구도시 아크레(지금의 이스라엘 북부)는 11세기 말 제1차 십자군전쟁 때 기독교군이 승리하면서 시리아 현지에 라틴 기독교 왕국들이 세워진 이후 라틴 왕국이 최종적으로 멸망하는

1291년까지 기독교 영토로 남아 있었다. 1130년 무렵 아크레는 2만 5천의 인구를 보유한 대도시였으며, 1170년 이후에는 라틴 왕국에서 가장 중요한 상업도시이자 항구도시로 성장했다. 당시 한 잉글랜드인의 진술에 따르면, 아크레에서 거두는 세입이 잉글랜드 왕국 내에서의 세입보다 많을 정도로 아크레는 번성했다.

마이라노는 1167년 7월에만 여덟 건의 투자계약을 콘스탄티노플에서 체결했는데, 이렇게 모은 자금이 763히페르피론에 이르렀다.[†] 이 돈은 선박 구입에 쓰였다. 이자율이 40~50퍼센트에 이를 정도로 매우 높았음에도 불구하고, 마이라노는 1168년 봄 1,106히페르피론을 갚았다. 이 투자계약은 주로 알렉산드리아 사업에 관한 것이었다.[38]

1167년 마이라노는 알렉산드리아에서 베네치아 상인 도메니코 자코보와 투자계약을 체결했다. 알렉산드리아에서 테살로니카를 거쳐 콘스탄티노플로 가는 사업여행이었다. 마이라노는 콘스탄티노플 내 라틴 교구에서 부동산, 저울, 도량 기계들을 500리브르에 임대했고, 베네치아 상인들에게 무게와 부피 단위로 부과되는 상품세 징수를 도맡을 정도로 성공했다.[39]

[†] '히페르피론hyperpyron'은 11세기 비잔티움 황제 알렉시우스 1세 콤네누스가 도입한 4~5 그램짜리 금화이다. 전통적인 비잔티움 금화는 4세기 초 콘스탄티누스 대제가 도입한 '솔리두스solidus'인데, 이 금화는 7세기 내내 4~5그램의 무게를 유지하면서 지중해 세계의 기축통화 역할을 했다. 하지만 11세기 금 함량이 현격히 줄어들자, 황제 콤네누스가 이를 대신해 히페르피론을 도입했다.

1171년 몰수 사건 : 베네치아 상인들의 위기

그러나 1168년, 승승장구하던 그의 사업에 첫 번째 시련이 다가왔다. 베네치아 정부가 상업 특혜 조약의 갱신을 미루는 비잔티움제국의 태도에 분개하여 콘스탄티노플과의 교역을 금지하는 칙령을 반포한 것이다. 이에 따라 마이라노 역시 잠시 사업을 접고 베네치아로 귀국해야 했다.

하지만 그 뒤에 일어날 사건과 비교하면 이는 작은 파도에 불과했다. 1171년 3월 12일, 비잔티움 황제 마누엘 1세(재위 1143~1180)가 제국 내에 있는 모든 베네치아 상인들을 체포하고 그 재산을 압류하라고 명령했다. 당시 기록에 따르면, 콘스탄티노플에서만 1만 명 이상의 베네치아 상인들이 재산을 빼앗기고 구금당했다.[40] 마이라노는 자신의 선박을 이용해 수백 명의 베네치아 상인들을 탈출시키는 데 성공했지만, 재산은 몰수당했다. 이 일로 그는 그동안 모았던 재산을 한꺼번에 잃었고, 채권자들에게 진 빚도 갚을 수 없게 되었다.

약탈과 몰수 소식이 전해지자 베네치아 내에서는 복수를 외치는 여론이 들끓었다. 양국이 제노바와 피사에 특혜를 보장하는 협의를 마친 직후였고, 특히 비잔티움 황제가 베네치아 상인의 안전을 보장한다는 약속까지 한 상태에서 이런 일이 발생했기 때문에 베네치아인들의 분노는 더욱 컸다. 베네치아 대위원회는 100척의 갤리선과 20척의 수송 선박을 꾸려 제국에 복수할 것을 결정하고, 도제 미키엘이 직접 함대를 지휘하기로 의견을 모았다. 이렇게 해서 1171년 9월, 베네치아 함대가 비잔티움제국을 향해 출발했다.[41]

이때 베네치아 함대의 이동 경로에 대해서는 정확하게 알려진 바

마누엘 1세 콤네누스 시대에 발행된 술잔 모양의 히페르피론(비잔티움 주화)

가 없다. 에게 해에 있는 에우보이아 섬(지금의 그리스 에비아 섬)의 항구 도시 칼키스를 점령했다는 기록 외에는 교전과 관련한 어떠한 내용도 베네치아 사료에 남아 있지 않다. 함대 100척이 움직인 것치고는 너무 미미한 성과가 아닐 수 없다. 게다가 도제 미키엘은 곧바로 비잔티움 황제에게 협상단을 파견하기로 결정한다. 변변한 군사적 위협조차 해보지 못하고 협상을 시도한 것이다. 황제가 끄떡할 리 만무했다. 3차에 걸친 협상은 모두 실패로 돌아갔고, 전권 대표로 파견된 협상단은 번번이 아무 성과 없이 철수했다.

베네치아인들은 원정이 실패한 것이 전염병 때문이었다고 생각했다. 베네치아 함대가 진주하고 있던 키오스 섬에 전염병이 발생하여 1천 명 이상의 베네치아 선원들이 불과 며칠 만에 죽었다는 것이다. 결국 이듬해인 1172년 3월, 베네치아 함대는 키오스 섬을 떠나 파나기아로, 그리고 다시 레스보스와 스키로스 섬으로 계속 퇴각했지만 전염병을 완전히 퇴치하지는 못했던 듯하다. 계속해서 환자가 발생했고, 그리스 현지인들이 우물에 독을 타서 전염병을 퍼뜨렸다는 소문이 돌 정도로 베네치아의 병력 손실은 심각했다. 전의를 상실한 선원들은 4월부터 귀환을 요구하기 시작했고, 세 번째 협상의 결과도 확인할 겨를 없이 함대는 5월 말에 베네치아로 귀환했다. 물론 3차 협상 역시 실패였다.[†] 참으로 초라한 귀향이었다.

복수는커녕 군사적 참패와 협상 실패라는 굴욕만을 안고 돌아온 도제에게 베네치아 시민들은 크게 분노했다. "도제가 우리를 잘못 이끌었고, 협상하느라고 시간을 허비했다. 그렇지 않았다면 우리가 이렇게 참패를 당하지 않았을 것이다!" 여기저기서 비난이 쏟아졌다. 급기야 미키엘 도제가 대회의장에서 성난 군중들에게 살해되기에 이르렀다. 그러나 도제가 사망한 후 도제 시해를 비난하는 목소리가 높아져, 암살자인 마르코 카솔로가 속죄양으로 처형되었다. 1171년 사건은 그렇게 베네치아에 뼈아픈 실패를 안기며 수치스러운 오점을 남겼다.

그런데 이 사건에 관한 비잔티움 쪽의 기록은 전혀 상반된 사실을 전하고 있다. 베네치아군이 퇴각한 결정적인 이유가 전염병 때문이 아니라 비잔티움 함대의 공격 때문이라는 것이다. 150여 척으로 이루어진 비잔티움 함대가 다르다넬스 해협으로 진출하려는 베네치아 함대를 차단하고, 키오스 섬에 진주하면서 협상을 시도하던 그들

[†] T. F. Madden, "Venice and Constantinople in 1171 and 1172 : Enrico Dandolo's attitudes towards Byzantium", *Mediterranean Historical Review*, 8(1993), p. 175. 미키엘 도제는 3차 협상단으로 필리포 그레코 Filippo Greco와 엔리코 단돌로Enrico Dandolo를 파견했다. 일설에 따르면, 이때 특사로 파견된 청년 단돌로는 비잔티움 황제의 사주로 콘스탄티노플 시내에서 테러를 당해 실명했다고 한다. 많은 후대의 역사가들은 이후 베네치아 도제가 된 단돌로가 1204년 제4차 십자군을 우회시켜 비잔티움제국의 수도 콘스탄티노플을 공격함으로써 젊은 날의 원한을 갚았다고 해석한다.

을 공격하여 에게 해 밖으로 내몰았다는 주장이다.

만일 이 기록이 사실이라면 여기서 비잔티움제국과 베네치아의 관계를 더 정교하게 재정리할 수 있는 실마리를 얻을 수 있다. 즉, 비잔티움이 베네치아에 상업적 특혜를 베풀고 이들의 전횡을 용인한 것은, 이들을 제국에서 추방할 힘이 없어서가 아니라 이들이 비잔티움의 적들과 동맹을 맺지 못하도록 일부러 눈감아 준 것이라는 것이다. 실제로 원정에 실패한 베네치아가 가장 먼저 한 일은 노르만 출신의 시칠리아 왕 굴리엘모 2세Guglielmo II(재위 1166~1189)와 협상을 체결한 것이었다. 시칠리아의 노르만과 손을 잡으면 비잔티움 황제가 협상에 나설 것이라는 판단이었다. 당시 베네치아에게는 비잔티움제국의 함대를 제압할 만한 힘은 없었던 것이다.

그리고 이러한 예상은 적중했다. 1179년 비잔티움 황제 마누엘은 몰수한 상품과 베네치아 상인들의 권리를 회복시킨다는 명을 내렸다. 하지만 그것은 단순한 선언에 지나지 않았고 실제로는 아무런 조치도 이루어지지 않았다. 그 사이 라틴인들에게 부여되었던 모든 시민적 권리는 철회되었다.[42] 1171년 감금된 베네치아인들은 마누엘 황제가 사망하는 1180년까지 풀려나지 못한 것으로 추정된다. 마누엘 사망 이후에도 곧바로 베네치아 상인들이 다시 비잔티움제국에서 활동을 재개한 것은 아니었다. 1180년대에도 여전히 시장 상황은 불확실했다.[43]

왜 이런 일이 발생했을까? 근본적인 이유는, 베네치아 상인들이 비잔티움제국 시장에서 엄청난 특혜를 통해 막대한 이문을 챙기고 전횡도 심했기 때문이다. 당시 마누엘 황제의 비서장이었던 니케타스 코니아테스Niketas Choniates도 1171년 사건의 최초 발단은 1082년의 상업 특혜로까지 거슬러 올라가며, 최종 책임이 베네치아 상인들에게 있음을 명확히 했다.

"그 시절 로마인들(비잔티움제국)이 지원을 청하자 베네치아인들은 그들의 고향을 떠나 콘스탄티노플로 몰려들었다. 그들은 콘스탄티노플에서 제국 전역으로 퍼져 나갔다. 그들은 그들의 성만을 고집하며 비잔티움 사람을 업신여기며 끼리끼리 무리 지어 살았다. 그들은 엄청난 재산을 모았고 더욱 거만하고 무례해져, 비잔티움 사람들에게 호전적으로 행동했을 뿐만 아니라 제국의 요구와 명령까지 무시했다. 무엇보다도 베네치아인들의 일련의 악행에 화가 난 황제께서는 이전에 베네치아인들이 케르키라(지금의 그리스 서북부 코르푸 섬에 있는 도시)를 공격한 사실을 상기하면서 이러한 사태를 시정해야 한다고 생각하셨다. 베네치아인들의 잘못된 행동은 도를 지나쳤음이 분명하다. 황제께서는 제국 전역에 편지를 보내 베네치아인들을 체포하고 그들의 재산을 몰수할 것을 명하셨다."[44]

특히 1171년 베네치아 상인들이 콘스탄티노플에 있는 제노바 상관을 공격한 사건은 마누엘 황제에게 아주 적절하고 좋은 명분을 제공했다. 마누엘 황제는 이를 황제의 사법권에 대한 심각한 도전으로 간주했다.

하지만 처음부터 이러한 반격이 가능했던 것은 아니다. 베네치아 상인들을 몰아내려면 그전에 해군력부터 키워야 했다. 이러한 정세를 잘 파악하고 있던 마누엘 황제는 즉위 후 해상 해군력을 강화하기 시작했다. 마누엘이 즉위할 당시인 1140년대에만 해도 비잔티움 제국은 베네치아 함대가 흑해로 들어오는 것을 막을 힘이 없었다. 그러나 그로부터 20년이 흐른 1160년대에 접어들면 상황이 달라진다. 1169년 200척의 비잔티움 함대가 이집트에 파병되었고, 1172년 에는 베네치아 함대에 맞서 선박 150척을 징집할 수 있을 정도로 비 잔티움의 해군력이 강화되었다.[45]

군사력 강화에 성공한 마누엘 황제는 본격적으로 베네치아 상인 을 견제해 나가기 시작했다. 황제는 우선 제노바를 비롯한 이탈리아 상인들에게 베네치아와 비슷한 특혜를 허락했다. 1169년 10월 마누 엘 황제는 제노바 대사 아미코 데 무르타Amico de Murta와 협정을 체 결했다. 협정에서 비잔티움제국이 내건 요구 사항은, 신성로마제국 황제 프리드리히 1세와의 싸움에서 제노바가 비잔티움제국을 지원 하는 것이었다. 그 대가로 제노바는 콘스탄티노플 내에 제노바 상업 구역을 설치해 달라고 요구하였다.†

이 협정에 따라 콘스탄티노플 북쪽의 갈라타에 제노바 상관이 설 치되었다. 그리고 얼마 지나지 않아 제노바 상관이 공격받는 사건이 일어났다. 사건을 저지른 범인은 확인되지 않았지만, 마누엘 황제는 베네치아 상인들을 그 배후로 단정하고 3월 12일 비잔티움 내의 모 든 베네치아 상인들을 체포하고 선박과 재산을 몰수하라는 명을 내 렸다.[46] 바로 이것이 1171년 사태이다.

마누엘 황제는 이 사건을 이용해 베네치아 상인들을 아예 몰아내 고 싶었을 것이다. 마누엘 황제의 서기였던 키나무스Cinnamus는, 베네

---

† J. Danstrup, "Manuel I's coup against Genoa and Venice in the light of byzantine commercial policy", *Classica et Mediaevalia*, 10(1949), pp. 209-210. 아미코가 제노바에 돌아와 이 소식이 알려지자, 제노바에서는 큰 소란이 일어나 협상을 수정하자는 의견이 모아졌다. 다시 파견된 아미 코는 신성로마제국의 황제를 적으로 둔다는 조항을 없앴다. 주변 상황이 불리해지자 마 누엘은 1170년 4~5월 제노바의 요구를 수용해 협정을 다시 맺었다.

치아 상인들이 제노바 상관을 공격한 후 콘스탄티노플을 공격하겠다고 위협했기 때문에 황제가 선제 조처를 취한 것이라고 했다. 동시대를 살았던 비잔티움 출신의 역사가인 니케타스 또한 베네치아인들의 거만함이 이러한 사건을 초래했다면서 모든 책임이 베네치아인들에게 있다고 주장했다. 반면 베네치아 측은 베네치아 상인들의 부富에 대한 비잔티움 황제 마누엘의 질투와, 시칠리아 왕 굴리엘모 2세 Guglielmo II(재위 1166~1189)에 대항하는 군사동맹을 맺자는 황제의 제안을 거절한 것에 대한 분노 등이 사건의 원인이었다고 지적한다.[47]

사건에 대한 해석은 각자의 입장에 따라 달라질 수밖에 없지만, 한 가지 분명한 것은 베네치아의 공격을 받은 제노바 사람들조차 제노바 상관에 대한 베네치아인들의 공격이 1171년 사건을 초래한 직접적인 원인이라고 생각하지 않았다는 것이다.[48] 아마 제노바 상인들을 끌어들여 베네치아를 견제하는 동시에 베네치아 사람들을 자극해 제노바와의 갈등을 유발하고 이를 핑계로 베네치아 상인들을 공격하는 것이 마누엘 황제의 고도로 계산된 술책이었을지도 모른다. 황제는 그럴 만한 이유가 충분했다. 당시 베네치아 상인들은 비잔티움제국 내에서 너무나 자유롭게 활동하면서 지나치게 많은 부를 끌어 모으고 있었기 때문이다.

새로운 시장 개척 : 북아프리카

마이라노는 1171년 몰수 사건으로 엄청난 손실을 입었지만 좌절하지 않았다. 그는 형제인 사무엘과 협력하여 재기를 노렸다. 마이라노는 일단 불안정한 콘스탄티노플 시장으로 돌아가지 않고 베네치아에 본거지를 두고 알렉산드리아와 아크레를 오가면서 장사를 재개했다.

그리고 4년 후인 1175년 베네치아와 시칠리아 왕 굴리엘모 2세 사이에 상업과 평화협정이 체결되자, 마이라노는 마그레브 지역과의 교역에도 뛰어들었다.[†] 이를 위해 그는 두 명의 베네치아 상인들에게 자금을 투자받아 북아프리카의 베자이아와 세우타Ceuta 지역에 진출했다.[††] 1177년에는 아홉 명의 투자자들을 상대로 본격적으로 북아프리카에서 사업할 자금을 마련했다. 마이라노는 건조한 지 얼마 안 되는 자신의 선박을 이용해 베네치아에서 북아프리카로 상품을 수송할 예정이었다.[49] 마이라노를 포함해 당시 다수의 베네치아 상인들은 알제리의 베자이아(프랑스어로 '부지'. 중세 이곳에서 생산되는 양초가 유명해 프랑스 사람들은 양초를 '부지'라 불렀다.)에서 모직물과 가죽을 구입하는 한편, 서아프리카 기니 만에서 생산되는 저렴한 향신료를 구입하는 루트를 개설하려고 노력했다.[50]

그리하여 1770년대 중반 무렵에 이르러 마이라노는 이전의 명성을 되찾았다. 1175년 5월에는 베네치아 공화국의 수장 도제 세바스

[†] '마그레브Maghreb'는 리비아 · 튀니지 · 알제리 · 모로코 등 아프리카 북서부 일대를 가리킨다. 아랍어로는 '마그리브Maghrib'라고 하는데, 이 말은 동방東方(Mashriq)에 대한 서방西方의 끝을 뜻한다. 베네치아는 노르만족이 아드리아 동쪽을 차지해 지중해로 연결되는 통로를 막는 것을 끝까지 저지하려고 하면서도, 서아프리카와의 통상을 위해서는 노르만족과의 협상도 주저하지 않았다.

[††] R. Morozzo della Rocca and A. Lombardo, *Documenti del commercio veneziano nei secoli XI-XIII* (Torino, 1940), pp.279-280. 이 투자계약에서 투자자들은 각기 1,333브잔트씩의 이익을 기대했고, 1년 후 마이라노는 대부금을 청산했다.

티아노 지아니도 마이라노 형제에게 투자할 정도였다. 형제는 도제에게 명반과 후추를 공급하기로 계약했다. 그러나 1171년 사건으로 입은 손실을 회복하고 모든 채무를 청산하는 데에는 그로부터 8년이 더 흐른 총 12년의 세월이 필요했다.

1182년 안드로니쿠스의 쿠데타와 콘스탄티노플 소요 사태

재기에는 성공했지만 마이라노는 콘스탄티노플 시장으로 돌아가지 않았다. 그런데 1171년의 악몽이 채 사라지기도 전인 1182년 5월, 콘스탄티노플에 거주하는 이탈리아인들에 대한 공격이 재현되었다. 분노한 그리스 군중들이 콘스탄티노플에 거주하는 라틴인들을 약탈하는 사태가 벌어진 것이다. 이탈리아 상인들의 건물과 재산이 주요 표적이 되었고, 미처 도망치지 못한 사람들은 상해를 입거나 살해되었다. 피해자의 규모를 8만 명 정도로 추산하는 기록이 있을 정도로 1182년의 콘스탄티노플 소요 사태는 심각한 피해를 낳았다.[51]

사태의 근본 원인 가운데 하나가 이탈리아 상인들에 대한 비잔티움 사람들의 평소 감정이 나빴던 데 있었음은 분명해 보인다. 마누엘 황제 통치 후반에 접어들면서 시작된 경제 침체의 책임을 성난 민중은 이들에게 묻고자 한 것이다. 그런데 이 사태가 자연 발생적인 사건이 아니라, 누군가가 의도적으로 기획한 일이었음이 얼마 후 드러났다. 이것은 곧 닥칠 쿠데타의 서막이었다.

그로부터 약 2년 전인 1180년 9월, 제국의 중흥을 주도하던 마누엘 1세가 사망하고 이제 열한 살이 된 황제의 어린 아들 알렉시우스

2세 콤네누스가 황위를 이어받았다. 마누엘은 죽기 전 황비인 마리아Maria에게 섭정을 위임했다. 그런데 마리아는 1098년 제1차 십자군 원정 때 지금의 터키 남부와 시리아 국경 부근에 기독교인들이 세운 라틴 왕국인 안티오키아Antiochia 출신이었다. 새로운 황비 역시 프랑스 루이 9세의 딸이었다. 이때 태후의 두터운 신임을 얻어 국무 책임을 맡은 알렉시우스 프로토세바스토스Prōtosebastos도 외국인이었다. 비잔티움제국의 국정이 외국인들의 손에 농락당하고 있다는 분노에, 마리아와 프로토세바스토스가 연인 관계라는 불미스러운 소문까지 겹치면서 황실에 대한 신민들의 신망은 땅에 떨어졌다. 그러자 제위를 노리는 황족들의 책동이 이어졌다.

특히 황제의 당숙인 안드로니쿠스Andronicus가 가장 위협적인 존재로 떠올랐다. 그는 선황인 마누엘 집권기에 황위 찬탈 음모를 획책했다는 죄목으로 콘스탄티노플 북쪽 지역으로 추방당한 인물이었다. 이는 황실이 신망을 잃게 되면 가장 크게 덕을 볼 인물이라는 뜻이다. 이내 안드로니쿠스에 대한 동정론이 일어나, 그는 방종한 모략가에서 부도덕한 황실의 억울한 희생자가 되었다.

이 틈을 놓치지 않고 안드로니쿠스는 라틴인들에 대한 공격을 선동했다. "비잔티움제국의 정치와 경제를 라틴인의 손아귀에서 되찾자!" 안드로니쿠스의 말에 콘스탄티노플 시민들은 열렬한 지지를 보냈다. 폭동이 시작된 것이다. 폭동은 안드로니쿠스가 콘스탄티노플에 입성하기 전에 완료되었다. 황제와 태후는 억류되었고, 라틴인들은 체포되었다. 주민들은 새로운 실권자로 등장한 안드로니쿠스를 환호 속에 맞이했고, 다음 해 9월 황제로 옹립했다.

당시 콘스탄티노플에서 벌어진 폭력 사태의 가장 큰 피해자는 제노바와 피사의 상인들이었다. 베네치아의 상업 공동체는 1171년 이후 여전히 완벽하게 회복되지 않은 상태였기 때문에 베네치아인들의 피해는 상대적으로 덜했던 듯하다. 쿠데타로 정권을 잡은 안드로니쿠스 1세 콤네누스Andronicus I Comnenus(재위 1183~1185)가 먼저 손을 내민 상대가 제노바나 피사가 아니라 베네치아 상인인 이유가 여기에 있다. 마누엘 황제 시절에 상대적으로 불이익을 당해 왔던 베네치아인들에게는 콘스탄티노플 시장을 되찾을 수 있는 절호의 기회였다. 상인들은 황제에게서 베네치아 상인들이 입은 손해를 매년 일정액씩 갚겠다는 약속을 받아내고 그 실질적인 이행을 확인한 후에야 움직였다. 베네치아 상인들은 다시 콘스탄티노플 시장을 찾았고, 1184년 2월 이후 상업 활동은 다시 활기를 찾았다.[†]

1185년, 집권 후 공포정치를 펴던 안드로니쿠스 1세가 시칠리아 왕 굴리엘모의 침략을 제대로 방어하지 못해 일어난 반란으로 세상을 떠난 다음에도 베네치아와 비잔티움제국의 우호적인 관계는 지속되었다. 1187년 2월, 안드로니쿠스의 뒤를 이어 제위에 오른 이사키우스 2세 앙겔루스Isaacius II Angelus(재위 1185~1195)는 협약을 통해 과거 알렉시우스와 마누엘 황제가 베네치아에 부여했던 모든 특혜를 재승인하고 1171년에 몰수한 물건을 모두 돌려주겠노라 약속했다. 이에 대해 베네치아는 서방 세계의 비잔티움제국 공격에 동참하지 않을 것과 유사시 40~100척 규모의 함대 및 인력 지원, 콘스탄

[†] 1184~1201년에 작성된 상업 문서들은 이 시기에 베네치아와 콘스탄티노플 사이의 상업 거래가 활발히 진행되었음을 증명한다. J. H. Pryor, "The Venetian fleet for the Fourth Crusade", M. Bull and N. Housley (ed.), *The Experience of Crusading, 1 : Western Approaches* (Cambridge, 2003), p. 108.

티노플에 상주하는 베네치아인에 대한 징집 허용으로 화답했다.[52]

이렇게 양측이 어느 정도 선에서 타협안을 찾을 수밖에 없었던 것은 당시 지중해의 국제 정세 때문이었다. 비잔티움제국으로선 십자군이나 남부 이탈리아의 노르만 등 사방에서 제국을 둘러싸고 있는 적들의 공격을 막아 내는 데 베네치아 선단의 군사적 지원이 절실했다. 당시 베네치아도 쿠르드족 출신의 위대한 이슬람 지도자 살라딘Selahaddin이 시리아에서 라틴 왕국의 상당 부분을 정복해 가면서 이들 지역에서 자국 상인의 활동 영역이 축소되는 것을 지켜볼 수밖에 없었다. 베네치아 정부는 1171년 사건 이전 수준 아니 그 이상으로 비잔티움 시장에서 상업 활동이 복구되기를 희망했고, 오랜 협상 끝에 1198년 11월 합의를 도출해 냈다. 1198년 협정은 11세기 전성기 당시 베네치아가 누리고 있던 상업적 지위를 재확인해 주었다.

이처럼 앙겔루스 황제가 베네치아와의 우호적인 관계를 복원하고자 노력하면서, 마이라노를 포함한 베네치아 상인들도 하나 둘 콘스탄티노플 시장으로 돌아왔다. 정확한 귀환 시점은 알 수 없지만, 1190년에 콘스탄티노플에서 상업 계약을 맺는 마이라노를 발견할 수 있다. 그러나 이제 나이가 든 마이라노는 젊은 시절처럼 동지중해 여러 지역을 누비며 장사를 할 수 없었다.

마이라노는 1201년 사망할 때까지 사업에서 완전히 손을 떼지는 않았지만, 말년에는 베네치아에 상주하면서 해외 사업을 떠나는 젊은이들에게 자금을 제공하는 투자상인으로 모습을 바꾸었다. 그가 젊은 시절 처가에서 사업 자금을 지원받았듯, 그도 노년에는 사위 오타비아노 페르모Ottaviano Fermo에게 사업에 필요한 종잣돈을 제공했다. 아마 딸의 지참금도 사위의 사업에 들어갔을 것이다. 이 딸은 첫 번째 아내 마리오타가 낳은 딸이 아니라, 1182년 결혼한 두 번째 부인 마텔다Mathelda가 낳은 막내딸이었다.[53]

12세기 중엽 사업에 뛰어든 마이라노는 평생 지중해의 여러 시장을 돌아다니며 장사를 했다. 비잔티움제국의 수도 콘스탄티노플, 이슬람 세계의 최대 상업도시 알렉산드리아, 라틴 왕국 제1의 수출항 아크레, 소아시아의 스미르나(지금의 터키 이즈미르), 북서아프리카 제1의 상업항 베자이아와 세우타 등지를 오가면서 상품을 수송하고 사고팔았다. 여러 투자자들에게서 높은 이자율로 사업 자금을 조달했지만, 그만큼 큰 수익을 내서 채무를 청산했다.

마이라노는 12세기 이탈리아 상인의 전형적인 모습인 순회상인이자 모험상인이었다. 마이라노를 포함해 12세기 동지중해 여러 지역을 누비면서 활동한 베네치아 상인의 활약상을 "바다와 결혼한 공화국 상인의 모험 이야기"로 묘사한 프랑스 역사가 크루제 파방의 비유는 매우 적절하다.[54]

3
제4차 십자군과 해상제국 건설

제4차 십자군과 해상제국 건설

　마이라노가 활동한 12세기 후반은 비잔티움제국과 베네치아 사이의 갈등과 적대감이 고조된 시기다. 그럼에도 불구하고 양자는 서로를 필요로 하고 있었다. 특히 비잔티움제국으로선 베네치아 함대의 지원이 꼭 필요했고, 그 대가로 베네치아 상인들에게 엄청난 상업적 특혜를 제공할 수밖에 없었다. 그래서 1171년과 1182년 사건이라는 큰 고비를 겪고도 12세기 말 베네치아와의 관계 회복을 위해 노력했다. 비잔티움 황제들은 두 사건으로 베네치아가 입은 손해를 배상해주고 과거의 특혜를 다시 부여했다. 이러한 노력 덕분에 베네치아 상인들은 다시 콘스탄티노플 시장으로 돌아왔다.[55]

　그러나 1204년 제4차 십자군은 모든 것을 바꾸어 놓았다. 무엇보다 비잔티움제국에 대한 십자군의 공격에 베네치아가 가담한 것이다! 베네치아의 지원을 받은 십자군은 1204년 4월 13일 비잔티움제국의 수도 콘스탄티노플을 정복했고, 이는 이후 베네치아와 비잔티

움의 관계에 큰 변화를 가져왔다.[56]

이때 십자군이 왜 기독교 국가인 비잔티움을 공격했는지는 아직도 역사적 논쟁거리다. 비록 로마 가톨릭을 따르는 서유럽 세계가 그리스정교를 신봉하는 비잔티움제국과 종교적인 측면에서 여러 갈등을 겪고 있었지만, 그렇다고 이슬람의 경우처럼 서로 화해할 수 없는 이교도이자 원수로 대하지는 않았기 때문이다. 또한 비잔티움제국은 동방의 이슬람 세계를 막아 주는 기독교 세계의 최전방 버팀목이었다. 게다가 제4차 십자군이 애초에 목표로 삼은 행선지는 예루살렘을 정복한 술탄 살라딘(재위 1169~1193)의 아이유브 왕국이었다.[†] 따라서 이집트 알렉산드리아로 향해야 했던 십자군이 콘스탄티노플로 먼저 갔다는 것이 선뜻 이해되지 않는다. 이에 대해 다수의 역사가들은 당시 베네치아의 이해관계에서 그 답을 찾는다.

살라딘을 격퇴하고 예루살렘을 수복하라는 교황 인노켄티우스 3세(재위 1198~1216)의 선창으로 조직되기 시작한 제4차 십자군의 집결지는 베네치아였다. 이곳에서 마련한 선박을 이용해 이집트로 건너가기로 한 것이다. 그러나 집결한 군대의 규모가 예상을 크게 밑돌면서 문제가 발생했다. 십자군을 이집트에 실어다 주기로 한 베네치아에 약속한 운항료를 지불할 수 없게 된 것이다. 십자군의 여정에 베네치아의 이해관계가 반영된 것은 바로 이 때문이다.

....

[†] 이집트와 시리아 일대를 정복한 살라흐 앗 딘, 즉 살라딘은 1174년 새로운 이슬람 왕조 아이유브 왕조를 건설한다. '아이유브Ayyūbid'란 이름은 살라딘의 아버지 아이유브의 이름에서 기원한다. 수도는 이집트 카이로였으며 수니파 이슬람을 추종했다. 살라딘은 십자군 왕국과 전쟁을 계속해 예루살렘을 회복했고, 이에 반발하여 결성된 서유럽의 제3차 십자군과 전쟁을 벌였다.

많은 역사가들은 1171년 사건과 1204년 사건을 연관시켜 설명한다. 그리고 제4차 십자군을 이끈 당시 베네치아 도제 엔리코 단돌로 Enrico Dandolo를 주목한다. 단돌로는 1171년 사건 때 콘스탄티노플로 파견된 베네치아 대사로 등장한 인물로, 1193년부터 베네치아의 도제를 맡고 있었다. 11세기부터 15세기까지의 노보고르드 공국의 역사를 다룬 《노보고르드 연대기Новгородская первая летопись》에 따르면, 당시 청년이던 단돌로가 콘스탄티노플에서 황제 마누엘 1세가 보낸 자객에게, 또는 길거리에서 싸움을 벌이던 과정에서 실명을 했다고 한다.

그런데 단돌로가 실명한 것은 맞지만, 언제 어떻게 실명했는지는 불확실하다. 제4차 십자군을 이끈 지휘관 중 한 사람인 빌라르두앵은 단돌로가 실명한 것은 머리에 가해진 충격 때문이라고 했다. 몰수 사건 이듬해인 1172년까지도 단돌로의 눈이 멀지 않았다는 증거도 있다. 이해에 단돌로가 서명한 문서가 있는데, 당시 베네치아에서는 맹인의 서명 능력을 인정하지 않았기 때문이다.[57]

그런데도 많은 학자들이 단돌로의 실명에 주목하는 것은, 제4차 십자군이 당초 예정됐던 경로를 이탈해 비잔티움제국의 수도를 공격하게 된 결정적인 이유가 엔리코 단돌로의 개인적인 복수심에 있다고 해석하기 때문이다.[58] 반면에 토머스 매든은 단돌로는 합리적이고 이성적인 사람이었다면서 이런 견해를 반박한다.[†] 그러나 비잔티

[†] 니케타스 코니아타스는 다른 베네치아인들처럼 엔리코 단돌로도 부랑자이고 사악할 뿐만 아니라 거만하고 무례하다고 언급했다. T. F. Madden, "Venice and Constantinople in 1171 and 1172 : Enrico Dandolo's attitudes towards Byzantium", *Mediterranean Historical Review*, 8(1993), p. 168.

19세기 프랑스 삽화가 귀스타브 도레의 〈십자군을 설득하는 베네치아 도제 단돌로〉

움 황실 관리이자 연대기 작가였던 니케타스 코니아타스는 "단돌로는 비잔티움 사람들, 즉 그리스인들이 베네치아에 가한 폭력에 복수하지 않는 것은 사형선고와 같은 것으로 여겼다"고 기술했다. 단돌로는 그리스인들이 베네치아에 끼친 피해를 정확히 계산하고 있었고, 다른 유럽 세력들과 연합해 콘스탄티노플을 정복할 음모를 꾸몄다는 것이다.[59]

어쨌거나 베네치아가 1171년 사건에 대한 복수를 위해 십자군의 콘스탄티노플 우회를 주동했는지는 확실하지 않다. 베네치아가 십자군에게 주문한 것은 베네치아에 맞서 반란을 일으킨 달마티아(아드리아 해에 면한 지금의 크로아티아 지역. 이탈리아어로 '달마치아') 연안의 도시 자라(현재의 자다르) 침공뿐이며, 십자군이 비잔티움제국으로 향한 것은 비잔티움제국 내의 황권 다툼 때문이라고 설명하는 역사가도 있다. 당시 베네치아는 이미 비잔티움제국 안에서 큰 특혜를 누리고 있었기에 제국을 정복해서 얻을 수 있는 것이 많지 않았다는 것이다.

이 설명에 따르면, 베네치아의 요구대로 일주일 만에 자라 공략을 마치고 전열을 정비하던 십자군에게 또 다른 손님이 찾아왔다. 바로 비잔티움제국의 황태자 알렉시우스 앙겔루스였다. 황태자는 제위를 찬탈한 작은아버지 알렉시우스 3세를 몰아내 주는 대가로 1만 명의 병력과 전쟁 자금 지원을 약속했다. 제국의 내정에 개입했을 때 얻게 될 특권을 계산한 베네치아와 군사적·금전적 지원을 바란 십자군은 이 제안을 수락했다.

1203년 7월 금각만(지금의 이스탄불을 끼고 도는 해협의 어귀)과 육지 양쪽에서 진행된 십자군의 콘스탄티노플 공략은 우여곡절 끝에 성공했고, 황태자는 아버지 이사키우스 2세 앙겔루스와 함께 공동 황제로 복위되었다. 그러나 문제는 그 다음이었다. 당시 비잔티움 황실에는 십자군과의 약속을 지킬 여력이 없었던 것이다. 황제는 어쩔수 없이 콘스탄티노플 성민을 상대로 특별세금을 징수하고, 귀금속을 징발하라는 명령을 내렸다.

그러자 콘스탄티노플 성민들이 황실의 명령을 거부하고 황실이 몰고 온 십자군을 공격하기 시작했다. 1204년 4월 십자군은 제2차 콘스탄티노플 공략에 나섰고, 이번에는 아예 황실을 내쫓고 비잔티움제국을 패망시켰다. 이때 십자군의 공격은 대학살과 대화재를 수반했고, 파괴적인 약탈이 이어졌다. 제국의 문화재와 예술 작품들은 파괴되었고, 희귀한 보물들이 유럽으로 유출되었다. 비잔티움제국을 무너뜨린 제4차 십자군은 라틴제국을 수립했고, 원정을 지휘했던 플랑드르와 에노의 백작 보두앵 1세Baudouin I를 라틴제국 초대 황제로 추대했다. 콘스탄티노플에서 쫓겨난 비잔티움제국의 잔존 세력은 소아시아의 니케아에 제국을 건설하고 콘스탄티노플 수복을 도모했다. 비록 50여 년 후인 1261년 비잔티움제국은 재건되지만, 이때 입은 피해로 인해 예전의 명성은 되찾지 못한다.

1171년의 사건에 대한 복수를 위해서였든 황실의 내분을 이용하여 실리를 챙기려 했든지 간에, 베네치아는 제4차 십자군전쟁을 통해 비잔티움제국의 8분의 3을 획득했다. 영토의 규모도 규모지만, 여기서 주목해야 할 사항은 베네치아가 획득한 비잔티움 영토의 위치와 가치다.

우선 눈에 띄는 것은, 베네치아가 획득한 영토가 여러 곳에 산재해 있고 내륙보다는 연안이나 크고 작은 섬이었다는 점이다. 여기서도 드러나듯이, 베네치아의 기본 전략은 제4차 십자군 이전에 베네치아 상인들이 이미 터를 잡고 활동했던 지역과 시장을 확보하는 것이었다. 즉, 베네치아의 기본 목표는 해외에 식민지 영토 국가를 설립하는 것보다는 상업 활동에 필요한 전략적 요충지를 우선적으로 차지하는 것이었다. 콘스탄티노플과 그 주변 지역은 이전부터 베네치아 상인들의 활동 무대였고, 펠로폰네소스 반도와 이오니아 해와 에게 해에 위치한 연안과 도서들은 전략적으로 중요한 해상 수송 거점들이었다. 베네치아는 이를 바탕으로 아드리아 해와 에게 해를 아우르는 해상제국을 건설했다.

제4차 십자군의 손익계산서

일부 역사가들은 베네치아가 제4차 십자군에서 얻은 것보다는 잃은 것이 많았다고 주장한다. 이 전쟁으로 새로 획득하거나 정복한 지역을 안정화하는 데 엄청난 희생을 치러야 했고, 1204년 십자군의 침탈 이후 콘스탄티노플의 인구가 격감하는 바람에 경제활동도 위축되었다는 것이다.

실제로 베네치아 정부는 새로 획득하거나 정복한 지역을 안정시키고 효과적으로 활용하기 위해서 막대한 비용을 지불해야 했다. 특히 크레타 섬에서 일어난 수차례의 반란은 베네치아에 기나긴 시련을 안겨 주었다. 당시 크레타 섬은 콘스탄티노플 못지않게 중요한 전략적 요충지이자 상업 중심지였다. 베네치아가 이탈리아 몬페라토 후작으로 제4차 십자군 지휘관 중 한 명이었던 보니파체Boniface에게 1천 마르크를 주고 구매한 크레타 섬을 완전히 장악하기까지는 많은

〈지도 2〉 제4차 십자군전쟁으로 베네치아가 확보한 영토

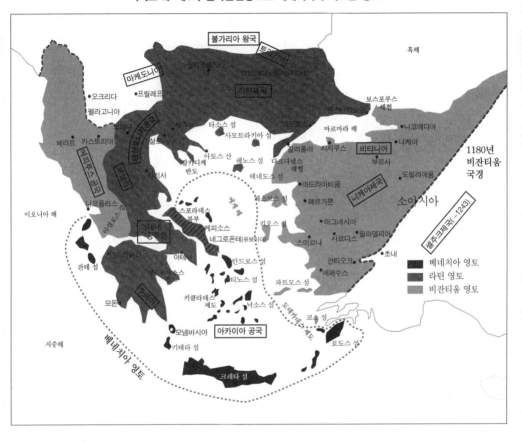

시간이 필요했다.

무엇보다 그 사이 크레타 섬에 근거지를 세운 제노바 출신의 몰타 백작 엔리코 페스카토레Enrico Pescatore를 몰아내는 일이 급선무였다. 1212년 그리스 본토와 키프로스 섬 중간에 위치한 로도스 섬 근처에서 벌어진 전투에서 베네치아군은 페스카토레를 패퇴시켰다. 그러나 크레타 섬에서 베네치아의 통치권을 확립하기란 쉬운 일이 아니었다. 크레타 섬의 토착 지배 세력이 주도한 1212년 반란을 시작으로 13세기 내내 반란이 끊이지 않았다. 1299년에 가서야 베네치아는 명실상부하게 크레타 섬을 장악할 수 있었다.[60]

여기에 베네치아 상인들의 가장 큰 관심사였던 제국 시장의 경제적 활기도 예전만 못했다. 1204년 제4차 십자군 이후 콘스탄티노플의 경제는 망명정부가 수도를 되찾는 1261년까지 급격한 몰락과 침체를 거듭했다.[61] 콘스탄티노플은 이전의 상업적 흡인력을 상실했다. 과거 각종 상인과 장인들이 황실에 사치품을 공급하던 시절에는 제국의 수도에 세금과 관세가 몰려들고, 주변 지역이나 해외로부터 식량과 산업 생산에 필요한 원료들이 쏟아져 들어왔다. 이 돈으로 황실 관리들은 상품의 수도 유입과 수도 내의 생산 활동을 관리·통제했다. 그런데 1204년 제국의 몰락으로 기존의 경제구조가 완전히 무너져 버린 것이다. 게다가 콤네누스 왕조 전성기에 40만에 육박했던 인구가 그 10분의 1인 4만 명 정도로 줄어들면서 도시 자체가 이전의 활력을 완전히 잃어버렸다.[62]

베네치아를 괴롭힌 것은 경제 침체만이 아니었다. 거대한 수도를 유지하는 비용 또한 만만치 않았다. 베네치아 정부는 수도 방위를 위해 수차례나 함대를 파견했다. 14세기 베네치아의 연대기 작가 마리노 사누도Marino Sanudo는, 58년간의 라틴 지배 시절에 콘스탄티노플을 지키는 데 막대한 비용이 들었다고 불평했다.

이렇게 보면 제4차 십자군의 승리 직후 베네치아는 분명 여러 문제들에 직면했고, 이를 해결하기 위해 상당한 인적·재정적 희생을 감수한 것이 사실이다. 하지만 좀 더 장기적인 시간과 구조라는 측면에서 보면, 제4차 십자군은 베네치아에 많은 이익을 남겼다.

우선 주목할 점은, 제4차 십자군을 통해 획득한 영토는 이후 베네치아가 구축하는 해상 경제 기반의 근간이 되었다는 것이다.[63] 즉, 1300년 무렵 이후 베네치아 정부가 도입한 '정기 상선단' 제도는 동지중해에 산재한 베네치아 소유 섬들과 항구가 없었다면 불가능했을 것이다. 제4차 십자군의 승리로 획득한 코르푸(그리스 이오니아 제도의 케르키라 섬), 펠로폰네소스 반도 남단에 위치한 메토니, 크레타 섬의 헤라클리온(지금의 크레타 섬 혹은 주도인 이라클리오), 에게 해의 에비아 섬(그리스 에비아 섬)은 베네치아 정기 선단의 중간 기항지 역할을 했다.

베네치아 정부는 주요 해상로에 위치한 전략적 거점을 확보함으로써 타국 상인들도 안심하고 이용할 수 있는 베네치아 수송 서비스를 만들었다. 그리고 수송 분야에서의 독점적 위치는 상품의 구입과 분배에서도 우월한 위치를 확보해 주었다. 정기 갤리 상선단 덕분에 베네치아는 중세 말 향신료 거래를 독점할 수 있었다. 중세 말 베네치아 정부는 갤리 선박으로 구성된 선단을 지중해, 흑해와 북해에 정기적으로 파견했다. 주로 후추, 비단과 같은 값비싼 상품을 수송했던 베네치아 갤리 상선단은 안전하고 신속하며 정해진 일정에 따라 효율적으로 운행한다는 명성을 얻었다.

새로 획득한 영토는 베네치아의 해상 네트워크를 연결하는 전략적 거점이자 1차 생산물의 공급지였다. 농산물 공급 기지로서의 역할을 제대로 하려면 정복지의 평화와 질서 회복이 급선무였고, 이것이 크레타의 경우엔 100년이 걸렸다. 1세기라는 긴 시간 동안 공을 들일 만큼 중세 말 크레타 섬은 전략적·경제적 측면에서 베네치아에 엄청난 가치를 가지고 있었다.[†]

베네치아 상인들은 크레타 섬을 포함한 에게 해 주변 섬들에서 포도, 설탕, 면화와 같은 상업용 작물을 생산하는 데 적극 투자했다.[64] 14세기 말 베네치아 원로원 기록에 따르면, 로마니아(비잔티움제국. '로마인들의 땅'이라는 뜻으로, 로마제국을 계승했다는 의미) 지방의 베네치아 식민지에서 면화가 재배되고 있었다.[65] 특히 크레타 섬에서 생산된 포도주는 중세 말 베네치아 선박에 실려 유럽 전역으로 팔려 나갔다. 15세기 대서양으로 가는 베네치아 선박에 실린 화물 중 가장 중요한 상품은 동방에서 들어온 향신료와 크레타 섬에서 생산된 포도주였다. 포도주 수송이 지나치게 늘고 밀거래가 성행하여 베네치아 정부가 상당히 많은 벌금을 부과해 이를 규제하기까지 했다.[66]

비잔티움제국의 입장에서 보면 제4차 십자군은 한 마디로 재앙이었다. 그리고 이 재앙은 수도를 수복한 후에도 계속되었다. 니케아(지금의 터키 이즈니크)로 망명했던 세력들이 1261년 콘스탄티노플을 되찾기는 하지만, 베네치아 세력을 완전히 몰아내지는 못했다. 게다가 수

[†] 티리에에 따르면, 크레타의 헤라클리온 항은 군항이자 중간 기항지, 화물 보관창고의 세 가지 역할을 했다. F. Thiriet, "Candie, grande place marchande dans la première moitié du XVᵉ siècle", *Etudes sur la Romanie greco-vénitienne* (London : Variorum Reprints, 1977), pp. 338-352.

복 과정에서 엄청난 특혜를 약속하고 제노바 상인들의 도움을 받은 상태였다.

1261년 비잔티움 황제 미카엘 8세 팔레올로고스Michael VIII Palaeologos 와 제노바 정부가 체결한 님페아(소아시아 반도) 조약은 1204년 이후 비잔티움제국에서 베네치아 상인들이 누렸던 모든 특혜를 제노바 상 인들에게 부여했고, 콘스탄티노플과 주요 항구의 일부 구역을 조차租 借해 주어 제노바인들이 흑해로 자유롭게 출입하도록 허용했다.[67] 이 조약으로 제노바 상인들은 콘스탄티노플 내의 페라(지금의 갈라타) 지 역을 얻었고, 이곳은 중세 말 제노바 제1의 상업지로 성장했다.

비잔티움제국은 비록 수도는 회복했으나, 이번에는 베네치아가 아 닌 제노바의 경제 수탈지로 전락했다. 중세 말 제노바 상업 활동의 무게 중심이 이탈리아 본토에서 에게 해로 옮겨 갈 수 있었던 것은 이때 얻은 에게 해 및 흑해 주변 지역의 페라와 카파(크림 반도 남단에 위치한 페오도시아), 키오스 등지에 제노바 식민지를 건설할 수 있었기 때문이다.

1 이와 관련해서는 다음 두 책 참조. F. Thiriet, *La Romanie vénitienne au Moyen Age* (Paris, 1959) ; M. Balard, *La Romanie génoise (XIIe ~début du XVe siècle)* (Genova-Roma, 1973).

2 K. M. Setton, *The Papacy and the Levant(1204~1571)* (Philadelphia, 1976), vol. 1, p. 49.

3 M. Balard, *La Romanie génoise (XIIe ~début du XVe siècle)* (Genova-Roma, 1973), pp. 54-55.

4 페르낭 브로델,《물질문명과 자본주의 III-1》, 주경철 옮김, 까치, 1997, 120쪽.

5 제4차 십자군 이전 베네치아와 비잔티움 간의 상업 관계에 대한 대표적인 연구 성과들은 다음과 같다. S. Borsari, "Il commercio veneziano nell'imperao bizantino nel XII secolo", *Rivista storica italiana*, LXXVI(1964), pp. 982-1011 ; S. Borsari, "Per la storia del commercio veneziano col mondo bizantino nel XII secolo", *Rivista storica italiana*, LXXXVIII(1976), pp. 104-126 ; C. M. Brand, *Byzantium confronts the West* (Cambridge, 1968) ; M. E. Martin, "The Venetians in the byzantine empire before 1204", *Byzatinische forschungen : internationale Zeitschrift für Byzantinistik*, Band XIII(1988), pp. 201-214 ; A. Pertusi, "Venezia e Bisanzio", DOP, 33(1979), pp. 1-22 ; F. Thiriet, *La Romanie vénitienne au Moyen Age* (Paris, 1959).

6 M. E. Martin, "The Venetians in the byzantine empire before 1204", *Byzatinische forschungen : internationale Zeitschrift für Byzantinistik*, Band XIII(1988), p. 203.

7 M. E. Martin, "The Venetians in the byzantine empire before 1204", *Byzatinische forschungen : internationale Zeitschrift für Byzantinistik*, Band XIII(1988), p. 204.

8 M. E. Martin, "The Venetians in the byzantine empire before 1204", *Byzatinische forschungen : internationale Zeitschrift für Byzantinistik*, Band XIII(1988), p. 202.

9 John H. Pryor, "Byzantium and the Sea : Byzantin Fleets and the History of the Empire in the Age of the Macedonian Emperors, c.900-1025 CE", in John B. Hattendorf & W. Richard, *War at Sea in the Middle Ages and the Renaissance* (Boydell Press, 2003), pp. 83-104 ; John H. Pryor & E. M. Jeffreys, *The Age of the Dromon : the Byzanin Navy ca.500-1204* (Brill Academic Publishers, 2006).

[10] O. Tuma, "Some notes on the significance of the imperial chrysobull to the Venetians of 992", *Byzantion*, LIV(1984), p. 358.

[11] Anna Komnene, *The Alexiad*, translated by E. R. A. Sewter (London : Penguin Books, 2009), p. 111 ; P. Frankopan, "Byzantine trade privileges to Venice in the eleventh century : the chrysobull of 1092", *Journal of Medieval History*, vol. 30 (2004), p. 139.

[12] Jean Kinnamos, *Chronique*, translated by J. Rosenbelum (Nice : Les Belles Lettres, 1972), p. 181.

[13] J. Danstrup, "Manuel I's coup against Genoa and Venice in the light of byzantine commercial policy", *Classica et Mediaevalia*, 10(1949), p. 202.

[14] A. R. Gadolin, "Alexius I Comnenus and the venetian trade privileges : a new interpretation", *Byzantion*, L(1980), p. 439.

[15] 존 줄리어스 노리치, 《비잔티움 연대기》, 남경태 옮김, 바다출판사, 2007, 3권, 67~69쪽.

[16] A. R. Gadolin, "Alexius I Comnenus and the venetian trade privileges : a new interpretation", *Byzantion*, L(1980), p. 440.

[17] A. R. Gadolin, "Alexius I Comnenus and the venetian trade privileges : a new interpretation", *Byzantion*, L(1980), p. 441.

[18] "Venice and Constantinople in 1171 and 1172 : Enrico Dandolo's attitudes towards Byzantium", *Mediterranean Historical Review*, 8(1993), p. 441.

[19] 1136년 협정 원문은 M. Pozza and G. Ravegnani (ed.), *I trattati con Bisanzio, 992~1198* (Venezia, 1993), pp. 51-56에 나와 있다. J. Danstrup, "Manuel I's coup against Genoa and Venice in the light of byzantine commercial policy", *Classica et Mediaevalia*, 10(1949), p. 207. 제노바는 1155년 비잔티움제국과 통상협정을 체결했다.

[20] E. H. Mcneal and R. L. Wolff, "The Fourth Crusade", *A history of the crusades* (Madison, Milwaukee, and London, 1969), vol. 2, p. 161.

[21] J. Danstrup, "Manuel I's coup against Genoa and Venice in the light of byzantine commercial policy", *Classica et Mediaevalia*, 10(1949), p. 204.

[22] D. M. Nicol, *Byzantium and Venice. A study in diplomatic and cultural relations* (Cambridege : Cambridge University Press, 1988), p. 104.

[23] 마이라노와 관련된 공증인 문서는 다음 책에 실려 있다. R. Morozzo della Rocca

and A. Lombardo, *Documenti del commercio veneziano nei secoli XI-XIII* (Torino, 1940).

[24] R. Morozzo della Rocca and A. Lombardo, *Documenti del commercio veneziano nei secoli XI-XIII* (Torino, 1940), pp. 100-101, 105-106.

[25] S. Borsari, *Venezia e Bisanzio nel XII secolo* (Venezia, 1988), p. 117 ; D. M. Nicol, *Byzantium and Venice. A study in diplomatic and cultural relations* (Cambridege : Cambridge University Press, 1988), p. 104.

[26] O. Tuma, "Some notes on the significance of the imperial chrysobull to the Venetians of 992", *Byzantion*, LIV(1984), p. 364.

[27] F. Thiriet, *La Romanie vénitienne au Moyen Age* (Paris, 1959) p. 53.

[28] S. Borsari, *Venezia e Bisanzio nel XII secolo* (Venezia, 1988), p. 92.

[29] D. M. Nicol, *Byzantium and Venice. A study in diplomatic and cultural relations* (Cambridege : Cambridge University Press, 1988), pp. 104-105.ß

[30] Ibn Jubayr, *The travels of Ibn Jubayr*, trans. R. Broadhurst(London, 1952), pp. 3235.

[31] D. Jacoby, "Trade with Egypt from the mid-tenth century to the fourth Crusade", *Thesaurisamata*, vo. 30(2000), pp. 25-77.

[32] J.-C. Hocquet, "La vie mouvementée du marchand Mairano", *Historia*, no 88(2004), p. 15.

[33] D. Abulafia (ed.). *The Mediterranean in history* (London : Thames & Hudson Ltd., 2003), p. 187.

[34] E. Ashtor, *Levant trade in the Later Middle Ages* (Princeton : Princeton University Press, 1983), p. 8.

[35] D. M. Nicol, *Byzantium and Venice. A study in diplomatic and cultural relations* (Cambridege : Cambridge University Press, 1988), p. 105.

[36] M. E. Martin, "The Venetians in the byzantine empire before 1204", *Byzatinische forschungen : internationale Zeitschrift für Byzantinistik*, Band XIII(1988), p. 212.

[37] J.-C. Hocquet, "La vie mouvementée du marchand Mairano", *Historia*, no 88(2004), pp. 12-13.

[38] S. Borsari, *Venezia e Bisanzio nel XII secolo* (Venezia, 1988), p. 73.

[39] S. Borsari, *Venezia e Bisanzio nel XII secolo* (Venezia, 1988), pp. 42-42 ; J.-C. Hocquet, "La vie mouvementée du marchand Mairano", *Historia*, no 88(2004), p. 16.

[40] S. Borsari, *Venezia e Bisanzio nel XII secolo* (Venezia, 1988), p. 48 ; J. Danstrup, "Manuel

I's coup against Genoa and Venice in the light of byzantine commercial policy", *Classica et Mediaevalia*, 10(1949), p. 211.

[41] E. E. Kittell and T. F. Madden, *Medieval and Renaissance Venice* (Urbana and Chicago : University of Illinois Press, 1999), pp. 96-108.

[42] J. Danstrup, "Manuel I's coup against Genoa and Venice in the light of byzantine commercial policy", *Classica et Mediaevalia*, 10(1949), p. 206.

[43] M. E. Martin, "The Venetians in the byzantine empire before 1204", *Byzatinische forschungen : internationale Zeitschrift für Byzantinistik*, Band XIII(1988), p. 213.

[44] Niketas Choniates, *O city of Byzantium. Annals of Niketas Choniates*, trans. H. J. Magoulias, (Detroit : Wayne State University Press, 1984), p. 97 ; 존 줄리어스 노리치,《비잔티움 연대기》, 남경태 옮김, 바다출판사, 2007, 2권 250쪽.

[45] M. E. Martin, "The Venetians in the byzantine empire before 1204", *Byzatinische forschungen : internationale Zeitschrift für Byzantinistik*, Band XIII(1988), p. 213.

[46] 존 줄리어스 노리치,《비잔티움 연대기》, 남경태 옮김, 바다출판사, 2007, 2권 250~251쪽.

[47] J. Danstrup, "Manuel I's coup against Genoa and Venice in the light of byzantine commercial policy", *Classica et Mediaevalia*, 10(1949), p. 207.

[48] J. Danstrup, "Manuel I's coup against Genoa and Venice in the light of byzantine commercial policy", *Classica et Mediaevalia*, 10(1949), p. 208.

[49] S. Borsari, *Venezia e Bisanzio nel XII secolo* (Venezia, 1988), p. 97.

[50] J.-C. Hocquet, "La vie mouvementée du marchand Mairano", *Historia*, no 88(2004), p. 17.

[51] S. Borsari, *Venezia e Bisanzio nel XII secolo* (Venezia, 1988), p. 49.

[52] F. Thiriet, *La Romanie vénitienne au Moyen Age* (Paris, 1959), p. 55.

[53] S. Borsari, *Venezia e Bisanzio nel XII secolo* (Venezia, 1988), p. 132 ; R. Morozzo della Rocca and A. Lombardo, *Documenti del commercio veneziano nei secoli XI-XIII* (Torino, 1940), pp. 376-377, 419, 447-448.

[54] E. Crouzet-Pavan, *Venise triomphante. Les horizons d'un mythe* (Paris, 2004), pp. 99-133.

[55] E. H. Mcneal and R. L. Wolff, "The Fourth Crusade", K. M. Setton(ed.), *A history of the Crusaders* (Madison, 1969), p. 161.

[56] 이에 관해서는 다음 논문 참조. 남종국, 〈4차 십자군과 베네치아의 경제 발전〉,

《전북사학》, 32호, 2008, 155~180쪽.

[57] T. F. Madden, "Venice and Constantinople in 1171 and 1172 : Enrico Dandolo's attitudes towards Byzantium", *Mediterranean Historical Review*, 8(1993), p. 181.

[58] D. M. Nicol, *Byzantium and Venice : a study in diplomatic and cultural relations* (Cambridge, 1988), p. 412.

[59] T. F. Madden, "Venice and Constantinople in 1171 and 1172 : Enrico Dandolo's attitudes towards Byzantium", *Mediterranean Historical Review*, 8(1993), p. 169.

[60] M. Angold, *The fourth Crusade* (Harlow, 2003), pp. 155-156.

[61] 경제 활성화론을 주장하는 대표적인 사람은 세튼Setton과 니콜Nicol이다. K. M. Setton, *The Papacy and the Levant(1204~1571)* (Philadelphia, 1976), p. 49 ; D. M. Nicol, *Byzantium and Venice. A study in diplomatic and cultural relations* (Cambridege : Cambridge University Press, 1988), pp. 412-13 ; L. Buenger Robbert, "Rialto businessman and Constantinople, 1204~61", *Dumbarton Oaks Papers*, vol. 49(1995), p. 44.

[62] L. Buenger Robbert, "Rialto businessman and Constantinople, 1204~61", *Dumbarton Oaks Papers*, vol. 49(1995), pp. 43-58.

[63] B. Doumerc, "Les flottes d'Etat, moyen de domination coloniale pour Venise", M. Balard (ed.), *Coloniser au Moyen Age* (Paris, 1995), pp. 115-126.

[64] Nam, Jong-Kuk, *Le commerce du coton en Méditerranée à la fin du Moyen Age* (Leiden and Boston : Brill Academic Publishers, 2007) ; U. Tucci, "Il commercio del vino nell' econia cretese", G. Ortalli (ed.), *Venezia e Creta* (Venezia, 1998), pp. 183-206.

[65] ASV, Senato Misti, reg. 47, f. 16.

[66] U. Tucci, "Le commerce vénitien du vin de Crète", K. Fridland (ed.), *Maritime food transport* (Köln, Weimar, and Vienna, 1994), p. 204.

[67] M. Balard, *La Méditerranée médiévale : espaces, itinéraires, comptoirs* (Paris : Picard, 2006).

2장
제노바 상인 인고 델라 볼타

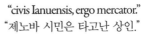

중세에 이탈리아 상업도시들은 국제무역과 유럽 경제에서 두드러진 활약을 보였다. 그 이유로 흔히 진취적인 기상, 위기에 대한 적응력, 모험 정신, 호전적인 기질 등이 제시되지만, 이것만으로는 부족하다. 오히려 지리적 이점이나 국제 정세 같은 구조적 요인들이 더 결정적인 역할을 했을 것이다. 그중 특히 눈에 띄는 구조적 요인이 '귀족상인'의 등장이다. 물론 유럽 역사에서 늘 귀족이 상업을 부정적으로 여기고 이에 참여하지 않았던 것은 아니다. 그러나 11세기 이후 중세 말까지 유럽 경제를 주도한 이탈리아 귀족상인들은 소극적인 투자에 그치치 않고 수많은 위험이 따르는 모험여행을 감행할 정도로 적극적으로 상업 활동에 투신했다는 점에서 다른 시대 혹은 나라의 귀족 출신 상인들과 달랐다.

중세 이탈리아의 귀족상인들은 무엇보다 상업 활동에 적극적으로 참여했다. 이는 분명 기존의 역사 상식과는 큰 차이가 있다. 중세 유럽에서 상업을 주도하고 도시의 성장을 견인한 계층으로 흔히 거론되는 집단은 부르주아지다. 어원적으로는 도시 거주민을, 역사적으로는 부유한 상인을 지칭하는 '부르주아지'는 도시의 정치와 경제를 지배했던 사람들이다. 이탈리아를 제외한 대부분의 유럽 지역에서는 봉건 귀족이 아니라 평민 출신의 부르주아들이 상업을 통해 부를 축적하고 더 나아가 도시의 자치권을 장악했다.

실제로 프랑스나 신성로마제국 같은 유럽 대륙의 많은 나라들에서는 부르주아지가 상업을 주도했다. 그곳에서는 귀족의 상업 참여를 금기시하고, 이자 대부나 투자와 같은 기본적인 상행위조차 금지했다. 그런데 이탈리아 도시 정부들은 다른 유럽 국가들과 달리 귀족의 자유로운 경제활동을 보장했을 뿐만 아니라, 귀족이 상업에 참여하는 것을 지원했다.

그래서 이탈리아 귀족들은 출발점에서부터 부르주아와는 비교할 수조차 없는 상업상의 우위를 누렸다. 일단 자신의 재산이든 차입한 것이든 투자금의 규모가 달랐고, 정부로부터 여러 가지 사업상의 특혜까지 받았기 때문이다. 결과적으로 이탈리아의 선택은 시대를 앞선 선구적인 정책이었다.

12세기 제노바의 상업적 성장을 견인한 세력 역시 부르주아가 아니라 봉건 귀족들이었다.[1] 제노바는 1099년 자치도시가 되었고, 1162년 신성로마제국 황제로부터 완전한 독립을 쟁취했다. 1099년 제노바가 신성로마제국 황제로부터 벗어나 자치도시가 되면서 제노바의 봉건 귀족은 새로운 도시 정부에 적극적으로 참여했고, 도시의 경제적 이익을 독점했다. 12세기 중엽의 제노바 상인 인고 델라 볼타는 이를 잘 보여 주는 대표적인 사례이다.

인고 델라 볼타는 제노바 명문 귀족인 델라 볼타 가문 출신으로서 도시 정부의 정치권력을 장악했을 뿐 아니라 국제무역에 꽤 많은 자본을 투자하는 등 제노바의 경제도 주도했다. 당연히도 그는 자신의 사업에 유리하게 정부의 정책과 방향을 조정했다. 볼타와 그 주변 세력의 행정, 외교, 상업 정책은 이후 제노바가 상업적으로 성공하는 기반과 틀을 규정지었다는 점에서 매우 중요하다.

12세기 중엽에 이르러 제노바는 이미 지중해와 유럽에서 무시할 수 없는 꽤 강력한 해상 세력으로 성장해 있었다. 그 역사적 과정을 이해하려면 제노바가 상업적으로 성장하기 이전의 역사부터 살펴보아야 한다. 제노바 사람들에게 상업 활동은 보조적인 경제활동이 아닌 먹고살려면 반드시 해야 하는 생업이었다. 그도 그럴 것이 제노바의 자연환경은 바다와 면한 좁은 연안 지역이 높은 산과 곧바로 이어져 있어 농업에 적합하지 않았기 때문에, 제노바 주민들이 먹고 살 길은 바다밖에 없었다. 어자원이 풍부하지 않았던 리구리아 연안에서 제노바인들이 선택할 수 있는 것은 바다를 통한 교역뿐이었다. 그래서 중세 제노바 속담에 "civis Ianuensis, ergo mercator", 즉 "제노바 시민은 타고난 상인"이라는 말까지 생겨날 정도였다.[2]

제노바가 정확히 언제부터 상업 세계에서 두각을 드러내기 시작했는지는 알 수 없다. 다만, 산이 도시 전체를 좁게 둘러싸고 있고, 제노바 시 내부와 주변에 식량을 생산할 충분한 농지가 없었다는 사실이 제노바인들을 바다로 내몰았을 가능성이 크다. 절대적으로 부족한 물자를 외부에서 들여오지 않으면 생존 자체가 어려웠기 때문이다. 10세기 무렵 유럽이 전체적으로 정치와 경제가 안정되고 인구도 증가하면서 이러한 필요성은 더욱 커졌다.

제노바가 바다로 진출하는 과정에서 처음으로 대적한 상대는 이슬람이었다. 제노바가 본격적으로 지중해 진출을 모색하던 9세기, 이탈리아 반도 서쪽의 제노바를 에워싸고 있는 티레니아 해는 이슬람의 영역이었다. 정확히 말하자면, 서지중해를 약탈했던 세력은 북서 아프리카에서 올라온 무슬림이었다. 당시 북서아프리카는 아글라비드 왕조의 지배 하에 있었다. 이 왕조는 명목상으로는 아바스(압바스)제국 칼리프의 지배를 받았지만 사실상 독립 이슬람 왕조였다.

이들은 935년 제노바를 약탈했고, 1004년까지 수시로 피사를 공격했다. 제노바와 피사는 상거래가 활발한 꽤 부유한 상업도시였고, 이곳에서 거래되는 직물은 좋은 노획물이었다. 당시 유럽 기독교 세력은 수세에 몰려 있었다.[3]

그러나 11세기로 접어들면서 중앙아시아에서 지중해로 진출한 셀주크튀르크의 공격으로 아바스 왕조가 힘을 잃고 이슬람 세계가 분열하자, 기독교 세력이 움직일 수 있는 해상 공간이 열리기 시작했다. 이때 서지중해의 새로운 강자로 떠오른 도시가 바로 제노바와 피사이다.

그렇다면 이때 제노바가 서지중해의 강자로 등극할 수 있었던 원동력은 무엇이었을까? 당시 지중해 최강으로 불리던 이슬람 해상 세력에 맞서, 그에 비해 조선술도 형편없고 함대 규모에서 비교조차 되지 않던 제노바는 어떻게 돈을 벌었을까? 바로 해적 활동이다. 뛰어난 조선술이나 함대가 없더라도, 노련한 항해 기술과 주변 바닷길에 대한 풍부한 정보만 있으면 할 수 있는 것이 해적질이었기 때문이다.

실제로 당시 제노바인들은 이슬람 상선을 대상으로 자주 약탈적인 공격을 감행했던 것 같다. 앞서 말한 이슬람의 제노바 공격도 이에 대한 보복 차원에서 이루어졌을 것이다. 어쨌든 이렇게 벌어들인 수입은 무역에 투자할 수 있는 종잣돈 역할을 했다.[4] 그리하여 1087년 제노바와 피사는 교황의 허가를 받고 북아프리카의 항구도시 마흐디야를 공격할 정도로 성장했다. 당시 마흐디야는 파티마 왕조의 지배를 받던 튀니지 지방의 주도였다.

그렇지만 제노바가 상업적으로 획기적인 성장할 수 있었던 발판은 무엇보다도 11세기 말에 시작된 십자군이다. 제노바는 제1차 십자군 원정에 적극 참여하여 그 대가로 십자군이 세운 라틴 왕국에서 상업적 특혜를 얻었다. 제노바는 이렇게 시리아와 팔레스타인 지역에 견고한 상업 기반을 마련하고, 지중해를 호령하는 강력한 해상 세력으로 성장했다.[5]

물론 모든 과정이 순조로웠던 것은 아니다. 제1차 십자군 이후 제노바는 라틴 왕국에서 큰 특혜를 얻었지만, 12세기 중엽 이후로 이 특혜가 줄어들고 있었다. 그 대표적인 예가, 제1차 십자군 때 세워진 예루살렘 왕국(1099~1291)의 알마릭 1세Amalric I가 1160년대에 제노바인들이 누리던 일부 특혜를 취소한 일이다.[†] 게다가 해외에서 얻은 영토와 특권을 봉토封土로 판매한 제노바 정부의 정책은 장기적

[†] 이 무렵 제노바는 여러 지역에서 상업적 특혜를 획득했다. 우선 1098년 7월 14일 안티오크 공작 보에몽Bohemond에게 안티오크 공작령 내에서의 상업 특혜를 획득했다. 1101년 안티오크 공작령을 섭정하게 된 탄크레드Tancred는 3년 전 보에몽이 제노바인들에게 부여한 특혜를 재확인하고 확대해 주었다. 1104년 예루살렘 왕 보두엥Baudouin은 예루살렘, 아크레 등지에서의 상업적 특혜를 제노바 상인들에게 부여했다. 1109년 산 에지디오 백작 베르트란드Bertrand는 지중해에 접한 레바논 북부 도시 트리폴리에서 제노바 상인들이 특혜를 누릴 수 있게 했다. Imperiale di Sant'Angelo(ed.), *Codice diplomatico della repubblica di Genova* (Roma, 1936~1942), vol. 1, pp. 11-13, 16-18, 20-23, 32-33.

으로 정부의 재정을 악화시켰다. 그 결과 1154년 무렵에는 십자군이 정복한 성지聖地에 있는 제노바 소유의 토지를 봉토로 받은 엠브리아코Embriaco 가문과 같은 소수의 특권 귀족 가문이 해외 영토와 특권을 독점하기에 이르렀다.

이러한 문제를 해결하려면 시장을 좀 더 다각화할 필요가 있었다. 12세기 초반 제노바가 특혜를 누리던 지역은 스페인 지역의 바르셀로나, 발렌시아, 프랑스 지역의 몽펠리에, 프랑스 남부 해안 등지에 한정되어 있었다. 반면 시칠리아, 알렉산드리아, 북아프리카, 비잔티움제국에서는 특혜를 얻지 못했다.[6]

바로 이것이 인고 델라 볼타와 그 세력이 정권을 장악하고 새로운 경제정책을 시행할 당시 세노바가 처한 상황이다. 어쨌든 12세기 중엽에 이미 제노바는 지중해 세계에서 무시할 수 없을 만큼 강력한 해상 세력으로 성장해 있었다.[7] 그렇지만 더 높은 단계로 비약하려면 새로운 시장과 활로를 모색해야만 하는 상황이었다. 1154년 이후 제노바 정부는 유럽 남서쪽 끝 이베리아 반도에 형성된 이슬람 지역과 북서아프리카, 시칠리아, 비잔티움제국 등지에서 상업적 특혜를 얻고자 다방면으로 노력했다. 이런 노력 덕분에 12세기 말엽에 이르러 제노바는 여러 왕국의 군주들에게서 제노바 상인들의 상업 활동 보장과 각종 특혜를 얻어냈다.[8] 그리고 그 과정에서 인고 델라 볼타 세력은 중요한 역할을 했다.

〈지도 3〉 12세기의 서지중해

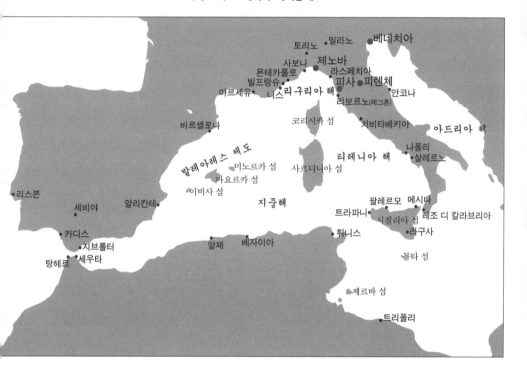

1
귀족 정치가 출신 상인

인고 델라 볼타와 그 세력

　12세기 볼타 가문에 관해 본격적으로 살펴보기 전에 먼저 토지 귀족들이 제노바의 지배 세력으로서 상업 활동에 적극적으로 참여하게 된 역사를 이해하는 것이 좋을 듯하다.

　서로마제국이 몰락한 이후 처음으로 중서유럽에 걸쳐 프랑크제국을 건설했던 카롤루스 왕조(751~987) 시절, 제노바는 봉건 제후인 자작의 지배를 받았다. 그러다가 10세기 후반 신성로마제국이 북부 이탈리아를 장악하면서 황제의 봉신인 고위 성직자들이 제노바의 시정時政을 장악하게 되었다. 이후 11세기까지 제노바는 다른 북부 이탈리아 도시와 마찬가지로 밀라노 대주교의 대리인으로 파견된 주교의 지배를 받았다. 1052년 봉건 세력들이 주교 오베르토Oberto에게 충성을 맹세하고 봉신이 되면서 주교의 통치권은 더욱 확고해졌다. 주교 법정은 제노바 사법 체계의 근간이 되었고, 주교는 도시 방어의 책무까지 떠맡았다.

그런데 1099년 제노바가 독립적인 도시국가가 되면서 사정이 크게 달라졌다. 물론 여전히 신성로마제국 황제는 제노바의 상위 주군이었고, 주교 역시 건재했다. 그러나 실질적인 지배권은 시의회에서 선출된 콘술consul들에게 넘어갔다. 고대 로마 공화정 시기에 콘술은 행정을 책임지는 최고 관리를 의미했지만, 중세 이탈리아 도시에서 콘술은 도시 정부를 책임지고 운영하는 시장이었다. 또한 '콘술'이라는 용어는 중세 도시의 동업 조합장을 의미하기도 했고, 이탈리아 상업도시의 식민지를 다스리는 대표를 뜻하기도 했다. 이렇게 도시 대표들이 시정을 장악하게 되면서 제노바는 베네치아, 피사, 아말피와 더불어 이른바 '이탈리아 해상공화국'의 시대를 열게 되었다.

그렇다고 해서 이러한 정치체제의 변화가 도시의 지배 세력까지 바꾸어 놓은 것은 아니다. 카롤루스 시대에 자작 신분으로 이 지역을 지배했던 이도Ido의 후손들이 신성로마제국의 지배 하에서도 대대로 도시의 지배층을 형성했고, 공화국이 출범한 후에도 여전히 강고한 세력으로 남아 있었기 때문이다. 이들은 여러 파로 나뉘며 마네치아노Maneciano, 디솔리스Disolis, 카르마디노Carmadino 가문으로 분화되었다. 이들 이외에 볼타, 말로네Mallone, 벤토Vento, 코르테Corte 등이 제노바를 대표하는 봉건 귀족 가문들이었다.[9]

12세기 전반기 제노바 국정을 주도한 세력은 마네치아노와 카르마디노 가문이다. 비록 같은 조상에게서 나왔지만 두 가문은 치열한 권력 다툼을 벌였다. 12세기 초반에 콘술 직을 주로 차지한 사람들은 마네치아노 가문이었다. 이들은 팽창주의자들로서 상업 영역을 확장시키는 데 제노바 정부의 재원을 사용하고 지중해 전역으로 지배력을 확대하고자 하였다.[10] 반면 카르마디노 가문은 신성로마제국

하의 봉건 질서를 유지하는 보수적인 정책을 지지했다.

1150년 마네치아노 가문이 군사 원정에 실패하면서 경쟁 세력인 카르마디노 가문이 정권을 잡았다. 팽창주의 성향의 마네치아노 가문이 이베리아 반도 북부의 기독교 왕국들이 이슬람 지배 하에 있던 반도의 나머지 지역을 되찾고자 편 재정복 사업에 참가했다가 막대한 재정적 손실을 입었던 것이다. 카르마디노 세력은 토지 귀족의 봉건적 이해관계를 우선시하는 정책을 시행하고, 봉건 서약을 맺어 제노바 주변 지역을 통합했다. 이는 충분히 예상 가능한 정책이었다. 그런데 임박한 재정 문제를 해결하는 과정에서 카르마디노는 제노바의 미래를 결정하게 될 중요한 정책 하나를 실시하게 된다. 바로 제노바의 공공 재원을 일정 기간 봉건적 형태로 개인들에게 임대하는 정책이었다.

이에 따라 화폐 주조권과 은행업, 소금 사업, 다양한 세금 징수 권한이 상인들로 구성된 사업단에 일정 기간 양도되었다. 새로 정복한 영토도 이러한 방식으로 임대되었다. 이 정책은 일시적으로 제노바 정부의 재정 부족을 메워 주었지만, 장기적으로는 국가재정을 악화시켜 더 많은 빚을 지게 만들었다.[11]

그 결과 1154년 카르마디노 가문은 정권을 잃고, 마네치아노 가문의 팽창주의 정책을 지지했던 세력이 다시 권력을 잡았다. 올제리오 디 귀도Olgerio di Guido, 안살도 도리아Ansaldo Doria, 오베르토 스피놀라Oberto Spinola, 란프란코 페베레Lanfranco Pevere가 그들이다. 이들은 콘술에 선출되어 정치권력을 장악했는데, 이들 모두 인고 델라 볼타의 사람들이었다. 올제리오는 볼타 가문과 긴밀한 상업 관계를 유지하고 있었고, 안살도도 볼타의 친척으로 중요한 사업 파트너였으며, 오베르토는 인고 델라 볼타의 사위였다. 란프란코만이 인고 델라 볼타의 사람들과 사업으로 연결된, 상대적으로 덜 가까운 인물이었다.[12]

국제 교역 활성화 정책

새로 권력을 잡은 세력들은 이전의 잘못을 청산하고자 과감한 개혁을 시도했다.[13] 이들은 제노바 시민들 앞에서 무기력과 침체에 빠져 있는 제노바 경제를 살리겠다고 장엄하게 맹세했다. 당시의 연대기 작가는 이들이 큰 성공을 거두었고, 시민들이 잠에서 깨어 새로운 지배자들이 내리는 명령이면 무엇이든지 따르려 했다고 증언한다.[14]

콘술로 선출된 후에도 그들은 선뜻 직무 수락 선언을 하려 하지 않았다. 그들은 제노바 시가 침체해 있고 무기력으로 고통 받고 있으며 선장 없이 바다를 헤매는 배와 같다는 사실을 잘 알고 있었기 때문이다. 그러나 주교와 제노바 시민들이 용기를 북돋아 주면서 그들은 마침내 제노바의 영광을 위해 콘술 직을 수락하는 맹세를 했다. 그들은 수락 맹세를 한 후 이러한 침체로부터 제노바 시를 어떻게 구해 낼지 많은 고민을 했다. 그들은 먼저 제노바 시를 방어하기 위해 갤리선을 건조하기 시작했다. 그리고 1만5천 리라가 넘는 돈을 채권자들에게 지불하기 시작했다. 그러자 잠자고 있던 시민들은 마침내 침체로부터 스스로를 깨우기 시작했고 콘술들의 모든 명령을 따르겠다고 말했다.

인고 델라 볼타 세력은 지중해 무역을 활성화시키는 정책을 추진하여 제노바 경제를 살리려 했다. 콘술 직무를 시작한 지 두 달 후 프랑스 남부를 다스리는 마르세유Marseilles 백작과 조약을 체결해 백작령 내에서의 상업 특혜를 확보하고,[15] 신성로마제국 황제 프리드리히 1세에게 우고 델라 볼타Ugo della Volta와 카파로Caffaro를 파견해 도시의 새로운 정책을 승인해 달라고 요청했다.[16] 제노바는 사실상의 자치도시였지만 당시까지는 신성로마제국으로부터 완전한 독립을 이룬 것은 아니었기 때문에 황제의 재가가 필요했던 것이다. 제노바는 이러한 황제의 간섭과 간헐적인 침략에서 벗어나고자 했다.

콘술 임기가 1년이었기에 이듬해인 1155년 네 명의 콘술이 새로 선출되었다. 굴리엘모 포르코Guglielmo Porco, 오베르토 캔첼리에레Oberto Cancelliere, 조반니 말로첼로Giovanni Malocello, 굴리엘모 루지오Guglielmo Lusio이다. 이들은 인고 델라 볼타의 측근은 아니었지만 개혁적인 정책들을 이어 나갔다.

새로운 콘술들이 먼저 손을 댄 문제는, 제노바 시의 재정 자원을 분봉하는 관행이었다. 이들은 카르마디노 가문 집권기에 성립한 이러한 관행 때문에 시의 재정이 어려워졌다고 생각하고 이를 철폐했으며, 신성로마제국 황제 프리드리히 1세의 침략을 방어할 도시 성벽과 성문을 축조하는 등 도시 내부의 평화뿐 아니라 주변 지역과의 평화 관계 정착을 위해 노력했다. 이는 결과적으로 안정적인 상업 활동에 꼭 필요한 조치였다. 나라가 안팎으로 평화로워야 상업도 활성화된다고 생각한 것이다.[17]

이때 제노바가 베네치아의 특권 지역이던 콘스탄티노플에 상관商館을 개척하려 한 것도 이러한 정책의 연장선상에서 이해할 수 있다.

1493년 제노바

이 같은 노력은 결실을 거두어, 1155년 비잔티움 황제로부터 콘스탄티노플 내 상관 설치 및 상업적 특혜를 허락받는다. 이어서 제노바 정부는 같은 해에 교황 하드리아누스 4세Hadrianus IV에게 사절을 파견해 지금의 터키 남부에 위치한 고대 도시 안티오크 공국의 섭정이었던 콩스탕스Constance와 오늘날 시리아의 수도 트리폴리(지중해에 접한 시리아 수도) 백작 레몽 3세Raymond III가 과거 라틴 왕국에서 제노바에 허가했던 상업적 특혜들을 존중하도록 힘써 달라고 요청했다.

다음 해에는 시칠리아 왕 굴리엘모 1세와 상업 조약을 체결하는 데 성공했다. 1157년에는 더 많은 수의 사절이 로마, 라틴 왕국들, 콘스탄티노플로 파견되었다. 1160년에는 상업 특혜를 얻고자 당시 이슬람의 지배를 받던 발렌시아, 모로코, 프랑스 해안 지역에까지 사절을 파견했다.[18]

1150년대에 진행된 이러한 개혁 과정을 통해 제노바에는 새로운 정치 집단이 탄생했다. 바로 인고 델라 볼타를 중심으로 한 다섯 가문, 즉 볼타Volta, 부로네Burone, 말로네Mallone, 우소디마레Usodimare, 벤토Vento의 연합 세력이다. 이들은 오늘날의 사업 파트너처럼 혈연과 혼인, 사업으로 긴밀하게 연결되어 있었다.[19]

인고 델라 볼타는 마르케제 델라 볼타Marchese della Volta, 굴리엘모 카시초Guglielmo Cassicio, 인고 디 플레시아Ingo di Flessia 등 아들과 사위들의 도움을 받았고, 그의 사촌 굴리엘모 부로네Guglielmo Burone는 든든한 후원자 역할을 했다. 여기에 도리아 가문과 엠브리아코 가문도 곧 합세했다. 볼타 가문과 혈연으로 연결된 도리아 가문은 12세기 중엽에는 볼타 가문과 이웃하여 살고 있었다. 엠브리아코 가문도 볼타 가문과 긴밀한 사업 관계를 유지하다가 12세기 후반에 정치적으로 같은 파벌을 형성했다.[20] 물론 파벌마다 정치적 견해와 경제적 이해관계는 조금씩 달랐다. 하지만 제노바의 해외무역 활성화라는 공동의 이해관계가 이들을 결속시켰다. 이들의 가장 큰 관심사는 대對시리아 무역의 독점과 해외시장 확대였으며, 이를 위해선 제노바의 대외 정책을 그에 맞게 조정해야 했다.

당시 제노바에 가장 중요한 시장은 시리아의 라틴 왕국, 이집트의 알렉산드리아, 시칠리아와 비잔티움제국이었다. 그런데 시리아와 이집트에서는 이미 확고한 기반을 마련한 터라, 제노바로서는 향후 성장 가능성이 높은 비잔티움제국에 눈독을 들일 수밖에 없었다. 사실 1155년 이전까지는 비잔티움제국과의 교역이 그리 활성화되지 않은 상태였다. 하지만 새로 정권을 잡은 제노바 집권층은 비잔티움제국으로까지 상업 활동 범위를 확대하려 했다. 그리고 이러한 열망은 마침 비잔티움 황제 마누엘 1세의 정책과도 어느 정도 들어맞았다.

앞서 베네치아 상인 로마노 마이라노 이야기에서도 언급했다시피, 마누엘 1세는 비잔티움제국에서 활개를 치고 다니는 베네치아와 피사 상인들을 견제할 또 다른 세력을 필요로 했다. 그 세력은 단지 베네치아 세력을 견제하는 수준을 넘어, 남부 이탈리아의 노르만과 신성로마제국 황제에 함께 맞설 동조 세력이어야 했다. 그런 상황에서 새롭게 제국 시장을 넘보는 제노바는 어느 정도 이해관계가 맞아떨어지는 거래 상대였다.[21]

1155년 10월 12일, 마누엘 1세는 데메트리우스 마크렘볼리테스 Demetrius Macrembolites를 제노바에 특사로 파견하여 제노바 콘술들과 협정을 체결했다.[22] 이 협정으로 제노바는 비잔티움을 지지하기로 하고, 황제는 제노바 정부에 14년간 매년 500히페르피론과 일정 정도의 견직물을 제공하기로 약속했다. 이보다 더 중요한 것은 특별 구역 제공이다. 이제 제노바 상인들도 피사와 베네치아 상인들처럼 콘스탄티노플 내에 제노바 상업 구역과 선적 부두를 보유하게 되었다. 10퍼센트였던 관세도 4퍼센트로 인하되는 등 다른 상업 특혜도 보장받았다. 그 대신에 제국 내에서 활동하는 제노바인들은 제국의 방어에 도움을 주고, 제국의 적들과는 동맹을 맺지 않기로 약속해야 했다.[23]

그러나 이후 몇 차례의 외교적 접촉에도 불구하고 콘스탄티노플에서 제노바 상인들의 활동은 본격화되지 않았고, 황제의 약속이 이행되기까지는 시간이 걸렸다. 그도 그럴 것이 제국의 수도에는 베네치아와 피사 상인들이 이미 확고한 기반을 잡고 있었고, 특혜도 더 많이 누리고 있었다. 두 도시 모두 제노바로서는 상대하기 버거운 경쟁자들이었다.[24]

사실 제노바로서도 비잔티움과 우호적인 관계를 맺는 것이 결코 쉬운 결정은 아니었다. 무엇보다 당시 국제 정세가 그리 만만치 않았다. 비잔티움과 손을 잡는 것은 그와 대립하는 시칠리아를 자극하는 행위였다.[25] 시칠리아를 통치하고 있던 노르만족이 비잔티움 제국을 노리고 있다는 것은 지중해에 널리 알려진 사실이었기 때문이다. 당시 제노바 정권을 이끌던 볼타 세력은 비잔티움제국뿐 아니라 시칠리아 왕과도 좋은 관계를 유지해야 했다.

비잔티움과 협정을 맺은 이듬해인 1156년 사업차 시칠리아 섬을 다녀온 볼타 세력은 시칠리아 왕 굴리엘모 1세의 불편한 심기를 달래야 할 필요성을 절감했다. 제노바 정부는 볼타 그룹을 이끄는 핵심 인물이던 굴리엘모 벤토Guglielmo Vento와 안살도 도리아를 시칠리아 왕국에 특사로 파견했다. 1156년 11월, 두 특사는 제노바 정부를 대표해 시칠리아 왕 굴리엘모 1세와 상업 조약을 체결했다.[26] 이 조약은 이전에 제노바 상인들이 누린 특혜를 새로 갱신 및 확대하면서,[†] 제노바 상인들이 시칠리아 섬에서 다양한 특혜를 누릴 수 있도록 보장해 주었다.[27]

1157년 1월, 특사들은 협정서를 가지고 제노바로 귀환했다. 제노바 콘술들은 300명의 명사를 소집해 이 협정을 충실히 지킬 것을 맹세하게 했으며, 이에 더해 어떤 제노바 시민도 시칠리아 왕을 공격하려는 비잔티움 황제를 도와주어서는 안 된다는 법령을 반포했다. 이 회의는 시칠리아 왕이 파견한 사절들이 참관했고, 공증인 조반니 스크리바Giovanni Scriba(1154~1164)가 회의록을 작성했다.[28] 당시 제노바의 연대기 작가였던 카파로는 제노바 사람들이 이 조약을 크게 환영했다고 적었다.

이때 시칠리아 왕이 제노바에 상업 특혜를 제공한 이유는 무엇이었을까? 비잔티움제국과 십자군은 제노바나 피사, 베네치아와 같은 이탈리아 해상도시가 보유한 선박 때문에라도 해상도시들과 가급적이면 좋은 관계를 유지할 필요가 있었다. 하지만 이미 함대를 보유한 시칠리아 왕에게는 제노바 선박이 그다지 필요하지 않았다. 그러나 제노바가 시칠리아의 적들에게 선박을 제공할 가능성은 여전히 남아 있었다. 또한 시칠리아 왕은 신성로마제국 황제 프리드리히가

[†] 13세기 초엽 제노바 콘술들은 '공적 문서liber jurium', 특히 외국과의 협정문서를 편찬하라고 명했다. D. Abulafia, *The two Italies : economic relations between the norman kingdom of Sicily and the northern communes* (Cambridge, 1977), p. 28.

북부 이탈리아에 대한 권리를 주장하지 못하도록 제노바가 막아 주기를 바랐다.[29]

결국 시칠리아 왕이 제노바에게 요구한 것은 중립이었다. 물론 협정 체결을 압박한 가장 큰 요인은 양자 모두 상업적인 필요였음을 잊어서는 안 된다. 시칠리아는 제노바 상인들에게 섬에서 생산된 곡물과 면화를 판매함으로써 큰 수입을 얻을 수 있었고, 제노바는 부족한 식량 자원을 확보할 뿐만 아니라 수입한 면화를 가공해 면직물을 대량으로 생산할 수 있었다.[30]

그러나 1156년 협정이 곧바로 모든 문제를 해결한 것은 아니다. 제노바로서는 비잔티움 황제를 달래는 동시에 시칠리아 왕의 의구심도 해소해 주어야 했다. 제노바 정부는 양자를 모두 만족시키기 위해 사절을 파견하는 등 외교적 노력을 다했다. 마침내 1158년 시칠리아와 비잔티움 사이에 협정이 체결되면서 비로소 제노바와 비잔티움의 관계도 개선될 수 있었다.[31] 결국 제노바는 1160년에 가서야 비잔티움제국에 제노바 상업 거류 지역을 둘 수 있었다.

하지만 제노바 상인들이 넘어야 할 장벽은 아직도 남아 있었다. 제노바인들의 유입을 달가워하지 않는 베네치아와 피사 상인들이 직접적인 행동을 취하기 시작했기 때문이다. 피사 상인들이 먼저 움직였다. 1162년 피사 상인들은 베네치아 상인들의 도움을 받아 제노바 거주 지역을 공격하여 제노바 상인들을 몰아냈다. 이에 화가 난 황제가 피사 상인들을 콘스탄티노플에서 추방했다.

그런데 제노바가 사실상의 독립을 보장받는 대가로 신성로마제국 황제 프리드리히 1세의 시칠리아 공격을 지원하기로 약속하면서 상황이 복잡해졌다. 당시 인고 델라 볼타는 콘술 중의 한 사람으로 신성로마제국 황제와의 협정을 주도하였다. 이 협정은 당시까지 볼타 그룹이 제노바의 정치적 실권을 장악하고 있었음을 보여 준다.[32] 그러나 신성로마제국과의 협정은 비잔티움 황제의 불만을 야기했다. 비잔티움 황제는 제노바 상인들이 콘스탄티노플로 되돌아오는 것을 허락하지 않았다. 이후 꾸준한 외교적 노력 끝에 1170년에야 제노바는 마누엘 황제와 우호적인 협정을 다시 체결할 수 있었다.

이처럼 전통적인 봉건 귀족 출신의 인고 델라 볼타와 그 세력은 12세기 중엽 정권을 잡고 제노바 정치를 주도했다. 그들은 다른 서유럽의 봉건 귀족들과 달리 정치와 군사에만 관심을 두지 않았다. 그들은 정치권력을 기반으로 상업 활동에도 적극적으로 참여했다. 상업적 특혜를 얻어내기 위해 동분서주했으며, 자신들의 정보와 권력을 이용해 상업 활동에서도 독점적인 지위를 확보했다. 정치권력을 장악한 귀족들의 적극적인 상업 참여는 중세 후반 이탈리아의 상업도시들이 국제무역에서 주도권을 잡는 데 매우 중요한 역할을 했다.

2
투자상인 인고 델라 볼타

제노바 상인들이 남긴 단 한 종류의 문서

베네치아 상인 마이라노의 경우와 마찬가지로, 인고 델라 볼타의 상업 활동을 알려 주는 사료 또한 공증인이 작성한 문서이다. 특히 제노바의 경우에는 공증인 문서가 없었다면 제노바 상업사를 서술할 수조차 없을 정도이다. 다른 이탈리아 도시국가의 상인들은 많지는 않아도 편지를 비롯한 여러 종류의 상업 문서를 남긴 데 반해, 제노바 상인들은 공증인 문서 이외에는 거의 남기지 않았기 때문이다. 왜 그랬을까?

중세 말 제노바의 상인들이라고 해서 상업 편지나 회계장부, 송장 등을 작성하지 않았을 리 없다. 모르긴 몰라도 문서들을 의도적으로 폐기하지 않았을까. 반면에 제노바 상인들은 다른 이탈리아 도시와 비교해 상당히 많은 공증인 문서를 남겼다. 이 풍부한 공증인 문서 덕분에 12세기 제노바 상인의 활동을 다른 이탈리아 도시에 비해 훨씬 상세하게 알 수 있다.

인고 델라 볼타는 주로 공증인 조반니 스크리바를 통해 여러 종류의 계약을 맺었다. 제노바 콘술의 공식 공증인으로 활동한 스크리바는 종종 고객을 위해 개인적인 업무도 수행했다. 이렇게 그는 약 1,400건 정도의 문서를 남겼다.[33] 여기에는 상업 계약서, 약속어음, 유언장, 지참금 계약서, 토지와 주택 매매 계약서, 노예 판매와 해방 계약서, 상품 판매 계약서 등 당시 공증인들이 작성했던 모든 종류의 계약이 포함되어 있다.[34]

스크리바는 볼타 가문뿐만 아니라 벤토Vento, 스피놀라, 엠브리아코 가문 등 콘술 직을 역임한 제노바 정치의 핵심 인물들의 계약서를 다수 작성했다. 그래서 당시 제노바 권력 엘리트들의 유언장이나 사후 재산목록까지 작성할 수 있었다.[35] 한 마디로, 스크리바가 작성한 공증문서는 12세기 제노바의 국제 교역 실상을 가장 잘 알려 주는 사료이다.

하지만 스크리바의 문서에는 두 가지 한계가 있다. 첫째는 그가 작성한 모든 계약서가 남아 있지 않다는 것이다. 둘째, 그의 문서는 제노바 상인들 벌인 상업 활동의 일부분만을 보여 준다는 사실이다. 당연한 얘기겠지만, 스크리바와 그와 동시대를 살았던 다수의 제노바 공증인들이 작성한 문서를 모두 분석해야만 당시 제노바 상인들이 어떻게 자본을 조달하고 어떤 상품을 거래했는지, 어떤 시장이 가장 활발한 투자처였는지, 어떤 사람들이 해외무역에 투자했으며 개인당 투자 규모는 어느 정도였는지를 알 수 있다.

인고 델라 볼타는 제노바 정치를 관장하는 세력의 수장으로서 제노바의 외교정책과 방향에 관한 1급 정보뿐 아니라 충분한 자금력까지 확보하고 있었다. 이를 바탕으로 그는 시칠리아와 시리아 무역을 주도하였고, 비잔티움과도 활발한 상업 관계를 수립하기 위해 노력했다.[36] 실제로 볼타 가문을 포함한 부로네Burone · 말로네Mallone · 우소디마레Usodimare · 벤토Vento 등 5개 명문가가 동방무역, 특히 시리아 무역의 80퍼센트 정도를 장악할 정도로 그들의 정치경제적 영향력은 대단했다.[37]

서지중해 삼각무역

앞서 살펴본 대로, 1156년 11월 제노바 사절단은 시칠리아 왕과의 협정을 체결하고자 시칠리아로 향했다. 이 사실을 미리 알고 있던 인고는 같은 해 5월 2일 제노바 상인 오피초Opizo와 484리라를 시칠리아 사업에 투자한다는 계약을 체결했다. 물론 이것이 시칠리아에 대한 첫 투자는 아니었다. 그전에도 에우스타키오Eustachio라는 상인과 투자계약을 맺은 적이 있다.[38] 하지만 시칠리아와 제노바의 관계가 불분명한 상황에서는 적극적인 투자가 어려웠을 것이고, 이 부분이 명확해지자 시칠리아 사업을 활성화시켜야 한다고 판단했을 것이다.

1156년 협정 체결 후 제노바와 시칠리아의 교역은 확실히 증가했다.[39] 이에 맞춰 시칠리아에 대한 인고의 투자도 늘어났다. 1157년 9월 7일, 인고와 그의 아들 굴리엘모는 라이날도 알비콜라Rainaldo Albicola와 투자계약을 맺었다.[40] 투자자인 볼타 부자가 여행상인 라이날도에게 투자한다는 내용이었다.

총 투자 금액은 355리라였다. 투자금의 일부는 현금으로, 나머지는 판매할 상품으로 구성되었다. 라이날도가 구매하거나 판매할 상품, 즉 면화 열한 자루 반과 16칸타르,[†] 토끼 가죽 두 장, 40솔디어치의 면화 한 자루 등이 계약서에 구체적으로 명시되어 있다. 인고가 라이날도에게 새로운 사업여행을 떠나기 전에 기존 사업에 대한 상세한 보고를 요구했다는 것을 보면, 인고 가족과 라이날도가 과거에 이미 여러 차례 투자계약을 맺었음을 알 수 있다.

계약서에 명시된 상품 목록은 인고의 사업이 매우 국제적이었음을 보여 준다. 우선 면화는 당시 제노바 상인들이 시칠리아에서 가장 많이 수입하는 상품이었다. 시칠리아 면화는 이집트와 시리아 면화에 비해 질은 떨어져도 수송비가 적게 든다는 이점이 있었다.[41] 제노바 장인들은 이렇게 수입한 면화를 가공해 '푸스티안Fustian'이라는 면직물을 제작했다.

당시 제노바를 포함해 북부 이탈리아 도시들은 중요한 면직물 생산지였다. 이렇게 만들어진 면직물은 다시 시칠리아와 남부 이탈리아로 수출되었다.[42] 볼타 부자와 라이날도가 맺은 계약에서는 적은 수량이 등장하지만, 토끼 가죽은 예루살렘으로 수출되는 상품이었다. 노르만과 노르만과 결혼으로 시칠리아 왕국을 통치하게 되는 호엔슈타우펜Hohenstaufen 출신의 왕들은 예루살렘에 있는 산타 마리아 수녀원에 매년 100장의 토끼 가죽을 수출하는 것을 허용했는데, 제노바 상인들이 주로 이 사업을 담당했다. 즉, 시칠리아에서 생산된 토끼 가죽을 예루살렘까지 수송하는 일은 제노바 상인의 몫이었다.[43]

....

[†] '칸타르cantar'는 이슬람 세계에서 통용되는 도량형으로, 면화를 포함해 다양한 상품을 계량하는 데 사용되었다. 각 지역마다 칸타르의 무게가 달랐지만, 크게 보면 소小칸타르와 대大칸타르가 있었다. 소칸타르는 100킬로를 넘지 않았고, 대칸타르는 200킬로에 가까웠다.

1156년 시칠리아와의 상업 협정 체결 후 인고 델라 볼타를 포함한 당시 제노바의 정치권력을 장악하고 있던 고위 귀족들은 시칠리아 사업에 적극 투자했다. 볼타와 우호적인 관계를 유지했던 다른 콘술 가문들도 시칠리아와 남부 이탈리아에 큰 상업적 이해관계를 공유하고 있었다. 그리고 이들이 시칠리아와의 교역에서 큰 몫을 차지한 것은 사실이지만, 남부 이탈리아와 시칠리아를 상대로 한 사업이 높은 귀족들만의 전유물은 아니었다. 당시 작성된 공증 계약서를 보면 비록 액수는 많지 않아도 다수의 제노바 일반 시민들이 시칠리아 사업에 투자한 사례를 쉽게 찾아볼 수 있기 때문이다.[44]

동방무역

사실 인고를 포함한 제노바 고위 귀족들이 비잔티움이나 시칠리아보다 더 많은 상업적 관심을 가진 곳은 오리엔트, 즉 '레반트Levant'였다. 레반트의 원래 뜻은 해가 뜨는 곳, 즉 오리엔트와 동일하다. 통상적으로 레반트는 동지중해 지역을 가리키는 용어로 사용되며, 레반트 무역은 지중해 동서 간의 무역을 뜻한다.

인고 델라 볼타와 관련된 기록들은 볼타 역시 비잔티움이나 시칠리아 사업보다 레반트 사업에 더 많은 자금을 투자했음을 보여 준다. 통상 투자계약서에는 투자금과 투자 지역만을 언급하는 경우가 많은데, 볼타는 사업이 완료되면 여행상인들에게 상세한 사업 내역을 요구했다. 이에 따라 인고가 투자했던 여행상인 안살도 바일라르도Bailardo는 동방에서 싣고 온 인고 소유의 화물 목록을 제출했다.

목록에는 후추, 카르다몸(소두구小荳蔲), 브라질우드(브라질산 붉은 목재에서 나는 식물 염료), 인디고(주로 인도에서 자라는 식물에서 채취하며 중세 유럽 사회에서 아주 중요한 염료로 사용되었다.), 왁스, 설탕, 면화, 은잔, 견직물 판매 수익금과 20솔디, 즉 245리라어치의 곡물이 기록되어 있다.

후추와 브라질우드의 합계는 475리라에 해당했는데, 이는 적은 양이 아니었다. 이 상품들 중 후추, 카르다몸, 브라질우드, 인디고 등은 이집트 알렉산드리아에서 선적한 상품들이었다.[45] 여러 가지 정황을 고려할 때 곡물은 알렉산드리아가 아니라 제노바로 귀환하는 도중 시칠리아 섬에서 선적했을 것이다. 앞에서 살펴보았듯이, 제노바가 시칠리아와 맺은 협정에 따르면 제노바 상인들이 시칠리아 섬에서 원했던 물품 중 하나가 곡물이었기 때문이다. 그러나 면화의 선적지를 확정하기는 쉽지 않다. 당시 제노바 상인들은 시칠리아뿐 아니라 이집트 알렉산드리아에서도 면화를 구입했기 때문이다.

사실 제노바 귀족상인들에게 시칠리아 무역과 동방무역은 완전히 별개의 사업이 아니었다. 제노바와 동방을 오가는 선박들은 항상 시칠리아 섬을 경유했고, 그곳에서 상품을 선적하거나 하역했다. 실제로 많은 계약서에서 투자자들이 여행상인들에게 시칠리아에서 장사가 여의치 않으면 그 너머에 있는 곳, 즉 이집트의 알렉산드리아나 시리아의 항구도시들에서 거래하는 것을 허락하고 있다. 무엇보다 제노바 정부는 시리아와 이집트를 오가는 제노바 선박이 중간 기항지이자 제노바 상인의 중요 거래처인 시칠리아에 안전하게 접근하기를 희망했다.

볼타 가문의 시리아 사업을 돌봐준 사람들은 엠브리아코 가문 사람들이었다. 이 가문은 시리아 항구도시들을 공격하는 십자군 병사들에게 선박을 제공한 대가로 상업적 특혜를 받은 상태였다. 그 덕분에 12세기 제노바의 대對 시리아 무역에서 중요한 역할을 할 수 있었다.[46]

엠브리아코 가문 출신 상인들이 시리아에 상업 기반을 마련한 것은, 1095년 제1차 십자군 때 시리아에 네 개의 라틴 왕국, 즉 에데사 백국·안티오크 공국·트리폴리 백국·예루살렘 왕국이 건설되면서부터였다. 이들은 1099년 시리아로 이주하여, 1110년경 트리폴리(시리아 도시) 백작 베르트랑Bertrand에게 영지를 하사받았다. 1154년 굴리엘모, 우고, 니콜라 등 엠브리아코 가문 출신의 세 사람은 십자군이 정복한 성지聖地에 있는 제노바 영토를 분봉받아 시리아 내의 기반을 더욱 굳건히 했다.

앞서 살폈듯이 1155년 새로 들어선 제노바 정권은 이 문제를 다시 원점에서 논의하고 싶어 했는데, 그 협상 결과가 어떠했는지는 알 수 없다.[†] 어쨌든 엠브리아코 가문은 현지에서 볼타 가문의 사업을 도왔으며, 이후에는 정치적으로도 볼타 가문과 긴밀한 관계를 유지했다.

[†] 굴리엘모 엠브리아코는 비브로스(오늘날 Byblos)와 시리아 북부 항구도시 라오디키아에 있는 제노바 영토를 29년 동안 봉토로 보유하며 그 대가로 매년 270브잔트와 10브잔트어치의 겉옷 한 벌을 제노바 정부에 제공했다. Imperiale di Sant'Angelo(ed.), *Codice diplomatico della repubblica di Genova* (Roma, 1936~1942), vol. 1, pp. 296-299 ; G. W. Day, *Genoa's response to Byzantium, 1155~1204. Commercial expansion and factionalism in a medieval city* (Urbana and Chicago, 1988), p. 6.

비잔티움제국과의 무역

이미 시리아와 이집트 그리고 시칠리아에서 확고한 기반을 마련한 제노바에게 비잔티움 시장은 새로운 도전이었다. 잠재적 개발 가능성은 컸지만 다른 이탈리아 상업도시들, 즉 베네치아와 피사와의 경쟁을 피할 수 없었다.

12세기 제노바에서 대 비잔티움 교역을 주도한 세력은 구에르치오Guercio 가문이었다. 구에르치오 가문은 제노바와 비잔티움 간의 교역을 활성화시키고자 볼타 가문과 적극적으로 협력했다.[47] 인고의 가족들이 비잔티움 사업에 상당한 자본을 투자할 수 있었던 것도 모두 이들 덕분이었다.

1160년 3월 9일, 인고의 아들 마르키오네 델라 볼타는 콘스탄티노플로 가는 갤리선의 선장 비사치아Bisacia와 해상 대부 계약을 체결했다. 정확한 투자액은 알 수 없지만, 비잔티움 화폐로 375히페르피론의 수익금을 받는다는 조건이었던 걸 보면 투자 액수가 적지 않았음을 알 수 있다. 5월 26일, 선장은 아달라르도 데 쿠리아Adalardo de Curia에게 200리라의 투자금을 추가로 확보했다. 6월 3일에는 다수의 제노바 귀족들이 총 181리라를 투자했다. 이 투자액 중 볼타 가문이 투자한 것은 31리라 정도였다. 하지만 귀족들은 목적지를 구체적으로 언급하지 않았다. 중간 경유지인 시칠리아 섬에서 자금을 활용할 여지를 남겨 둔 것이다. 그리고 3일 후인 6월 6일, 인고와 그 사촌인 굴리엘모 부로네는 추가로 비사치아와 투자계약을 체결했는데 그중 하나는 투자액이 300리라 정도로 규모가 컸다.[48]

이처럼 적지 않은 투자액이 모인 항해였지만, 사실 이 항해를 바라보는 투자자들의 심정은 기대 반 걱정 반이었다. 무엇보다 갤리선이 콘스탄티노플까지 무사히 갈 수 있을지가 의문이었다. 1155년 비잔티움 황제 마누엘 1세가 제노바 상인들에게 약속했던 특혜가 실제로 지켜질지 아직 확실하지 않았기 때문이다. 또한 콘스탄티노플로 가기 전에 시칠리아에 들러 제노바의 행보를 주시하고 있을 시칠리아 왕의 심기도 살펴야 했다. 제노바 정부는 비사치아 선장과 외교사절들에게 제노바가 비잔티움 황제와 교섭하는 것을 시칠리아 왕이 어떻게 생각하는지를 우선적으로 확인하라고 명했다.[49]

무사히 콘스탄티노플에 도착해도 문제는 남아 있었다. 이미 비잔티움제국에서 확고한 기반을 마련한 베네치아와 피사의 상인들이 새로운 경쟁자를 환영할 리 없었기 때문이다. 아쉽게도 비사치아의 갤리선이 콘스탄티노플에 무사히 도착해서 무역 활동이 순조롭게 진행되었음을 보여 주는 기록은 남아 있지 않다. 그리고 1162년 피사 상인들이 제노바 거주 지역을 공격하는 일이 벌어졌다. 애초의 우려가 현실이 된 것이다.

이 사건으로 제노바 상인들은 큰 금전적 손실을 입었다. 가장 큰 손실을 입은 투자자는 비잔티움과의 교역을 주도한 구에르치오 가문이었다. 그렇지만 다른 제노바 상인들도 적지 않은 손실을 입었다. 전체 피해액 2만9,424히페르피론 중 인고 델라 볼타가 입은 손해액은 997히페르피론으로 그리 크지 않았다. 그러나 구에르치오, 말로네, 도리아, 볼타, 부로네 등 정치적으로나 경제적으로 인고와 밀접한 관련이 있던 제노바의 대표 귀족 가문들이 큰 손해를 보았다.[50]

이 사건으로 콘스탄티노플에서 제노바 상인의 활동이 완전히 와해되지는 않았다. 일부 상인들은 신속히 손해를 만회했고 사업을 이어 나갔다. 그러나 이것으로 끝이 아니었다. 피사 상인들보다 더 상대하기 어려운 베네치아 상인들이 남아 있었다. 베네치아는 제노바가 심각한 경쟁 상대로 성장하기 전에 미리 싹을 자르려고 했다. 피사 상인들의 공격이 있고 채 10년도 지나지 않은 1171년 초, 이번에는 베네치아 상인들이 콘스탄티노플 내 제노바 거주 지역을 약탈하는 사건이 벌어졌다. 비잔티움 연대기 작가 요하네스 키나무스에 따르면, 이때 제노바인들의 건물과 주택이 파괴되었지만 이후 진행된 황제와의 피해 협상에서 제노바 상인들은 금전적인 손실에 대한 배상에만 관심이 있었다고 한다. 당시 제노바 상인이 입은 총 피해액은 5,674히페르피론에 이르렀고, 피해 상인은 총 85명 정도였다.[51]

그런데 전화위복이랄까. 이 일은 오히려 제노바 상인들에게 유리하게 흘러갔다. 사실 당시 범인이 구체적으로 확인된 것은 아니지만, 베네치아 상인을 못마땅하게 여기던 황제 마누엘 1세는 베네치아 상인들을 약탈 사건의 범인으로 단정하고 1171년 3월 제국 내의 모든 베네치아인들을 잡아들이고 그들의 선박과 재산을 몰수하라고 명했다. 이에 베네치아 정부는 120척의 함대를 모아 비잔티움제국으로 출정했다. 제노바는 이후 진행된 비잔티움과 베네치아와의 전쟁에서 황제를 지원하여 마누엘 황제의 신임을 얻었다.[†]

이후 제노바 상인들은 마누엘 황제의 통치가 끝나는 1180년까지 평화롭게 비잔티움제국에서 상업 활동을 전개했다. 한 그리스 사람

[†] 구에르치오 가문 및 이 가문과 상업적으로 긴밀한 관계를 맺었던 말로첼로Malocello, 도리아Doria, 델라 볼타 가문이 황제에게 대부한 금액은 5,715리라였다. G. W. Day, *Genoa's response to Byzantium, 1155~1204. Commercial expansion and factionalism in a medieval city* (Urbana and Chicago, 1988), p. 123.

의 증언에 따르면, 마누엘이 사망한 1180년 콘스탄티노플에는 6만 명의 이탈리아인들이 거주하고 있었다고 한다. 이 수치를 액면 그대로 받아들일 수는 없지만, 1171년 베네치아 상인들이 추방된 사실을 감안할 때 그 사이 제노바 상인들이 양적으로나 질적으로 크게 약진했을 것이라고 예상할 수 있다. 1182년 제노바 거주지가 그리스인들에게 다시 약탈당했을 때 그 피해액이 22만8천 히페르피론에 달했다는 사실이 이런 예상을 뒷받침한다. 1171년의 피해액과 비교해 무려 40배 이상 증가한 수치였기 때문이다.[52]

1182년 사건 이후 제노바 상인들은 제국에서 공식 축출되었다. 비록 1182년부터 1192년까지도 교역은 간헐적으로 이어지지만, 그것은 어디까지나 개인적인 차원의 교역이었다. 이후 이탈리아 도시들과의 상업 관계를 정상화시키고자 한 황제 이사키우스 2세 앙겔루스의 정책으로 제노바 상인들은 다시 비잔티움 시장에 돌아오지만, 1198년 알렉시우스 3세 앙겔루스 황제 시절 또다시 추방되었다. 약탈과 추방을 번갈아 겪으며 13세기 초까지도 유지되었던 콘스탄티노플 내 제노바 상인들의 상업 활동은, 1204년 제4차 십자군으로 비잔티움제국이 일시적으로 멸망하면서 전면적으로 중단될 수밖에 없었다.

1155년 비잔티움 황제 마누엘 1세에게 콘스탄티노플 내 상관 설치 및 상업적 특혜를 허락받은 이래 제4차 십자군이 콘스탄티노플을 점령하는 1204년까지 약 50년간, 비잔티움제국 내에서 상업 활동을 어떻게 활성화시키느냐 하는 문제는 제노바의 중요한 정치적 현안이었다. 특히 비잔티움제국의 수도 콘스탄티노플은 흑해, 지중해 그리고 유럽 대륙과 소아시아를 연결하는 교역로상에 위치해 있었고, 그 때문에 여러 지역의 상품들이 모이는 지중해 제일의 시장이었다. 그런 연유로 해상 교역으로 먹고 사는 이탈리아 상업도시들에게는 가장 탐나는 시장 중 하나였다. 그래서 비잔티움 시장을 차지하려는 이탈리아 도시국가들 간의 경쟁은 그만큼 치열할 수밖에 없었다.

볼타 가문의 쇠락

지금까지 살펴본 대로 중세 이탈리아 상인들의 상업 활동은 정치 권력과의 밀접한 관계 아래 성장했다. 정치권력과 우호적인 관계를 맺고, 권력이 제공하는 특혜를 기반으로 성장하는 것이 기본 구도이다. 그러나 예나 지금이나 정치권력과의 밀월은 양날의 칼 같은 것이다. 잘되면 큰돈을 벌지만, 자칫하면 가문 전체가 몰락할 수도 있다. 인고 델라 볼타의 경우가 그러했다.

신성로마제국 황제 프리드리히 1세와의 동맹이 바로 그러한 칼이었다. 1162년 신성로마제국 황제 프리드리히 1세가 밀라노를 정복하고 롬바르디아 지방에 대한 지배권을 다시 확립하면서 북부이탈리아를 압박해 오자, 인고는 황제와의 동맹을 통해 어려운 상황을 타개하고자 했다. 신성로마제국 황제 프리드리히 1세에게 사절로 파견되었던 형제 우고가 1163년 제노바의 대주교로 선출되면서 인고는 더 과감히 팽창주의 정책을 시도했다. 인고는 시칠리아를 제노바 상권에 통합하고자, 황제 프리드리히 1세에게 노르만 출신의 굴리엘모 1세가 다스리는 시칠리아를 정복할 군사적 동맹을 제안했다. 그리고 시칠리아 원정에 제노바가 선단을 제공하겠다고 약속했다. 이를 통해 신성로마제국 황제 프리드리히 1세의 계획에 동참하여 시칠리아를 제노바 상권에 통합시키려 한 것이다.

인고는 이 원대한 계획을 실행하기 위해 제노바 시의 가용한 모든 자원과 인력을 동원했다. 하지만 독일 내부의 문제와 북부 이탈리아에서 황제를 몰아내려는 롬바르디아 도시동맹의 반격으로 프리드리히 1세는 시칠리아 원정을 감행할 수 없게 되었다. 1164년 선단을 미리 준비한 제노바는 난감한 상황에 처할 수밖에 없었다. 제노바는 시칠리아 대신 좀 더 수월하게 정복할 수 있는 사르디니아를 공격했다. 이전부터 제노바는 사르디니아 섬을 두고 피사와 다투고 있었다. 그러나 원정은 최종적으로 실패하고 말았다.[53]

원정 실패는 인고를 중심으로 한 제노바 집권층에 큰 재정적 타격을 가져왔다. 뿐만 아니라 인고의 상업정책에 이해관계를 달리했던 반대 세력에게 반란의 명분을 제공했다. 결국 1164년 상업적 이해관계의 차이로 서로 적대적이었던 제노바 귀족 가문들 사이에 내전이 발생했다. 이 과정에서 콘술 중 한 명이던 인고의 아들 마르키오네 Marchione가 암살당했고, 시 위원회는 인고 가문의 저택과 종탑을 무너뜨리기로 결정했다.

내전은 1180년대까지 20여 년간 계속되었다. 1169년 인고의 또 다른 아들 야코포도 도시 내전 중 사망했다. 특히 1180년대에는 그릴로Grillo 가문과 벤토 가문 사이의 갈등이 치열했다. 당시 볼타 가문은 벤토 가문을 지지했다. 내전이 격렬해지면서 막강했던 벤토 가의 권력은 점점 쇠약해졌다.[54]

내전은 제노바의 귀족 가문들에 깊은 상처를 남겼고, 볼타 가문은 그 상처가 유독 깊었다. 그러나 대부분의 귀족 가문들은 살아남았고, 상업 투자를 계속하며 번창했다. 굴리엘모 같은 제노바의 전통적인 상업 가문들은 도시 정부의 콘술이 되어 자신들에게 유리하게 정책을 조정해 가며 예전처럼 최고의 투자자로 군림했다. 볼타 가문도 비록 예전만큼은 아니지만 곧 제노바의 유서 깊은 상업 가문의 반열에 재합류했다.

공증인 문서에 담긴 제노바 상인의 모험

지금까지 살펴본 대로 12세기 제노바 상인 인고 델라 볼타는 정치인이자 투자자였다. 이는 우리가 일반적으로 생각하는, 장사를 업業으로 삼는 '상인'의 모습과 조금 다르다. 이런 사람이 12세기 대다수 제노바 상인들을 대표할 만한 전형적인 인물이 될 수 있을까?

서론에서 지적했듯이 중세 이탈리아 상인의 모습은 중세 후반으로 가면서 달라졌다. 12세기 전형적인 이탈리아 상인은 상품을 가지고 지중해 전역을 돌아다니는 여행상인이었던 반면, 중세 말의 대표적인 이탈리아 상인은 본토에 머물면서 해외시장에 대리인을 파견해 국제무역을 관장하는 정주상인으로 변모했다. 그런 점에서 중세 말 정주상인의 사업 패턴은 오늘날 무역상사의 그것과 여러 면에서 유사하다고 말할 수 있다. 어쨌든 중세 이탈리아에서 여행상인이든 정주상인이든 그들의 사업을 재정적으로 뒷받침해 주는 투자자들은 항상 존재했고, 이들 또한 이탈리아 상인의 한 유형으로 간주해야 할 것이다. 때론 투자자이자 여행상인인 경우도 드물지 않았다.

앞에서도 언급했다시피, 12세기 제노바 상인과 관련해서는 다른 이탈리아 도시와 비교해서도 상당히 많은 양의 공증인 문서가 남아 있다. 이를 분석하면 12세기 지중해를 누비며 원거리 국제 교역에 참여했던 전형적인 제노바 상인의 모습을 그려 낼 수 있다. 이 시대의 공증인 문서가 알려 주는 가장 중요한 사실은, 대부분의 제노바 상인들이 사업 자금을 조달하는 데 '소키에타스societas'와 '아코멘다티오accomendatio'라 불리는 투자계약을 이용했다는 점이다. 이 두 계약 모두 코멘다commenda 계약에 속한다.[55]

'소키에타스'는 투자자가 자본의 3분의 2를 제공하고 여행상인이 나머지 3분의 1을 부담하는 계약 형태이다. 수익금은 투자자와 상인에게 반반씩 돌아갔다. 투자자가 전적으로 자본금을 충당하는 '아코멘다티오'는 투자자가 수익금의 4분의 3을, 여행상인이 4분의 1을 가져갔다.

일반적으로 투자상인은 제노바에 남아서 자기 사업을 계속하고, 여행상인은 위탁받은 상품이나 투자금을 가지고 해외로 장사를 떠났다. 여행상인이 해외에서 돌아오거나 믿을 만한 사람을 통해 자본금을 제노바로 송금하면, 계약은 청산되고 각자 합의한 몫의 수익금을 나눠 가졌다. 계약이 청산되는 데에는 통상 몇 개월에서 길게는 1년 정도 소요되었다. 이러한 형태의 계약은 자본금이 없는 상인이나 이제 막 사업에 뛰어든 젊은 상인들이 사업을 할 수 있는 소중한 기회를 제공했다. 실제로 여행상인 중에는 투자자에게 받은 자금을 아들에게 맡기는 경우도 있었다. 물론 모든 결정은 투자자와 합의해야만 했다.[56]

중세의 공증인 문서는 제노바 사람들이 한 여행상인에게 모든 자금을 투자하지 않았음을 보여 준다. 당시 해외 사업은 항상 위험이 따르는 '모험사업'에 가까웠기 때문에 분산투자가 기본이었다. 그렇지만 한 사람과 오랫동안 거래를 계속 이어 나가기도 했다. 인고 델라 볼타도 거의 10년 동안 한 상인에게 투자했다. 그가 바로 여행상인이자 투자자였던 인고 노켄티우스Ingo Nocentius이다.

1156년 가을 인고 델라 볼타와 인고 노켄티우스는 자신의 선박을 소유하고 있었던 알베르나키우스에게 각각 100리라와 50리라를 투자했다.[57] 여행 목적지는 동지중해의 시리아였다. 그런데 다음 해 여름에 작성된 계약서에서 인고 델라 볼타와 인고 노켄티우스가 이전에 체결한 300리라 상당의 투자계약을 언급하고 있는 것으로 보아 이들의 동업이 더 오래전부터 시작되었음을 알 수 있다. 두 인고가 10년 동안 투자한 금액은 2천 리라에 달했다. 노켄티우스는 인고 델라 볼타의 아들들과도 투자계약을 맺었다. 그러나 앞서 밝혔듯이, 인고 델라 볼타는 노켄티우스와 오랫동안 지속적인 사업 관계를 유지하면서도 모든 자금을 그에게만 집중하지 않았다.

공증인 문서에는 자금 조달 방식과 투자 방식뿐 아니라 투자 규모에 대한 정보도 담겨 있다. 우선 인고 델라 볼타의 투자 규모부터 살펴보자. 그의 투자 규모가 어느 정도였는지를 가늠하려면 12세기 당시 제노바 리라lira(L)의 구매력부터 알아야 하다. 당시 성인의 1년치 식비가 2.5리라 정도였다. 9개월 정도 소요된 동지중해 항해에 고용된 선원의 임금은 3.5~5리라, 선장의 임금은 10리라 정도였다.[58] 10리라 정도의 금액이면 평범한 제노바 시민의 1년치 벌이를 넘어서는 큰돈이었다.

이러한 계산을 기준으로 한다면, 인고의 연간 투자액 200리라는 제노바 평균 시민의 30년치 연봉을 훨씬 넘어서는 금액이다. 평균적인 제노바 시민의 1년치 연봉을 4천만 원으로 잡고 계산하면, 볼타의 연간 투자액은 120억 원에 해당한다. 12세기 유럽의 경제 규모를 생각하면 결코 적은 규모의 투자가 아니었음을 알 수 있다.

그렇다면 국제무역 투자는 인고 델라 볼타와 같은 귀족 출신들의 전유물이었을까? 12세기 후반 작성된 공증인 계약서에 등장하는 1,345명의 여행상인을 분석한 크루에거의 연구는 그렇지 않았음을 보여 준다.[59] 투자 금액을 기준으로 볼 때 계약서에 나오는 대다수의 투자자들은 자금 여력이 충분한 부자들이 아니었다. 그중 상당수는 공증인이나 염색 장인, 잡화상, 구두 수선공, 제빵 장인 등 평범한 소시민들로 소규모 자본을 투자했다. 이들의 투자금은 때론 몇 솔디 soldi(1리라는 20솔디)였고 100리라를 넘는 경우는 아주 드물었다.

소시민들의 투자 규모는 그렇게 크지 않았지만 이들은 간접적으로나마 국제무역에 동참하고 있었다. 그리고 날로 번창하는 제노바의 해외무역에서 일정 정도의 수익을 거둘 수 있었기 때문에, 국제무역을 활성화시키려는 대상인들이 정권을 장악하는 것을 기꺼이 받아들이고 지지했다.

이 시기 제노바에서 거액을 투자할 수 있는 사람은 대략 12명 정도였다. 전체 투자자 수의 6.6퍼센트에 불과한 이들이 투자 총액의 40.4퍼센트를 담당했다. 물론 가장 큰손은 인고 델라 볼타였다. 이 투자자들은 다른 소시민들처럼 시칠리아, 아프리카, 알렉산드리아 무역에 투자하는 것은 물론이고 시리아와 비잔티움 무역을 독점했다.[60] 시리아와 비잔티움을 상대로 한 거래는 주로 향신료와 사치품 교역이었다. 반면 제노바 상인들이 시칠리아에서 구입한 상품은 곡물과 면화 등 주로 농업 생산품이었고, 시칠리아에서 판매한 물품은 모직물과 수입한 면화를 가공해 만든 면직물과 같은 산업 제품들이었다.

어쨌거나 우리가 12세기 공증인 문서를 통해 확인할 수 있는 사실은, 인고 델라 볼타와 같은 소수 귀족 출신의 대大상인들이 제노바의 국제무역을 주도했다는 점이다. 그러나 다수의 평범한 제노바 시민들도 소액을 여행상인에게 투자할 수 있는 길이 열려 있어 소소한 이익을 거두었고, 자본이 없는 젊은 여행상인들이 국제무역에 뛰어들 수 있는 기회를 제공했다. 12세기 제노바를 대표하는 투자자들 중에도 여행상인들이 있었다.

1154~1164년 투자상인과 투자 금액

단위 : 리라

투자상인	투자 금액
인고 델라 볼타Ingo della Volta	4,035
굴리엘모 부로네Guglielmo Burone	3,120
본조바니 말필라스터Bongiovanni Malfilaster	2,245
스타빌리스 방케리우스Stabilis Bancherius	2,240
굴리엘모 필라르도Guglielmo Filardo	1,940
마르키오네 델라 볼타Marchione della Volta	1,750
블랑카르도Blancardo	1,635
굴리엘모 벤토Guglielmo Vento	1,510
발디치오네 우소디마레Baldizione Usodimare	1,410
솔리마노 데 살레르노Solimano de Salerno*	1,310
리발도 데 사라피아Ribaldo de Saraphia*	1,050
굴리엘모 아라델로Guglielmo Aradello*	945

* 투자상인이자 여행상인

다양한 직업과 신분의 제노바 사람들로부터 투자를 받은 여행상인들은 지중해 전역을 누비며 장사를 했다. 제노바 상인들의 상권은 지중해에 한정되어 있었고, 알프스를 넘거나 지브롤터 해협을 경유해 북서유럽 시장까지 가서 거래를 하는 경우는 드물었다. 지중해 지역에서도 1년 내내 장사를 할 수 있었던 것은 아니다. 12세기 당시에는 겨울 항해가 기술적으로 불가능했기 때문이다. 지중해를 통한 겨울 장사는 나침반 사용이 일반화되는 13세기 후반까지 기다려야 했다.

북서아프리카와 이베리아 반도로 사업여행을 가려면, 늦은 봄과 이른 여름에 제노바 항구를 출발해서 8월 말이나 9월 초에 다시 제노바 항구로 돌아와야 했다. 동지중해 지역으로 가는 경우에는 9월 말과 11월 사이에 제노바 항구를 떠나 현지에서 겨울을 난 다음에 이듬해 봄 일찍 제노바 항으로 귀환했다.[61] 그리고 동지중해에서 돌아온 선박은 다시 서지중해로 떠나는 봄~여름 장사를 준비했다. 지중해의 자연환경과 선박·항해술 등 당시의 기술적 제약 안에서 자연스럽게 형성된 사업 주기였다.[62]

12세기 제노바 상인들이 거래한 품목은 그렇게 다양하지 않았다.[63] 시리아와 이집트에서는 주로 후추를 포함한 향신료가 많았고, 면화와 명반 등의 직물 원료도 주요 구입 품목 중 하나였다. 비잔티움 시장에서는 주로 비단과 값비싼 제례용품, 예술품 등을 구입했다. 유럽 각지에서 생산된 모직물과 북부 이탈리아에서 제작된 면직물 또한 제노바 상인들의 중요 취급 상품이었다. 서지중해 지역에서 생산된 올리브유, 밀랍, 꿀, 가죽, 산호, 사프란 등의 1차 생산품은 동지중해로 팔려 나갔다.

제노바 상인들은 당시 군수물자로 간주되던 목재, 금속, 곡물, 그리고 노예를 이슬람 세계에 공급해서 이익을 챙겼다. '적'을 이롭게 하는 상품들을 이슬람 세계에 파는 행위는 기독교인들의 비난을 받았고, 교황청의 제재도 잦았다. 때론 십자군전쟁 시절에 사로잡힌 이슬람 병사를 기독교 세계에 노예로 팔기도 했다.

북아프리카 시장에서는 유럽산 모직물과 가죽을 판매하고 소금과 수단의 금을 확보했다. 수단산 금은 제노바 상인을 포함한 이탈리아 상인들이 동지중해에서 값비싼 아시아 상품을 구입할 자금으로 사용되었다. 당시 이탈리아 상인들은 동지중해의 이슬람 세계 및 비잔티움제국과의 무역에서 만성적인 적자에 시달렸는데, 금과 은으로 그 차액을 지불하는 방식으로 적자를 메웠다. 그런 상황에서 북아프리카 시장에서 확보한 수단산 금은 이 차액을 메울 수 있는 아주 유용한 해결책이었다.[64] 중세 말에 이르면 중부 유럽에서 채굴된 은이 이 같은 결제 수단으로 활용되었다.

현지에서 구입한 상품을 싣고 제노바로 귀환한 여행상인들은 가지고 온 상품을 다 처분하고 나서야 투자자들에게 투자금을 돌려줄 수 있었다. 이 과정에는 보통 4~6주 정도의 기간이 걸렸고, 예상치 못하게 더 길어지는 경우도 있었다. 이렇게 돈을 돌려받은 투자자는 그 돈을 다시 같은 여행상인에게 재투자하는 경우가 많았다. 지중해를 통한 상업 거래가 안정되면서 이러한 반복 재투자는 늘어났다.

이렇게 해서 여행상인들이 거둔 이익은 어느 정도였을까? 이윤율을 정확히 알 수는 없지만, 단편적인 기록만 살펴봐도 수익률이 꽤 높았음을 알 수 있다. 그러나 수익률이 높다는 것은 그만큼 위험부담이 컸다는 의미다. 지중해 여러 지역을 떠돌며 장사한 여행상인들은 본국에 있는 투자자들에 비해 감수해야 하는 위험이 더 직접적이었다. 투자금을 대는 투자상인들은 최악의 경우에 투자금을 날리는 정도였지만, 지중해 여러 지역을 떠돌며 장사한 여행상인들은 상업 활동에 목숨을 걸어야 했다. 바다에 들끓는 해적과 악천후로 인한 난파, 현지 관리의 횡포와 무거운 세금 등 여행상인들을 기다리는 위험은 도처에 널려 있었다.

열악한 선상 생활을 견디며 지중해 전역을 누빈 여행상인에 대한 초기 평가는 그렇게 우호적이지 않았다. 19세기 말과 20세기 초 일부 역사가들은 여행상인이 중세 상업 발전에 기여한 바가 투자상인에 비해 부수적인 수준이었다며, 수공업 분야로 치면 이들은 장인이 아니라 직인이었다고 평가했다. 그러나 이후 중세 이탈리아 여행상인의 역할을 높이 평가하는 연구가 이어졌다. 결국 12~13세기의 지중해 무역을 주도한 것은 이 여행상인들이었으며, 이들의 노고가 있었기에 중세 상업혁명이 가능했다는 것이다.[65]

[1] G. W. Day, *Genoa's response to Byzantium, 1155~1204. Commercial expansion and factionalism in a medieval city* (Urbana and Chicago, 1988), p. 8.

[2] R. S. Lopez, "Le marchand génois : un profil collectif", *Annales : économie, sociétés et civilisations*, 8(1958), p. 501.

[3] G. W. Day, *Genoa's response to Byzantium, 1155~1204. Commercial expansion and factionalism in a medieval city* (Urbana and Chicago, 1988), p. 4.

[4] D. Abulafia, *The two Italies : economic relations between the norman kingdom of Sicily and the northern communes* (Cambridge, 1977), p. 50.

[5] 이에 관해서는 다음 두 논문 참조. E. H. Byrne, "Genoese trade with Syria in the twelfth century", *The American Historical Review*, vol. 25(1920), pp. 191-219 ; E. H. Byrne, "Genoese colonies in Syria", *The Crusades and other historical essays presented to Dana C. Munro*, L. Paetow(ed.), (New York, 1928), pp. 139-182.

[6] G. W. Day, *Genoa's response to Byzantium, 1155~1204. Commercial expansion and factionalism in a medieval city* (Urbana and Chicago, 1988), pp. 6-7.

[7] D. Abulafia, *The two Italies : economic relations between the norman kingdom of Sicily and the northern communes* (Cambridge, 1977), pp. 49-50.

[8] 협정문들은 다음 책에 나와 있다. Imperiale di Sant'Angelo(ed.), *Codice diplomatico della repubblica di Genova* (Roma, 1936~1942).

[9] G. W. Day, *Genoa's response to Byzantium, 1155~1204. Commercial expansion and factionalism in a medieval city* (Urbana and Chicago, 1988), p. 71.

[10] E. H. Byrne, "Genoese trade with Syria in the Twelfth Century", *The American Historical Review*, vol. 25 (1920), pp. 191-219.

[11] G. W. Day, *Genoa's response to Byzantium, 1155~1204. Commercial expansion and factionalism in a medieval city* (Urbana and Chicago, 1988), p. 77.

[12] M. Chiaudano and M. Moresco(ed.), *Il cartolare di Giovanni Scriba* (Roma-Torino, 1935), no. 3, 4, 7, 84, 587, 602, 666, 713, 717.

[13] Gabriella Airaldi, *Gli annali di Caffaro(1099~1163)* (Genova : Fratelli Frilli Editori,

2002), pp. 95-96.

14 G. W. Day, *Genoa's response to Byzantium, 1155~1204. Commercial expansion and factionalism in a medieval city* (Urbana and Chicago, 1988), pp. 78-79.

15 Imperiale di Sant'Angelo(ed.), *Codice diplomatico della repubblica di Genova* (Roma, 1936~1942), vol. 1, pp. 301-302.

16 Gabriella Airaldi, *Gli annali di Caffaro(1099~1163)* (Genova : Fratelli Frilli Editori, 2002), pp. 95-96 ; G. W. Day, *Genoa's response to Byzantium,* 1155~1204. *Commercial expansion and factionalism in a medieval city* (Urbana and Chicago, 1988), p. 23. 당시 황제는 롬바르디아 지방까지 진격해 와 있었다.

17 다음 책은 카파로의 연대기를 현대 이탈리아어로 번역한 것이다. Gabriella Airaldi, *Gli annali di Caffaro(1099~1163)* (Genova : Fratelli Frilli Editori, 2002), pp. 99-101.

18 G. W. Day, *Genoa's response to Byzantium, 1155~1204. Commercial expansion and factionalism in a medieval city* (Urbana and Chicago, 1988), pp. 23-24, 79.

19 E. H. Byrne, "Genoese trade with Syria in the Twelfth Century", *The American Historical Review*, vol. 25 (1920), p. 198.

20 E. H. Byrne, "Genoese colonies in Syria", *The Crusades and other historical essays presented to Dana C. Munro*, L. Paetow(ed.), (New York, 1928), p. 151 ; G. W. Day, *Genoa's response to Byzantium, 1155~1204. Commercial expansion and factionalism in a medieval city* (Urbana and Chicago, 1988), p. 80.

21 G. W. Day, *Genoa's response to Byzantium, 1155~1204. Commercial expansion and factionalism in a medieval city* (Urbana and Chicago, 1988), pp. 24-25, 70.

22 협정 원문은 Imperiale di Sant'Angelo(ed.), *Codice diplomatico della repubblica di Genova* (Roma, 1936~1942), vol.1, pp. 327-330.

23 G. W. Day, *Genoa's response to Byzantium, 1155~1204. Commercial expansion and factionalism in a medieval city* (Urbana and Chicago, 1988), p. 25.

24 D. Abulafia, *The two Italies : economic relations between the norman kingdom of Sicily and the northern communes* (Cambridge, 1977), pp. 89-90.

25 W. Day, *Genoa's response to Byzantium, 1155~1204. Commercial expansion and factionalism in a medieval city* (Urbana and Chicago, 1988), p. 89.

26 협정 원문은 Imperiale di Sant'Angelo(ed.), *Codice diplomatico della repubblica di Genova* (Roma, 1936~1942), pp. 338-342.

[27] W. Day, *Genoa's response to Byzantium, 1155~1204. Commercial expansion and factionalism in a medieval city* (Urbana and Chicago, 1988), p. 89.

[28] Imperiale di Sant'Angelo(ed.), *Codice diplomatico della repubblica di Genova* (Roma, 1936~1942), vol. 1, pp. 344-349.

[29] D. Abulafia, *The two Italies : economic relations between the norman kingdom of Sicily and the northern communes* (Cambridge, 1977), p. 98.

[30] NAM, Jong Kuk, *Le commerce du coton en Méditerranée à la fin du Moyen Age* (Leiden and Boston : Brill Academic Publishers, 2007).

[31] Imperiale di Sant'Angelo(ed.), *Codice diplomatico della repubblica di Genova* (Roma, 1936~1942), vol. 1, p. 328.

[32] D. Abulafia, *The two Italies : economic relations between the norman kingdom of Sicily and the northern communes* (Cambridge, 1977), p. 130.

[33] 조반니 스크리바의 공증문서는 두 권의 책으로 출판되었다. M. Chiaudano and M. Moresco (ed.), *Il cartolare di Giovanni Scriba* (Roma and Torino, 1935).

[34] 크루에거는 스크리바의 문서를 여러 각도에서 상세하게 분석하였다. H. G. Krueger, "Genoese merchants, their partnerships and investments, 1155 to 1164", *Studi in onore de Armando Sapori*(1957), vol. 1, p. 257-258.

[35] D. Abulafia, *The two Italies : economic relations between the norman kingdom of Sicily and the northern communes* (Cambridge, 1977), pp. 17-18.

[36] G. W. Day, *Genoa's response to Byzantium, 1155~1204. Commercial expansion and factionalism in a medieval city* (Urbana and Chicago, 1988), p. 70.

[37] E. H. Byrne, "Genoese trade with Syria in the Twelfth Century", *The American Historical Review*, vol. 25 (1920), p. 198.

[38] M. Chiaudano and M. Moresco (ed.), *Il cartolare di Giovanni Scriba* (Roma and Torino, 1935), vol. 1, no. 68, 71, 72, 73, 106.

[39] D. Abulafia, *The two Italies : economic relations between the norman kingdom of Sicily and the northern communes* (Cambridge, 1977), p. 20.

[40] M. Chiaudano and M. Moresco (ed.), *Il cartolare di Giovanni Scriba* (Roma and Torino, 1935), vol. 1, no 280 ; D. Abulafia, *The two Italies : economic relations between the norman kingdom of Sicily and the northern communes* (Cambridge, 1977), 221.

[41] 면화의 질과 가격에 대해서는 다음 책 참조. NAM, Jong Kuk, *Le commerce du coton*

en Méditerranée à la fin du Moyen Age (Leiden and Boston : Brill Academic Publishers, 2007).

[42] 중세 이탈리아 면직물 생산과 판매에 대해서는 다음 책 참조. M. F. Mazzaoui, *The italian cotton industry in the Later Middle Ages 1100~1600* (Cambridge, 1981).

[43] S. D. Goitein, "Sicily and Southern Italy in the Cairo Geniza documents", *Archivio Storico per la Sicilia Orientale*, 67 (1971), p. 19.

[44] D. Abulafia, *The two Italies : economic relations between the norman kingdom of Sicily and the northern communes* (Cambridge, 1977), p. 233.

[45] M. Chiaudano and M. Moresco (ed.), *Il cartolare di Giovanni Scriba* (Roma and Torino, 1935), vol. 2, pp. 248-257.

[46] Y. Renouard, *Les hommes d'affaires italiens du Moyen Age* (Paris, 1968), p. 67.

[47] G. W. Day, *Genoa's response to Byzantium, 1155~1204. Commercial expansion and factionalism in a medieval city* (Urbana and Chicago, 1988), p. 108, 120.

[48] M. Chiaudano and M. Moresco (ed.), *Il cartolare di Giovanni Scriba* (Roma and Torino, 1935), vol. 1, no. 615, 666, 673.

[49] D. Abulafia, *The two Italies : economic relations between the norman kingdom of Sicily and the northern communes* (Cambridge, 1977), p. 116.

[50] G. W. Day, *Genoa's response to Byzantium, 1155~1204. Commercial expansion and factionalism in a medieval city* (Urbana and Chicago, 1988), p. 122.

[51] Jean Kinnamos, *Chronique*, translated by J. Rosenbelum (Nice : Les Belles Lettres, 1972) ; G. W. Day, *Genoa's response to Byzantium, 1155~1204. Commercial expansion and factionalism in a medieval city* (Urbana and Chicago, 1988), p. 27.

[52] W. Heyd, *Histoire du commerce du Levant au Moyen Age* (Leipzig, 1885~1886), vol. 1, pp. 222-223.

[53] Y. Renouard, *Les hommes d'affaires italiens du Moyen Age* (Paris, 1968), p. 68.

[54] D. Abulafia, *The two Italies : economic relations between the norman kingdom of Sicily and the northern communes* (Cambridge, 1977), p. 136, 177, 282.

[55] 코멘다 계약에 관해서는 다음 논문들 참조. J. H. Pryor, "The origins of the commenda contract", *Speculum*, 52(1977), J. H. Pryor, "Mediterranean commerce in the Middle Ages : a voyage under contract of commenda", *Viator*, 14(1983), pp. 133-194.

[56] H. G. Krueger, "Genoese merchants, their partnerships and investments, 1155 to

1164", *Studi in onore de Armando Sapori* (1957), vol. 1, p. 268.

[57] E. H. Byrne, "Commercial contracts of the Genoese in the Syrian trade of the Twelfth century", *The Quarterly Journal of Economics*, vol. 31(1916), pp. 138-141.

[58] E. H. Byrne, "Genoese trade with Syria in the twelfth century", *The American Historical Review*, vol. 25(1920), pp. 197-198.

[59] 크루에거는 총 9명의 공증인이 작성한 문서를 조사했다. 9명 중 6명의 공증인 이 작성한 문서는 출판되었다. M. Chiaudano and M. Moresco (ed.), *Il cartolare di Giovanni Scriba* (Roma and Torino, 1935) ; Mario Chiaudano (ed.), *Notai Liguri del sec. XII : Oberto Scriba de Mercato, 1190* (Torino, 1938) ; Mario Chiaudano (ed.), *Notai Liguri del sec. XII : Oberto Scriba de Mercato 1186* (Torino, 1940) ; J. E. Eierman, H. C. krueger, Robert L. Reynolds (ed.), *Notai Liguri del sec. XII : Bonvillano* (Genova, 1939) ; Margaret Hall, Hilmar C. Krueger, Robert L. Reynolds (ed.), *Notai Liguri del sec. XII : Guglielmo Cassinese, 1190-92* (Torino, 1938) ; M. W. Hall-Cole, H. C. Krueger, Robert L. Reynolds, R. G. Reinert (ed.), *Notai Liguri del sec. XII : Giovanni di Guiberto, 1200-1211* (Genova, 1939-1940) ; H. C. Krueger, Robert L. Reynolds (ed.), *Noati Liguri del sec. XII e del XIII : Lanfranco 1201-1226* (Genova, 1951-1953).

[60] H. G. Krueger, "Genoese merchants, their partnerships and investments, 1155 to 1164", *Studi in onore de Armando Sapori* (1957), vol. 1, p. 261.

[61] H. C. Krueger, "The genoese traveling merchant in the 12th century", *Journal of European Economic History*, 22(1993), pp. 259-260.

[62] J. H. Pryor, *Geography, technology, and war : studies in the maritime history of the Mediterranean 649~1571* (Cambridge, 1988), pp. 12-24.

[63] D. Abulafia (ed.), *The Mediterranean in history* (London, 2003), p. 187.

[64] Y. Renouard, *Les hommes d'affaires italiens du Moyen Age* (Paris, 1968), p. 60.

[65] H. C. Krueger, "The genoese traveling merchant in the 12th century", *Journal of European Economic History*, 22(1993), pp. 251-253, 282-283.

3장
샹파뉴 정기시에 간 이탈리아 상인들

샹파뉴 정기시들의 독창성은 대규모의 상품 거래보다는 아마도 화폐 거래와 일찍 발달한 신용거래에 있을 것이다. …… 대개 이탈리아 출신인 환전상들은 정말로 중요한 인물들이었다. 이들이 가지고 있는 것이라고는 융단 깔린 테이블 하나와 저울밖에는 없었지만, 이들의 마대 안에는 금괴와 금화들이 가득 차 있었다.
　　　　　　　　　　　　　　　　　－ 페르낭 브로델, 《물질문명과 자본주의》

　아시아 상품을 가득 실은 갤리선이 이탈리아 항구도시들에 도착할 때면 도처에서 모여든 상인들로 도시 전체가 북적였다. 그중에는 외국에서 온 상인들도 있었다. 가까이는 신성로마제국에서, 멀리는 잉글랜드에서까지 이제 막 선창에 부려진 값비싼 동방의 물건들을 좋은 값에 선점하려고 모여들었다. 하지만 비율상 외국 상인은 그리 많지 않았고, 내륙 도시 출신의 이탈리아 상인들이 주를 이루었다. 그들이 여기서 확보한 물건을 가지고 갈 곳은 샹파뉴 정기시였다.

　샹파뉴 정기시는 12~13세기 서유럽 제일의 국제시장이었다. 북부 이탈리아 도시에서 플랑드르 지방으로 통하는 자연적인 교통로상에 위치한 샹파뉴 지방은 자연스럽게 유럽의 남과 북을 잇는 상업 중심지가 될 수 있었다. 1년에 여섯 차례 대규모의 거래가 네 개 도시(트루아·프로뱅·바르-쉬르-오브·라니)에서 돌아가며 연속해서 열렸기 때문에 정기시라기보다는 거의 1년 내내 장이 서는 상설 시장에 가까웠다. 길이 멀어 이탈리아를 찾을 수 없었던 북부 독일, 저지대 지방, 프랑스 중북부 지역의 상인들이 모직물과 양모 등을 싣고 이곳으로 몰려들었다.

그랬으니 이탈리아를 포함한 유럽의 상인들이 샹파뉴 정기시에 몰릴 수밖에 없었다. 샹파뉴에 가면 후추와 같은 동방산 물건들을 제값에 팔고, 북유럽산 모직물을 알맞은 값에 구입할 수 있었기 때문이다. 여기서 거래된 모직물들이 다시 이탈리아 항구로 집하되었다가 지중해 전역으로 팔려 나갔다.

이처럼 십자군 시절의 샹파뉴 정기시는 지중해 무역을 가동시키는 중요한 축을 구성했다. 좀 더 정확히 말하면, 적어도 13세기 후반까지 샹파뉴는 서유럽에서 가장 중요한 국제시장이었다.[1] 이탈리아 항구도시에 각종 동방산 물품을 확보한 이탈리아 내륙 상인들은 이 "대규모 상거래의 중심지, 환전과 신용의 국제 중심지, 북유럽과 남유럽 문명의 접촉 지점, 새로운 상업 기술의 시험장"이자, "중세 서유럽 세계의 경제 중심"[2]에서 북서유럽의 상인들을 만나 자신들이 가지고 온 물건과 북유럽에서 건너온 모직물을 본격적으로 교환했다.

앞 장에서 보았듯이 십자군 시대에 국제 교역에서 가장 두각을 나타낸 세력은 이탈리아 항구도시인 베네치아, 제노바, 피사였다. 그렇지만 다른 이탈리아 상업도시들이 국제 교역에서 차지했던 역할과 비중을 간과해서는 안 된다. 특히 동지중해에서 들여온 상품을 알프스를 넘어 북서유럽으로 판매한 상인은 주로 이탈리아 내륙 도시의 상인들이었다.[3]

12세기 공증인 문서를 통해서 알 수 있듯이, 이미 12세기 후반 이탈리아 상인들은 대상隊商을 이루어 샹파뉴 정기시와 이탈리아를 오갔다. 이탈리아 북부의 내륙 도시 아스티는 대상단에 노새와 짐마차를 제공했다. 피사와 밀라노 상인들은 질 좋은 직물을 정기시에 내다 팔았다. 피렌체 상인들은 정기시에서 구입한 플랑드르 모직물을 피렌체에서 재가공하여 고가의 모직물을 만들었다. 로마, 크레모나, 피스토이아, 시에나, 루카, 파르마, 피아첸차, 우르비노 등의 상인들도 샹파뉴 정기시를 오가며 장사를 했다.[4]

이탈리아 상인들의 활약은 여기서 그치지 않았다. 샹파뉴 정기시에서 이탈리아 상인들은 또 다른 중요한 역할을 담당했으니, 바로 상품 거래를 원활하게 만드는 은행과 금융업이다. 브로델이 중세 샹파뉴 시장의 진정한 의미는 그곳에서 교환된 상품이 아니라 그곳에서 사용된 은행과 금융거래에 있다고 할 정도로 은행 업무는 샹파뉴 정기시를 가동시키는 중요한 윤활유였다.[5] 그런데 19세기 말의 연구에 따르면, 이탈리아 상인들은 샹파뉴 정기시를 통해 자신들이 제일 먼저 개발한 선진적인 상업 기술과 은행업을 프랑스에 퍼뜨렸다.[6] 당시 이탈리아 상인들은 상인인 동시에 은행가였던 것이다.

그들은 상품을 판매하고 구입했을 뿐만 아니라 자금 대부, 환전, 환거래 등 은행가 역할을 했다. 정기시의 은행 업무를 주로 맡았던 상인은 시에나 출신 상인들이었고, 본시뇨리 가문과 톨로메이 가문이 이때 활약한 대표적인 시에나 출신 은행가들이다.

1
샹파뉴 정기시의 성립과 발전

1년 내내 열린 서유럽 최대의 국제시장

프랑스 북동부에 위치한 샹파뉴 시장은 11세기에 형성되었다. 초기에는 주변 지역에서 생산되는 생산품, 그중에서도 주로 농산물이 거래되는 지방 시장에 불과했다. 12세기 초까지만 해도 그러했다. 그런데 11세기 말 이후 도시와 농촌 인구가 증가하면서 정기시로 발전할 조짐을 보이기 시작했다. 장원제를 바탕으로 한 봉건사회가 정착되고 농기구와 농업기술의 발전으로 농업 생산량이 늘어난 것이 자연스럽게 인구와 교역량의 증가, 도시의 발달을 촉진시켰기 때문이다. 인구가 늘어나고 시장이 커지면서 북부의 상인들이 플랑드르 지방에서 생산된 모직물을 판매하러 샹파뉴 지방으로 내려오기 시작한 것이다.[7]

정기시가 성장한 데에는 인구 증가라는 요인 외에 정책적인 요인도 작용했다. 정기시가 잘 계획된 시간표와 효율적인 운영 체계를 갖추게 된 것은 상당 부분 샹파뉴 백작의 정책과 의지 덕분이었다. 샹파뉴 백작은 봉건제의 위계상으로는 프랑스 왕의 봉신이었다. 프랑스 왕권이 약했던 시절에는 사실상 독립된 영토를 다스리는 봉건 군주였지만, 12세기 말 이후 왕권이 강화되면서 샹파뉴에 대한 통제권은 점차 프랑스 왕에게 돌아갔다. 1314년 샹파뉴 지역이 프랑스 왕령에 통합되면서 프랑스 왕은 명실상부하게 샹파뉴 정기시를 실질적으로 통제하게 되었다.[8]

샹파뉴 백작 앙리 2세Henri II는 정기시가 네 개의 도시를 순회하면서 열리도록 일정을 조정했다.[†] 또, 샹파뉴 백작이 조직한 안전한 통행권과 관리 감독 체계는 정기시의 발전에 중요한 역할을 했다. 1174년부터 백작이 임명한 감독관들은 정기시의 치안을 책임졌을 뿐만 아니라 분쟁을 조정하는 사법관 역할도 담당했다. 이들 밑에는 실제 치안을 담당하는 병사들과 서기들이 있었다. 그 결과, 12세기 말~13세기 초에 이르러 오늘날 우리가 알고 있는 샹파뉴 정기시의 틀과 형태가 만들어졌다.[††]

이 틀에 따라 1년에 여섯 번의 대규모 거래가 네 개 도시(트루아, 프

....

[†] 기록에 따르면, 샹파뉴 백작 앙리 2세의 통치기에 샹파뉴 정기시는 이미 이러한 체계로 운영되고 있었다. 하지만 더 이전에 이러한 체제가 도입되었을 가능성은 여전히 남아 있다. M. M. Postan, E. E. Rich and D. Miller(eds.), *The Cambridge economic history of Europe. Vol. III : economic organization and policies in the Middle Ages* (Cambridge, 1963), p. 131 ; R.-H. Bautier, "Les foires de Champagne. Recherches sur une évolution historique", *Recueils de la société Jean Bodin pour l'histoire comparative des institutions, vol. 5 : La Foire* (Paris, 1983), p. 117.

[††] 샹파뉴 정기시의 초기 역사를 정확히 알기는 어렵다. 초기 역사를 알려 주는 구체적인 사료가 거의 남아 있지 않기 때문이다. 13세기 후반이나 14세기 사료를 가지고 이전 시기를 추정하는 과정에서 왜곡이 발생하는 경우가 많다. R.-H. Bautier, "Les foires de Champagne. Recherches sur une évolution historique", *Recueils de la société Jean Bodin pour l'histoire comparative des institutions, vol. 5 : La Foire* (Paris, 1983), pp. 101-102.

로뱅, 바르-쉬르-오브, 라니)에서 돌아가며 열렸다. 정기시의 개장 날짜는 엄수되었다.[9] 첫 번째 시장은 라니에서 열렸다. 라니 정시기는 1월 2일[10] 개장하여 사순절 중간 시기 바로 직전 월요일까지 대략 두 달 동안 계속되었다. 그리고 라니 시장이 끝나는 바로 다음 날, 바르에서 다음 정기시가 열렸다. 구체적으로는 대략 2월 말이나 3월이었다. 부활절 주기의 변화에 따라 2월 말이 되기도 하고 3월 초가 되기도 했다.

그 다음 정기시인 프로뱅 정기시는 예수승천일 전주 화요일, 즉 대략 4월 말이나 5월 초에 시작되어 45일간 계속되었다. '세례자 요한의 정기시'라 불린 트루아 여름 정기시는 세례자 요한 탄생일 2주 후 화요일, 즉 6월 24일~7월 첫 주 무렵에 개최되어 9월 14일까지 열렸다. 14세기 말에는 9월 29일까지 연장되기도 했다. 9월 14일부터 시작되는 프로뱅 정기시는 만성절(11월 1일)까지 계속되었다. 겨울 트루아 정기시는 만성절 다음 날인 11월 2일에 시작되어 크리스마스 전주까지 계속되었다. 15세기에는 1월까지 연장되곤 했다.

대체로 각 정기시는 6주에서 두 달 정도 지속되었다. 어떤 정기시는 날짜가 정해져 있었고, 어떤 정기시는 축일에 따라 약간씩 날짜가 변동되기도 했다. 이렇게 해서 1년 내내 끊이지 않고 장이 설 수 있었다.[11]

각 정기시는 크게 준비 기간과 상품 거래 기간 그리고 정산 기간으로 나눠졌는데, 라니 정기시만 준비 기간이 따로 없었다. 다른 정기시의 경우에는 일반적으로 8일간의 준비 기간 동안 상인들이 정기시에 도착하여 자리를 잡고 상품을 풀어 전시하였다. 그 다음 10일 동안은 모직물을 거래하는 기간이었다. 그 다음 11일 동안에는

〈지도 4〉 12~13세기 서유럽 국제무역권과 샹파뉴 정기시

북해

잉글랜드

북해

링컨

노샘프턴

런던

브리스톨

엑서터

칼레

영국해협

위트레흐트

뤼베크

함부르크

브레멘

쾰른

라이프치히

드레스덴

브뤼헤

안트베르펜

헨트

브뤼셀

플랑드르

아라스

프랑크푸르트

프라하

뉘른베르크

아우크스부르크

루앙

파리

라니

프로뱅

트루아

바르-쉬르-오브

랭스

샹파뉴 정기시

라인강

오를레앙

디종

브장송

낭트

제네바

알프스 산맥

리옹

밀라노

크레모나

베로나

베네치아

보르도

제노바

파르마

볼로냐

아비뇽

몽펠리에

마르세유

피사

피렌체

툴루즈

지중해

로마

피레네 산맥

바르셀로나

사라고사

가죽 제품들이 거래되었다. 마지막 기간에는 향신료처럼 무게 단위로 판매되는 상품들이 거래되면서 거래 청산도 함께 이루어졌다.[12]

이탈리아 상인의 부상

사실 샹파뉴 정기시가 서유럽 전역의 상인들을 끌어들이는 유럽 제일의 국제시장으로 성장하게 된 것은 12세기 후반 이탈리아 상인들이 참여하면서부터이다.[†] 1179년 두 명의 밀라노 상인이 알프스를 넘어 북쪽으로 가서 모직물과 양모를 구입해 돌아왔다는 기록 외에도, 제노바의 공증인 문서들은 1191년 이후 제노바 상인들이 샹파뉴 지방을 정기적으로 드나들었음을 보여 준다. 공증인 문서에는 제노바가 1190년 부르고뉴 공작에게서 공작령을 통과해 정기시에 갈 수 있는 특혜를 얻었다는 내용도 담겨 있다.[13]

13세기 중엽부터는 샹파뉴 정기시에서 가장 활발하게 활동한 외지 상인들이 이탈리아 상인일 정도로 이들의 상거래 규모가 커졌다. 정기시에 참여하는 상인들의 출신 도시도 다양해졌다. 자주 등장하는 도시들만 꼽더라도 피렌체, 제노바, 루카, 로마, 크레모나, 밀라노, 피스토이아, 아스티, 시에나, 파르마, 피아첸차, 베네치아, 우르비노 등

[†] 앙리 피렌과 로랑은 11세기 말 플랑드르 권역과 이탈리아 권역을 연결하는 지점으로서 샹파뉴 정기시가 등장했다고 주장한다. 하지만 보티에는 한 세기 이후에 가서야 이탈리아 상인들이 본격적으로 샹파뉴 정기시에 참여했다고 주장한다. R.-H. Bautier, "Les foires de Champagne. Recherches sur une évolution historique", *Recueils de la société Jean Bodin pour l'histoire comparative des institutions, vol. 5: La Foire* (Paris, 1983), p. 107.

이탈리아 북부 상업도시들 대부분이 정기시에 참여했음을 알 수 있다. 13세기 중엽에는 피아첸차 상인들만 30명이나 샹파뉴에 상주하며 장사를 할 정도로 이탈리아 상인들의 진출이 두드러졌다.

13세기 중엽에 이탈리아 도시들이 콘술 제도를 도입한 것도 상인들의 성장과 깊은 연관이 있다. 중세 이탈리아 도시에서 콘술consul은 일반적으로 시장市長을 의미했다. 하지만 해외에 있는 식민지나 자국민의 집단 거주지를 관리하고 책임지는 사람 또한 콘술로 불렸다. 상인들의 수가 늘어나고 교역 규모가 커지면서 현지 활동을 조직화할 필요가 생긴 것이다. 1246년 시에나가 가장 먼저 콘술을 두었고,[14] 이후 다른 이탈리아 도시들도 콘술제를 도입하기 시작했다.[††] 출신 도시를 대표하는 콘술은 같은 도시 출신의 동료 상인들 사이에서 모임을 소집하고 분쟁을 조정하며 동료 상인들의 이익을 대변했다.[15]

그런데 1278년 프랑스 국왕 필리프 3세Philippe III 때 문제가 생겼다. 프랑스 남부에서 활동하는 모든 이탈리아 상인들은 님Nîmes에서만 거주해야 한다는 법령이 반포되었기 때문이다.[16] 이탈리아 상인들은 이 문제를 해결하기 위해 서로 연합해 필리프 3세에게 청원했다. 서로 경쟁자이며 때론 적대적인 관계에 있던 이탈리아 상인들은 이 사건을 계기로 이탈리아의 여러 도시를 아우르는 좀 더 큰 규모의 조직을 만들어 자신들의 이해를 관철시킬 필요성을 느꼈다. 그래서 만들어진 것이 '샹파뉴 정기시와 프랑스에서 활동하는 이탈리아 상

....

[††] 알베, 아스티, 볼로냐, 코모, 피렌체, 제노바, 루카, 밀라노, 오르비에토, 파르마, 피스토이아, 피아첸차, 로마, 시에나, 베네치아 등이 콘술제를 도입했다. R.-H. Bautier," Les foires de Champagne. Recherches sur une évolution historique ", *Recueils de la société Jean Bodin pour l'histoire comparative des institutions, vol. 5 : La Foire* (Paris, 1983), pp. 127.

인 조합Universitas mercatorum Italiaa mundinas Campaniae ac Franciae'이었다. 이 조합의 대표는 '카피타네우스capitaneus' 또는 '렉토르rector'로 불렸다.

이 조합의 대표는 이후 이탈리아 상인 전체를 대표하여 샹파뉴 정기시의 감독관이나 프랑스의 왕 혹은 제후들과 협상을 벌였다. 또한 이탈리아 상인들에 대한 사법권을 행사했으며, 개별 도시의 대표인 콘술과 이탈리아 상인들의 회합을 소집할 수 있었다. 조합의 대표를 뽑는 선거는 매년 있었으며, 대표가 선출되면 모든 상인들이 새로운 대표에게 규정을 잘 지키겠다는 서약을 했다. 비록 이탈리아 개별 도시들 간의 경쟁은 심했지만, 아마도 이런 제도가 같은 '이탈리아인'이라는 일종의 민족의식을 형성하는 데 기여했을 것이다.[17]

이탈리아 상인을 포함해 정기시를 드나드는 외국 상인들에게 가장 중요한 것은 안전이었다. 여기서 '안전'이라 함은 먼저 국왕을 비롯한 여러 층위의 영주들에게 재산을 강탈당하지 않음을 의미했다. 1209년 프랑스 '존엄왕' 필리프Philippe Auguste(재위 1180~1223)는 "친애하는 샹파뉴 백작의 정기시에 오는 이탈리아와 기타 지역 출신 상인들에게 안전한 통행과 거래를 보장한다."고 엄숙히 선언했다.

안전 보장 약속은 이후에도 계속되었다. 1245년 9월 샹파뉴 백작 티보 4세Thibaut IV는 프로뱅에 있는 자신의 집에 유숙하는 로마, 토스카나, 롬바르디아와 프로방스 지방 출신 상인들에게 인신人身과 상품에 대한 모든 자유를 허용하겠다고 약속했다. 물론 구매와 판매에 부과되는 세금을 낸다면 말이다. 이탈리아 상인들에게 부여된 권리와 특권은 다른 지역 상인들과의 협정에서도 중요한 기준이 되었다.[18]

안전이란 또한 상인들이 물건을 빼앗기거나 폭행을 당했을 때 신속하게 피해를 보상해 주는 것을 의미했다. 1242년 피렌체, 시에나,

피스토이아, 루카와 피사 출신 상인들이 강도를 만나 물품을 약탈당하는 일이 벌어지자, 샹파뉴 당국은 신속한 보상을 위해 동분서주했다. 샹파뉴 백작 부재 시 그 관리를 대행하던 누와이옹의 성주 장 Jean 백작에게 사건을 보고하기 위해 보낸 편지에는 당시의 보상 처리 과정이 상세하게 나와 있다.

프랑스 '존엄왕' 필리프 2세의 인장

"…… 이 상인들이 프로뱅 정기시로 가는 도중에 일군의 피아첸차 사람들에게 물건을 강탈당했습니다. 강도들은 상인들에게서 은화, 개인 소지품, 말 등 1만4천 리브르에 해당하는 금액을 갈취했다고 합니다. 그중 다섯 명이 체포되어 감옥에 수감되었습니다. 피해 상인들은 피해액이 2만 리브르라고 주장하면서, 만약 피아첸차 사람들이 손해배상을 거절한다면 관행에 따라 피아첸차 상인들을 샹파뉴 정기시에서 추방해 달라고 요구하고 있습니다."

피해 보고를 받은 샹파뉴 백작 티보는, 1242년 이탈리아 피아첸차 시와 시 대표에게 편지를 보내어 피해자들이 입은 손해를 배상해 달라고 요구했다. 편지의 어조는 정중했지만, 그것은 부탁이 아니라 명령에 가까웠다. 그러나 피아첸차 시는 이렇다 할 대답을 하지 않았고, 1243년 2월 백작은 다시 편지를 보냈다. 이번에는 강경한 어조였다. 두 번째 편지에도 답장이 없자, 백작은 다음 프로뱅 정기시에서 그들을 처형하겠다고 다시 편지를 보냈다. 그 사이 피아첸차에서 답장이 왔고, 누와이옹의 장은 이 답장을 당사자들과 샹파뉴 백작에게 알렸다. 이 사건이 최종적으로 어떻게 종결되었는지는 알 수 없다. 여기서 드러나는 것은, 샹파뉴 당국이 신속한 보상을 위해 노력했다는 사실이다.[19]

타지에 나가 장사를 해야 하는 상인들에게는 그만큼 안전 문제가 중요했다. 그래서 이탈리아 상인들은 자국의 도시 정부뿐 아니라 교황청의 보호를 받기도 했다. 교황청은 로마나 피렌체 출신의 상인들을 호의적으로 대하고, 현지 성직자나 세속인들이 그들에게 진 빚을 잘 갚도록 압력을 행사했다. 필요한 경우에는 성직자의 권리 행사와 직무를 금하는 성무聖務 금지나 파문으로 채무자를 압박하기도 했다. 교황 그레고리우스 9세Gregorius IX는 샹파뉴 백작이 로마 상인들에게 진 빚을 갚지 않자 샹파뉴의 프로뱅과 브리 지역에 성무 금지령을 선포했다. 1234년 선포된 성무 금지는 1237년까지 지속되었다.[20]

모직물 거래와 환어음 거래

여러 어려움에도 불구하고, 이탈리아 상인들에게 샹파뉴 정기시는 포기할 수 없는 시장이었다. 상인들은 험준한 알프스를 넘어 약 5주간의 긴 여행 끝에 샹파뉴 지방에 도착했다. 알프스를 넘는 상인들의 짐 보따리에는 품질 좋은 모직물과 비단, 모피, 금, 은, 말, 동지중해산 수입 향신료가 가득 들어 있었다.

샹파뉴 정기시에 도착한 상인들은 가지고 온 물품을 판매하는 한

편, 샹파뉴에서 제작되었거나 플랑드르 지방에서 들어온 모직물과 가죽 제품 등 다양한 종류의 지역 생산품들을 사들였다. 피렌체 상인들은 초벌 상태의 모직물을 구입해 피렌체로 가져가 다시 가공하여 고가품으로 만들었다. 이렇게 생산된 모직물은 '파니 프란체스키 디 칼리말라panni franceschi di Kalimala'로 불렸는데, 즉 피렌체 모직물 제작 조합인 '칼리말라가 제작한 프랑스 모직물'이라는 뜻이다.[21] 당시 샹파뉴 시장은 유럽에서 가장 규모가 큰 모직물 거래 시장이었고, 이탈리아 상인이 우선적으로 구입하고 싶어 한 상품도 바로 이 모직물이었다.[22]

피렌체 문서고에서 발견된 한 장의 편지에는 13세기 말 이탈리아 상인들이 샹파뉴 정기시에서 구매한 물품들이 상세하게 기록되어 있다. 구매 수량과 액수는 물론이고, 개별 물품의 가격과 판매자의 이름까지 자세하게 나와 있다. 1294년 샹파뉴 정기시에서 활동하던 한 시에나 상사의 주재원이 쓴 것으로 보이는 이 편지의 목적은, 최근에 구매한 물품을 시에나 본사에 보고하기 위함이었다. 편지에 따르면, 이 주재원은 5월 프로뱅 정기시에서 219필의 모직물을 총 1,684리라에 구매했다.[23] 그 밖에 주재원이 구입한 모직물의 생산지는 다음과 같다.

모직물 생산지와 구매 비중[24]

생산지	수량(단위 필)	수량 비중(%)	가격 비중(%)
헨트Ghent(플랑드르)	2	1.1	1.4
포페링게Poperinghe(플랑드르)	3	1.7	1.9
이프르Ypres(플랑드르)	23	12.7	17.2

아라스Arras(프랑스령 플랑드르)	10	5.5	4
두아이Douai(프랑스령 플랑드르)	8	4.4	7
릴Lille(프랑스령 플랑드르)	13	7.2	9
오르키에Orchies(프랑스령 플랑드르)	10	5.5	4.6
보베Beauvais(왕령지)	10	5.5	3.5
몽트뢰유Montreuil(왕령지)	19	10.4	5.2
파리Paris(왕령지)	4	2.2	2
살롱Salons(샹파뉴)	49	27.2	32.7
라니Lagny(샹파뉴)	10	5.5	3.7
프로뱅Provins(샹파뉴)	20	11	7.5
랭스Reims(샹파뉴)	38	?	?

이 표에서 가장 눈에 띄는 것은, 상사가 구매한 물품 목록에서 플랑드르산 모직물의 수량이 3분의 1 정도에 그쳤다는 점이다. 여기서 이탈리아 상인들이 샹파뉴 정기시에 간 주된 목적이 플랑드르산 모직물 구입이 아니었음을 알 수 있다. 물론 이 목록에서도 구입 가격만 보면 플랑드르산 모직물이 전체 구매액의 45퍼센트에 달한다. 이는 플랑드르 모직물이 상대적으로 비쌌음을 의미한다. 그중에서도 두아이산이 가장 고가였다. 어쩌면 이탈리아 상인들이 거래한 모직물의 생산지는 알려진 것보다 훨씬 더 복잡했을지도 모른다. 상업이 발달하고 새로운 판로들이 잇달아 개척되면서 다양한 시장의 다양한 소비자들에게 물건을 팔아야 했을 것이기 때문이다.

이 표를 통해 유추할 수 있는 또 다른 사실은, 샹파뉴 지역이 새로운 모직물 생산지로 부상했다는 점이다. 이곳의 모직물이 구매량의 절반을 차지하고 있기 때문이다. 사실 13세기 초까지도 샹파뉴 지역의 모직물 생산은 두드러지지 않았다.[†] 따라서 샹파뉴에서 모직물 산업이 발전하게 된 것은 정기시가 커지면서 주변 지역의 모직물 생산을 촉진했기 때문이라고 할 수 있다.

상품 거래가 늘면 화폐의 사용과 운반도 자연스레 증가하게 된다. 샹파뉴에 온 이탈리아 상인들에게도 화폐로 사용하는 금과 은이 많이 필요했다. 하지만 본국과 멀리 떨어진 곳까지 수레에 금은을 실어서 운반하는 것은 매우 위험했기 때문에 가능한 한 현지에서 조달할 방법을 찾아야 했다. 그래서 나온 것이 바로 '환換어음'이다.

환어음은 발행지가 아닌 제2의 장소에서 환어음을 소지한 사람에게 환어음에 적힌 액수만큼을 현금으로 지불하게 하는 일종의 명령서이다. 일반적인 어음 거래의 경우 발행자가 지급 의무를 지지만, 환어음 거래에서는 발행인이 지정하는 제3자, 흔히 발행인의 대리인이 지급 책임을 진다. 또한 중세에는 지역마다 다른 화폐를 쓰는 경우가 많았기 때문에 환거래가 발생하는 경우가 많았다. 다시 말하면 환어음은 서로 다른 곳에 두 명씩의 당사자가 있을 때, 즉 총 네 명의 환거래 당사자가 있는 경우에만 발행되었고, 환어음에 명시된 두 지역이 서로 밀접한 상업적 관계를 맺고 있어야만 환어음의 발행과 유통이 가능했다.

환어음을 이용한 거래는 다양한 수준에서 활용되었다. 예를 들어,

[†] 1221년 8월 9일부터 1223년 5월 10일까지 시에나에서 한 공증인이 작성한 계약서에는 32건의 모직물 거래 기록이 나와 있다. 그중에서 플랑드르 모직물이 4분의 3을 차지하며, 샹파뉴 지역의 모직물은 1.7퍼센트에 지나지 않는다. R.-H. Bautier, "Marchands siennois et draps d'Outremonts aux foires de Champagne", *Annuaire-Bulletin de la Société d'Histoire de France* (1945), pp. 95-96.

피렌체 상인들은 프로뱅에서 현지 상인에게 모직물을 구입하고 물건 값을 화폐가 아닌 환어음으로 지불하는 경우가 많았다. 이때 환어음의 발행인은 피렌체 상인이고, 수취인은 현지 상인이 지정하는 다른 도시에 사는 제3자가 되었다. 이 제3자는 물건 값에 해당하는 돈을 피렌체 상인의 대리인에게 지급받았다. 이런 식으로 피렌체 상인은 유럽 도처에 퍼져 있는 대리인망을 이용해 물건 값을 치렀고, 프로뱅의 모직물 상인은 타 도시에 사는 채무자에게 진 빚을 변제했다.

환거래는 상인들에게 여러모로 편리한 거래 방식이었다. 금화나 은화를 운반하는 데 드는 비용이나 위험을 감수할 필요가 없을 뿐만 아니라, 피렌체 상인 입장에서는 환차이를 이용한 추가 이익까지 거둘 수 있으니 그야말로 일거양득이었다. 지금도 그렇지만 중세 유럽에서는 다양한 화폐가 쓰였다. 우선 크게 세 가지 종류의 귀금속 화폐, 즉 금화, 은화, 동화가 통용되었다. 그러나 왕과 제후들뿐 아니라 자치 도시와 공화국들도 독자적인 화폐를 주조했기 때문에 다양한 순도와 무게를 지닌 화폐들이 통용될 수밖에 없었다. 결국 다양한 지역 출신의 상인들이 서로 다른 화폐를 사용했기 때문에 상품 대금을 귀금속 화폐로 지불하기보다는 가급적이면 환어음을 발행해 각자의 채무와 채권을 장부상에서 처리하는 것이 편리했다.[25]

이탈리아 상인들, 특히 피렌체 상인들이 환거래에서 주도적인 역할을 할 수 있었던 것은 환어음을 발행하려면 여러 지역과 시장에 사업 조직과 거래처가 있어야 했는데 당시 유럽에서 가장 넓은 상업 조직망과 현금을 가진 대표적인 상인들이 바로 이탈리아 상인들이었기 때문이다. 어쨌거나 분명한 것은 환어음이 샹파뉴 정기시에서 매우 활발하게 사용되었고, 환어음 발행을 주도한 이들이 이탈리아

1399년 바르셀로나 주재 다티니 상사가 발행한 환어음. 최종 지불지는 대서양의 브뤼헤이다.

상인들이었다는 사실이다.[26] 여기에 이탈리아 상인들의 선진성이 있었다.[27]

제노바 공증인 문서를 분석해 보면, 1250년 이후 제노바가 중부 이탈리아에서 올라온 상인들이 샹파뉴 정기시로 가기 전에 자금을 조달하는 곳이었음을 알 수 있다. 루카, 시에나, 피아첸차, 파르마, 피렌체 상인들은 제노바에 들러 환어음과 신용으로 필요한 자금을 마련했다. 1304년 제노바 상인들이 다른 제노바 상인들에게 빌린 대부금만도 1만3,537리라에 이를 정도로 제노바의 신용거래 규모는 대단했다.[28]

13세기 중엽 이후 은행과 신용 업무의 중요성이 더욱 커지면서 샹파뉴 정기시의 역할과 성격도 변하였다. 13세기 초반까지 샹파뉴는 상품의 판매와 구매가 이루어지는 상거래 중심지였다. 하지만 외국 상인들의 유입이 늘고 상품 결제를 위해 다양한 외국 화폐가 유입되면서 환전업의 중요성이 점차 커졌다. 이후 샹파뉴는 상업 거래를 청산하는 국제 정산소이자 환거래 중심지로 부상했다. 15세기 리옹 정기시가 샹파뉴의 사례를 모델 삼아 환거래 중심지가 되었고, 이어 16세기에는 브장송 정기시, 16세기 말에는 피아첸차 정기시가 그 역할을 이어받았다.[29]

2
시에나 상인과 샹파뉴 정기시

시에나 상인이 유독 주목받는 이유

샹파뉴 정기시에서 활동한 수많은 이탈리아 상인들 중 왜 특별히 시에나 출신 상인들을 살펴보아야 할까? 이유는 두 가지다. 첫째는 그들이 남긴 사료 때문이다. 아주 우연히도 샹파뉴 정기시를 오가며 장사했던 시에나 상인이 정기시에서 본국으로 보낸 편지 몇 통이 보존되었다.[30] 이 시기 샹파뉴 정기시에서 이탈리아 상인들이 구체적으로 어떤 활동을 했는지를 상세하게 알려 주는 사료가 매우 적기 때문에 이 서신의 가치는 그만큼 크다.

이 가운데 톨로메이Tolomei 상사와 관련된 네 통의 편지가 있다.[31] 그중 세 통은 톨로메이 상사의 샹파뉴 주재원이었던 안드레아 디 크리스토포로Andrea di Cristoforo가 본사 대표인 삼촌에게 보낸 것이다. 첫 번째 편지는 1262년, 두 번째 편지는 1265년, 세 번째 편지는 1269년에 작성되었다. 나머지 한 통은 톨로메이 상사의 회계원이었던 루카 본시뇨리Luca Bonsignori가 1279년 보낸 편지다. 이 편지에는

1279년 5월에 열린 프로뱅 정기시에서 거래한 상품 목록이 상세하게 기록되어 있다.[†]

이외에 상사의 주재원이던 피에르Pierre가 샹파뉴 정기시에서 시에나로 보낸 편지가 한 통 있다. 앞에서 살펴본 1294년 프로뱅 5월 정기시에서 구입한 모직물에 대한 상세한 정보는 이 편지에서 나온 것이다.[32]

시에나를 살펴보는 두 번째 이유는, 이 도시의 상인들이 은행업에서 두드러진 활약을 보였기 때문이다. 물론 시에나 상인들이 은행업에만 매진한 것은 아니다. 오히려 플랑드르와 프랑스에서 제작된 모직물을 확보하는 것이 그들이 샹파뉴 정기시를 찾은 주된 목적이었다고 할 수 있다. 이렇게 구입한 모직물을 이탈리아 시장으로 가져와 팔았는데, 특히 로마가 가장 큰 모직물 시장이었다. 그런데 이 과정에서 시에나 상인들은 은행업 분야에서 두각을 나타냈다. 그들은 피렌체 상인들이 샹파뉴 시장의 은행 사업에 본격적으로 뛰어들기 전까지 샹파뉴에서 은행과 환어음 거래를 주도했다.[33]

시에나가 샹파뉴 정기시와 거래를 시작한 것은 13세기 초였다. 시에나는 1222년 샹파뉴 백작 티보에게 안전한 통행과 자유로운 거래를 약속받았다. 백작은 시에나 상인들의 안전을 보장하고 각종 세금을 면제하며 자유로운 은행 거래를 약속했다. 다만, 주 단위로 돈을

....
[†] R.-H. Bautier, "Les Tolomei de Sienne aux foires de Champagne. D'après un compte-rendu de leurs opérations à la foire de mai de Provins en 1279", *Recueil de travaux offerts à M. Clovis Brunel* (Paris, 1955), pp. 106-107. 이 편지는 시에나에 있는 성 프란체스코 수도원 문서고에서 다른 문서들과 섞여 있다가 나중에 발견되었다. 앞의 편지들만큼 풍부한 이야기를 전해 주지는 않지만 네 번째 편지도 나름의 가치가 있다. 네 번째 편지는 샹파뉴 정기시에 나가 있던 톨로메이 사람이 시에나의 상사 대표에게 보내는 상세한 업무 보고서로서, 1279년 5월 프로뱅 정기시에서 이루어진 거래와 상사의 재정 상황을 자세히 들려준다.

빌려 주는 행위는 금지하였다. 아마도 고리대금은 하지 말라는 뜻이었을 것이다. 그 대신에 매년 샹파뉴의 트루아 무게 단위로 2마르크에 해당하는 은화를 세금으로 내야 한다는 조건을 두었다.[34] 1246년 시에나는 이탈리아 도시들 중 가장 먼저 샹파뉴 현지에 콘술 제도를 도입했고, 13세기 말까지 가장 많은 수의 상인들이 샹파뉴 지역에서 활동했다.[35]

당시 가장 크게 활약한 시에나 출신 상사는 본시뇨리Bonsignori 가문이었다. 본시뇨리 상사는 13세기를 대표하는 교황청 담당 은행가였다. 그 다음으로 살림베니Salimbeni, 피콜로미니Piccolomini, 갈레라니Gallerani, 말라볼티Malavolti, 스쿠아찰루피Squarcialupi 등의 가문이 있었다. 살림베니 가문은 1300년경 시에나에서 가장 부유한 가문이었으며, 말라볼티 가문은 시에나 주교 직을 거의 독점했다. 이 귀족 가문들은 국제 상거래뿐만 아니라 시에나 시의 정치권력도 장악하고 있었다.[36]

반면 사업의 규모 면에서는 이들과 비교가 안 되지만, 후대의 역사가들에게 본시뇨리 가문 못지않게 큰 관심을 받은 상사가 톨로메이 가문이다. 우연히 보존된 편지가 이들을 유명하게 만든 것이다. '사료가 없으면 역사가 없다'는 말이 다시 한 번 실감나는 대목이다.

톨로메이 가문 : 교황청의 은행가

톨로메이 가문은 이탈리아에서 가장 오래된 상인 가문들 가운데 하나이다. 비록 그들의 역사를 증명하는 문서 기록은 적지만, 다행히 지금까지 이탈리아 곳곳에 남아 있는 건축물들이 그들이 구축한 상업적 부의 역사를 증언하고 있다.

1208년 시에나 도심에 지어진 톨로메이 저택Palazzo Tolomei은 두 차례에 걸친 화재에도 불구하고 여전히 중세 시대의 흔적과 위용을 자랑하고 있다. 이 저택이 위치한 광장의 이름 역시 '톨로메이'다.

시에나 시 외곽에 위치한 베네딕트 수도원(몬테 올리베토Abbazia Monte Oliveto Maggiore)은 1313년 상인의 아들로 태어나 신학자로 성공하고 지난 2009년 성자로 시성된 베르나르도 톨로메이Bernardo Tolomei(원 이름은 조반니)가 은거하기 위해 집안의 영지에 지은 수도원이다. 이 밖에도 시에나 시내와 외곽에는 톨로메이 가문이 소유했던 성과 요새, 교회들이 흩어져 있다. 피렌체에도 톨로메이 가문의 이름이 들어간 건물이 있다.

톨로메이 가문은 시에나에서 피렌체로 거점을 옮겨 견직물과 향신료 거래로 성공을 거둔 후 1664년 피렌체에 저택 한 채를 구입하

시에나 시 외곽에 있는 베네딕트 수도원

고 대대적인 수리 작업을 하여 현재의 저택을 완성시켰다. 메디치 공작의 보호를 받으며 승승장구하던 이 가문은 18세기까지 번창하며 이탈리아의 최고 귀족 가문으로 성장했다.

그럼에도 불구하고, 톨로메이 가문의 초기 역사에 관한 정보는 별로 남아 있지 않다. 다만, 이들이 시에나의 귀족 가문 출신이라는 점만은 확실해 보인다.[37] 독일 출신이라는 말도 있지만, 이를 입증하는 자료는 없다. 언제부터 상업 활동에 참여했는지도 알기 어렵다. 그나마 남아 있는 기록에 따르면, 13세기 톨로메이 상사의 선조인 톨로메오 톨로메이Tolomeo Tolomei가 1178년 시에나 특사 자격으로 교황 알렉산더 3세Alexander III(재위 1159~1181)를 알현했고, 이후 그의 세 아들 톨로메오·자코보Jacobo·로테렌고Loterengo가 상업으로 돈을 벌기 시작했다. 1220년대에는 몬티에리 은광 사업에서 큰돈을 벌기도 했다. 그리하여 13세기 중엽 이전에 이미 국제적인 규모의 상거래에 참여하였고, 상파뉴 정기시에도 자주 드나들었던 것으로 추정된다.[38]

그러나 톨로메이 가문이 급성장한 것은 13세기 중엽에 교황청과 거래를 하면서부터다. 1252년과 1254년, 본시뇨리 가문과 함께 토스카나의 볼테라 주교에게 돈을 빌려 주고 몬티에리 은광 감독권을 얻어 내면서 마침내 본시뇨리 가문과 함께 교황청의 은행가가 된 것이다. 교황청이 톨로메이 가문의 사업을 적극 후원하기 시작한 것도 이 때부터다.[39]

1255년 4월 29일 알렉산더 4세Alexander IV는 리날도Rinaldo와 톨로메오 디 자코보의 동업자인 로테렌고 톨로메이에게 교회 사업을 할 수 있는 포괄적인 통행권을 부여했다. 그해 여름에는 트루아의 고위 성직자들에게 편지를 보내어 톨로메이 가문이 에스파냐와 프랑스에서 채권을 회수할 수 있도록 도와주라고 명하기도 했다. 교황은 만약 두 달 안에 빚을 청산하지 않으면 파문하겠다고 채무자들을 위협할 정도로 적극적으로 톨로메이 가문의 사업을 도왔다.[40]

하지만 권력층과의 유착 관계는 권력의 부침에 따라 요동칠 수밖에 없는 법. 앞 장에서도 베네치아와 제노바 상인들이 비잔티움 황제, 신성로마제국 황제, 시칠리아 국왕들과의 관계로 희비가 엇갈렸던 상황을 살핀 바 있다. 시에나 상인들도 이런 세상사의 오랜 원리에서 예외가 아니었다.

황제파와 교황파의 갈등

1200년대에는 이탈리아의 많은 도시국가들과 공국들이 황제파(기벨린)와 교황파(겔프)로 갈라져 권력 다툼을 벌였다. 황제를 지지하는 세력을 의미하는 '기벨린'은 신성로마제국 황제를 배출한 호엔슈타우펜 가문의 영지 비벨링겐Wibellingen에서 유래했다. 비벨링겐의 이탈리아식 발음이 기벨리노Ghibellino였기에, 오늘날 영어식 발음인 기벨린을 황제파를 지칭하는 용어로 사용하는 것이다.

이 용어가 처음 사용된 것은 1140년 호엔슈타우펜 가문과 독일 바바리아 지방의 공작 가문이었던 벨프Welf 가문 사이에 벌어진 전투에서였다. 호엔슈타우펜 가문은 영지의 이름을 구호로 사용했고, 이에 맞선 벨프 가문은 가문명인 벨프(이탈리아식 발음 '겔프')를 구호로 사용했다.

겔프와 기벨린이라는 이름이 이탈리아에 들어온 것은, 12세기 중엽 신성로마제국 황제 프리드리히가 이탈리아를 공격했을 때이다. 그의 지지자들은 '기벨린'으로, 이에 맞선 북부 이탈리아 도시들은 '겔프'로 불리게 되었던 것이다. 주로 신성로마제국 황제가 눈독을 들였던 북부 이탈리아의 상업도시들이 자연스럽게 황제에 맞서 교황을 지지했고, 교황에게 위협을 많이 받았던 농업 지역들이 전통적으로 황제를 지지했다.

이름에서도 알 수 있듯이, 이 싸움은 원래 독일 신성로마제국의 제위를 누가 차지할 것인가를 두고 벌어진 것이다. 그런데 이 싸움이 이탈리아의 자율성과 제국의 평화 가운데 하나를 택하는 문제로 여겨지면서 이탈리아를 정치적·군사적으로 양분했다. 당시 이탈리아의 여러 지역들은 여전히 신성로마황제의 종주권을 인정하고 있었지만, 사실상 독립에 가까운 자치를 누리고 있었다. 따라서 신성로마제국 황제들이 이탈리아에 대한 종주권을 강하게 주장하면 전쟁으로 이어지는 경우가 많았다.

그런데 호엔슈타우펜 가문의 프리드리히 2세Friedrich II(재위 1220~1250)가 신성로마제국 황제로 등극하면서 두 진영 간의 갈등이 첨예하게 대립했다. 시칠리아의 왕이기도 한 프리드리히 2세는 이탈리아에 대한 실질적인 지배력을 유지하고자 했고, 교황은 이탈리아에 대한 황제의 간섭을 배제하고 제국 내에서 계속 최고의 영적·세속적 권위를 누리고자 했다. 이때부터 이탈리아 도시들 간의 패권 다툼이 지배층 내부의 권력 다툼 양상을 보이기 시작했다. 황제의 지배에 반대한 북부 이탈리아 도시들은 1226년 제2차 롬바르디아 (도시) 동맹Lega Lombarda을 결성했다. 1237년 코르테누오바Cortenuova에서 황제에게 패배한 후에도 이 도시들은 황제에 대한 적대적인 긴장을 풀

〈지도 5〉 이탈리아 중북부의 상업도시를

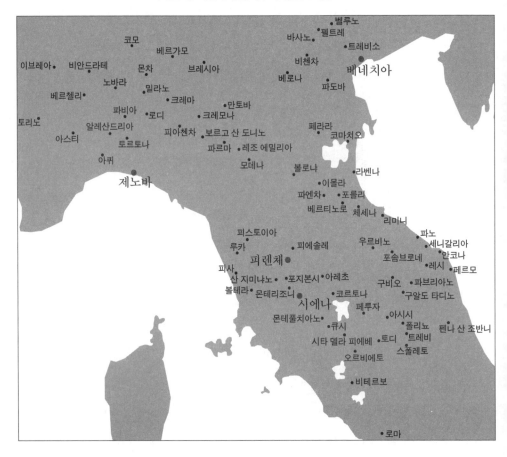

지 않았다. 이 전쟁은 황제 프리드리히 2세와 교황 그레고리우스 9세 Gregorius IX의 지지를 받은 롬바르디아 동맹 사이의 2차 전쟁이었다.

사실 이탈리아를 양분한 대립 전선은 그리 단순하지 않았다. 북부 이탈리아 도시들이 모두 교황파였던 것은 아니며, 한 도시 내에서도 교황파와 황제파 사이의 갈등이 심각했기 때문이다. 복잡한 이해관계가 얽히면서 파벌 간의 오래된 알력과 경제적 득실 등의 문제들이 각 계파의 입장을 결정했다. 게다가 집권 세력은 언제든 뒤바뀔 수 있었다.

이런 상황이 극적으로 전개된 곳이 토스카나 지방의 피렌체였다. 피렌체에서는 교황파와 황제파 간의 투쟁 말고도 흑당과 백당으로 나눠진 교황파 내부의 분열까지 있었다. 피렌체의 시인 단테가 속한 백당은 황제파와의 화해를 원하는 쪽이었다. 그런 연유로 단테는 신성로마제국 황제 하인리히 7세를 "조국의 해방자"로 부르기까지 했다. 1300년경에는 흑당과 백당 사이에 싸움이 벌어져 귀족과 부유한 시민이 속한 흑당이 승리하면서 백당의 지도자 중 한 명이던 단테도 국외로 추방되었다.

귀족 가문들 간의 오랜 파벌 싸움이 교황파와 황제파의 전선을 갈랐고, 프리드리히 2세의 집권은 피렌체에서 황제파의 집권으로 이어졌다. 그런데 1250년 그가 사망하면서 교황파가 황제파를 밀어내고 집권에 성공했다. 치열한 권력투쟁은 대량 학살과 집단적인 망명으로 이어졌다. 패퇴한 피렌체의 황제파는 인근의 시에나로 도망쳤다.

당시 시에나는 프리드리히 2세가 사망하면서 황제가 된 콘라트 4세Konrad IV(재위 1251~1254)와 새로운 시칠리아 왕으로 지명된 프리드리히 2세의 서자 만프레도Manfredo를 지지했다. 그래서 집권에 성공한 황제파가 교황파에 대한 숙청을 진행하고 있었다. 여기에 교황 알렉산더 4세가 만프레도를 파문하고 시칠리아 왕국의 왕관을 프랑스 앙주의 샤를Charels d'Anjou에게 주면서 황제파와 교황파 사이의 본격적인 전쟁이 시작되었다.

피렌체에서 교황파가 집권하고 시에나에서 황제파가 집권하면서 오랫동안 경제적인 경쟁 관계에 있던 두 도시 사이에도 결국 전투가 벌어지고, 1260년 몬타페르티Montaperti 전투에서 시에나가 승리를 거두기도 했다.

급기야 1260년 교황 알렉산더 4세는 황제파가 집권한 시에나 시를 파문했다. 그리고 1261년 새로 교황으로 선출된 우르바누스 4세 Urbanus IV(재위 1261~1264)는 시에나 상인들에게 황제를 지지하는 시에나 정부와 관계를 단절하라고 요구했다. 그렇지 않으면 시에나 상인에게 빚을 진 사람들의 채무를 면제해 주고, 로마와 그 밖의 지역에 있는 시에나 상인들의 재산을 몰수하겠다고 위협했다. 시에나 정부가 적극적으로 교황의 명을 따르지 않자, 1262년 교황은 시에나에 대한 파문을 다시 선언하고, 시에나 은행가와 상인들에게 진 채무를 갚지 말라고 선언했다.[41]

파문의 효과는 컸다. 샹파뉴에서 활동하던 톨로메이 상사의 주재원 안드레아는 1262년 9월에 보낸 편지에서, 교황청의 명으로 채무를 이행하지 않는 주교와 수도원장들을 언급하면서 이곳에서 계속 사업을 할 수 있을지에 대한 불안감을 드러냈다. 시에나 상인들로선 비상수단을 강구하지 않을 수 없었다. 시에나 상인들은 교황의 파문을 받지 않은 파르마 출신 상인들을 플랑드르에 대신 보내어 모직물을 구입하도록 하고, 잉글랜드에 나가 있는 주재원들을 불러들였다. 잉글랜드에 있는 교황청의 특사들이 시에나 상인의 채권을 몰수하여 교회에 충성하는 루카 상인들에게 넘겨주었기 때문이다.[42]

교황청의 재정적인 압박 그리고 시에나 정권과 교황청 간의 갈등은 시에나 출신 상인들을 궁지로 몰아넣었다. 결국 1262년 12월 톨로메이 가문을 비롯한 시에나의 부유한 상사 가문들은 시에나 시를 떠나기로 한다. 상사의 운영에서 교황의 보호가 절대적이었던 톨로메이 가문으로서는 불가피한 선택이었을 것이다. 그러나 이를 배신으로 간주한 성난 민중들은 곧바로 그들의 저택에 불을 질렀고, 톨로메이 거리에 있던 아름다운 저택은 전소되었다.[†]

이런 우여곡절 끝에 이듬해 1월, 14개 시에나 상인 가문은 교황청의 파문과 경제적인 제제에서 제외되었다. 교황은 잉글랜드 왕 헨리 3세의 부인 엘레오노르Eleanor 왕비에게 서신을 보내어 이들이 잉글랜드에서 사업을 재개할 수 있도록 허락해 달라고 청했다. 잉글랜드는 시에나 상인들의 모직물 거래에서 매우 중요한 지역이었던 만큼 이러한 조치는 시에나 상인들에게 교황의 힘을 과시하기에 적절한 것이었다.[43] 하지만 대부분의 시에나 상인들은 이전만큼 교황청의 든든한 후원을 얻지는 못했던 듯하다. 운 좋게도 본시뇨리 가문은 교황청의 은행업을 독점하고 있었다.

본시뇨리 가문은 처음부터 교황청의 파문과 제제에서 제외되는 특혜를 받았다. 그러나 본시뇨리 가문과 교황의 밀월 관계도 그리

[†] 톨로메이 가문의 망명은 그리 오래가지 않았다. 1266년 2월 베네딕트 전투에서 만프레도가 패배하여 프랑스군에 사살되면서 시에나가 다시 교황파에게 장악되었기 때문이다. 이때 톨로메이 가문의 저택이 재건되었다.

오래가지 못했다. 이 시기를 지나면서 교황청의 자금 운영에서 피렌체 상인 금융가들의 비중이 점점 커졌기 때문이다.[44] 신성로마제국 황제와의 전쟁이 길어지면서 교황의 자금원은 본시뇨리 은행가 집단에서 피렌체 은행가 집단으로 서서히 전환되고 있었다. 교황에게 자금을 지원하면서도 시에나의 황제파 군대 편에 서서 교황군과 맞서 싸운 본시뇨리 가문의 모호한 처신이 문제였다. 이들과 달리 피렌체 은행가들은 교황에게 절대적으로 헌신했고, 그들의 막강한 자금력과 조직력은 이러한 전환에 중요한 역할을 했을 것이다.[45]

어려운 상황에서도 톨로메이 상사는 샹파뉴 정기시에서 계속 사업을 이어 나갔다. 시에나 상인들의 상업을 위태롭게 한 것은 교황만이 아니었다. 1265년 11월 9일, 안드레아는 다시 본사에 편지를 보냈다. 이탈리아에서 호엔슈타우펜 가문과 전쟁을 하려는 앙주의 샤를을 재정적으로 지원하는 것이 샹파뉴와 이탈리아 화폐시장에 미치는 영향에 대한 일종의 보고서였다. 안드레아는 전쟁으로 인해 환어음과 프랑스 화폐가 이탈리아 시장에 과잉 공급되는 상황을 잘 활용해야 한다고 말했다. 전쟁이 일어나면 이탈리아 시장에서 프랑스 화폐의 가치가 내려갈 것이니, 이 화폐를 싸게 사서 프랑스에서 모직물을 구매하는 데 사용하면 좋을 것이라고 제안했다.[46] 이렇게 급변하는 정치 상황이 톨로메이 상사의 명운을 시험하고 있었다. 상인들은 새로운 전략의 구상에 몰두했다.

톨로메이 상사의 사업 구조

정치적 격변 속에서 톨로메이 상사는 언제까지 살아남았을까? 적어도 1270년까지는 번성했던 듯하다. 1269년 4월 30일 이탈리아 중부 움브리아 지방의 카스텔로 델라 피에베Castello della Pieve에 망명해 있던 톨로메오 디 자코보에게 보낸 편지를 보면, 당시 톨로메이 상사가 여전히 상품 거래와 은행업을 병행하고 있었음을 알 수 있다. 그들은 샹파뉴 정기시에서 향신료와 양모, 비단과 밀랍을 팔고 그 대금으로 모직물을 구입해서 이탈리아로 발송했다.[47]

그 이후에도 톨로메이 상사는 거래를 계속했던 듯하다. 일부 역사가들은 1270년 이후 톨로메이 상사가 본시뇨리 상사와 피렌체 상인들에게 밀려 국제무역에서 퇴출당했다고 보지만,[48] 1270년 이후에도 상사가 존속했음을 증명하는 여러 가지 사료가 제시되었다. 특히 1277~1282년의 거래 기록이 담긴 한 시에나 상사의 회계장부에 톨로메이 상사가 여러 번 언급된다.[49] 아쉽게도 이 상사의 이름은 확인할 수 없지만, 이후 수십년간 톨로메이 상사가 존속했음은 거의 확실해 보인다.

실제로 1279년 샹파뉴 정기시에서 톨로메이 상사의 주재원이었던 루카 본시뇨리가 시에나 본사의 대표 톨로메오Tolomeo di Rinaldo Tolomei에게 보낸 편지를 보면, 인적 구성에서 약간의 변화가 있을 뿐 톨로메이 상사의 사업 패턴과 구성에는 특별한 변화가 없어 보인다. 당시 톨로메이 상사는 샹파뉴에 편지의 발송자인 루카 이외에 치노 디 피에트로Cino di Pietro와 토파노 본시뇨리Tofano Bonsignori 등 두 명의 주재원을 더 두고 있었다.

치노는 1260년대까지 이탈리아에서 활동하다가, 안드레아가 샹파뉴를 떠나 시에나로 돌아오면서 그를 대신해 샹파뉴 업무를 책임지게 되었다. 토파노는 주로 플랑드르로 가서 모직물을 구입하는 일을 담당했다. 1270년대에도 여전히 톨로메이 상사 사람들은 이전처럼 이탈리아산 상품을 판매하고 그 돈으로 플랑드르나 샹파뉴 시장에서 모직물과 마직물을 구매해 이를 이탈리아로 발송했다.[50]

루카가 보낸 편지는 톨로메이 상사의 회계 정보도 담겨 있다는 점에서 사료적으로 매우 중요하다. 이를 분석해 보면 톨로메이 상사의 사업 내용을 비교적 상세하게 재구성할 수 있다.

부기簿記 장부의 왼쪽 차변借邊(dare)에는 환전상에게 빌린 돈(지난 시장에서 환전상에게 지불한 수수료), 외상으로 상품을 구입한 고객이 차후에 지불한 대금, 다른 상사가 판매한 상품 대금의 일부(톨로메이 상사가 공동으로 소유한 상품), 상품을 판매하고 받은 현금이 기입되었다. 장부의 오른쪽 대변貸邊에는 상품 대금과 재료 구입비, 상품 손실, 다른 회사 소유의 상품 판매 대금, 지난 시장에서 환전상에게 빌린 돈에 대한 상환금과 이자, 다양한 기타 부대 비용 등이 기입되었다.[51]

이를 토대로 구성한 톨로메이 상사의 취급품 내역을 살펴보면 다음과 같은 내용을 알 수 있다.

먼저 이탈리아에서 가져간 상품이 모직물이 주종을 이루는 샹파뉴 시장 구매 목록에 비해 상대적으로 다양했음을 알 수 있다. 가죽, 비단, 밀랍, 모직물, '푸스티안'이라 불린 면직물, 명반, 후추 등이 구매 목록을 차지한다.[52] 원산지도 다양했다. 가죽은 피사, 시에나, 사르디니아 등지로부터 왔다. 후추, 비단, 명반 등은 동지중해에서 수입된 품목이었다. 푸스티안은 지중해에서 생산된 면화를 이용해 북부 이

탈리아 도시들에서 제작한 것이었다. 양모는 여러 지역에서 왔다.[53]

톨로메이 상사에서 이런 상품들을 구입한 고객 또한 다양했다. 파리와 트루아의 잡화상이나 향신료 상인들이 밀랍을 구입했고, 프로뱅의 모직물 장인들이 양모를 사 갔고, 쾰른 상인들이 후추를 구매했다. 톨로메이의 판매 물품과 고객들만 분석해도 샹파뉴 정기시가 국제적인 시장이었음이 잘 드러난다.

이외에도 톨로메이 상사의 회계 기록을 분석하면 다음과 같은 몇 가지 특징을 발견할 수 있다. 이는 당시 샹파뉴 정기시에서 활동한 이탈리아 상인들 대부분이 직면한 문제이기도 했다. 우선 구매와 판매의 불균형이 심했다. 즉, 모직물을 너무 많이 구입하고 가져간 물건은 적었다. 여기서 두 번째 문제인 자금 문제가 등장한다. 모직물을 구입하려면 자금을 빌려야 했기 때문이다.

이러한 사정 때문에 현지 주재원들이 가장 신경 써야 할 일은 시에나 본사에서 현금을 받지 않고 현지에서 모직물 구매에 필요한 자금을 조달하는 것이었다. 그 방법은, 우선 시에나에서 받은 상품을 판매하고 남은 수익금을 이용하는 것이었다. 부족한 자금은 본사에서 보내온 환어음과 현지 대부 및 선금 등의 방법으로 메웠다. 어쨌든 귀금속 화폐(정금)의 이동을 최소화하는 것이 관건이었다.[54]

이 때문에 외상 거래가 많았다. 정금이 부족한 상황에서 거래를 하려면 어쩔 수 없이 외상 거래를 할 수밖에 없었고, 이로 인해 외상값을 회수하지 못하는 사례가 빈번히 발생했다. 그리고 이는 상사의 재무 건전성을 해치는 결과를 초래했다.[55]

전체 사업에서 신용과 외상 거래가 차지하는 비중이 높다는 것은 그만큼 사업 안전성이 부족하다는 말이었다. 이 문제를 해결하기 위

〈지도 6〉 중세 서유럽 무역로와 지역 생산품

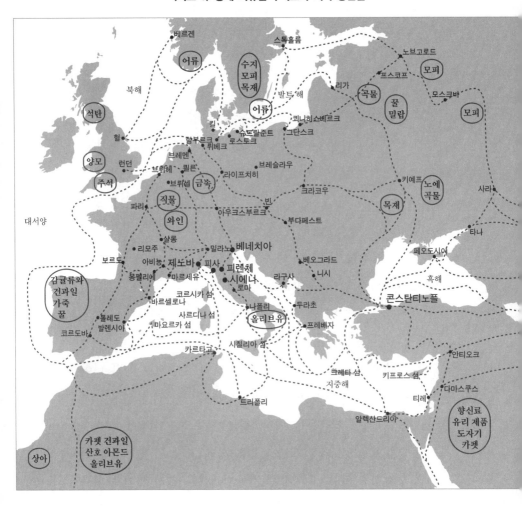

베르겐

어류

스톡홀름

노브고로드

수지
모피
목재

프스코프

모피

북해

리가

곡물

꿀
밀랍

모스크바

모피

석탄

발트해

힐

어류

쾨니히스베르크

킬

슈트랄준트

그단스크

함부르크
뤼베크

로스토크

양모

런던

브레멘

브레슬라우

키예프

노예
곡물

사라

주석

브뤼헤
쾰른

라이프치히

주석

브뤼셀

금속

크라코우

타나

직물

파리

빈

크라코우

목재

페오도시아

와인

아우크스부르크

부다페스트

흑해

살롱

밀라노
베네치아

리모주

제노바
피사

피렌체
시에나

베오그라드

니시

콘스탄티노플

보르도

아비뇽
몽펠리에

마르세유

로마

라구사

감귤류와
건과일
가죽
꿀

코르시카 섬

나폴리

두라초

바르셀로나

사르디나 섬

올리브유

프레베자

톨레도
발렌시아

마요르카 섬

코르도바

카르타고

시칠리아 섬

안티오크

대서양

크레타 섬

키프로스 섬

지중해

다마스쿠스

티레

트리폴리

알렉산드리아

향신료
유리 제품
도자기
카펫

상아

카펫 건과일
산호 아몬드
올리브유

해 톨로메이 상사를 비롯한 다수의 이탈리아 상사들은 위험을 서로 공동 분담하는 방법을 강구했다. 대출과 대부 계약을 다수의 상사와 체결하고, 상품 구매와 판매도 다른 상사들과 함께 수행했던 것이다. 비단 같은 도시의 상사뿐 아니라 다른 도시의 상사들과도 위험을 분담했다. 그 결과, 타지에서 서로 치열하게 경쟁하면서도 이탈리아 상인들끼리 서로 협력하는 일종의 집단 정체성 같은 것이 생겨났다.

이러한 위험 분산 방식은 사업상의 어려움을 극복하는 수단이기도 했지만, 큰 위기 시에는 함께 파산하는 결과를 낳기도 했다. 중세 후반 이탈리아 상사들의 연쇄 파산이 자주 일어난 것은 이 때문이다. 13세기 말에는 시에나, 피아첸차, 피스토이아 상사들이 함께 몰락했다. 1311년에는 톨로메이 상사가 파산했는데, 비슷한 시기 다수의 이탈리아 상사들도 파산했다. 시에나 정부는 1310년부터 1319년까지 파산한 시에나 상사들의 배상 문제, 채권자와 채무자 간의 화해와 조정 문제 등으로 골머리를 앓아야만 했다.[56]

톨로메이 상사는 1310년 이후 외부 투자자들을 사업에 끌어들이지 못했고, 중요한 사업처였던 프랑스 시장에서도 이전의 지위를 상실했다. 톨로메이 상사의 마지막 거래는 1311년 트루아에서 체결된 계약이었다. 이때 톨로메이 상사는 바르디와 페루치를 포함한 피렌체의 거물 상사들과 엄청난 액수의 계약을 맺었다. 그 이후 톨로메이 상사는 샹파뉴 정기시에서 사라졌다.

1312년 채권자들의 요구로 톨로메이 상사에 대한 최종적인 재정 건전성 조사가 집행되었다. 즉, 상사의 지불 능력과 무한 책임 여부를 조사받은 것이다. 당시 시에나에서는 동업자 간의 무한 공동책임 제도에 대한 논란이 있었다. '무한 공동책임 제도'란, 상사에 자본을 투자한 동업자들이 상사가 진 전체 채무에 대해 공동으로 책임을 질뿐만 아니라 자신이 투자한 금액을 상회하는 채무에 대해서도 변제 의무를 지는 제도였다. 이러한 논란은 시에나 상사에 대한 신용도를 떨어뜨리는 결과를 가져왔다. 1313년 톨로메이 상사가 파산했을 당시 부채가 1만1천 리라에 달할 정도로 엄청났다. 그런데 톨로메이 상사가 채무자에게 받을 돈은 거의 없었기 때문에, 채권자들은 파산 집행에 따르는 거액의 비용까지 부담해야 했다.[57]

그런데 이렇게 완전히 파산한 톨로메이 가문이 어떻게 재기에 성공하여 16세기 이후 피렌체 최고의 상업 귀족들의 명단에 이름을 올릴 수 있었는지는 알 수 없다. 중세 이탈리아를 대표하는 상인과 상사들은 파산하고 나서도 대부분 건재했다. 그 답은 파산하고 채무를 변제하는 과정에서 충분한 자금이 있어도 채무를 완전히 청산하지 않은 데 있었다. 통상적으로 청산 과정에는 긴 법적 공방이 따랐고, 그 기간에 대부분 재산을 상속하거나 부인에게 은닉하는 방법을 취했다. 또한 동시대인들도 은행 상사의 파산이 가져올 경제적 충격을 두려워했기 때문에 파산 이후에도 후손들이 부자로 남을 수 있었다. 톨로메이와 본시뇨리 같은 대형 은행 상사들은 도시 정부에 없어서는 안 될 중요한 조직이었고, 도시 정부뿐만 아니라 교황청도 대형 은행 상사의 파멸을 가급적이면 피하고 싶어 했다. 이는 오늘날 정부가 금융과 증권시장의 붕괴를 막고자 하는 것과 유사하다.[58]

우리 속담에도 "부자는 망해도 3대가 간다"는 말이 있듯이, 이탈리아 상인들은 이보다 훨씬 더 철저하게 재산을 유지했을 것이다. 실제로 파산 처리 과정에서 많은 돈을 배우자의 지참금 명목으로 빼돌렸다. 당시의 관행은 배우자의 지참금을 최우선적으로 보호해 주었기 때문이다. 여기에다 톨로메이 가문이 유지한 넓은 인맥과 비밀 자금, 일급 정보 등도 재기의 자산이 되었을 것이다.

3
샹파뉴 정기시의 쇠퇴

여행상인 시대의 대단원

톨로메이 상사를 포함한 시에나 출신 상사들이 몰락한 것은 샹파뉴 정기시의 쇠퇴와 무관하지 않다. 12세기 초반 이후 국제 교역의 중심지로 부상한 샹파뉴 정기시는 13세기 후반까지 전성기를 누렸다. 샹파뉴 정기시가 서유럽에서 가장 중요한 상업 거래의 중심지로 번성한 시기는 1180년에서 1320년까지 대략 140년간이다.[59]

물론 샹파뉴 정기시의 쇠퇴 징후가 나타나기 시작한 것은 그보다 훨씬 전인 13세기 말부터이다. 정확한 쇠퇴 시점과 그 원인에 대해서는 논란이 있다. 19세기 말 역사가 부르켈로Bourquelot는 13세기 후반부터, 로랑Laurent을 포함한 다수의 역사가들은 1285년 샹파뉴 지방이 프랑스 왕령에 통합되면서부터 쇠퇴하기 시작했다고 본다. 반면 샹파뉴 정기시가 14세기 초까지 계속 번창했다는 주장도 있다.

이러한 논란에 대해 보티에는 샹파뉴 정기시의 성격을 명확히 규정하지 않은 데서 생기는 견해 차이로 해석했다. 상업 거래의 중심지로는 1260년대부터 쇠퇴하기 시작했고, 금융시장으로서의 정기시는 1310년대까지 번성했다는 것이다. 그런데 그 이후 갑작스런 쇠퇴가 진행되었고, 1350년 마지막까지 남아서 활동했던 피아첸차 상인들마저 샹파뉴를 떠나면서 샹파뉴 정기시의 화려한 시절은 막을 내렸다.[60]

샹파뉴 시장의 몰락 시기에 대한 견해 차이는 있지만, 여기서 중요한 것은 최종적으로 샹파뉴 정기시가 쇠퇴했다는 사실이다. 어떤 역사가들은 이 지역이 프랑스 왕령에 통합된 후 프랑스 왕실의 지나친 세금 징수가 쇠퇴를 가져왔다고 해석한다. 이때 프랑스 왕실이 이탈리아 상인들이 정기시에 오는 것을 제한했으며, 이것이 이탈리아 상인들이 유럽 제일의 모직물 생산지였던 플랑드르 지방의 대표적인 항구도시 벨기에의 브뤼헤로 가는 새로운 길을 개척하게 된 동기였다고 보는 것이다.[61] 하지만 보티에는 다른 지역에 비해 지나치게 무거운 세금은 아니었다고 이 해석을 비판한다. 다른 한편, 프랑스 왕실이 남프랑스에 위치한 님Nimes을 육성하려 한 정책이 샹파뉴의 쇠퇴 원인이었다고 주장하는 역사가도 있다.

그러나 샹파뉴 정기시의 쇠퇴 원인으로 가장 자주 거론되는 것은, 유럽 서남쪽 끝 이베리아 반도의 지브롤터를 경유해 대서양으로 직접 가는 해로의 개통이다. 13세기 후반 제노바 상인들이 소아시아에서 생산되는 염색 원료인 명반을 해로를 이용해 대서양으로 수송하면서 지중해와 대서양을 연결하는 정기적인 선박 운항이 시작되었다. 제노바와 베네치아 선박들이 이 해로를 통해 대서양과 지중해를 오가면서 북유럽과 지중해를 연결하는 역할을 한 샹파뉴 정기시가 몰락했다는 것이다.[62] 이에 대해 샹파뉴로 가는 상품이 지났던 알프스 지역의 여러 관세 기록에 근거해, 알프스를 경유하는 육로는 해로의 개통에도 전혀 타격을 받지 않았다고 반박하는 의견도 있다.[63]

중세 지중해 교역과 이탈리아 상인 연구에서 탁월한 업적을 남긴 앙리 보티에는 샹파뉴 정기시의 쇠퇴 원인을 두 가지로 제시한다.

첫째, 13세기 말과 14세기 초에 발생한 서유럽 경제의 구조적 변화이다. 이 무렵 이탈리아는 자체적으로 모직물을 대량생산하기 시작했다. 이탈리아 도시들, 특히 밀라노와 피렌체가 모직물을 자체 생산하면서 기존의 플랑드르 모직물 제작 도시들과의 경쟁이 불가피해졌다. 게다가 플랑드르의 도시들은 주변 농촌에서 생산되는 모직물과도 경쟁해야만 했다. 결국 이탈리아 상인들이 샹파뉴를 찾는 가장 중요한 이유였던 모직물이 점차 자체 생산 구조로 바뀌면서 샹파뉴 시장의 매력은 감소될 수밖에 없었다는 것이다.

둘째, 귀금속 시장에서 금화가 은화를 대체하기 시작하면서 일어난 '금화 혁명'이다. 13세기 말 이후 금과 은의 교환비가 수시로 변동하면서 은화를 바탕으로 한 기존 경제와 상사들이 타격을 받았고, 그로 인해 파산까지 했다는 주장이다. 특히 정기시에서 환전업으로 돈을 벌던 상인들이 큰 피해를 입었고, 이후 이들을 대신한 새로운 상인들은 샹파뉴가 아니라 파리에 기반을 마련했다는 것이다.[64]

보티에는 이 두 가지 원인이 샹파뉴 정기시의 쇠퇴에 결정적인 영향을 미쳤다면서, 이에 더해 파리의 성장 또한 일정 정도 정기시의 쇠퇴에 영향을 주었다고 본다. 프랑스 왕실의 수도로서 13세기에 비약적으로 발전한 파리는 이탈리아 상인들에게 매력적인 투자처였다. 실제로 13세기 말이 되면 파리에 지부나 주재원을 두지 않는 이탈리아 상사들이 없을 정도였다.

이탈리아 상인들의 방문이 줄어들면서 샹파뉴 정기시는 쇠퇴하기 시작했다. 프랑스 왕실이 취한 일련의 정책들로 인해 제노바 상인들은 플랑드르와 교역할 다른 길을 찾아 나섰다. 프랑스 왕들이 이탈리아 상인들을 님 지역으로 유인하고자 여러 특혜들을 제공하면서 이탈리아 상인들은 점점 더 샹파뉴 정기시를 멀리했다.[65] 그리고 14세기에 샹파뉴 정기시에서 이탈리아 상인은 완전히 사라졌다.

샹파뉴 정기시의 쇠퇴는 11~13세기 십자군 시대를 규정지었던 국제 교역의 큰 틀이 변화하기 시작했음을 의미한다. 이제 새로운 구조와 특성을 지닌 국제무역이 등장하고 있었다. 십자군 시절의 이탈리아 상인이 지중해와 유럽 여러 시장을 돌면서 상품을 판매하는 '여행상인(순회상인)travelling merchant'이었다면, 이후의 이탈리아 상인은 직접 여행을 하지 않고 고향에 머물며 서신을 통해 현지 대리인의 상업 활동을 지시하는 '정주상인sedentary merchant'으로 변모했다. 그런 점에서 정기시 쇠퇴의 결정적인 요인이 새로운 사업 방식의 도입, 즉 서신을 통한 사업 관리 방식의 도입이었다는 지적은 매우 타당하다.[66]

1 샹파뉴 정기시에 관한 가장 고전적인 연구는 F. Bourquelot, *Études sur les foires de Champagne sur le nature, l'étendue et les règles du commerce qui s'y faisait aux XIIe, XIIIe et XIVe siècles* (Paris, 1865). 정기시와 관련된 기본적인 사실들은 이 책 참조.

2 M. M. Postan, E. E. Rich and D. Miller(eds.), *The Cambridge economic history of Europe. Vol. III : economic organization and policies in the Middle Ages* (Cambridge, 1963), p. 126.

3 재닛 아부-루고드,《유럽 패권 이전 : 13세기 세계체제》, 박홍식 · 이은정 옮김, 까치, 2006, 93~94쪽.

4 재닛 아부-루고드,《유럽 패권 이전 : 13세기 세계체제》, 박홍식 · 이은정 옮김, 까치, 2006, 93~94쪽.

5 F. Braudel, *Civilizations and capitalism : the perspective of the world* (London, Collins, New York, 1984), p. 112 ; 재닛 아부-루고드,《유럽 패권 이전 : 13세기 세계체제》, 박홍식 · 이은정 옮김, 까치, 2006, 95쪽.

6 F. Bourquelot, *Études sur les foires de Champagne sur le nature, l'étendue et les règles du commerce qui s'y faisait aux XIIe, XIIIe et XIVe siècles* (Paris, 1865), vol. 1, p. 164 ; 재닛 아부-루고드,《유럽 패권 이전 : 13세기 세계체제》, 박홍식 · 이은정 옮김, 까치, 2006, 95쪽.

7 M. M. Postan, E. E. Rich and D. Miller(eds.), *The Cambridge economic history of Europe. Vol. III : economic organization and policies in the Middle Ages* (Cambridge, 1963), p. 130.

8 G. A. J. Hodgett, *A social and economic history of Medieval Europe* (Oxen, 1972).

9 F. Bourquelot, *Études sur les foires de Champagne sur le nature, l'étendue et les règles du commerce qui s'y faisait aux XIIe, XIIIe et XIVe siècles* (Paris, 1865), vol. 1, pp. 80-83.

10 페골로티는 1월 1일 라니 정기시가 시작되었다고 주장한다. F. B. Pegolotti, *La pratica della mercatura* (Cambridge, 1936).

11 M. M. Postan, E. E. Rich and D. Miller(eds.), *The Cambridge economic history of Europe. Vol. III : economic organization and policies in the Middle Ages* (Cambridge, 1963), p. 127, 130.

12 F. Bourquelot, *Études sur les foires de Champagne sur le nature, l'étendue et les règles du* *commerce qui s'y faisait aux XIIᵉ, XIIIᵉ et XIVᵉ siècles* (Paris, 1865), vol. 1, pp. 84-86.

[13] R.-H. Bautier, "Les foires de Champagne. Recherches sur une évolution historique", *Recueils de la société Jean Bodin pour l'histoire comparative des institutions, vol. 5 : La Foire* (Paris, 1983), pp. 105-106.

[14] M. M. Postan, E. E. Rich and D. Miller(eds.), *The Cambridge economic history of Europe. Vol. III : economic organization and policies in the Middle Ages* (Cambridge, 1963), p. 131.

[15] R.-H. Bautier, "Les foires de Champagne. Recherches sur une évolution historique", *Recueils de la société Jean Bodin pour l'histoire comparative des institutions, vol. 5 : La Foire* (Paris, 1983), pp. 127.

[16] K. L. Reyerson, *The art of the deal : intermediaries of trade in medieval Montpellier* (Leiden : Brill, 2002), p. 8.

[17] M. M. Postan, E. E. Rich and D. Miller(eds.), *The Cambridge economic history of Europe. Vol. III : economic organization and policies in the Middle Ages* (Cambridge, 1963), p. 129 ; F. Bourquelot, *Études sur les foires de Champagne sur le nature, l'êtendue et les règles du commerce qui s'y faisait aux XIIᵉ, XIIIᵉ et XIVᵉ siècles* (Paris, 1865), vol. 1, pp. 163-170.

[18] F. Bourquelot, *Études sur les foires de Champagne sur le nature, l'êtendue et les règles du commerce qui s'y faisait aux XIIᵉ, XIIIᵉ et XIVᵉ siècles*(Paris, 1865), vol. 1, p. 174.

[19] F. Bourquelot, *Études sur les foires de Champagne sur le nature, l'êtendue et les règles du commerce qui s'y faisait aux XIIᵉ, XIIIᵉ et XIVᵉ siècles* (Paris, 1865), p. 179.

[20] F. Bourquelot, *Études sur les foires de Champagne sur le nature, l'êtendue et les règles du commerce qui s'y faisait aux XIIᵉ, XIIIᵉ et XIVᵉ siècles* (Paris, 1865), p. 184.

[21] F. Bourquelot, *Études sur les foires de Champagne sur le nature, l'êtendue et les règles du commerce qui s'y faisait aux XIIᵉ, XIIIᵉ et XIVᵉ siècles* (Paris, 1865), p. 164 ; E. Chapin, *Les villes de foires de Champagne des origines au début du XIVᵉ siècle* (Paris, 1937), pp. 105-106.

[22] M. M. Postan, E. E. Rich and D. Miller(eds.), *The Cambridge economic history of Europe. Vol. III : economic organization and policies in the Middle Ages* (Cambridge, 1963), p. 127.

[23] R.-H. Bautier, "Marchands siennois et draps d'Outremonts aux foires de Champagne", *Annuaire-Bulletin de la Société d'Histoire de France* (1945), pp. 88-89.

[24] R.-H. Bautier, "Marchands siennois et draps d'Outremonts aux foires de Champagne", *Annuaire-Bulletin de la Société d'Histoire de France* (1945), pp. 91-92.

[25] P. Spufford, *Money and its use in Medieval Europe* (Cambridge : Cambridge University

Press, 1988), pp. 397-410.

26 F. Bourquelot, *Études sur les foires de Champagne sur le nature, l'étendue et les règles du commerce qui s'y faisait aux XIIe, XIIIe et XIVe siècles* (Paris, 1865), vol. 2, pp. 104-105.

27 F. Bourquelot, *Études sur les foires de Champagne sur le nature, l'étendue et les règles du commerce qui s'y faisait aux XIIe, XIIIe et XIVe siècles* (Paris, 1865), p. 188.

28 M. M. Postan, E. E. Rich and D. Miller(eds.), *The Cambridge economic history of Europe. Vol. III : economic organization and policies in the Middle Ages* (Cambridge, 1963), p. 129.

29 M. M. Postan, E. E. Rich and D. Miller(eds.), *The Cambridge economic history of Europe. Vol. III : economic organization and policies in the Middle Ages* (Cambridge, 1963), p. 132 ; R.-H. Bautier, "Les foires de Champagne. Recherches sur une évolution historique", *Recueils de la société Jean Bodin pour l'histoire comparative des institutions, vol. 5 : La Foire* (Paris, 1983), p. 135.

30 R.-H. Bautier, "Marchands siennois et draps d'Outremonts aux foires de Champagne", *Annuaire-Bulletin de la Société d'Histoire de France* (1945), p. 87.

31 석 장의 편지는 여러 책으로 출판되었다. 본문은 Arrigo Castellani(ed.), *La prosa italiana delle origini : testi toscani de carattere pratico* (Bologna, 1982), vol. 1, pp. 273-289, 401-407, 413-420 참조.

32 R.-H. Bautier, "Marchands siennois et draps d'Outremonts aux foires de Champagne", *Annuaire-Bulletin de la Société d'Histoire de France* (1945), p. 89.

33 R.-H. Bautier, "Marchands siennois et draps d'Outremonts aux foires de Champagne", *Annuaire-Bulletin de la Société d'Histoire de France* (1945), p. 87.

34 F. Bourquelot, *Études sur les foires de Champagne sur le nature, l'étendue et les règles du commerce qui s'y faisait aux XIIe, XIIIe et XIVe siècles* (Paris, 1865), vol. 1, p. 175.

35 M. M. Postan, E. E. Rich and D. Miller(eds.), *The Cambridge economic history of Europe. Vol. III : economic organization and policies in the Middle Ages* (Cambridge, 1963), p. 131.

36 W. M. Bowsky, *The finance of the commune of Siena 1287-1355* (Oxford : Clarendon Press, 1970), p. 6.

37 W. M. Bowsky, *A Medieval Italian Commune : Siena under the Nine, 1287-1355* (Berkeley, Los Angeles, London : University of California Press, 1981), p. 18.

38 R.-H. Bautier, "Les Tolomei de Sienne aux foires de Champagne. D'après un compte-rendu de leurs opérations à la foire de mai de Provins en 1279", *Recueil de travaux offerts*

à M. Clovis Brunel (Paris, 1955), p. 107.

[39] R.-H. Bautier, "Les Tolomei de Sienne aux foires de Champagne. D'après un compte-rendu de leurs opérations à la foire de mai de Provins en 1279", *Recueil de travaux offerts à M. Clovis Brunel* (Paris, 1955), pp. 107-108.

[40] E. D. English, *Enterprise and liability in Sienese banking, 1230~1350* (Cambridge, 1988), pp. 14-15.

[41] E. D. English, *Enterprise and liability in Sienese banking, 1230~1350* (Cambridge, 1988), p. 21.

[42] Arrigo Castellani(ed.), *La prosa italiana delle origini : testi toscani de carattere pratico* (Bologna, 1982), vol. 1., pp. 273-289 ; C. Paoli and A. Piccolomin, *Lettere volgari del secolo XIII scritte da Senesi* (Bologna, 1871), pp. 25-48 ; E. D. English, *Enterprise and liability in Sienese banking*, 1230~1350 (Cambridge, 1988), p. 28 ; R.-H. Bautier, "Les Tolomei de Sienne aux foires de Champagne. D'après un compte-rendu de leurs opérations à la foire de mai de Provins en 1279", *Recueil de travaux offerts à M. Clovis Brunel* (Paris, 1955), p. 108.

[43] E. D. English, *Enterprise and liability in Sienese banking*, 1230~1350 (Cambridge, 1988), p. 27.

[44] J. F. Padgett and W. W. Powell, *The Emergence of Organization and Markets* (Princeton : Princeton University Pres, 2012), p. 138.

[45] J. F. Padgett and W. W. Powell, *The Emergence of Organization and Markets* (Princeton : Princeton University Pres, 2012), p. 139-140.

[46] Arrigo Castellani(ed.), *La prosa italiana delle origini : testi toscani de carattere pratico* (Bologna, 1982), vol. 1., pp. 401-407 ; C. Paoli and A. Piccolomin, *Lettere volgari del secolo XIII scritte da Senesi* (Bologna, 1871), pp. 49-58 ; E. D. English, *Enterprise and liability in Sienese banking, 1230~1350* (Cambridge, 1988), p. 30.

[47] Arrigo Castellani(ed.), *La prosa italiana delle origini : testi toscani de carattere pratico* (Bologna, 1982), vol. 1., pp. 413-420 ; E. D. English, *Enterprise and liability in Sienese banking, 1230~1350* (Cambridge, 1988), p. 30.

[48] G. Bigwood," Les Tolomei en France au XIVe siècle", *Revue Belge de Philologie et d'Histoire* 8 (1929), 1109-1130.

[49] R.-H. Bautier, "Les Tolomei de Sienne aux foires de Champagne. D'après un compte-

rendu de leurs opérations à la foire de mai de Provins en 1279", *Recueil de travaux offerts à M. Clovis Brunel* (Paris, 1955), pp. 109-110.

[50] E. D. English, *Enterprise and liability in Sienese banking, 1230~1350* (Cambridge, 1988), pp. 55-100.

[51] R.-H. Bautier, "Les Tolomei de Sienne aux foires de Champagne. D'après un compte-rendu de leurs opérations à la foire de mai de Provins en 1279", *Recueil de travaux offerts à M. Clovis Brunel* (Paris, 1955), p. 115.

[52] R.-H. Bautier, "Les Tolomei de Sienne aux foires de Champagne. D'après un compte-rendu de leurs opérations à la foire de mai de Provins en 1279", *Recueil de travaux offerts à M. Clovis Brunel* (Paris, 1955), p. 117.

[53] R.-H. Bautier, "Les Tolomei de Sienne aux foires de Champagne. D'après un compte-rendu de leurs opérations à la foire de mai de Provins en 1279", *Recueil de travaux offerts à M. Clovis Brunel* (Paris, 1955), p. 117.

[54] R.-H. Bautier, "Les foires de Champagne. Recherches sur une évolution historique", *Recueils de la société Jean Bodin pour l'histoire comparative des institutions, vol. 5 : La Foire* (Paris, 1983), pp. 134.

[55] R.-H. Bautier, "Les Tolomei de Sienne aux foires de Champagne. D'après un compte-rendu de leurs opérations à la foire de mai de Provins en 1279", *Recueil de travaux offerts à M. Clovis Brunel* (Paris, 1955), pp. 119-120.

[56] E. D. English, *Enterprise and liability in Sienese banking, 1230~1350* (Cambridge, 1988), pp. 55-100.

[57] R.-H. Bautier, "Les Tolomei de Sienne aux foires de Champagne. D'après un compte-rendu de leurs opérations à la foire de mai de Provins en 1279", *Recueil de travaux offerts à M. Clovis Brunel* (Paris, 1955), p. 112.

[58] 이 문단은 요르단의 결론이다. Edouard Jordan, "La faillite des Buonsignori", *Mélanges Paul Fabre : Etudes d'histoire du Moyen Age* (Paris, 1902), p. 435.

[59] R.-H. Bautier, "Les foires de Champagne. Recherches sur une évolution historique", *Recueils de la société Jean Bodin pour l'histoire comparative des institutions, vol. 5 : La Foire* (Paris, 1983), p. 144.

[60] R.-H. Bautier, "Les foires de Champagne. Recherches sur une évolution historique", *Recueils de la société Jean Bodin pour l'histoire comparative des institutions, vol. 5 : La Foire*

(Paris, 1983), pp. 136 -137.

[61] 재닛 아부-루고드, 《유럽 패권 이전 : 13세기 세계체제》, 박흥식 · 이은정 옮김, 까치, 2006, p. 97.

[62] R. S. Lopez, *The commercial revolution of the Middle Ages 950~1350* (Cambridge, 1976), p. 90.

[63] R.-H. Bautier, "Les foires de Champagne. Recherches sur une évolution historique", *Recueils de la société Jean Bodin pour l'histoire comparative des institutions, vol. 5 : La Foire* (Paris, 1983), p. 142.

[64] M. M. Postan, E. E. Rich and D. Miller (eds.), *The Cambridge economic history of Europe. Vol. III : economic organization and policies in the Middle Ages* (Cambridge, 1963), p. 134.

[65] F. Bourquelot, *Études sur les foires de Champagne sur le nature, l'étendue et les règles du commerce qui s'y faisait aux XIIᵉ, XIIIᵉ et XIVᵉ siècles* (Paris, 1865), p. 191.

[66] R. de Roover, *Money, banking and credits in medieval Bruges : italian merchant-bankers, Lombards and money-changers* (Cambridge, 1948), pp. 12-13.

제 2 부

13세기 모험상인

: 새로운 시장을 찾아서

이제 중세 이탈리아 상인들의 전성시대 중 제2기를 살펴볼 차례이다. 제1기의 이탈리아 상인들은 직접 상품을 들고 비잔티움제국, 시리아에 위치한 십자군의 라틴 기독교 왕국, 이슬람 세계와 샹파뉴 정기시를 찾아다니면서 장사를 했다. 제2기에 들어서면 십자군이 가져다준 특수가 사라지면서 경쟁이 더욱 치열해졌고, 몽골제국의 성립과 같은 의외의 변수들이 등장하면서 새로운 돌파구가 필요해졌다.

13세기 중엽부터 14세기 중엽에 이르는 제2기는 '금화의 시대'였다. 중세 들어 사라졌던 금화의 주조가 13세기 중엽 이탈리아 도시를 시작으로 재개된 것이다. 1252년 제노바와 피렌체가 먼저 금화를 주조하기 시작했다. 그리고 제노바의 금화 '제노베제genovese'와 피렌체의 '피오리노fiorino'가 점차 비잔티움의 히페르피론hyperpyron과 이슬람의 디나르Dinār를 대신했다. 이탈리아 도시의 금화는 북아프리카에서 수입된 금을 이용해 제작되었다. 밀라노와 베네치아도 1284년부터 금화를 발행하기 시작했다. 유럽이 금화 주조를 재개했다는 사실은 금화가 필요해질 만큼 유럽 경제가 성장했음을 의미한다. 즉, 이전 시기에 비해 유럽 경제가 질적으로 한 단계 높아졌음을 시사한다.[1]

이 시기 이탈리아 상인들의 교역 활동을 뒤흔든 사건 중 하나는 십자군 왕국의 몰락이다. 1096년부터 1099년 사이에 시리아와 예루살렘 일대의 좁은 해안 지역에 세워진 라틴 왕국은 1144년 에데사(현재 터키의 샨리우르파) 함락을 시작으로 하나씩 이슬람 세력에

[1] P. Spufford, *Money and its use in medieval Europe* (Cambridge, 1988), pp. 267-288.

의해 수복되기 시작했다. 제2차에서 제8차에 이르는 200년간의 십자군 원정은 이 잃어버린 라틴 왕국을 되찾으려는 목적에서 조직된 것이다. 이러한 노력에도 불구하고 서유럽이 십자군 원정으로 건설한 라틴 기독교 왕국들은 다시 이슬람에게 넘어갔다.

프랑스 왕 루이 9세Louis IX(재위 1226~1270)는 십자군의 열정을 간직한 서유럽의 마지막 기독교 군주였다. 1254년 이집트, 1270년에는 튀니스로 향한 그는 결국 꿈을 이루지 못하고 현지에서 사망하였다. 이후 유럽의 어떤 군주도 십자군 원정을 대규모로 도모하지 못했다. 교황 그레고리우스 10세Gregorius X(재위 1272~1276)가 모든 노력을 경주하여 시리아의 라틴 왕국을 유지하려 하였으나 큰 성과를 거두지 못했다.

이후 유럽 군주들은 각자 자신들의 영토를 넓히는 데 몰두하느라 '동방 원정'이라는 이전 세기의 열정을 잊었다. 결국 1261년 비잔티움제국의 미카엘 8세가 제노바의 도움으로 4차 십자군에 정복당했던 콘스탄티노플을 되찾았고, 그로부터 30년 후인 1291년 시리아에 있던 라틴 왕국 최후의 거점인 아크레도 이슬람 맘루크제국의 수중에 들어갔다. 약 200년간 이른바 '동방'을 뒤흔든 십자군 시대가 끝난 것이다.[2]

십자군 왕국의 몰락 못지않게 13세기 중엽 이후 이탈리아 상인의 교역 구조를 크게 변화시킨 것은 몽골의 서방 진출과 유라시아 대륙을 포괄하는 광대한 제국의 건설이다. 십자군이 종결될 무렵, 이탈리아 상인들은 이슬람 상인을 거치지 않고 아시아로부터 직

---

[2] J. Richard, *Histoire des Croisades* (Paris, 1996).

접 상품을 구입할 방법을 모색했다. 그런데 몽골의 진출은 이탈리아 상인들에게 이 기회를 제공했다. 몽골이 안전한 통행과 평화로운 상업 활동을 보장하면서, 육로를 이용해 흑해를 출발해 몽골제국을 거쳐 아시아 끝까지 진출할 수 있게 된 것이다. 당시 이탈리아 상인들은 이미 흑해에 진출한 상태였다. 1204년 제4차 십자군이 성공하면서 베네치아 상인들이 흑해를 자유롭게 통과하게 된 것이다. 제노바 상인들도 1261년 비잔티움제국이 수도를 되찾는 데 도움을 제공한 대가로 흑해 통행권을 보장받았다.[3]

단순히 통행권 문제가 아니었다. 당시 서유럽 진영에는 몽골과의 전략적인 관계를 모색하려는 의도도 있었다. 이슬람 세계의 적은 기독교 세계의 동지가 될 수 있다! 서유럽은 몽골제국과의 동맹을 시도했다. 교황 인노켄티우스 4세Innocentius IV와 프랑스 왕 루이 9세는 몽골에 사절을 파견했다. 1245년 프란체스코회 수도사 조반니 카르피니Giovanni de Piano Carpini가 교황의 특사 자격으로 몽골제국 사한국 중 하나인 킵차크한국Kipchak汗國을 방문했다. 킵차크한국은 칭기즈 칸의 장남 주치와 그 아들 바투Batu가 서시베리아의 키르기스 초원과 남러시아에 세운 나라였다. 카르피니는 카스피 해 북쪽 드네르프 강가에 있던 칭기즈 칸의 손자인 바투의 진영을 찾았다. 1254년에는 또 다른 교황의 특사인 기욤 드 뤼브룩Guillaume de Rubrouck이 당시 몽골제국의 수도이던 카라코룸(지금 몽골의 수도 울란바토르 서쪽)을 방문했다.

---

[3] M. Balard, *La Méditerranée médiévale : Espaces, itinéraires et comptoirs* (Paris, 2006), pp. 31, 33, 83, 105, 109.

당시 서유럽인들이 동쪽으로만 진출한 것은 아니다. 서쪽 길을 통해 아시아로 가려는 사람들도 있었다. 제노바 출신의 비발디Vivaldi 형제와 테오디시오 도리아Teodisio Doria는 1290년 아프리카 해안을 돌아 아시아로 가는 항로를 찾아 떠났다. 다시 돌아오지 못했지만 말이다.

제2기는 무엇보다도 '해상혁명nautical revolution'의 시대였다.[4] 이 해상혁명의 핵심은 수송비를 낮추기 위해 좀 더 튼튼하고 큰 선박을 건조하는 것이었다. 나침반의 사용과 추측항법의 도입, 해도海圖의 제작과 같은 항해술의 발전 또한 해상혁명의 중요 요소였다.[5]

변화는 지중해와 그 너머 아시아 세계의 교역 구조뿐만 아니라 서유럽 내부에서도 일어나고 있었다. 직물 산업의 지리적 구조조정, 금화 주조와 같은 화폐시장의 변화, 봉건 왕조의 수도 파리와 같은 대규모 소비 시장의 부상, 상업이 안정되고 규모가 확대되면서 이윤율 하락 등의 변화들이 있었다. 이러한 변화들이 샹파뉴 정기시의 점진적인 몰락을 초래했다. 이러한 변화 중 하나가 바로 13세기 말 지중해와 대서양을 곧바로 연결하는 해로海路의 개통이다. 직항 해로의 개통이 샹파뉴 정기시의 몰락을 가져온 유일한 원인은 아니겠지만, 새로운 해로는 기존의 육로를 위협하는 강력한 경쟁자였

....
[4] F. C. Lane, *Venice. A maritime republic* (Baltimore, 1973), p. 166, 174 ; F. C. Lane, "Progrès technologiques et productivité dans les transports maritimes de la fin du Moyen Age", *Revue Historique*, vol. 510 (1974), pp. 277-302 ; R. S. Lopez, *The commercial revolution of the Middle Ages, 950~1350* (Cambridge, 1976).
[5] M. Balard, *Les Latins en Orient. XIᵉ-XVᵉ siècle* (Paris : Puf, 2006), pp. 337-337.

〈지도 7〉 제1~3차 십자군 원정로

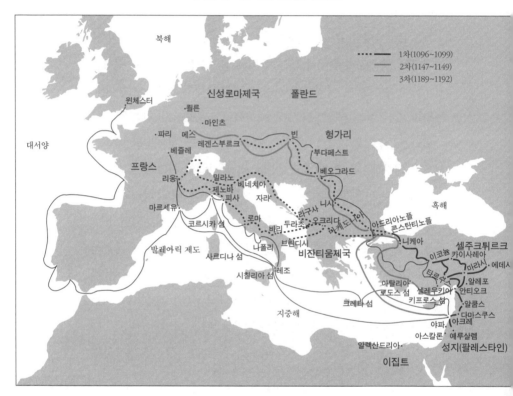

음이 틀림없다.[6]

이를 주도한 이들은 제노바 상인들이었다. 1277년 제노바 출신의 선장 니콜로조 스피놀라Niccolozzo Spinola가 제노바 항구에서 출발해 플랑드르를 다녀왔고, 1278년에는 다른 선박이 잉글랜드를 다녀왔다. 물론 이전에도 대서양을 주파한 선박들이 있었겠지만, 지중해와 대서양을 연결하는 정기적인 수송이 본격화된 것은 13세기 말부터이다. 제노바 선박은 1298년부터 지중해와 대서양을 정기적으로 오갔고, 베네치아의 갤리 상선단은 1311년부터 정기 운항을 시작했다.[7]

동부 알프스를 관통하는 새로운 육로가 개설된 것도 기존의 무역 구도에 영향을 미쳤다.[8] 서부 알프스를 관통해 샹파뉴 지방으로 이어지는 기존의 몽-스니 고개와 생플롱 고개는 점차 쇠퇴하고, 동부 알프스를 거쳐 남부 독일로 연결되는 생-고타르 고개와 브레너 고개가 신육로로 부상했다. 그 결과, 독일과 베네치아 사이의 교역이 증대했다. 독일과 중부 유럽은 중부 유럽에서 채굴한 은과 동을, 베네치아는 동지중해에서 들여온 향신료와 면화 등을 판매했다. 남부 독일은 베네치아에서 구입한 면화를 이용해 면직물 산업을 발전시켰고, 중세 말에 이르러서는 독일의 면직물이 전 유럽으로 수출되었다.

이탈리아 모직물 산업의 체질 개선 또한 변화를 낳은 원인 중 하나였다. 이전 시기에 이탈리아 상인들은 주로 샹파뉴 시장에서 모

---

[6] A. R. Lewis, "Northern european sea power and the Straits of Gibraltar, 1031~1350 A. D.," *Order and innovation in the Middle Ages : essays in honor of Joseph R. Strayer* (Princeton, 1976), p. 139.

[7] Y. Renouard, *Les hommes d'affaires italiens du Moyen Age* (Paris, 1968), p. 110-111.

[8] 페르낭 브로델, 《물질문명과 자본주의 III-1》, 주경철 옮김, 까치, 1997, 153쪽.

직물을 구입했다. 이렇게 들여온 플랑드르산 모직물은 피렌체와 같은 이탈리아 도시에서 재가공되어 고가의 모직물로 탈바꿈했다. 특히 직물을 염색해 파는 피렌체의 모직물 제작 조합 '아르테 디 칼리말라Arte di Calimala'의 모직물이 유명했다. 하지만 제2기에 들어서면서 피렌체는 점차 모직물을 자체 생산하는 방향으로 전환했다. 잉글랜드나 플랑드르에서 직접 양모를 구입해 피렌체로 가져다 가공했기 때문에 샹파뉴 시장에 직접 갈 이유가 줄어들었다.

정치적으로는 앙주Anjou 가문이 남부 이탈리아를 정복하는 사건이 벌어졌다. 이는 중부 이탈리아 도시들 간의 세력 균형을 바꾸어 놓았다. 앙주 가문이 남부 이탈리아를 장악할 수 있었던 것은 교황과 피렌체 상인의 원조와 후원 덕분이었다. 그 결과 교황, 앙주 가문, 피렌체 상인은 공통의 이해로 결합했고, 이러한 결속은 한 세기 이상 지속되었다. 이 결속은 이후 유럽의 국제 정세를 좌우할 기본적인 틀을 만들었다는 점에서 매우 중요하다.[9] 피렌체 상인들은 앙주 가문에 막대한 돈을 빌려 주고 그 대가로 상업상의 특혜를 확보했다. 그리하여 피렌체 상인이 남부 이탈리아 경제를 지배하게 되었다.

제2기는 이탈리아 상업도시 간의 경쟁이 본격화된 시기다. 서지중해에 면한 이탈리아의 대표적인 항구도시이자 제1기 십자군 시대 지중해 무역을 선도한 상업도시들인 제노바와 피사는 서지중해 패권을 두고 격돌할 수밖에 없었다. 이탈리아 도시국가들의 경쟁 관계는 교황과 황제 사이의 권력 다툼이라는 더 큰 구조에서 살펴

---

[9] D. Abulafia, "Southern Italy and florentine economy", *Economic History Review*, vol. 33(1981), pp. 377-388.

야 한다.

프리드리히 2세가 사망하면서 독일과 시칠리아를 상속받은 프리드리히 2세의 아들 콘라트 4세Conrad IV는, 1268년 신성로마제국의 옛 영토를 되찾겠다며 남부 이탈리아를 침공했다가 탈리아코초 전투에서 포로로 잡혀 16세의 나이에 나폴리에서 교수형에 처해졌다. 그 결과 여러 황제를 배출했던 호엔슈타우펜 왕조는 단절되었고, 신성로마제국은 이탈리아에서 세력을 상실했다. 호엔슈타우펜 왕조의 몰락으로 신성로마제국의 황제를 지지했던 피사와 시에나도 비슷한 운명을 겪었다. 피사는 1284년 멜로리아 해전에서 제노바에게 대패하면서 해상강국으로서의 지위를 상실했다. 이제 티레니아 해는 제노바의 세력권이 되었다.

지리적으로 너무 가까웠던 중부 이탈리아의 시에나와 피렌체도 필연적으로 경쟁할 수밖에 없었는데, 13세기 후반 이후 피렌체가 주도권을 잡기 시작했다. 은행업을 기반으로 했던 시에나는 모직물 산업으로 성장하던 피렌체와의 경쟁에서 패배했다. 또한 동맹 세력이던 피사의 몰락으로 해외 수출에 지장을 받게 되었다. 1298년, 13세기 최대 규모의 은행가였던 본시뇨리 가문의 파산은 시에나의 몰락과 샹파뉴 정기시의 몰락을 상징적으로 보여 준다.[10] 그 결과 14세기 초엽 이탈리아의 상업 지도는 제노바, 베네치아, 밀라노, 피렌체의 4개 도시가 주도하는 형국이었다.

....

[10] Edward D. English, *Enterprise and liability in sienese banking, 1230~1350* (Cambridge, 1988) ; Robert S. Lopez and Irving W. Raymond(eds.), *Medieval trade in the Mediterranean world* (New York, 1955), pp. 298-302.

4장
기독교 상인의 딜레마

"하느님의 은총을 입은 우리 도시는 육지와 바다를 통해 세계의 다양한 지역에서 이익을 창출하는 상인들의 노력으로 성장하고 발전했습니다. 바로 이것이 우리의 삶이고 우리 자식들의 삶입니다. 우리는 이와 다르게 살 수 없으며 무역 이외의 다른 방식의 삶은 모릅니다."

- 1343년 베네치아 도제가 교황에게 무역 금지령을 풀어 달라고 간청[1]

책의 앞머리에서 지적했듯이, 중세 교회는 이탈리아 상인들의 상업 활동에 가장 큰 영향을 미친 세력 중 하나였다. 교회는 이교도인 이슬람과의 교역을 곱지 않은 시선으로 바라보았고, 이를 금지하는 포고령을 자주 반포했다. 특히 적의 군사력을 강화시키는 목재, 철, 무기, 식량, 노예 등의 전쟁 물자 수출은 이적利敵 행위로 간주하여 처벌했다.

그러나 이 같은 교회의 노력은 대체로 큰 효과를 거두지 못했다. 하지만 기독교인의 입장에서는 교회의 가르침을 마냥 무시할 수도 없는 노릇이었다. 따라서 이탈리아의 각 도시들은 교회의 명령에 유연하게 대처하면서, 시기와 지역별로 그리고 상황에 따라 서로 다른 입장을 취했다.

예를 들면, 제1차 십자군이 시작될 무렵 이미 동지중해에서 확고한 사업 기반을 마련한 상태였던 베네치아는 십자군과 같은 전쟁 국면을 원하지 않았다. 반면 십자군의 성공으로 동지중해에 새로운 발판을 마련하고자 했던 제노바와 피사는 처음부터 십자군에 적극적이었다. 하지만 제노바와 피사도 제1차 십자군의 성공으로 건설된 라틴 왕국에서 여러 상업 특혜를 얻고 난 후에는 유럽에서 충원되는 전투 병력을 환영하지 않게 되었다. 이슬람과의 평화로운 교역이 더 많은 이익을 가져다주었기 때문이다.

이슬람과의 교역 문제에서 교회가 가장 강경한 입장을 취했던 시기는 1291년 라틴 왕국의 최후 거점이 맘루크제국의 수중에 떨어진 후였다. 라틴 왕국의 영토였던 동지중해의 항구도시 아크레가 몰락한 1291년 이후 14세기 중엽까지 이탈리아 상업도시들은 이 어려운 상황을 어떻게 풀어 나갔을까? 아크레의 몰락은 지중해를 사이에 두고 대립하던 두 종교 진영의 치열한 공방 속에서 상인들이 어떻게 상업적 이익을 지켜 나갔는지를 살필 수 있는 좋은 기회를 제공한다.

1
아크레의 몰락과 교황청의 보복

전무후무한 강력한 교역 금지령

1250년부터 오스만에 정복되는 1517년까지 이집트와 시리아 영토를 통치한 이슬람 제국 맘루크제국이 1291년 5월 18일 라틴 왕국 최후의 거점 도시였던 북부 이스라엘 연안의 항구 도시 아크레를 정복한 사건은 서유럽 기독교 세계에 큰 충격을 안겨 주었다. 무엇보다도 동지중해의 이슬람과 활발한 상업 거래를 하고 있던 베네치아와 제노바 같은 해상 공화국들은 이 사건이 초래할 결과에 대해 노심초사했다.

아크레는 제1차 십자군이 이곳을 정복한 1104년부터 맘루크제국에 의해 무너지는 1291년까지 약 190년간 라틴 왕국의 주요 항구이자 상업도시로 번성했다.[2] 이슬람의 반격으로 라틴 왕국이 아크레와 그 주변 지역으로 축소되면서 아크레의 상업적 중요성은 오히려 커졌다. 특히 13세기 후반의 아크레는 동지중해에서 가장 활기찬 교역 도시로서 향신료 등의 동방 상품을 사려는 서유럽 상인들이 우선적

13~14세기에 그려진 것으로 추정되는 1289년 4월 아크레 전투

으로 들렀던 곳이다.[3] 13세기 후반 출판된 베네치아 상업 안내서도 아크레가 베네치아 상인들의 상업 권역에서 가장 중요한 시장이었음을 보여 준다.[4] 이렇게 중요한 아크레가 이슬람 수중에 넘어간 것이다.

사실 아크레를 점령한 맘루크제국은 이탈리아 상업도시들과 계속 교역하길 원했기 때문에 이탈리아 상인들 입장에서는 크게 달라질 것이 없었다. 라틴 왕국 시절에도 이웃한 이슬람 세계와 교역할 수 있는 장소였다는 것이 아크레의 가장 큰 매력이었다. 무엇보다도 맘루크의 술탄에게 기독교 상인들과의 교역은 엄청난 재정적 수익을 가져다주는 황금 거위였기에 교역을 중단할 이유가 없었다.

그러나 서유럽 내부의 상황은 이탈리아 상업도시들에 유리하게 돌아가지 않았다. 특히 이탈리아 상업도시들을 긴장하게 만든 것은, 시리아 지역에 기독교 영토가 사라졌다는 사실보다 그 이후 서유럽 기독교 세계가 보인 반응이었다. 맘루크제국을 공격해서 멸해야 한다는 목소리가 여기저기서 터져 나왔다.[†]

일부 사람들은 맘루크의 술탄을 공격하기 전에 전면적인 무역 금지부터 실시해야 한다고 주장했다. 특히 베네치아 출신의 논객 마리노 사누도Marino Sanudo는 이집트에서 생산되는 농산물의 수입 금지를 포함한 구체적인 방안들을 제안했다.[5] 프랑스 출신으로 교황 요하네스 22세의 명으로 페르시아에 선교 사업을 다녀오고 후에 세르

[†] 아크레의 몰락 이후 1336년까지 이런 종류의 글들이 넘쳐 났다. 군주, 고위 성직자, 수사, 학자, 상인 등 다양한 계층의 사람들이 십자군을 촉구하는 정치 선전물을 쏟아 냈다. A. Leopold, *The Crusade Proposals of the Late Thirteenth and Early Fourteenth Century* (Aldershot : Ashgate, 2000), p. 1.

비아 왕국의 대주교까지 지낸 기욤 아담Guillaume Adam은, 홍해와 지중해를 잇는 아덴 항에 홍해 출입을 통제할 함대를 파견하고 인도와의 무역을 못하게 하자는 더욱 과감한 주장을 폈다. 베네치아 서쪽 파도바 출신의 피덴초Fidenzio는 아예 40~50척의 함대를 마련해 맘루크제국을 공격하자고 제안했다.[6] 또다시 십자군 원정을 일으키자는 목소리도 있었다.

그러나 서유럽에서는 이미 십자군에 대한 열정이 많이 식었고, 대규모 병력을 동원할 여력도 없었다. 이런 사정은 교황청도 마찬가지였다. 교황청이 할 수 있는 일이라곤 무역 규제뿐이었다. 물론 아크레 몰락 이전에도 교회는 이슬람 세계와의 상업 거래를 빈번히 제한하거나 금지했다. 그러나 아크레 몰락 이후 맘루크제국에 경제적인 타격을 주겠다는 교황청의 의지가 더욱 확고해지고 강경해졌다.

아크레가 몰락하고 약 3개월이 지난 1291년 8월 23일, 교황 니콜라스 4세Nicholas IV(재위 1288~1292)는 "알렉산드리아와 이집트 내에 있는 이슬람 도시들과 무기, 철, 목재, 곡물과 다른 기타 상품들arma, ferrum, lignamina, victualia et alia quecunaue mercimonia을 거래하는 사람에게 가장 무거운 처벌"을 내린다는 법령을 공포했다. 사실 법령 공포는 이미 예고된 바였다. 법령 공포 며칠 전, 교황이 베네치아와 제노바가 서로 화해하고 이집트와의 무역을 전면 중단하라고 촉구했기 때문이다.[7]

1295년 교황 보니파키우스 8세Bonifacius VIII(재위 1294~1303)는 이집트와의 전면적인 교역 금지를 천명한 니콜라스 4세의 조치를 비준하고 승인했다. 그리고 같은 해 말, 교황령을 어기고 이슬람과 교역하는 기독교 상인에 관한 규제와 처벌이 다시 공포되었다. 1300년 교

〈지도 8〉 제1차 십자군 이후 라틴 왕국(1099~1144)

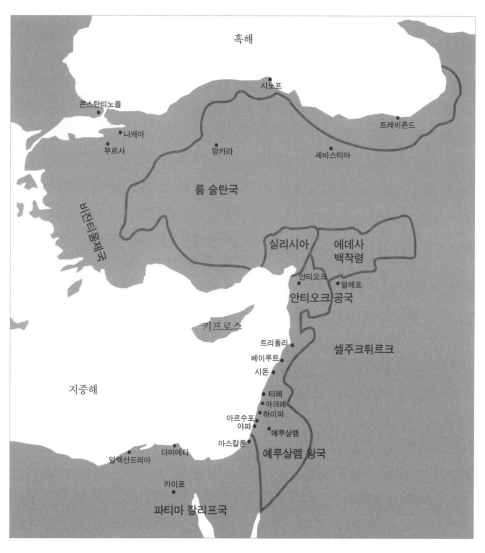

흑해

시노프

콘스탄티노플
니케아
트레비존드

부르사
앙카라
세바스티아

룸 술탄국

비잔티움제국

실리시아
에데사
백작령

안티오크
알레포

안티오크 공국

키프로스

트리폴리
셀주크튀르크
베이루트

시돈

지중해
티레
아크레
하이파
아르수포
야파
예루살렘
아스칼론
예루살렘 왕국

알렉산드리아
다미에타

카이로

파티마 칼리프국

황청이 죄에 대한 사면과 보편적인 용서를 허락하는 '성년Jubilee year'을 선언하면서 종교적 열정은 더욱 고조되었다. 이러한 분위기 속에서 이교도에 대한 적대감은 더욱 커졌고, 교황청은 이 적대감을 이용했다.[8]

보니파키우스 8세의 뒤를 이어 교황이 된 베네딕투스 11세 Benedictus XI(재위 1303~1304)는, 1304년 제노바와 베네치아 정부에 보낸 편지에서 "본인의 선임자인 보니파키우스 8세가 자신의 기독교 형제들 앞에서 어떤 기독교인도 이슬람 땅에 가거나 상품을 수출할 수 없다고 천명하셨다"고 이야기함으로써 서유럽 제일의 상업국가에도 이슬람 세계와의 교역은 있을 수 없음을 거듭 상기시켰다.[†]

1305년 교황이 된 클레멘스 5세Clemens V(재위 1305~1314)는 이슬람 세계와의 교역 문제를 더 적극적으로 압박했다. 1308년 10월, 알렉산드리아와 이집트의 이슬람교도들에게 무기, 말, 철, 목재, 식량을 포함한 기타 모든 종류의 상품의 수출을 금하는 법령을 반포하고, 이를 어긴 자는 파문과 상품 몰수는 물론이고 시민권 박탈과 노예 강등이라는 엄벌에 처하겠노라 선언했다.[9] 그러면서 특히 베네치아, 제노바, 피사와 이탈리아 중동부의 항구도시 안코나에 법령의 내용을 강력하게 전달했다.

클레멘스 5세는 교역 금지령이라는 무기를 기독교 세계를 길들이

....

[†] 하우슬리Housley, 샤인Schein, 오르탈리Ortalli 등의 일부 역사가들은 1291년 사건 이후 교황청이 부분적인 교역 금지에서 전면적인 교역 금지 정책으로 전환했다고 주장한다. 반면 1289년에 이미 교황 니콜라스 4세가 전면적인 교역 금지령을 내렸다고 주장하는 역사가들도 있다. S. K. Stantchev, *Embargo : the origins of an idea and the implication of a policy in Europe and the Mediterranean, ca. 1100~ca. 1500* (dissertation of the university of Michigan, 2009), p. 182, 189.

는 수단으로도 활용했다. 1308년 교황은 이탈리아 북부 도시 페라라를 두고 교황청과 다투고 있던 베네치아 정부에 서신을 보내어, 만일 양보하지 않는다면 앞으로 기독교 세계와 상업 거래를 하지 못하게 하겠다고 위협했다. 어떤 기독교인도 베네치아인에게 곡물, 포도주, 고기, 빵, 목재와 기타 상품을 공급해서는 안 되며 이를 어긴 자는 파문에 처할 것이라는 압박이었다.[10]

요하네스 22세Johannes XXII(재위 1316~1334)도 맘루크제국과의 전면적인 무역 금지 정책을 이어 나갔다. 요하네스 22세는 취임 첫해인 1316년, 이베리아 반도의 이슬람 세력인 그라나다 왕국과의 무역도 전면적으로 금지했다. 이전의 교황들이 이슬람 세계와의 전면적인 무역 금지 정책을 천명했지만 실상은 맘루크제국과의 무역 금지에 초점을 맞추었던 점을 고려할 때 이러한 조치는 앞으로 벌어질 일을 예상하게 했다.

실제로 교황 요하네스 22세는 대 이슬람 교역에 점점 더 강경한 입장을 취했다. 그러나 다수의 역사가들은 교황청의 전면적인 무역 금지 조치가 철저하게 관철된 시기는 1323년부터 1344년까지 20년간에 불과했다고 말한다.[11] 이 시기에는 이탈리아 상업도시들도 어쩔 수 없이 이를 수용하는 자세를 보여 주어야만 했다.

암중모색

1323년 1월 베네치아 원로원은 맘루크제국과의 전면적인 무역 금지령을 반포하고, 어떤 목적이든 이집트나 시리아로 여행하는 것 자체를 금지했다. 이 조치의 엄중함은 이를 어긴 상인은 상품 가격의 절반에 해당하는 벌금을 물어야 한다는 조항에서 알 수 있다. 이전까지만 해도 이슬람과의 교역 금지령을 어긴 사람에겐 경미한 벌금만이 부과되던 것을 감안하면 50퍼센트의 벌금은 매우 무거운 것이었다.

1323년 11월 3일, 베네치아 정부는 공화국의 모든 시민에게 1324년 4월까지 맘루크제국의 영토를 떠날 것을 명령했다. 교황청의 공식적인 요구가 없었음에도 불구하고 베네치아 정부가 자발적으로 교역 금지령과 막대한 벌금을 공포했다는 사실 자체가 그만큼 교황청의 정책 의지가 강했음을 반증한다. 그 결과 이집트로부터 베네치아로 향신료 등의 동방 상품을 수송했던 알렉산드리아행 갤리 선단의 운행이 중단되고, 알렉산드리아의 베네치아 영사관도 폐쇄되었다. 이후 23년 동안 단 한 척의 베네치아 선박도 맘루크제국의 영토에 닻을 내리지 않았다.[12]

그러나 아크레의 몰락 이후 교황청이 맘루크제국과의 교역을 전면 금지했다고 해서, 이슬람 세계와의 교역이 완전히 중단되고 동방 상품이 서유럽으로 전혀 들어오지 않은 것은 아니었다. 맘루크제국과의 직접적인 교역이 전면적으로 금지되자, 이탈리아 상인들은 그 대안을 찾으려고 백방으로 노력했다. 그 대안은 두 가지였다.

첫 번째 방법은 몽골을 통하는 것이었다. 실제로 유라시아 대륙을 포괄하는 제국을 건설한 몽골은 서유럽 상인들에게 자유로운 통행을 보장해 주었고, 그 덕에 이탈리아 상인들은 아시아로 직접 진출할 수 있었다. 몽골의 지배를 받던 흑해 연안을 통해 향신료와 비단 같은 동방 상품을 구입할 수 있게 된 것이다.

두 번째 방법은 맘루크제국과 가장 가까운 기독교 왕국이던 아르메니아 왕국과 키프로스 섬을 통해 밀무역을 하는 것이었다.[13]

2
키프로스 섬의 부상

이슬람과 서유럽을 잇는 새로운 시장

1291년 아크레가 맘루크제국의 수중에 들어가자, 이곳에 살고 있던 서유럽인들은 키프로스(사이프러스) 섬으로 몸을 피했다. 이들이 키프로스로 피신한 이유는, 이 섬이 아크레와 지리적으로 매우 가까웠으며 무엇보다도 프랑스 기사 출신의 뤼지냥 가문이 통치하던 기독교 왕국이었기 때문이다.

키프로스 왕국의 창건자인 기 드 뤼지냥Guy de Lusignan은 주군이던 잉글랜드 왕 리처드 1세Richard I(재위 1189~1199)에게 키프로스 섬을 받았다. 1192년 제3차 십자군 원정을 가던 리처드 1세가 비잔티움제국의 영토였던 키프로스 섬을 정복해 이를 기 드 뤼지냥에게 넘겼던 것이다. 리처드가 어떤 대가를 받고 키프로스 섬을 기 드 뤼지냥에게 양도했는지는 명확하지 않다. 분명한 것은 이때부터 키프로스 왕국은 기독교인의 지배를 받게 되었고, 아크레 몰락 이후 기독교인들의 새로운 상업 거점으로 부상했다는 사실이다.

1291년 아크레 몰락 이후 갑작스러운 대규모 인구 유입은 몇 년간 주거 및 재정 문제를 야기했지만, 전체적으로 키프로스 왕국의 경제와 상업 발달에 크게 기여했다.[14] 사실 그전까지 키프로스 섬은 여러 가지 면에서 상업적으로 그리 중요하지 않은 곳이었다. 그리스와 이집트 사이의 레반트와 서유럽을 연결하는 해로 상에 위치하긴 했어도, 이탈리아 상인들이 주로 라틴 왕국의 항구도시들에서 동방의 상품을 구입했기 때문에 키프로스 섬의 상업적 가치는 그리 크지 않았다. 그런데 기독교 왕국 최후의 보루였던 아크레가 이슬람 수중에 들어가면서 키프로스 섬이 뜻밖의 상업 특수를 누리게 되었다.

이제 이탈리아 상인들은 향신료, 면화, 견직물 등의 동방 상품을 구입하러 시리아 항구가 아니라 키프로스 섬을 찾았다. 지중해 해상 교역이라는 커다란 물줄기가 이 섬을 관통하면서, 키프로스는 이슬람과 서유럽의 교역을 연결하는 중간 거래소 역할을 맡게 되어 전에 없는 경제적 호황을 누리게 되었다.[15]

맘루크제국과의 무역을 금하는 교황의 칙령이 키프로스 섬의 경제적 가치를 더 높여 주었음은 물론이다. 아크레가 몰락하기 전에는 맘루크제국의 영토이던 시리아와 이집트에서 향신료 등을 구입했던 이탈리아 상인들로서는 맘루크를 대신할 시장을 찾아야만 했다. 시리아와 이집트에서 가장 가깝고 동방 상품을 구입할 수 있는 키프로스 섬이 바로 그 답이었다.[16]

그 결과, 아크레의 몰락으로 초래된 무역 구조 변화의 최고 수혜자는 키프로스 섬의 항구도시 파마구스타가 되었다. 뤼지냥 왕실이 파마구스타 항구에서 활동하는 외국 상인들에게 관세와 사법 특혜를 부여하는 등 상업 활동을 장려한 것이 도시의 성장에 기여했다.

중세 기사. 1373년 목판화

1300년 무렵 파마구스타에서 가장 큰 외국 상인 공동체를 형성하고 있었던 집단은 피사와 제노바, 베네치아 상인들이었다. 메시나, 안코나, 피아첸차 등 다른 중소 규모의 이탈리아 도시 출신 상인들도 파마구스타 시장에서 장사를 하고 있었다. 이베리아 반도 북동부의 카탈루냐 출신 상인들도 있었다. 이들은 아크레가 이슬람에 함락당한 직후인 1291년 10월, 키프로스 왕 앙리 2세Henri II로부터 관세를 경감받았다.[17]

14세기 말 키프로스 섬을 경유했던 이탈리아 순례자 니콜로 다 마르토니Niccolo da Martoni가 파마구스타 거주민의 대다수가 아크레에서 온 피난민의 후손들이라고 했을 정도로, 당시 파마구스타에는 피난민이 집중되어 있었다.[18] 피난민 가운데는 베네치아인이 가장 많았다.[19] 아크레에서 활동하다 파마구스타로 옮겨 온 베네치아 상인들 중에는 베네치아를 대표하는 귀족 가문 출신들이 적지 않았다. 카펠로Capello, 다 몰린Da Molin, 가브리엘Gabriel, 롱고Longo, 마뇨Magno, 미키엘Michiel, 폴로Polo, 사누도Sanudo, 시뇰로Signolo, 벤델리노Vendelino 등이 바로 그들이다. 이들 중 일부는 섬에 남아서 장사를 계속했고, 일부는 베네치아 본토로 돌아왔다. 귀족 출신의 조반니 카스텔로Givonnai Castello는 파마구스타 거주민이 되어 베네치아로 돌아간 형제 필리포와 긴밀한 사업 관계를 계속 유지했다.

물론 평민 출신의 상인들과 장인들도 대거 키프로스 섬으로 몸을 피했다. 그리하여 1300년경 키프로스 섬에는 베네치아 상인뿐 아니라 제노바와 피사 상인들도 제법 규모 있는 상인 공동체를 형성하고 있었다. 이들 중 상당수가 1291년 사건을 계기로 섬으로 이동한 사람들이었다. 마르세유, 몽펠리에 등 프랑스 남부 출신과 카탈루냐 출

신 상인들도 상대적으로 작은 규모이긴 하지만 활동하고 있었다.[20]

제노바 상인들의 활동은 베네치아 상인들 못지않았다. 1300년 무렵 제노바 출신 공증인 람베르토 디 삼부체토Lamberto di Sambuceto가 파마구스타에서 작성한 공증인 계약서들은 아크레 몰락 이후 파마구스타에서 이루어진 교역 상황을 잘 보여 준다. 우선 교황청의 무역 금지령에도 불구하고 시리아 및 이집트와 활발히 교역했다. 특히 향신료와 면화가 대량으로 수입되었고, 이렇게 수입된 상품들은 다시 서유럽으로 수출되었다. 공증인 계약서에서 면화의 원산지를 항상 언급하는 건 아니었지만, 언급한 경우에는 거의 시리아산 면화였다.

1299년 5월 22일 작성된 한 공증인 계약서에 따르면, 제노바 상인 바빌라노 살바고Babilano Salvago는 시모네 로소Simone Rosso에게 롬바르디아산 모직물을 제공했고, 시모네는 바빌라노에게 모직물 대금을 시리아 북부 도시 알레포산 면화로 갚기로 계약했다.[21] 시모네는 아크레의 몰락으로 파마구스타로 피난 온 시리아 출신의 기독교 상인이었다. 계약서에 따르면, 알레포산 면화는 제노바 상선에 실려 제노바까지 수송될 예정이었다. 시모네 외에도 다수의 시리아 상인들이 시리아에서 생산된 면화를 파마구스타에서 활동하던 제노바 상인들에게 공급했다. 이들은 때로 선박까지 임대하여 베네치아, 안코나 등의 이탈리아 항구도시까지 면화를 직접 수송하기도 했다.[22]

키프로스 섬의 경제적 비중이 높아지자, 이탈리아의 항구도시들은 키프로스 왕실과 접촉하기 시작했다.[23] 1302년 베네치아 정부는 키프로스 왕에게 사절을 파견해 기존에 베네치아 상인들에게 부여했던 특혜를 다시 보장해 달라고 요청했다. 사실 그전까지는 교역이 활발하지 않았기 때문에 특혜가 그리 중요하지 않았다. 베네치아 정부의 노력으로 1306년 6월 3일 베네치아는 키프로스 왕에게 상업 특혜를 부여받았고, 키프로스 섬에 베네치아 상인들을 대변할 대표를 둘 수 있었다. 이제 베네치아 정부는 향신료를 수송하던 알렉산드리아행 갤리 선단 대신에 키프로스행 갤리 선단을 정기적으로 운영하기 시작했다.[24]

1330년대에는 매년 평균 7~8척의 갤리선이 키프로스와 베네치아를 오갈 정도로 키프로스 무역이 증가했다. 1334년 베네치아 정부는 키프로스 노선에 11척의 갤리선을 투입했다. 그해 비잔티움제국 노선에 단 두 척의 갤리선만을 투입했던 것을 감안하면 키프로스 섬이 베네치아의 동방무역에서 얼마나 중요한 위치를 차지했는지를 알 수 있다. 교역량이 증가하면서 키프로스 섬에서 생산된 설탕, 면화, 소금 등의 상품이 대량으로 베네치아에 팔려 나갔다.[25]

교황도 막지 못한 밀무역

이탈리아 상인들이 키프로스 섬을 적극 찾은 이유는, 1291년 이전까지는 아크레에서 구입했던 향신료와 같은 동방 상품들을 키프로스에서 구매할 수 있었기 때문이다. 섬과 맘루크제국 간의 밀무역을 통해 후추를 비롯한 동방 물품들이 키프로스로 유입되고 있던 것이다. 실제로 14세기 전반에 이집트와 키프로스 간의 밀무역이 성행하여 왕실에서 나서서 이를 막을 정도였다.

1324년 키프로스 왕 위그 4세Hugh IV는 베네치아 도제에게 보낸 편지에서 이러한 밀무역을 신랄하게 개탄하며 이를 시정하겠다고 밝혔다. 그리고 마르코 콘타리니Contarini, 리나르트 데 몰린Rinart de Molin, 마르코 미키엘Marco Michiel, 마르코 그리마니Marco Grimani 등 네 명의 베네치아 상인이 키프로스 관리가 상품을 몰수했다며 베네치아 정부에 이 문제를 해결해 달라고 청원했다. 아마도 이들은 이집트나 시리아에서 키프로스로 몰래 상품을 반입했을 것이다. 왕은 사건의 자초지종을 면밀히 조사하도록 지시했다. 그러나 위그 4세가 이 문제를 최종적으로 어떻게 처리했는지는 알 수 없다.[26]

키프로스 왕실 입장에서 밀무역은 그냥 놓아 둘 수도, 근절할 수도 없는 곤란한 문제였다. 밀무역을 자유롭게 허용하는 것은 교회의 명령을 어기는 것이고, 그렇다고 밀무역을 완전히 근절하기도 어려웠다. 아크레 몰락 이후 유럽 상인들이 키프로스 섬을 찾는 이유가 바로 밀무역을 통해 들어온 후추 등의 동방 상품 때문임을 왕실도 잘 알았다. 그러다 보니 키프로스 관리들이 밀무역으로 들어온 상품을 몰수하면, 상품을 몰수당한 상인들이 자국 정부에 사건 해결을 요청하는 일이 종종 벌어졌다. 1324년 베네치아 상인들의 청원은 이런 맥락에서 이루어졌다.[27]

밀무역을 담당한 이들은 시리아 출신의 기독교도 상인들이었다. 조상들은 서유럽 출신인데, 라틴 왕국에 오래 살면서 현지화된 이들이었다. 이들은 시리아 현지에서 물건을 구입해 키프로스 시장에 공급했다. 교황청이 강력히 금지하는 시리아의 이슬람 상인 대신에 시리아 현지 사정과 언어에 능통한 이들이 시리아와 이탈리아 상인들을 연결하는 중개역을 한 것이다. 이들은 기독교도였지만, 이들의 교역은 교황청의 입장에서 보면 엄연히 밀무역이었다.

14세기 전반기에 키프로스 섬이 동지중해 제1의 교역지로 부상했

〈지도 9〉 동지중해에서 키프로스의 부상

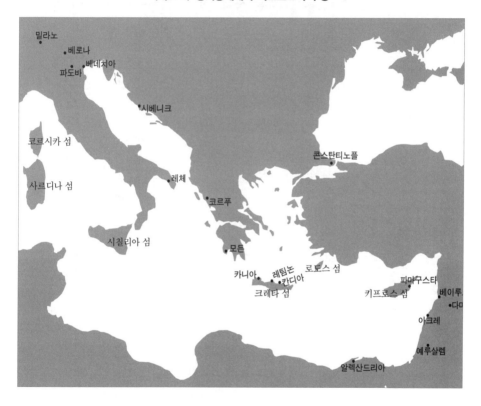

밀라노
베로나
파도바
베네치아
시베니크
코르시카 섬
사르디나 섬
레체
콘스탄티노플
코르푸
시칠리아 섬
모든
카니아
레팀논
로도스 섬
칸디아
크레타 섬
키프로스 섬
파마구스타
베이루
다
아크레
예루살렘
알렉산드리아

다는 사실은 당시 그곳에서 오랫동안 상업 활동을 한 피렌체 출신 상인 페골로티Pegolotti가 저술한 상업 안내서에서도 잘 드러난다. 페골로티는 1324~1329년에 바르디 상사의 주재원으로 키프로스 섬의 항구도시 파마구스타에서 활동한 경험을 바탕으로 이 유명한 《상업 안내서Pratica della Mercatura》를 저술했다.

1291년 이전에 만들어진 다른 상업 안내서에는 당시 지중해 해상 무역에서 키프로스 섬이 차지한 역할이 그리 중요하지 않은 것으로 묘사된다. 가령 1278년 피사 사람이 만든 상업 안내서는 서방 기독교 세계와 상업적으로 빈번히 교류하는 동방의 시장으로 아크레와 알렉산드리아, 아르메니아 왕국의 항구 라이아조 등을 열거할 뿐 키프로스 섬은 언급조차 하지 않는다. 이에 비해 페골로티의 상업 안내서는 키프로스 섬에서 이루어진 교역을 상세하게 다루었다.

당시 키프로스 제1의 항구도시이자 상업도시였던 파마구스타와 거래했던 유럽 도시들로는 이탈리아의 베네치아·제노바·피렌체· 피사·가에타·안코나·메시나·바를레타·나폴리, 프랑스의 몽펠리에·마르세유·아비뇽·샹파뉴·파리, 이베리아 반도의 바르셀로나와 세비야, 플랑드르의 브뤼헤, 잉글랜드의 런던 등이 있었다. 이탈리아 상인들은 키프로스 섬에서 향신료와 설탕, 면화, 비단, 소금을 주로 구입하고, 서유럽산 금과 은, 올리브유, 꿀, 사프란, 철, 납과 주석과 같은 금속 등을 키프로스로 들여왔다.[28] 1330년 베네치아 갤리선단이 키프로스 섬에서 가져온 향신료에는 후추, 생강, 계피가 있었다.[29] 페골로티는 설탕의 재배에서 정제에 이르는 과정을 길게 설명하면서 키프로스 설탕이 최고라고 평한다.

3

베네치아와 교황청의 무역 분쟁

오만방자한 교황청 특사

교황청의 입장이 강경했다고 해서, 이탈리아 도시들이 계속해서 교회의 정책에 순응하지는 않았던 것 같다. 이들은 어떻게든 무역 금지령을 완화시키거나 회피할 방법을 모색했다.[†] 베네치아 정부 역시 다양한 방법과 수단을 동원해 맘루크제국과의 교역을 금지하려는 교황청을 막으려 했다. 1301년 8월 말쯤 로마 교황청에 외교사절을 파견한 것도 이러한 노력의 일환이었다.[30]

그리고 1302년 베네치아 정부는 대담하게도 맘루크의 술탄과 협

[†] 교회는 이를 이용해 수익을 챙기기도 했다. 교회의 금지령을 어기고 무역을 한 이들이 이윤의 일부를 교회에 내면 사면을 시켜 주기도 했다. 이러한 교황청의 태도를 잘 아는 상업도시들은 이슬람과의 교역 허가권을 얻고자 상당한 돈을 교황청에 뇌물로 받쳤다. 1297년 교황 보니파키우스 8세는 이런 무역을 통해 얻은 이윤의 4분의 1~5분의 1을 내는 위반자들에게 사면장을 줄 수 있는 권한을 바르셀로나와 토르토사의 주교에게 부여했다. E. Ashtor, *Levant trade in the Later Middle Ages* (Princeton, 1983), p. 18.

정을 체결했다. 협정에 따르면, 베네치아 상인들은 상품 판매 이익금을 알렉산드리아에서 상품 구입에 사용할 수 있으며 이에 대한 관세를 면제받았다.[31] 그런데 1304년 교황 베네딕투스 11세의 포고령이 베네치아의 발목을 잡았다. 교황청이 금지한 품목을 알렉산드리아를 포함한 이집트나 시리아로 수출하는 자는 파문은 물론이고 시민권까지 빼앗는다는 것이었다. 그러나 베네치아로선 국부의 원천인 교역을 포기할 수 없었다. 베네치아 정부는 교황 베네딕투스 11세가 베네치아인들에게 "며칠 전 칙령에서 구체적으로 금지한 것들 이외의 상품은 이집트 및 술탄의 신민들과 거래할 수 있다"고 말했다면서 무역 재개의 뜻을 밝혔다.[32]

교황이 실제로 그렇게 이야기했는지는 확실치 않지만, 베네치아 정부는 계속해서 금지 품목과 허용 품목의 구분을 무역 재개의 근거로 내세웠다. 1304년 2월 원로원 회의에서 금지 상품과 허용 상품을 구분해서 이야기했으며, 1312년 4월에도 이 주제를 다시 논의하면서 양자를 명확히 구분했다.[33] 이뿐만이 아니다. 베네치아 정부는 이교도와의 거래가 금지된 품목을 판매한 위반자들에게 관대한 태도를 취했을 뿐 아니라, 이들에 대한 이단 심문을 강하게 반대했다.[34] 베네치아 정부는 다만 시리아와 이집트로 가는 상인들에게 금지된 품목을 판매하지 않겠다는 서약을 하게 하고, 이를 어길 경우 상품을 몰수하겠다는 정도의 경고만 했을 뿐이다.[35]

그 이후에도 베네치아 정부는 교황청을 설득하는 외교적 노력을 계속했다. 1310년 베네치아 정부는 교황 보니파키우스 8세 이래 좁히지 못한 의견 차이를 조정하기 위해 교황 클레멘스 5세에게 사절을 파견했다. 1317년에는 베네치아 도제가 직접 교황의 특사에게 해상무역이 베네치아의 존립에 얼마나 중요한지를 설명하고, 맘루크제국에 전쟁 물자를 공급하지 말라는 교황청의 명령을 어기지 않았음을 강변했다. 그러면서 베네치아가 금과 은, 주석, 구리, 직물과 사프란 거래를 재개할 수 있도록 해 달라고 요청했다.[36] 1319년 베네치아 정부는 다시 교황청에 사절을 파견해 베네치아 상인들이 금과 기타 허용된 상품을 가지고 이집트로 갈 수 있도록 허용해 달라고 청했다. 교황청에 파견된 베네치아 특사들은 알렉산드리아로 갈 수 있는 허가권을 얻는 데 5천 피오리노까지 사용할 수 있었다.[37]

이처럼 14세기 초에 베네치아는 20년 동안 꾸준히 교황청에 특사를 파견하여 무역 재개 허가를 청했다. 전에 없이 강경한 태도를 고수하는 교황청과 그 앞에서 노심초사하는 이탈리아 도시들의 절박한 모습이 눈에 그려진다. 그런데 교황청과 이탈리아 도시의 관계에 미묘한 변화가 일어나고 있었음을 보여 주는 사건이 하나 발생했다. 교황청 특사의 행동이 월권행위인지 정당한 외교 활동인지를 두고 베네치아 정부와 교황 특사 사이에 다툼이 벌어졌고, 교황청이 이에 관해 입장을 밝혀야 하는 난처한 상황에 놓인 것이다.

사건의 발단은 이러하다. 1322년 11월 15일, 맘루크제국은 물론이고 이베리아 반도의 그라나다 왕국과의 무역도 전면 금지하는 등 대이슬람 무역에 특히 강경한 입장을 취한 교황 요하네스 22세가 수석 사제 아데마로Ademaro Targa와 도미니크 수도회 수사 폴코Folco를 베네치아에 특사로 파견했다. 교황청의 금지령을 어기고 맘루크제국과 교역한 베네치아 상인들을 조사하는 것이 1차 목적이었다. 이때 교황은 특사에게 교황청의 금지령을 어기고 맘루크제국과 교역을 한 베네치아 상인들을 사면할 수 있는 권한을 부여했다. 물론 금지

구스타브 도레가 그린 〈교황 요하네스 22세에게 동방 지도를 보여 주며 동지중해 이슬람 세계에 대한 십자군을 주창하는 베네치아 작가 사누도〉

령을 위반하고 장사를 한 베네치아 상인이 자신의 행위를 뉘우치고 징세관이 요구하는 벌금을 내야 한다는 조건이 달려 있었다.[38]

그런데 다음 해인 1323년 3월, 베네치아 정부가 교황청의 무역 금지령을 어긴 죄로 고발당한 베네치아 상인들에게 항소권을 허용하는 일이 벌어졌다. 교황청에 대한 일종의 항명이었다. 4월 5일, 요하네스 22세는 아데마로와 폴코에게 서신을 보내어 이슬람교도들과 금지된 무역을 계속하는 기독교인들을 색출해 내라고 명했다. 또한, 사면을 얻고자 교회에 재산을 유증遺贈(유언으로 유산을 물려주는 것)한다는 면피용 유언장을 작성했다가 교회의 사면을 받으면 즉시 그 유언장을 폐기하는 자들도 색출할 권한을 특사들에게 위임했다.[39] 8월 11일, 교황은 이어서 베네치아 내에서 교황청으로 보낼 모든 예치금과 이윤을 교황청 특사들에게 건네라고 명했다.[40]

베네치아 사람들이 가뜩이나 심기가 불편해진 상황에서, 아데마로의 고압적인 태도는 많은 베네치아인들의 반감을 불러일으켰다. 베네치아 대위원회에서도 이미 1323년 4월 10일 이 문제를 다룰 법률 자문위원회를 구성하는 문제를 토의했다. 크레모나 출신의 법률가였던 말롬브라Rizzardo Malombra가 이끈 자문위원회는 일곱 명의 법률가로 구성되어 있었다. 자문위원회의 검토를 참조한 베네치아 정부는 다음과 같이 단호한 결론을 내렸다.

'교황청의 특사들이 위임받은 권한을 넘어서는 행동을 했으며, 그 과정에서 발생한 적법하지 못한 절차와 판단은 취소되어야 하며, 만약 교황의 특사들이 이러한 요구를 받아들이지 않는다면 베네치아 공화국의 이름으로 교황청에 정식으로 이의를 제기하겠다.[41]

그러나 베네치아의 강경 대응에도 불구하고 특사의 행보에는 큰 변화가 없었다. 1324년 1월, 베네치아 정부는 베네치아와 가까운 메스트레에 머물고 있던 아데마로와 다시 이 문제를 의논할 세 명의 자문위원을 선정했다. 4월, 베네치아 정부는 여러 사람들에게 중재를 요청했다. 베네치아의 도제는 이탈리아 중부 도시 카스텔로Castello의 주교에게 아데마로의 월권행위를 막아 달라고 요청했다.

아데마로는 조금도 굽힘 없이 이탈리아 북동부의 도시 그라도Grado 대주교에게 교황의 무역 금지령을 어긴 자들에 대한 파문을 공포하라고 요구했다. 7월 13일, 말롬브라가 이끄는 새로운 자문위원회가 구성되어 아데마로의 주장을 다시금 논박했다. 자문위원회는 그라도의 대주교가 파문을 공포할 권한이 없음을 명확히 했다.[42]

"우리 도시는 교역으로 먹고 살고 있습니다"

갈등이 악화되자 교황 요하네스 22세는 10월 1일 이탈리아 북동부 도시 라벤나의 수좌주교(Aimerico)에게 교황 특사들과 베네치아 정부 사이의 문제를 조사하고 이에 관한 상세한 보고서를 제출하라고 명했다. 베네치아 정부는 많은 잘못을 아데마로의 탓으로 돌렸고, 아데마로는 이에 질세라 다수의 베네치아인들을 파문하거나 소환하는 것으로 맞섰다. 그의 소환장에는 돌핀Dolfin, 단돌로Dandolo, 로레단Loredan, 콘타리니Contarini, 카펠로Capello, 그라데니고Gradenigo, 모로지니Morosini, 소란초Soranzo, 말리피에로Malipiero, 바르바리고Barbarigo, 바도에르Badoer 등 베네치아 귀족 가문 출신 상인들의 이름이 거의 망라되어 있었다.[43]

라벤나 수좌주교의 보고서는 남아 있지 않지만, 양자 사이의 분쟁이 쉽게 해결되지는 않았을 것 같다. 이슬람과의 교역을 응징하려는 교황 요하네스 22세의 의지가 워낙 강경했기 때문이다. 실제로 아데마로 사건에 대한 보고서를 제출하라고 명한 시점에서 약 2년이 흐른 1326년 7월 1일, 교황은 다시 교회법에 명시적으로 금지되어 있지 않은 상품을 거래하는 것이 합법적이라고 주장하는 사람에 대한 분명한 처벌을 공포하며 이런 자들을 이단으로 선언하고 파문에 처할 것을 명했다.[44]

베네치아로선 참으로 난감한 상황이었다. 가능한 한 외교적인 방법으로 문제를 해결하기 위해 노력했지만 모든 것이 여의치 않자, 베네치아는 교황청에 정식으로 이의를 제기했다. 베네치아로선 대 이슬람 무역, 즉 맘루크제국과의 교역 금지 조치는 국가 경제의 근간을 흔드는 중대 사안이었다. 반면에 교회는 교역 금지령으로 얻을 수 있는 것이 너무 많았다. 당시 베네치아와 교황청 사이에 쟁점이 된 사안은 대략 네 가지다.

첫째는 맘루크제국과의 교역 자체에 관한 시각, 둘째는 교황의 무역 금지령이 모든 상품에 해당하는 것인지 아니면 특정 상품에만 적용되는 것인지를 둘러싼 논란이다. 셋째는 이를 어기고 맘루크제국과 교역한 상인들이 물어야 할 벌금에 관한 것이다. 넷째는 사면을 받기 위해 일종의 허위 유언장을 작성하고 사면 후에 폐기하는 행위를 둘러싼 논란이다.

이 사건이 벌어지기 훨씬 전부터 베네치아 정부는 교회에 부동산을 유증하는 것을 적극적으로 막아서 교황청의 분노를 샀다. 이러한 행위가 베네치아를 가난하게 만들고 교회의 권력을 증대시키기 때문이었다. 이미 1242년 베네치아 법령에 따라 수도원에 들어간 사람은 유언장을 작성할 수 없으며, 상속인이 있을 경우 수도원은 망자의 재산 일부만을 받을 수 있고 부동산은 결코 받을 수 없었다. 14세기 초반 베네치아 도제 프란체스코 단돌로Francesco Dandolo(재임 1329~1339)는, 사면을 이유로 영원히 또는 10년 이상 교회에 재산을 유증할 경우 해당 부동산을 정해진 기간 안에 매각해야 한다는 법령을 공포했다.[45]

1325년 초반 베네치아 법률 자문위원회를 이끌면서 교황청에 맞서 공화국의 이해를 대변했던 말롬브라는 교황청으로부터 한 차례 경고를 받았다. 그래도 변화가 없자 1326년 5월 아비뇽의 교황 요하네스 22세는 최후의 수단으로 이단과 교회에 대한 반역죄로 말롬브라를 처단하라는 명령을 내렸다. 이에 따라 볼로냐에 있는 추기경 베르트랑드 뒤 푸제Bertrand du Pouget가 말롬브라와 그의 사상에 대한 심문을 시작했다.

교황이 이같이 명령한 이유는, 말롬브라가 교회에 해가 되는 심각한 이단적인 사고를 주장했기 때문이 아니다. 말롬브라가 동지중해의 이슬람 세력과의 교역에 관해 취한 태도 때문이었다. 1327년 7월 22일 교회 당국의 고발장이 베네치아 10인 위원회에 전달되었다. 위원회는 말롬브라에 대한 공식 심리를 개최할지부터 결정했는데, 이를 찬성한 위원이 단 한 명도 없었다. 베네치아 원로원과 대위원회도 교황 대리인에게 직접적인 압력을 행사하면서 말롬브라를 보호했다.[46] 베네치아는 교회와 화해하려고 말롬브라를 포기할 생각이 조금도 없었던 것으로 보인다.

이듬해인 1328년 10월 13일, 말롬브라는 개인적으로 추기경이 있는 볼로냐에 가서 이 문제를 해결할 수 있는 허가권을 받았다. 그때까지도 여전히 베네치아 정부의 공식 법률 자문가였기 때문에 공식 허가를 받아야 했다. 베네치아 정부는 전문 변호인이자 공증인인 조반니 마르케시니Giovanni Marchesini를 함께 보냈다. 두 사람은 자비로 볼로냐로 갔지만, 베네치아 정부는 가능한 한 말롬브라를 돕고자 노력했다. 말롬브라는 꽤 오랫동안 볼로냐에 머물렀지만 문제를 완전히 해결하지는 못했다. 추기경은 말롬브라를 지지하는 볼로냐대학의 법률가들에게 "단호하게 말롬브라를 이단으로 처벌해야 한다"고 주장했다. 안타깝게도 더 이상의 사료가 남아 있지 않아서 말롬브라가 실제로 파문을 당했는지는 알 수 없다.[47]

이 와중에도 베네치아 정부는 교황청의 이해를 구하는 외교적 노력을 게을리하지 않았다. 1327년 베네치아 도제 조반니 소란초 Giovanni Soranzo는 교황 요하네스 22세에게 "우리 도시는 교역으로만 먹고 살고 있습니다."라고 호소하며, 무역 금지령을 완화해 달라고 공손하게 그리고 간절하게(humiliter et cum instantia) 요청했다. 1328년에도 베네치아는 고위 성직자들을 만나 문제를 해결하려고 노력했지만 큰 성과는 거두지 못했다.

4
다시 이집트와 시리아 시장으로

교역의 재개

맘루크제국과의 교역 금지령이 엄격하게 지켜진 1320년대부터 1344년까지 이탈리아 상선은 이집트와 시리아의 항구도시를 드나들 수 없었다. 1345년 맘루크제국이 베네치아 정부와 체결한 무역 협정문에도 "지난 23년 동안 단 한 척의 선박도 우리 영토에 들어오지 않았다"고 적혀 있다.[48] 그런데 1344년, 드디어 교황 클레멘스 6세Clemens VI(재위 1342~1352)가 베네치아 공화국에 향후 5년간 매년 여섯 척의 갤리선과 네 척의 원형 범선을 맘루크제국의 영토에 보낼 수 있는 허가권을 부여했다. 내처 이듬해에 베네치아 정부는 네 척의 원형 범선 대신 일곱 척의 갤리선을 파견할 수 있도록 해 달라고 요구했고 최종적인 허가를 얻어 냈다.

1344년 교황의 허가가 떨어지자마자, 베네치아 정부는 대표적인 귀족 가문 출신인 니콜로 제노Nicolo Zeno를 맘루크 술탄에게 특사로 파견했다. 그의 임무는 1320년 베네치아에 허용한 상업 특혜들을 다시 얻어 내는 것이었다. 여기에는 수입관세 인하 요구도 포함되어 있었다. 베네치아와의 교역 재개를 그 누구보다도 바랐던 술탄 측도 베네치아 특사의 방문을 반겼고 요구의 대부분을 수용했다. 술탄은 오랫동안 베네치아 선박의 내왕이 없었던 사실에 유감을 표하며 무역 재개를 승인했다. 이러한 외교적인 노력의 결과, 베네치아 정부는 1345년 두 척의 갤리선을 알렉산드리아로 보낼 수 있었다.[49]

그런데 그토록 강경 일변도였던 교황청이 왜 유화적으로 바뀐 것일까? 물론 베네치아의 끈질긴 요구와 설득도 어느 정도 영향을 미쳤겠지만, 더 중요한 요인은 다른 데 있었다. 바로 14세기 중반 진행된 몽골제국의 몰락이다.

사실 그동안 교회가 맘루크제국과의 교역 금지라는 강경책을 취할 수 있었던 것은, 이탈리아 상업도시들이 기존에 맘루크제국에서 구입했던 동방 상품들을 확보할 수 있는 다른 대안이 있었기 때문이다. 그중 하나는 키프로스 섬을 통한 밀무역이고, 또 다른 방법이 흑해를 통한 교역이었다. 이탈리아 도시들에 흑해를 내준 것이 바로 몽골이었다.

몽골이 유라시아를 아우르는 대제국을 건설하고 유럽 상인들에게 안전하고 자유로운 통행을 보장하면서, 이탈리아 상인들이 흑해에서 출발해 몽골제국의 영토를 경유해 아시아 시장으로 직접 갈 수 있는 길이 열렸다. 이러한 대안 루트를 통해 동방 상품을 구할 수 있었기 때문에 교황청의 전면적인 무역 금지 조치도 이겨 낼 수 있었다. 하지만 1340년대 중반 몽골제국의 와해로 흑해를 통해 아시아 상품을 구입하는 경로가 사실상 차단되자, 교황청도 더 이상 강경 입장만을 고수할 수 없었다. 이러한 국제 정세의 변화 때문에 교황청은 이집트와 시리아 시장에서의 교역을 다시 허용할 수밖에 없었다.

1344년 이후 교회는 거의 매년 이러한 허가권을 발급했다. 이 허가권이 상업도시들 사이에 거래되기도 했다. 제노바가 최대의 경쟁 세력인 베네치아에 허가권을 팔기도 했다. 물론 허가권을 구입하는 데에는 막대한 돈이 들어갔다. 교황 클레멘스 6세가 사망하기 다섯 달 전인 1352년 7월 13일, 교황은 조카인 기욤 로제Guillaume Roger de Beaufort와 그의 아내 엘레노아Eleanor에게 10척의 원형 범선과 30척의 갤리선을 이슬람 세계에 보낼 수 있는 허가권을 부여했다. 이 선박들은 특별히 금지된 품목 이외에는 어떤 상품도 이슬람 영토로 수송할 수 있었다. 기욤은 이 권한을 프랑스 도시 아쟁의 고위 성직자였던 에티엔 드 바투토Etienne de Batuto에게 양도했고, 에티엔은 최종적으로 이를 베네치아 정부에 팔았다. 베네치아 정부는 1차 대금으로만 1만2천 두카토라는 엄청난 금액을 지불했다.[50]

키프로스 왕국의 불운

14세기 중엽 이후 맘루크제국과의 교역이 정상화되면서 가장 타격을 입은 것은 누구나 예상할 수 있다시피 키프로스 왕국이다. 이탈리아 상인들이 이집트와 시리아 시장을 다시 찾게 되면서, 1291년 아크레 몰락 이후 반세기 동안 키프로스 섬이 누렸던 상업적 특수는 약화할 수밖에 없었다. 특히 베네치아 상인들의 이탈이 두드러졌다. 그렇다고 베네치아가 키프로스 섬을 완전히 포기한 것은 아니었다. 키프로스 섬의 주요 생산품이던 설탕과 소금 그리고 면화는 베네치아 상인들에게 여전히 인기 있는 상품이었다.

반면 몽골제국 시절 흑해에서 독점적인 입지를 구축했던 제노바 상인들은 제국의 와해로 아시아로 가는 교역로가 막히자 새로운 시장을 찾아 나섰다. 여러 측면에서 키프로스 섬은 이상적인 대안이었고, 상당수의 제노바 상인들이 키프로스 섬으로 유입되었다. 섬에 남아 있던 베네치아 상인들과 제노바 상인들의 갈등이 고조될 수밖에 없었고, 갈등은 결국 유혈 사태로까지 번졌다.

1372년 키프로스 제일의 항구도시 파마구스타에서 꽤 많은 제노바 상인들이 살해당하는 사건이 발생했다. 문제의 발단은 신왕 피에르 2세Pierre II의 대관식에 베네치아 대표와 제노바 대표 중 누가 더 높은 좌석을 차지하느냐 하는 것이었다. 결국 베네치아 상인과 제노바 상인들이 싸움을 벌였고, 키프로스 사람들은 제노바 상인들의 잘못이 크다고 여겨 이들을 공격하고 살해했다. 이에 파마구스타 주재 제노바 대표는 그리스계 출신 키프로스인들의 지지를 받는 베네치아 대표를 공격하고 함대를 일으켜 파마구스타와 니코시아를 공격했다. 제노바의 승리로 1374년 키프로스 왕실은 90년간 키프로스 섬에 대한 경제적 지배를 보장해 주는 조약을 체결했다. 키프로스 왕은 2백만 피오리노 이상에 해당하는 제노바의 전쟁 비용과 복구비를 보상하기 위해 파마구스타 항구를 제노바에게 양도했고, 매년 4만 피오리노의 공납을 바치기로 했다.[51]

1374년 5월 18일, 베네치아 정부는 키프로스 섬과의 모든 교역을 금지하며 자국 상인들에게 섬을 떠나라는 명령을 내렸다. 비록 4년 후인 1378년 이 명령은 취소되었지만, 제노바가 파마구스타를 점령하고 있었던 1420년까지 키프로스 섬에서 활동하는 베네치아 상인

들은 여러 면에서 위축될 수밖에 없었다.[52]

그러나 약 70년 후인 1489년 이 섬의 소유권은 베네치아 공화국에 넘어갔다. 뤼지냥 가문의 마지막 왕 자크 2세Jacques II의 왕비였던 베네치아 귀족 카테리나Caternia Cornaro가 베네치아의 강압적 요구에 굴복해 키프로스 섬을 베네치아 공화국에 영원히 양도한 것이다.[53] 이후 키프로스 섬은 베네치아의 면화와 곡물 생산 기지로 전락했다. 베네치아의 지배는 제국주의의 원형이라 불릴 정도로 가혹했고, 용의주도했다. 한 세기 후 오스만 군대가 키프로스 섬을 공격해 왔을 때 키프로스인들은 베네치아의 지배를 끝내 줄 오스만 군대를 환영했다.

1 로저 크롤리, 《500년 무역 대국. 부의 도시 베네치아》, 우태영 옮김, 다른세상, 2011, 20쪽.

2 D. Jacoby, "The trade of Crusader Acre : the levantine context", *Archivio Storico del Sannio*, vol. 1-2(1998), pp. 103-120.

3 D. Jacoby, "L'expansion occidentale dans le Levant : les Vénitiens à Acre dans la seconde moitié du treizième siècle", *Journal of Medieval History*, 3(1977), pp. 225-264 ; D. Jacoby, "The trade of Crusader Acre : the levantine context", *Archivio Storico del Sannio*, vol. 1-2(1998), pp. 103-120.

4 D. Jacoby, "A Venetian manual of commercial practice from Crusader Acre", *I comuni italiani nel regno crociato di Gerusalemme*, G. Airaldi and B. Z. Kedar (eds.) (Genova, 1986), p. 417.

5 M. Sanudo, *Liber secretorum fidelium crucis* (Hanover, 1611), ed. by J. Bongars, pp. 22-31 ; G. Adam, "De modo Saracenos extirpandi", Mas-Latrie and Kohler(ed.), *Recueil des historiens des Croisades. Documents arméniens* (Paris, 1869~1906), tome II, pp. 523-528.

6 S. K. Stantchev, *Embargo : the origins of an idea and the implication of a policy in Europe and the Mediterranean, ca. 1100~ca. 1500* (dissertation of the university of Michigan, 2009), p. 177.

7 E. Langlois (ed.), *Les registres de Nicholas IV : recueil des bulles de ce pape* (Paris, 1905), vol. 2., p. 901 ; S. K. Stantchev, *Embargo : the origins of an idea and the implication of a policy in Europe and the Mediterranean, ca. 1100~ca. 1500* (dissertation of the university of Michigan, 2009), p. 183.

8 G. Ortalli, "Venice and papal bans on trade with the Levant : the role of the jurist", B. Arbel, *Intercultural contacts in the Medieval Mediterranean* (London, 1996), p. 244.

9 G. Ortalli, "Venice and papal bans on trade with the Levant : the role of the jurist", B. Arbel, *Intercultural contacts in the Medieval Mediterranean* (London, 1996), p. 247 ; E. Ashtor, *Levant trade in the Later Middle Ages* (Princeton, 1983), p. 19.

10 S. K. Stantchev, *Embargo : the origins of an idea and the implication of a policy in Europe and* *the Mediterranean, ca. 1100~ca. 1500* (dissertation of the university of Michigan, 2009), p. 196.

[11] E. Ashtor, *Levant trade in the Later Middle Ages* (Princeton, 1983), pp. 44-63.

[12] 〈no haveva za vintitre anni navegado a le nostre parte.〉 G. M. Thomas(ed.), *Diplomatarium veneto-levantinum sive Acta et diplomata res venetas, graecas atque levantis illustrantia a. 1300~1454* (Venezia, 1880), vol. 1. : Monumenti storici pubblicati dalla r. deputazione veneta di storia patria, ser. I, 5, p. 291, no. 153.

[13] D. Jacoby, "The rise of a new emporium in the eastern Mediterranean : Famagusta in the late thirteenth century", *Meletai kai hypomnemata, Hidryma archiepiskopou Makariou*, III(1984), pp. 145-179.

[14] L. De Mas Latrie (ed.), *Histoire de l'île de Chypre sous le règne des princes de la maison de Lusignan* (Paris, 1852~1855) vol. 1., p. 512.

[15] P. Racine, "Note sur le trafic veneto-chypriote à la fin du Moyen Age", *Byzantinische Forschungen*, vol. 5(1977), pp. 328-329.

[16] P. Racine, "Note sur le trafic veneto-chypriote à la fin du Moyen Age", *Byzantinische Forschungen*, vol. 5(1977), p. 310.

[17] D. Jacoby, "The rise of a new emporium in the eastern Mediterranean : Famagusta in the late thirteenth century", *Meletai kai hypomnemata, Hidryma archiepiskopou Makariou*, III(1984), p. 149, 171, 173.

[18] 〈omnes illi de Acri qui evaserunt fugierunt ad insulam Cipri, et tunc translatata fuit ipsa civitas antiqua Constanza in loco ubi nunc est Famagosta〉. L. Legrand (ed.), "Relations du pèlerinage à Jérusalem de Nicolas de Martoni, notaire italien, publié par Léon Legrand", *Revue de l'Orient Latin*, tome 3 (1895), p. 631.

[19] D. Jacoby, "The rise of a new emporium in the eastern Mediterranean : Famagusta in the late thirteenth century", *Meletai kai hypomnemata, Hidryma archiepiskopou Makariou*, III(1984), pp. 167-168.

[20] D. Jacoby, "The rise of a new emporium in the eastern Mediterranean : Famagusta in the late thirteenth century", *Meletai kai hypomnemata, Hidryma archiepiskopou Makariou*, III(1984), pp. 167-173.

[21] M. Balard, *Notai genovesi in Oltremare. Atti rogati a Cipro da Lamberto di Sambuceto, vol. 1 : 1296-1299* (Genova, 1983), pp. 172-173, 178-179.

[22] NAM, Jong Kuk, *Le commerce du coton en Méditerranée à la fin du Moyen Age* (Leiden and Boston : Brill Academic Publishers, 2007), pp. 178-180.

[23] D. Jacoby, "The rise of a new emporium in the eastern Mediterranean : Famagusta in the late thirteenth century", *Meletai kai hypomnemata, Hidryma archiepiskopou Makariou*, III(1984), p. 146.

[24] D. Stöckly, *Le système de l'Incanto des galées du marché à Venise(fin XIIIe ~ milieu XVe siècle)* (Leiden, 1995), pp. 119-130.

[25] P. Racine, "Note sur le trafic veneto-chypriote à la fin du Moyen Age", *Byzantinische Forschungen*, vol. 5(1977), p. 312.

[26] P. Racine, "Note sur le trafic veneto-chypriote à la fin du Moyen Age", *Byzantinische Forschungen*, vol. 5(1977), p. 313, 315.

[27] L. De Mas Latrie (ed.), *Histoire de l'île de Chypre sous le règne des princes de la maison de Lusignan* (Paris, 1852~1855) vol. 2, pp. 137-140.

[28] B. Pegolotti, *La pratica della mercatura*, ed., A. Evans (Cambridge, 1936), pp. 77-102 ; P. Racine, "Note sur le trafic veneto-chypriote à la fin du Moyen Age", *Byzantinische Forschungen*, vol. 5(1977), p. 314.

[29] L. De Mas Latrie (ed.), *Histoire de l'île de Chypre sous le règne des princes de la maison de Lusignan* (Paris, 1852~1855) vol. 2., p. 136.

[30] G. Ortalli, "Venice and papal bans on trade with the Levant : the role of the jurist", B. Arbel, *Intercultural contacts in the Medieval Mediterranean* (London, 1996), p. 245.

[31] G. M. Thomas(ed.), *Diplomatarium veneto-levantinum sive Acta et diplomata res venetas, graecas atque levantis illustrantia a. 1300~1454* (Venezia, 1880), vol. 1 : Monumenti storici pubblicati dalla r. deputazione veneta di storia patria, ser. I, 5, pp. 5-9.

[32] G. M. Thomas(ed.), *Diplomatarium veneto-levantinum sive Acta et diplomata res venetas, graecas atque levantis illustrantia a. 1300~1454* (Venezia, 1880), vol.1 : Monumenti storici pubblicati dalla r. deputazione veneta di storia patria, ser. I, 5, pp. 19-21.

[33] G. Ortalli, "Venice and papal bans on trade with the Levant : the role of the jurist", B. Arbel, *Intercultural contacts in the Medieval Mediterranean* (London, 1996), p. 246.

[34] E. Ashtor, *Levant trade in the Later Middle Ages* (Princeton, 1983), p. 19.

[35] E. Ashtor, *Levant trade in the Later Middle Ages* (Princeton, 1983), pp. 26-27.

[36] R. Predelli, *I libri commemoriali della Republica di Venezia : Regestri* (Cambridge University

Press, 2012). vol. 1., pp. 184-185 ; G. Ortalli, "Venice and papal bans on trade with the Levant : the role of the jurist", B. Arbel, *Intercultural contacts in the Medieval Mediterranean* (London, 1996), p. 247.

[37] ⟨nostri possint ire ad terras Egypti cum auro et aliis contentis in recordatione⟩. ⟨quod ambazatores nostri, qui erant in Curia, possint expendere usaue ad quantitatem florenorum V mille pro optinendo licentiam eundi Alexandriam cum rebus specificatis⟩. R. Cessi and P. Sambin, *Le deliberazioni del consiglio dei Rogati(Senato) : serie mixtorum* (Venezia, 1960), vol. 1, p. 200, no. 277, p. 207, no. 355.

[38] R. Predelli, *I libri commemoriali della Republica di Venezia : Regestri* (Cambridge University Press, 2012). vol. 1, p. 246 ; G. Ortalli, "Venice and papal bans on trade with the Levant : the role of the jurist", B. Arbel, *Intercultural contacts in the Medieval Mediterranean* (London, 1996), p. 248.

[39] G. Ortalli, "Venice and papal bans on trade with the Levant : the role of the jurist", B. Arbel, *Intercultural contacts in the Medieval Mediterranean* (London, 1996), p. 250.

[40] G. Ortalli, "Venice and papal bans on trade with the Levant : the role of the jurist", B. Arbel, *Intercultural contacts in the Medieval Mediterranean* (London, 1996), p. 249.

[41] R. Predelli, *I libri commemoriali della Republica di Venezia : Regestri* (Cambridge University Press, 2012). vol. 1., p. 250 ; G. Ortalli, "Venice and papal bans on trade with the Levant : the role of the jurist", B. Arbel, *Intercultural contacts in the Medieval Mediterranean* (London, 1996), p. 252.

[42] R. Predelli, *I libri commemoriali della Republica di Venezia : Regestri* (Cambridge University Press, 2012). vol. 1., pp. 257-256.

[43] E. Besta, *Riccardo Malombra professore nello studio di Padova consultore di stato in Venezia. ricerche* (Venezia, 1894), pp. 107-111.

[44] G. Ortalli, "Venice and papal bans on trade with the Levant : the role of the jurist", B. Arbel, *Intercultural contacts in the Medieval Mediterranean* (London, 1996), p. 255.

[45] G. Ortalli, "Venice and papal bans on trade with the Levant : the role of the jurist", B. Arbel, *Intercultural contacts in the Medieval Mediterranean* (London, 1996), p. 250.

[46] G. Ortalli, "Venice and papal bans on trade with the Levant : the role of the jurist", B. Arbel, *Intercultural contacts in the Medieval Mediterranean* (London, 1996), p. 257.

[47] G. Ortalli, "Venice and papal bans on trade with the Levant : the role of the jurist", B.

Arbel, *Intercultural contacts in the Medieval Mediterranean* (London, 1996), p. 258.

[48] ⟨no haveva za vintitre anni navegado a le nostre parte.⟩ G. M. Thomas(ed.), *Diplomatarium veneto-levantinum sive Acta et diplomata res venetas, graecas atque levantis illustrantia a. 1300~1454* (Venezia, 1880), vol. 1 : Monumenti storici pubblicati dalla r. deputazione veneta di storia patria, ser. I, 5, p. 291, no. 153.

[49] E. Ashtor, *Levant trade in the Later Middle Ages* (Princeton, 1983), pp. 64-69.

[50] K. M. Setton, *The Papacy and the Levant(1204~1571)* (Philadelphia, 1976), vol. 1., pp. 262-263.

[51] J. J. Norwich, *A history of Venice* (New York, 1989).

[52] P. Racine, "Note sur le trafic veneto-chypriote à la fin du Moyen Age", *Byzantinische Forschungen*, vol. 5(1977), pp. 315-329.

[53] P. W. Edbury, *The kingdom of Cyprus and the Crusades 1191-1374* (Cambridge, 1994).

5장
팍스 몽골리카,
아시아로 간 이탈리아 상인

이 장은 기존에 발표한 논문(〈몽골 평화시대 아시아에서 유럽 상인들의 상업 활동, 《서양중세사연구》, 28(2011), 159~196쪽)을 수정한 것이다.

"또한 천주泉州(취안저우)라는 항구도시가 있는데 믿을 수 없을 만큼 훌륭한 도시입니다. 우리 교단은 이곳에 최고로 아름답고 최고로 좋으며 최고로 화려한 교회 세 개를 가지고 있습니다. 이곳에는 목욕탕과 모든 상품을 보관할 수 있는 (제노바 상인들의) 상관商館도 있습니다."
  - 14세기 중엽 유럽 선교사 조반니 데이 마리뇰리Giovanni dei Marignolli

십자군 시절 이미 이탈리아 상인들은 국제적인 규모의 거상으로서 지리적으로 매우 광대한 지역을 돌아다니며 교역을 하고 있었다. 그들은 샹파뉴 정기시를 중심으로 형성된 서유럽 무역권, 비잔티움 제국 그리고 이슬람 세계 각지로 진출하여 열정적으로 온갖 물건을 사고팔았다. 13세기 후반에 이르러서는 이탈리아 상인들의 활동 영역이 지리적으로 더욱 확대되어 아시아 시장까지 포괄하게 되었다. 포르투갈의 항해가 바스쿠 다가마가 인도로 가는 해로를 개척한 15세기 말보다 한 세기 이상이나 앞서서 이탈리아 상인들은 인도와 중국 시장을 직접 경험했던 것이다. 어떻게 그럴 수 있었을까? 바로 몽골제국 덕분이다.

1237년 볼가 강을 건넌 바투의 몽골 군대가 유럽으로 쇄도했다. 러시아의 도시들은 강력한 몽골 군대를 막아내지 못했고, 1240년에는 키예프마저 무너졌다. 몽골 군대는 1241년 4월 카르파티아 산맥을 넘어 레그니차 평원의 왈슈타트 마을에서 폴란드와 독일 기사 연합군을 격파하고, 그해 겨울 분견대가 도나우 강을 건너 자그레브를 함락시켰다. 몽골군은 달마티아로 도주한 헝가리 국왕 벨라 4세Bella IV를 추격해 아드리아 연안까지 도달했다.[1]

신출귀몰하는 몽골의 기마 군단을 막아 내고 유럽을 구할 수 있는 세력은 없어 보였다. 도미니쿠스 수도사인 율리우스Julius는 몽골족을 "지옥에서 온 사자Tartari"라고 불러 유럽인들의 공포심을 불러일으켰다. 지옥에서 온 사탄의 백성들인 타타르인들Tartars(중국 북방 유목민의 총칭)이 사람들을 살해하고 굶주린 괴물처럼 개의 살과 인육을 먹는다는 13세기 영국 출신의 수도승 매튜 패리스Matthew Paris의 과장 섞인 절규는 당시 유럽이 얼마나 공포에 떨었는지를 여실히 보여 준다.[2]

하지만 몽골의 서방 진출이 유럽인들에게 공포만 안겨준 것은 아니다. 역설적이게도 몽골은 중국에서 유라시아를 거쳐 동유럽에 이르는 광대한 제국을 건설함으로써 유럽과 중국이 최초로 직접적으로 접촉할 수 있는 계기를 제공했다. 그 덕분에 '몽골 평화시대pax mongolica'라 불리는 이 시기에 다수의 유럽인들이 아시아를 다녀올 수 있었다. 카르피니(방문 시기 1245~1247), 기욤 드 뤼브룩(1253~1255), 마르코 폴로Marco Polo(1271~1295), 몬테 코르비노Giovanni de Monte Corvino(1289~1294), 오도릭Odoric of Pordenone(1316~1330), 요르단 세브락Jordan de Severac(1320~1328), 조반니 데이 마리뇰리Giovanni dei Marignolli(1339~1346) 등 다수의 유럽 선교사와 상인들이 아시아 현지에서 서한을 보내거나 아시아를 다녀온 후 여행기를 남겼다. 이 기록들은 아시아에 대한 다양한 정보와 함께 때론 지상낙원이나 사제요한 왕국과 같은 환상적인 이야기를 유럽인들에게 전달했다. 당시 유럽은 아시아와 군사적 동맹 가능성을 타진하는 한편으로, 아시아

지금의 폴란드 지역인 레그니차에서 슐레지엔 공작 하인리히 2
세의 머리를 효수하는 몽골군

에 기독교 복음을 전파하고자 노력했다.

물론 몽골제국이 터 준 길을 통해 정치외교적 접촉뿐 아니라 상업적 교류도 활발히 이루어졌다. 그렇다면 14세기 중엽 무렵에 유럽과 아시아의 상업 교류는 얼마나 활발했으며, 얼마나 많은 상인들이 얼마나 자주 유럽과 아시아를 오가며 장사를 했을까?

보티에는 흑해를 통해 들어오는 향신료가 얼마 되지 않았고, 유럽이 아시아로 수출할 물건이 보잘것없었으며 인도와 아시아로의 사업 여행은 일회성 모험사업이었다며 유럽과 먼 아시아 지역의 직접적인 교역은 매우 제한적이었다고 주장한다.[3] 반면 로페즈를 필두로 한 다수의 연구자들은 많은 수의 유럽 상인들, 특히 이탈리아 상인들이 아시아로 상업 여행을 다녀왔다고 말한다.[4]

재닛 아부 루고드는 몽골의 대제국 건설 덕분에 1250~1350년 사이 유럽으로부터 중국에 이르는 광범위한 상업 네트워크, 즉 13세기의 세계체제가 형성되었으며 그 덕분에 국제 교역이 더욱 활성화되었다고 이야기한다.[5] 전체적으로 대다수의 학자들은 몽골 평화시대에 유럽 상인이 아시아와 유럽을 오가며 장사하는 것이 그리 드물거나 예외적인 현상은 아니었다고 해석한다.

그렇지만 여전히 아시아에서 유럽 상인들이 벌인 상업 활동은 상세하게 밝혀지지 않았다. 이러한 한계는 무엇보다도 사료의 부족에 기인한다. 교황청이나 군주의 명을 받고 동방을 다녀왔던 성직자들은 자신의 임무를 보고하는 형식의 글을 남겼지만, 상인들은 거의 기록을 남기지 않았기 때문이다. 아시아에 대한 나름의 상세한 기록을 남긴 상인은 13세기 후반 몽골의 대도大都(원나라의 겨울수도였던 베이징)를 다녀온 베네치아 상인 마르코 폴로와 1330~40년대 바르디 상사의 주재원으로 동지중해 지역에서 활동한 피렌체 상인 페골로티, 그리고 14세기 초엽에 기록을 남긴 익명의 저자 정도이다.[6]

주로 아시아의 종교적 관습에 관심이 있었던 성직자들과 달리, 마르코 폴로는 상대적으로 상업적인 측면들을 세심하게 관찰했다. 하지만 그가 대도를 방문한 당시는 유럽 상인들의 아시아 시장 진출이 이제 막 시작되던 시기였고, 마르코 폴로가 직접 아시아와 유럽을 오가며 장사를 한 것도 아니었다. 따라서 《동방견문록東方見聞錄》(초판본은 프랑스어본이고, 원 제목은 '세계에 대한 묘사Le devissement du monde')은 아시아 시장에서 유럽 상인들이 벌인 구체적인 활동에 대해서는 거의 정보를 제공하지 못한다. 페골로티와 익명의 저자가 남긴 상업 안내서 역시 마찬가지의 한계를 안고 있다. 왜냐하면 페골로티는 실제 장사를 목적으로 중국을 방문하지 않았고, 아시아로 가는 여러 교역로들 중 흑해 연안의 타나(오늘날 돈 강 입구의 아조프)에서 출발해 원나라의 수도인 대도로 가는 북방 노선에 관해서만 언급했기 때문이다.

그러나 상인들이 남긴 기록이 거의 없다는 사실이 상업 활동 자체의 부재를 의미하는 것은 아니다. 대다수 상인들은 새로 개척한 시장에 대한 비밀을 유지하기 위해 의도적으로 기록을 남기지 않았기 때문이다.[7] 특히 아시아와의 교역에서 가장 왕성하게 활동했던 제노바 상인들은 철저히 비밀 유지 원칙을 고수했다. 제노바 상인들은 중국이나 인도로 사업여행을 떠나면서도 투자계약서에는 사업 목적지를 비잔티움 시장으로 명기하는 것이 일반적이었다.[8]

이처럼 상인들은 자신들의 활동을 직접 기록한 여행기나 장부를 거의 남기지 않았지만, 그들의 흔적을 연구할 자료가 아예 없는 것은 아니다. 종교적 임무를 띠고 아시아를 다녀온 선교사들이나 성직자들이 남긴 여행기에도 상세하진 않아도 관련 내용이 있고, 상인들이 남긴 공증인 문서와 외교문서, 여행 중 사망한 상인의 상속권자들이 제기한 상품 반환 청구 소송, 이에 대한 법원의 판결문, 도시 정부의 법령 등 다양한 기록들에서 그들의 흔적을 찾을 수 있기 때문이다.[9] 이러한 기록들을 심층 분석해 보면, 팍스 몽골리카 시기에 아시아 시장으로 진출했던 유럽 상인에 대한 좀 더 상세한 그림을 그릴 수 있다.

이 자료들을 들여다보면 기록 속에 직접 언급되지 않은 내용들까지도 유추해 낼 수 있다. 가령 아시아로 가는 선교사나 외교사절들은 상인들과 동행하는 경우가 많았고, 그들이 이용한 길은 대체로 상업 노선과 일치했다. 제노바 상인들은 도미니쿠스와 프란체스코 수도사들과 긴밀한 관계를 유지하고 있었다. 실제로 도미니미쿠스 수도원이 있는 곳에 제노바 상관商館이 같이 있는 경우가 많았다. 1339년 중앙아시아를 관통하는 비단길에 위치한 알말리크에서 도미니쿠스 수도사들이 순교를 했을 때 제노바 상인도 함께 죽임을 당했다.

1278년 교황 니콜라스 3세Nicholas III가 크림 반도에 위치한 제노바의 식민지 가자리아Gazaria에 설립한 프란체스코 교단은, 제노바 상인의 지원에 힘입어 카스피 해 북쪽 볼가 강변에 위치한 킵차크한국의 수도였던 사라이Sarai까지 조직을 확장시킬 수 있었다.[10] 여기서 잊지 말아야 할 것은, 수도사들 역시 종교적 임무뿐 아니라 교역에도 동참했으며 때로는 지나치게 장사에 열중하는 수도사들도 있었다는 점이다.[11]

1

아시아와 유럽을 연결하는 교역로

베이징에 간 베네치아 상인들

몽골은 중국으로부터 중앙아시아를 거쳐 동부 유럽에 이르는 광대한 영토를 통합함으로써 처음으로 유럽과 중국이 직접 접촉할 수 있는 계기를 마련했다. 이는 무엇보다도 몽골이 상대적으로 안전한 통행과 그에 필요한 기반 시설을 제공한 덕분이다.[12] 이러한 사정은 몽골제국이 칭기즈 칸(재위 1206~1227)의 아들 대에 킵차크한국·일한국Il汗國·차가타이한국Chaghatai汗國·오고타이Ogotai汗國 등 네 명의 칸Khan(한汗)이 다스리는 나라('사한국')로 나뉜 뒤에도 달라지지 않았다.

칭기즈 칸의 뒤를 이어 제2대 대칸大Khan이 된 우구데이(오고타이. 재위 1229~1241)는 지역 간 교류를 활성화시키고자 몽골의 오르콘 강가에 있던 제국의 수도 카라코룸에서 제국 전역을 연결하는 광대한 역참로를 건설했다. 칭기즈 칸의 손자로서 제5대 대칸이자 1271년 원나라의 초대 황제가 된 원세조元世祖 쿠빌라이(재위 1260~1294)는 대도(베이징)-상도上都(지금의 내몽골(네이멍구)자치구)-카라코룸을 연결하

페골로티의 《상업 안내서》 표지

는 역로를 개통했을 뿐만 아니라, 중앙아시아를 관통하여 킵차크 초원에 이르는 기존의 노선에도 역참을 추가로 설치했다.[13]

이 역참로를 이용한 최초의 유럽인은, 교황의 특사로서 킵차크한국을 방문한 프란체스코회 수도사 조반니 카르피니다. 1245년 겨울에 교황 인노켄티우스 4세의 친서를 휴대하고 프랑스 리옹을 출발한 카르피니는, 중동부 유럽을 거쳐 드네프르 강변에 주둔하고 있던 바투 휘하의 몽골 군영에 다다랐다. 교황의 친서를 본 바투는 카르피니 일행을 우구데이의 뒤를 이어 대칸이 된 구유크에게 보내기로 결정했다. 이에 따라 카르피니 일행은 1246년 4월 8일 카라코룸으로 떠났다. 카르피니 일행은 우구데이가 건설한 역참을 이용한 덕분에 100일 남짓 만에 목적지에 도달할 수 있었다.

또 다른 수도사이자 교황의 특사인 기욤 드 뤼브룩도 이 역참을 이용했다. 1253년 당시 동지중해 라틴 왕국의 영토이던 아크레를 출발한 뤼브룩은, 콘스탄티노플과 흑해 북쪽의 솔다이아를 경유하여 아랄 해 북부의 초원을 지나 카라코룸에 도착했다.[14] 그들의 여행길은 흑해 북쪽에서 카스피 해와 아랄 해 북쪽 노선을 경유해 중앙아시아를 관통하는 노선(천산북로天山北路)이었다. 천산, 즉 타클라마칸 사막을 북쪽으로 우회하는 이 노선은 몽골 평화시대에 대도로 가는 유럽인이 이용한 노선들 중 가장 북쪽에 위치해 있었다.

1260년 콘스탄티노플을 출발한 베네치아 상인 니콜로Nicolo와 마페오 폴로Maffeo Polo 형제도 비슷한 노선을 따라서 대도까지 갔다. 니콜로는 마르코 폴로의 아버지, 마페오는 숙부이다. 차이가 있었다면 폴로 형제는 카스피 해와 아랄 해 사이를 남하하여 부하라와 사마르칸트를 경유해 동쪽으로 갔다는 점이다. 1271년 마르코 폴로의 여행 경로는 10여 년 전 아버지와 숙부가 주파했던 노선과 약간 차이가 있다. 마르코 폴로 일행은 동부 지중해 연안에 위치한 소아르메니아 왕국의 항구도시 라이아조를 출발해 지금의 터키 동부를 지나 이란을 경유하여 페르시아 만 입구에 위치한 호르무즈에 도착했다. 그곳에서 배를 이용해 인도양을 건널 생각이었지만, 선박이 견고하지 못하고 풍랑이 자주 있다는 말을 듣고 동북방으로 방향을 돌려 육로로 대도까지 갔다. 이 육로는 아버지와 숙부가 이용한 노선보다는 약간 남쪽에 있었다.[15]

마르코 폴로 일행은 해로를 이용하지 않았지만, 이후 14세기 초반까지 대도로 가는 유럽인들은 육로보다는 해로를 선호했다. 해로가 육로보다 편리해서가 아니라, 1264년 쿠빌라이가 칸의 자리를 넘본 동생 아리크부카를 굴복시킨 이후 몽골 내부에서 발생한 정치적·군사적 갈등 때문이었다. 특히 오고타이한국의 칸이었던 카이두와 쿠빌라이의 오랜 갈등과 전쟁으로, 비록 완전히 폐쇄된 것은 아니었지만 중앙아시아를 경유하는 육로는 유럽인들의 입장에서 가급적이면 피하고 싶은 길이 되어 버렸다.[16] 1289년 쿠빌라이가 반란을 진압하러 떠난 사이 카이두가 카라코룸을 점령하자, 쿠빌라이 칸이 군대를 이끌고 다시 직접 출군했다. 이런 상황 때문에 마르코 폴로는 1289년 육로 대신에 해로를 이용할 수밖에 없었다.[17]

1289년 베네치아를 출발해 대도까지 갔던 프란체스코회 수도사 몬테 코르비노도 해로를 이용했다. 그는 대도에 도착해서 쓴 첫 보고 서신에서 육로와 해로의 장단점을 상세하게 비교했다.[18]

"노선에 관해서는 북방 타타르인들의 황제(칸)에 속하는 코타이 땅을 관통하는 노선이 좀 더 짧고 좀 더 안전하다고 말할 수 있습니다. 왜냐하면 사신들과 동행하면 5~6개월이면 도착할 수 있기 때문입니다. 반면 다른 노선은 두 번의 바다 여행을 포함하기 때문에 가장 길고 가장 위험합니다. 두 번의 바다 여행 중 첫 번째는 아크레로부터 프로방스 지방에 이르는 거리 정도인 반면, 두 번째는 아크레에서 잉글랜드까지의 거리입니다. 그 길로 여행하면 2년 안에 여행을 마치기도 쉽지 않을 것입니다. 그러나 (코타이 땅을 관통하는) 첫 번째 길은 계속된 전쟁 때문에 오랫동안 안전하지 못했습니다. 그 때문에 로마 교황청과 우리 교단으로부터 유럽 상황에 관한 소식을 받지 못한 지 12년이나 되었습니다."

몬테 코르비노의 지적대로 북쪽 노선은 안전만 보장되면 가장 확실한 단거리 노선이었다. 몬테 코르비노가 편지를 쓴 1305년 1월 무렵에는 중앙아시아를 관통하는 이 노선이 이미 정상화되었다. 1304년 일한국의 제8대 칸 올제이투(재위 1304~1316)가 프랑스 왕 필리프 4세Philippe IV(재위 1285~1314)에게 보낸 친서에서 "이제 하늘의 애정을 받아 테무르 칸, 톡타, 차파르, 두아를 위시한 우리 칭기스 칸 일족은 45년 전부터 지금까지 서로 비방해 오던 것을 멈추고 이제 하늘의 가호를 받아 모든 형제들이 화목하게 되었다. 태양이 뜨는 중국 땅에서부터 탈루Talu 바다에 이르기까지 나라를 통합하고 역참을 연결했다"고 당시 상황을 증언했다.[19]

이후 북방 노선은 유럽 상인들이 가장 선호하는 교역로로 부상했다. 1330~40년대 동지중해에서 활동한 피렌체 거상 가문 바르디 상사의 주재원이던 페골로티는 상업 지침서에서 "타나에서 키타이(원래 중국 북방을 다스린 거란족을 뜻하는 '키탄'에서 유래했지만, 이후 중국 전체를 포괄하는 용어가 됨)로 가는 길은, 그 길을 이용해 본 상인들의 이야기에 따르면, 밤이건 낮이건 상관없이 최고로 안전하다"며 북방 육로의 장점을 언급하며, 타나에서 키타이로 가는 자세한 여정을 알려준다.[20]

타나→아스트라한(소를 이용하면 25일, 마차로는 12일)→사라이(강을 건너면 하루)→사라칸코(수로로 8일)→우르겐치(낙타를 이용하면 20일)→오트라르(낙타를 이용하면 35~40일)→알말리크(나귀를 이용하면 45일)→감주Camexu(=Kan Chau. 나귀를 이용하면 70일)→카사이Cassai(정확한 지명 알 수 없음. 각주 참조)[†](말을 타고 45일)→대도(30일)

잠시 열렸다 닫힌 천산북로

그렇다고 유럽인들이 해로를 이용해 대도(베이징)로 가는 길을 아예 포기한 것은 아니었다. 1307년 교황 클레멘스 5세가 대도로 파견한 여섯 명의 선교사들은 해로를 이용했다.[21] 1320년대 이탈리아 출신의 프란체스코회 수도사였던 오도릭 또한 호르무즈 해협에서 선박을 이용해 인도양을 경유해 대도에 도착했다. 하지만 그는 유럽으

[†] 포서터Forster는 카사이Cassai를 황하 유역의 키센Kissen으로 보는 반면, 율Yule은 항주 (Quinsai)로 간주한다. 당시의 여행길을 감안할 때 율의 추정은 받아들이기 어렵고, 황하 유역에 있는 지명으로 보는 것이 설득력이 있다. H. Yule, *Cathay and the way thither* (London, 1913~16), vol. 3, p. 148.

로 귀환할 때에는 중앙아시아를 통과하는 북방 노선을 이용했다.[22] 몽골 평화시대 대도의 주교로 파견된 마지막 선교사였던 마리뇰리도 페골로티의 상업 안내서에 나오는 길과 거의 유사한 루트를 통해 대도로 갔다.[23]

그러나 14세기 중반으로 접어들면서 아시아로 안전하게 가는 것이 점차 어려워졌다. 몽골제국의 통일성에 균열이 가기 시작했기 때문이다. 대도의 주교였던 마리뇰리는 몽골 내부의 정치적 불안정을 감지하고 유럽으로 돌아가기로 결심했다.[24] 일한국과 킵차크한국의 상황도 마찬가지였다. 1343년 킵차크한국의 타나에서 베네치아 상인이 몽골인을 살해한 사건으로, 성난 몽골인들이 미처 피하지 못한 그곳의 유럽인들을 모두 살해하고 그들의 집까지 약탈했다. 이후 킵차크한국은 유럽인들을 적대적으로 대했고, 제노바 상관이 설치되어 있던 제노바 식민지 카파(크림반도의 페오도시야)를 포위했다.

엎친 데 덮친 격으로, 1348년 흑해에서 퍼져 나간 흑사병은 흑해를 통한 아시아와의 교역을 사실상 불가능하게 만들었다.[25] 당시 일한국의 수도이던 타브리즈(지금의 이란 서북부 도시)의 상황도 유사했다. 일한국의 제9대 칸인 아부 사이드(재위 1316~1335) 사망 후 정권을 장악한 세력이 유럽 상인들을 강탈하기 시작했고, 학살을 용인하기까지 했다. 제노바 정부는 제노바 상인들이 타브리즈로 가는 것을 금지했다.[26]

물론 14세기 중엽 이후에도 베네치아와 제노바는 킵차크한국과 우호적인 관계를 유지하려고 노력했다. 1360년 베네치아는 자코포 코르나로Jacopo Cornaro를 내란 중이던 킵차크한국의 수도 사라이로 파견했다. 그의 핵심 임무는 베네치아 상인이 현지에서 입은 손해배

〈지도 10〉 14세기 중엽 유럽과 아시아를 연결한 교역로

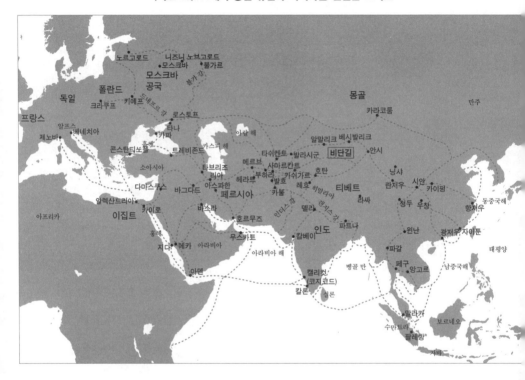

상 문제와 관세 인하 등 타나에서 활동하는 베네치아인들의 권리를 확보하는 것이었다.[27] 이외에도 1368년 몽골제국의 와해 이후에도 아주 간헐적이지만 유럽 상인들이 아시아로 장사를 떠난 사례들이 있다. 14세기 후반에도 베네치아 상인들은 중앙아시아의 우르겐치 (1362), 아스트라한(1389), 술탄니아(1389) 등지에서 활동하고 있었다.[28]

하지만 유럽에 더 가까운 지역을 제외하면 대몽골제국이 안전한 통행을 보장했던 극동 교역로는 몽골제국의 와해로 사실상 닫혀 버렸고, 그로 인해 흑해로 수입되던 아시아 물품의 양은 현격하게 줄었다. 14세기 말 제노바 상인들이 흑해에서 구입한 후추 등 향신료는 시리아와 이집트에서 구입한 향신료의 5퍼센트 정도에 지나지 않았다.[29]

2
일한국과 킵차크한국, 새로운 시장

유럽 상인들이 몽골제국에 드나들기 시작한 것은 13세기 후반부터였다. 당시 제국은 중원의 대원제국을 주축으로 중앙아시아에 건립된 차가타이한국, 러시아 일대를 장악한 킵차크한국, 서남아시아를 지배한 일한국, 그리고 중앙아시아 북부 지역을 차지한 우구데이한국으로 나뉘어 있었다. 이슬람과 유럽을 공포에 몰아넣은 60여 년간의 몽골제국 정복의 역사가 이렇게 마무리된 것이다.

물론 그 이후에도 한국들 간의 갈등과 불화가 없었던 것은 아니지만, 대부분 국지전으로 그쳤다. 따라서 1260년부터는 평화가 시작되고 동서 간의 교역이 다시 이어졌으며, 이를 기화로 유럽인들이 동쪽으로 발을 떼기 시작했다. 그들의 진출이 처음부터 동쪽 끝 몽골제국 깊숙한 곳으로까지 이어졌을 리는 없다. 그들의 첫 진출지는 당연히 유럽에서 가장 가까운 일한국과 킵차크한국이었다.

13세기 중반 시작된 일한국과 제노바의 긴 밀월

교황의 특사였던 카르피니가 몽골의 첫 수도인 카라코룸으로 출발한 시기는 몽골의 서방 진출 직후인 1245년이지만, 유럽 상인들이 본격적인 장사를 목적으로 카라코룸이나 대도까지 간 것은 그보다 훨씬 나중의 일이다. 1271년에서 1295년까지 지속된 마르코 폴로의 여행은 유럽이 본격적으로 동방으로 진출하기 전의 일인 것이다.

실제로 《동방견문록》에서 마르코 폴로는 현지의 생산물과 교역품, 상업적 가치가 있는 상품 등을 상세히 설명하지만, 몽골이나 인도에서 활동하는 유럽 상인들에 대해선 언급하지 않는다. 또한 그의 기나긴 여행 과정을 살펴봤을 때 그는 상인이라기보다는 외교사절에 가까웠다. 유럽 상인들이 극동 시장으로 진출하기 시작한 것은, 마르코 폴로가 유럽으로 귀환하는 13세기 후반에 이르러서였던 것 같다. 그리고 이를 증명하는 대부분의 기록은 14세기 초 이후에 작성되었다.[30]

반면, 유럽과 좀 더 가까운 위치에 있던 일한국과 킵차크한국과는 더 일찍부터 교역을 시작했다. 공증인 문서를 포함한 다양한 종류의 기록들은 1260년대부터 유럽 상인들이 일한국의 수도 타브리즈에서 활발한 상업 활동을 하고 있었음을 보여 준다. 일한국을 건설한 초대 칸 훌라구(재위 1256~1265)는 맘루크제국을 공략하는 데 유럽의 군사적 협조나 연합 공격을 희망했기 때문에 유럽 기독교 상인에 대해 우호적인 정책을 실행했다. 유럽과 우호적인 관계를 유지하려는 정책은 훌라구 이후의 일한국 칸들 대에도 지속된다. 그들은 종종 유럽으로 사절단을 파견해 군사적 동맹 가능성을 타진했다.[31] 이러

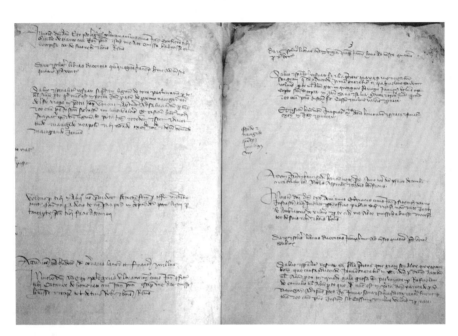

제노바 공증인 문서

한 정책 덕분에 유럽 상인들은 타브리즈에서 왕성하게 활동할 수 있었다.

타브리즈에서 활동한 유럽 상인에 관한 최초의 기록은, 1264년 5월 2일 타브리즈에서 작성된 베네치아 상인 피에트로 빌리오니Pietro Vilioni의 사망 문서이다. 이 문서에는 타브리즈에서 상사를 운영했던 피에트로 이외에 여덟 명의 유럽 상인이 증인으로 나온다. 그런데 증인 중에 베네치아 상인은 한 명도 없고 대부분이 제노바 상인이다.

1269년 일한국의 사절단이 제노바를 방문한 것으로 보아 제노바와 일한국의 관계는 이전부터 시작되었던 것으로 추정된다. 1287년 일한국의 제4대 칸 아르군(재위 1284~1291)이 서방에 보낸 사절단에는 통역자인 우제토Ugeto와 은행가인 토마스Thomas 등 두 명의 이탈리아 상인이 포함되어 있었다. 1288년 4월 13일자 교황의 서신에는 제노바 출신의 조반니 바를라리아Giovanni Barlaria와 세 명의 베네치아인들 피에트로 다 몰린Pietro da Molin · 제라르도 데 카투르코Gerardo de Ca'Turco · 조르조 주포Giorgio Zuffo 등 아르군의 통역을 담당한 아홉 명의 기독교인들이 언급되어 있다. 아마도 타브리즈에서 활동하던 기독교 상인들인 듯하다.[32]

일한국 궁정에서 신망을 얻은 유럽 상인은 제노바 상인들이었다. 그중에서 가장 두드러진 역할을 한 인물은 제노바 상인 부스카렐로 기솔피Buscarello Ghisolfi였다. 그가 아르군 칸의 명으로 첫 외교 임무를 맡은 것은 1289년이었다. 그전까지 아르군 칸의 서방 사절은 몽골 출신 대표와 유럽 출신 통역으로 구성되었다. 그런데 이때 부스카렐로가 사절단의 대표를 맡았다. 그는 1289년 교황을 알현한 후 파리로 가 필리프 4세에게 아르군 칸의 친서를 전달했다. 친서의 골자는 맘루크를 연합 공격하자는 것이었다. 친서를 전달한 후 부스카렐로는 외교사절이 아니라 상인으로서의 일정을 이어 갔다. 그리고 2년 후인 1291년 제노바로 돌아온 부스카렐로는 여덟 명의 투자자들로부터 919리라의 자금을 확보했다. 계약서에 명시된 사업 목적지는 비잔티움제국이었지만, 실제 목적지는 일한국이었다.

1291년 아르군 사후 칸으로 즉위한 게이하투(재위 1291~1295) 시절, 부스칼레로는 외교 임무보다는 본연의 업무인 상업 활동에 치중했다. 하지만 아르군 칸의 아들 가잔(재위 1295~1304)이 칸이 되자, 부스칼레로는 다시 한 번 외교 임무를 맡았다. 제노바 공증인 문서를 조사한 연구에 따르면, 이 밖에도 14세기 전반 세기에 제노바 상인들은 타브리즈와의 교역에 상당한 자금을 투자했던 것으로 보인다.[33]

아르군 칸은 제노바 상인들뿐 아니라 제노바 선원과 장인들도 두루 활용했다. 1290년 제노바 출신 선원 비발도 라바조Vivaldo Lavaggio는 아르군 칸을 위해 흑해에서 해적 소탕 작전에 참여했으며,[34] 같은 해 아르군 칸에게 고용된 900명의 제노바 출신 선원들은 바그다드에서 두 척의 갤리선을 건조했다. 아르군 칸은 제노바를 이용해 인도양에서 맘루크 상권을 견제하려고 했지만, 제노바인들이 교황파와 황제파 사이로 양분되어 서로 죽이는 사건이 발생하면서 칸의 계획은 실현되지 못했다.[35] 한편 같은 해 제노바 상인 피에트로 데 브라이노Pietro de Braino가 칸의 호의를 얻기 위해 매 조련사를 궁정에 데리고 갔다는 기록이 있다.[36]

마르코 폴로가 타브리즈를 경유하는 1291년 무렵에 베네치아 상인들도 일한국의 타브리즈에 확고히 자리를 잡고 있었다.[†] 1304년 형인 가잔의 뒤를 이어 칸이 된 올제이투는 베네치아 도제에게 보낸 서신에서 "이전부터 귀국의 상인들이 나의 제국에서 장사를 했고, 때론 다른 상인이 남겨 놓은 채무를 갚아야 하는 곤란함을 겪고 있었지만 이를 알리지 않았습니다. 앞으로 귀국의 상인들은 자유롭게 그리고 안전하게 오가면서 장사할 수 있습니다."라면서 베네치아 상인의 상업 활동을 적극적으로 유치했다.[37]

1320년 베네치아 정부는 올제이투를 계승한 아부 사이드 칸과도 공식적인 상업 협정을 체결하여 여러 가지 상업적 특혜를 확보했다. 협정에 따라 베네치아는 타브리즈에 베네치아 대표를 파견할 수 있게 되었는데, 이 대표는 네 명의 자문위원과 함께 현지 베네치아 상인의 활동을 관리 감독할 수 있었다. 협정 조약에 따르면, 베네치아 상인들은 타브리즈뿐 아니라 일한국의 다른 곳에서도 장사를 할 수 있었으며, 제국 내의 모든 곳에서 현지 관리나 세관원의 도움과 보호를 받을 수 있었다.[38]

제노바와 베네치아 상인 이외에 피사와 피렌체 상인들도 타브리즈에서 활동하고 있었다. 피사 상인 이올로Iolo와 조반니 데 보나스트로Giovanni de Bonastro는 아르군 궁정에서 꽤 영향력 있는 상인이었다. 아부 사이드 칸의 집권기에도 타브리즈에서 이탈리아 상인들의 자유로운 상업 활동이 보장되었다. 1333년 타브리즈의 주교는 교리 논쟁에 대한 증인으로 타브리즈에서 활동하는 이탈리아 상인 열한 명(제노바 상인 다섯 명, 베네치아 상인 두 명, 피사 상인 한 명, 피아첸차 상인 한

---

† 마르코 폴로는 "이 도시가 얼마나 좋은 곳에 위치해 있는지, 인도와 바우닥, 모술과 쿠르모스, 그리고 다른 여러 곳에서 상품들이 들어오고, 수많은 라틴 상인들도 낯선 지역에서 들어오는 물건을 사기 위해 그곳으로 모여든다."고 했다. 김호동 옮김, 《마르코 폴로의 동방견문록》, 사계절, 2000, 114~115쪽.

명, 아스티 상인 한 명, 출신을 모르는 이탈리아 상인 한 명)을 불렀다.[39]

그러나 1336년 아부 사이드 칸이 사망하면서 일한국과 이탈리아 상인의 짧은 밀월 관계는 끝났다. 일한국은 여러 개의 소국으로 분열되었고, 특히 타브리즈가 잘라이르 조朝의 초대 술탄인 잘라이르 세이프 하산(재위 1337~1343)의 손에 떨어지면서 상황이 급변했다. 유럽 상인에 대한 우호적인 정책은 사라졌고, 이탈리아 상인들은 타브리즈 시장을 떠나기 시작했다. 잘라이르 조의 후대 술탄들은 제노바 상인들의 타브리즈 시장 출입을 금하는 법령을 제정하기도 했다.[40]

하지만 제노바 정부는 1341년 타브리즈에 상업 사무소Officium mercantie를 설치하는 등 마지막까지 타브리즈 시장에 대한 희망을 버리지 않았다.[41] 1344년 잘라이르 조와 전쟁 중이던 추판 왕조(1335~1357)의 마지막 칸 마렉 아시라프(재위 1343~1357)가 제노바에 사절을 보내 평화를 제안하며 제노바 상인들이 입은 피해를 보상하겠다고 약속하기도 했지만, 약속은 지켜지지 않았다. 이후 제노바 상인이 입은 손실이 20만 리라에 달했다.[42]

킵차크한국에 대한 베네치아의 끈질긴 구애

흑해 북쪽, 중앙아시아 북부와 동유럽에 자리한 킵차크한국과 유럽의 교역 역시 1260년대 무렵부터 시작된 것으로 보인다. 물론 몽골의 서방 진출 이전부터 이탈리아 상업도시들은 흑해에 진출해 있었다. 베네치아는 1204년 제4차 십자군의 승리로 흑해 통행권을 확보했고, 제노바는 1261년 콘스탄티노플 수복에 힘을 보탠 대가로 비잔티움제국으로부터 흑해 진출을 허용받았다. 그렇지만 흑해에서 이탈리아 상인들의 상업 활동이 본격화된 것은 1260년대 이후부터다. 물론 몽골의 흑해 진출 덕분이다.

먼저 몽골의 정치적 통합정책이 흑해를 통한 무역의 활성화에 크게 도움을 주었다. 몽골은 소아시아 반도를 지배하던 셀주크제국의 술탄과 흑해 연안에 자리한 비잔티움제국의 후계 국가 트레비존드의 황제로 하여금 공납을 바치게 하고, 유럽과 아시아의 경계를 이루는 흑해와 카스피 해 사이의 캅카스('코카서스') 지방까지 정복하여 흑해에 면한 대부분의 지역을 정치적으로 복속시켰다.[43] 1261년 수도 콘스탄티노플을 다시 찾았지만 베네치아와 제노바 세력을 완전히 제압할 수 없었던 비잔티움제국도 몽골과 좋은 관계를 유지하길 희망했다. 이와 같은 일련의 상황이 모이면서 흑해 지역은 참으로 오랜만에 평화를 되찾을 수 있었다.

이탈리아 상인들에게 킵차크한국은 동방 상품의 중계지로서의 역할보다는 풍부한 곡물과 생선, 가죽, 꿀, 밀랍 등 농산물의 공급처로서 더 중요했던 듯하다. 일찌감치 이곳에 자리를 잡은 제노바는 목재와 모피, 곡물을 수입하며 큰 수익을 올리고 있었다. 베네치아 역시 1268년 기근이 발생하자 킵차크한국 영토에 가서 곡물을 구해오기로 의결했다. 그러자 지중해의 두 강자가 이곳에서 또다시 맞붙었고, 흑해 지역의 강자인 킵차크한국과 일한국의 갈등이 이들의 경쟁을 더욱 복잡하게 만들었다.

실제로 베네치아가 킵차크한국과 우호적인 관계를 수립하려 하자, 제노바는 교황에게 베네치아 상인들이 킵차크한국의 국제 상업도시인 타나로 가지 못하게 해 달라고 요구하는 등(quod non iretur ad Tanam)

강력히 반발했다.[44] 게다가 1289~1290년 킵차크한국과 일한국이 대립하고 제노바는 일한국을, 베네치아는 킵차크한국을 지지하면서 킵차크한국과 제노바의 관계가 악화되었다. 이를 기회로 베네치아는 1291년 킵차크한국에 대사를 파견하여 킵차크한국과의 우호 관계를 증진시키려고 노력했다. 여기에 1298년 킵차크한국의 영토인 크림 반도에 있던 제노바 상관들이 약탈당하는 일까지 벌어졌다.

그러나 크게 볼 때 킵차크한국은 이탈리아 상인들이 흑해로 찾아오기를 원했다. 이들의 상업 활동이 국가재정에 크게 도움이 되었기 때문이다. 그럼에도 불구하고 이탈리아 상인들에 대해 늘 호의적이었던 것은 아니다. 상호 간에는 쉽게 사그라들지 않는 긴장과 불신이 존재했다. 14세기 초 킵차크한국과의 관계가 정상화되면서 1304년 타나의 제노바 상관이 활동을 재개했다. 그런데 제노바 상인들이 몽골 어린이들을 노예로 거래한 사실이 적발되었고, 이에 분개한 토크타 칸(재위 1291~1313)이 1307년 사라이에서 활동하는 제노바 상인들을 감금하고 그 재산을 몰수했다. 같은 해 토크타는 10만 군사를 이끌고 제노바 식민지였던 카파의 제노바 상관을 포위 공격했다. 이때 300명의 제노바인과 300명의 그리스인들이 8개월간의 저항 끝에 도시에 불을 지른 후 선박을 이용해 도주했다.[45]

우즈베크(재위 1313~1341)가 칸으로 즉위하면서 상황은 호전되었다. 그는 상업에 호의적인 정책을 폈고, 그 덕분에 이탈리아 상인들은 다시 킵차크한국과 교류를 재개할 수 있었다.[46] 칸은 1313년 제노바 상인들이 카파에 다시 상관을 설립하는 것을 허락했으며, 같은 해 제노바 정부는 이 지역에서의 교역을 활성화시키기 위해 8인의 원로로 구성된 위원회를 설립했다. 제노바 상인들은 1315년 타나

로 다시 돌아왔으며, 1320년에는 킵차크한국의 수도 사라이에서 교역을 재개했다.[47]

이 시기에 크림 반도의 타나는 국제 교역 루트가 교차하는 중요한 상업 거점으로 부상했다.[48] 14세기 초반에 작성된 두 상업 안내서[49]에 따르면, 몽골의 대도로 가는 유럽 상인들이 가장 선호하는 출발지가 바로 타나였다. 타나는 베네치아 상인들에게도 매우 중요한 시장이었다. 베네치아 원로원 문서에 따르면, 14세기 초 설립된 흑해행 베네치아 갤리 상선단의 핵심 기항지가 타나였다.[†]

1324년 10월 10일, 콘스탄티노플에서 두 명의 베네치아 상인 마리노 마린Marino Marin과 레오나르도 콘타리니Leondardo Contarini가 공증인을 통해 체결한 상업 계약서는 당시 베네치아 상인들의 사업 형태를 잘 보여 준다. 계약서에 따르면, 마리노는 레오나르도로부터 199 히페르피론어치의 주석(약 940킬로그램)을 받았다. 마리노는 이것을 우즈베크 제국, 즉 킵차크한국(portare debeo in contratis imperii de Uusbeco)으로 가져가 판매하기로 약속했다. 사업에서 생기는 수익의 4분의 3은 투자자인 레오나르도에게, 나머지 4분의 1은 마리노에게 돌아가는 것으로 되어 있었다.[50] 계약서는 주석의 판매 장소를 명확하게 언급하지 않았지만, 당시 킵차크한국의 수도 사라이가 금속 가공업으로 유명했던 점을 고려할 때 사라이가 아니었을까 추정된다.

베네치아는 1326년 타나에 베네치아 상인을 대표하는 콘술을 임

[†] 베네치아 갤리 상선단이 흑해에서 가장 오래 정박한 기항지 중 한 곳이 타나였다. 타나에서는 10~14일 정도 정박했다. D. Stöckly, *Le système de l'Incanto des galées du marché à Venise(fin XIIIe ~ milieu XVe siècle)* (Leiden · New York · Köln, 1995), pp. 101-119.

명했고, 1333년에는 우즈베크 칸에게서 타나에 상관을 설치할 수 있는 허가권을 얻었다. 협정문에는 상관 설립 허가뿐만 아니라 상관 부지 양도, 우호적인 관세, 상인에 대한 보호, 법적 문제에 대한 처리 규정까지 담겨 있다. 법적인 문제는 베네치아 상인 대표인 콘술과 현지의 몽골 관리가 함께 처리하도록 규정되어 있다.[51]

전체적으로 킵차크한국과 이탈리아 도시들 사이의 상업 관계는 교역과 추방을 넘나들며 부침이 심했다. 1342년 자니베크가 킵차크한국의 제10대 칸으로 즉위하면서 킵차크한국에서 활동하던 베네치아와 제노바 상인들은 다시 큰 타격을 입었다. 특히 돈 강 하구에 있는 제노바 식민지 카파가 공격의 대상이 되었다. 13세기 후반부터 제노바인들이 일한국과 우호적인 관계를 유지하고 있었던 것이 빌미가 되었다. 그런 상황에 1343년 타나에서 이탈리아 상인과 이슬람 상인 사이의 싸움이 발생하자, 자니베크 칸은 타나에서 제노바 상인뿐 아니라 베네치아 상인들도 쫓아냈고, 제노바 식민지 카파를 포위 공격했다. 1343년 이후에는 베네치아 정기 선단이 이곳으로 운행하지 못할 정도로 크림 반도의 상황은 불안정했다. 설상가상으로 1348년 크림 반도에서 발생한 흑사병이 흑해 연안의 상업도시뿐만 아니라 제노바 선박을 통해 서지중해로 퍼져 나가 서유럽 전체를 강타했다.[52]

〈지도 11〉 몽골 시대 아시아를 여행한 유럽인들의 여행로

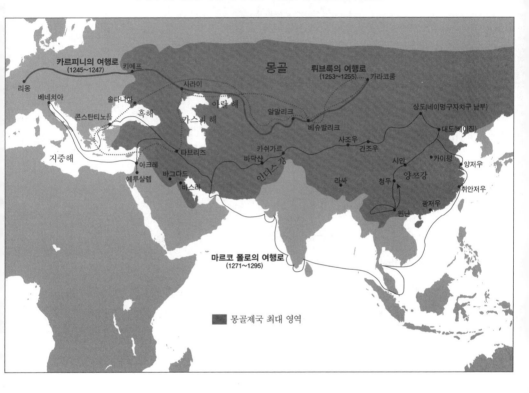

3
인도, 그 너머

각종 여행기에 남은 인도의 유럽 상인들

1291년 라틴 왕국 최후의 거점이던 아크레의 몰락은 결과적으로 아시아와의 상업 교류를 더욱 확대시켰다. 아크레 몰락 후 교황청이 맘루크제국에 대한 보복 차원에서 맘루크와의 교역을 금지하는 일련의 법령들을 반포하면서 유럽 상인들은 새로운 대안을 찾아야 했기 때문이다.[53] 그리고 몽골제국과의 교역 확대는 그 대안이었다. 그 결과, 킵차크한국과 일한국 너머에 있는 세계와의 교역도 본격화되었다.

1310년대 이후부터는 이탈리아 상인들의 공증인 문서에서 아시아를 구체적인 사업 목적지로 언급하는 것이 일반화되었다. 이는 아시아로의 사업여행이 일반화되었음을 의미한다.[54] 하지만 그 너머 지역에서 활동한 유럽 상인들에 관한 기록은 적을 뿐만 아니라 매우 단편적이다. 그들에 관한 기록은 주로 중국과 인도를 다녀온 선교사나 성직자들이 남긴 여행기, 보고서, 서한 등인데, 이러한 기록에서 상인과 교역은 주변부 이야기로 다뤄질 뿐이다. 그래도 이 단편적인 기록이나마 모아서 구체적인 그림을 그려 보는 수밖에 없다.

첫 번째 기록자는 나중에 몽골 대도의 대주교가 되는 프란체스코회 수도사 몬테 코르비노이다. 그의 기록에 등장하는 상인은, 제노바 거상巨商 피에트로 디 루카롱고Pietro di Lucalongo†이다. 1296년 피에트로는 수도사와 함께 타브리즈를 출발하여 인도에서 약 13개월을 보낸 후 최종적으로 대도에 도착했다. 나중에 그는 대도에서 땅을 구입해 몬테 코르비노에게 희사했고, 수도사는 이 땅에 200명을 수용할 수 있는 교회를 세웠다. 이러한 사실로 보아 짧은 시간 동안 피에트로는 꽤 많은 재산을 모았던 것으로 짐작된다.

몬테 코르비노가 쓴 1305년 1월 8일자 편지에는 또 한 명의 유럽인이 등장한다. 편지에 따르면, 1303년 대도에 도착한 이 롬바르디아(이탈리아 북부) 출신 의사는 로마 교황청과 프란체스코 교단에 대해 믿을 수 없을 정도의 불경스런 이야기들을 쏟아 냈다.†† 몬테 코르비노의 편지를 대도에서 유럽으로 가져 간 사람은 베네치아 상인이었다.[55]

두 번째 기록자는 인도 남부까지 간 요르단 세브락이다. 그의 기록은 인도에서 활동하고 있던 유럽 상인들에 관한 이야기를 들려준

----

† 여러 상인들이 피에트로가 제노바 출신이라고 주장했지만, 페테크Petech는 베네치아에도 비슷한 성이 존재했다고 말한다. L. Petech, "Les marchands italiens dans l'empire mongol", *Journal Asiatique*, 250(1929), p. 553.

†† 상인에 관한 이야기는 코르비노가 1306년 2월 베이징에서 쓴 편지에 나오며, 롬바르디아 출신 의사에 관한 이야기는 1305년 1월 8일자 편지에 등장한다. A. Van den Wyngaert, *Sinica Franciscana* (Quaracchi, 1929), vol. 1, pp. 345-355 ; C. Dawson, *Mission to Asia* (Toronto, 1987), pp. 226-229 ; H. Yule, *Cathay and the way thither* (London, 1913~16), vol. 3, pp. 55-56.

다. 도미니쿠스 수도회 소속 수사였던 세브락은 네 명의 프란체스코 수도사와 한 명의 제노바 상인과 동행했다.[56] 세브락이 1321년 10월 12일 인도 북부 고가Ghoga에서 쓴 편지에 따르면, 그곳에서도 라틴 상인들이 활동하고 있었고 그곳에서 해로를 이용해 에티오피아까지 갈 수 있었다. 세브락은 다음 목적지인 인도 북중부의 타나Thana 에서 피신 온 많은 라틴 상인들[57]로부터 그곳에서 네 명의 수도사가 순교했다는 소식을 들었다. 세브락의 편지는 타브리즈의 교구장에게 전달되었다. 이 교구장도 자신의 연대기에서 타나에서의 순교 사실을 언급하면서, 순교 당시 많은 라틴 상인들이 타나에서 장사를 하고 있었음을 증언했다.[58]

세브락의 기록에서 주목할 사실은, 유럽 선박의 인도양 진출 가능성에 대한 언급이다. 세브락은 1323년 1월 타나에서 쓴 편지에서 "우리의 교황께서 이 바다(인도양)에 갤리선 두 척을 띄운다면 그것은 이로운 일이며, 알렉산드리아의 술탄에게는 손해와 타격이 될 것입니다!"라고 말했다.[59]

1317년 인도양을 실제로 항해했던 프랑스 출신의 고위 성직자였던 기욤 아담Guillaume Adam은 저서 《사라센을 절멸시키는 방법에 관하여De modo Sarracenos extirpandi》에서 좀 더 구체적인 안을 제시했다. 즉, 서너 척의 갤리선과 1,200명 정도의 선원이면 적선을 무찌르고 수천의 이슬람 상인 및 그들과 거래하는 인도 상인들을 물리칠 수 있으며, 이러한 일에 가장 적합한 사람이 제노바 사람이라는 것이다. 또, 인도양의 소코트라 섬에 있는 기독교 해적들에게서 40~50척의 선박을 징집하면 타나와 인도 남부의 콜람Kollam 등 인도양의 여러 거점 지역들을 통제할 수 있다고 했다.[60]

아담의 책에 따르면, 실제로 당시 제노바 상인들은 인도양에서 그들 소유의 선박을 운영했다. 15세기 아랍 문서도 옛날에 "프랑크인들(유럽인들)의 선박이 마다가스카르와 인도 서해안까지 항해했다"고 적고 있다.[61] 세브락 역시 꽤 많은 유럽 상인들이 카가, 타나, 킬론 등 인도 서해안 항구도시들에서 상업 활동을 하고 있었고, 때론 인도양을 통해 에티오피아나 아라비아와도 교역했음을 전한다.

1320년대 몽골제국을 다녀온 또 다른 프란체스코회 수도사 오도릭은, 비록 여행기에 당시 아시아에서 활동한 유럽 상인과 그들의 활약상을 언급하지는 않았지만 그가 경유한 도시가 상업적으로 얼마나 중요한지를 간략하게 언급했다. 인도 남부 지역에서 그의 관심을 끈 산물은 향신료였다. 그는 인도 남서부 해안의 말라바 지역이 후추 생산으로 유명하며, 자바 섬은 값비싼 향신료들이 많이 재배되고 있다고 기술했다.

인도에서 계속 동쪽으로 향했던 그는 드디어 중국 남부에 다다랐다. 그의 눈에 비친 항구도시 광주(광저우), 천주(취안저우), 항주(항저우)는 세계적인 규모의 무역항이었다. 오도릭은 광주는 300파운드어치의 신선한 생강을 단돈 1그로트에 살 수 있을 정도로 향신료 값이 저렴하고, 프란체스코 수도회가 활동하던 천주는 생활에 필요한 모든 산물이 풍부한 도시고, 기독교 상인들이 활동하는 항주는 세계에서 가장 위대한 도시라며 감탄했다.[†]

....

[†] 실제로 오도릭은 베네치아에서 항주를 다녀온 많은 사람들을 만났다. 그러나 이 이야기는 영어 번역문에는 나오지만 라틴어 원문에는 언급되어 있지 않다. H. Yule (tr.), *The travels of Friar Odoric* (Cambridge, 2002), pp. 69, 96-107, 126 ; A. Van den Wyngaert, *Sinica Franciscana* (Quaracchi, 1929), vol. 1, pp. 463-469.

중국 남부 항구도시 천주의 주교 직을 맡았던 유럽 성직자들이 남긴 간단한 보고 편지에는 제노바 상인들의 활동이 적혀 있다.[62] 페루자 출신의 주교 안드레아Andrea는 천주에서 제노바 상인들을 만났고, 제노바 상인들로부터 자신이 매년 대칸에게 받는 하사금의 환산 가격이 이탈리아 돈으로 100피오리노에 해당한다는 이야기를 들었다고 1326년 1월자 편지에 적고 있다.[63]

프란체스코 수도사인 조반니 데이 마리뇰리 역시 많지는 않지만 여행 도중 보고 들은 유럽 상인들에 관한 이야기를 단편적이나마 전해 준다.[64] 흑해 북쪽에 위치한 카파를 떠난 마리뇰리는 킵차크한국의 궁전에 도착해 교황의 친서와 고급 직물, 몸집이 큰 군마 한 마리, 독주毒酒 같은 교황의 선물들을 우즈베크 칸에게 전달했다. 그러고 나서 차가타이한국의 수도 알말리크에 도착했고, 그곳에서 한 해 전에 발생한 순교 소식을 들었다.

마리뇰리의 기록에 따르면, 순교 당시 길로투스Gilottus라는 이름의 유럽 상인이 알말리크에서 활동하고 있었다. 원제국의 수도인 대도에서 3년을 보낸 후 조반니는 귀로에 올랐다. 남쪽으로 내려가는 해로를 이용한 그는 "남쪽의 천주(중세 유럽인들에게는 페르시아어인 '자이툰'으로 알려진 도시)는 매우 훌륭한 항구도시로서 믿을 수 없을 만큼 방대하며, 그곳에는 교회 세 개와 유럽 상인들을 위한 목욕탕과 상관이 있다"고 기술했다.[65]

마리뇰리는 천주를 떠나 인도 남부의 콜람에 도착했고, 그곳에 14개월 동안 머물렀다. 그는 세상의 모든 후추가 이곳에서 생산된다고 감탄하며 후추 생산 과정을 상세하게 묘사했다. 마리뇰리는 퀼론을 떠나 북상하다가 폭풍우를 만나 '페르빌리스Pervilis'라 불리는 오늘날 스리랑카의 베루왈라에 표류했는데, 그곳의 통치자에게 칸과 다른 군주들에게 받은 금은과 비단, 금박 직물, 진주, 장뇌camphor, 사향musk, 몰약myrrh, 방향제 등을 빼앗겼다고 한다.[66] 여기서 당시 유럽의 수도사들 역시 오가는 길에 물건을 거래하여 이문을 남겼음을 알 수 있다.

실크로드 무역의 필수품

선교사의 여행기나 보고 편지는 상인들의 존재를 간략하게 언급하는 정도에 그친다. 반면 사업여행 도중에 상인이 사망하여 그 재산에 관련된 소송이 일어나 작성된 법정 문서나 공증인 문서에는 상인들의 상업 활동이 구체적이고 소상하게 기록되어 있다. 다음의 두 이야기를 살펴보자.

첫 번째는 1310년대 인도로 사업여행을 하던 도중에 사망한 제노바 상인 베네데토 비발디Benedetto Vivaldi에 관한 이야기다. 1315년 그는 인도로 장사를 떠나면서 필리포, 시모네, 지네브라 비발디라는 이름의 투자자 세 명과 코멘다 계약을 맺고 그들에게 303리라 정도의 자금을 투자받았다. 계약서에 언급된 목적지는 비잔티움제국이었지만, 실제 목적지는 인도였다. 인도에는 이미 그의 사업 동료인 페르치발레 스탄코네Percivale Stancone가 체류하고 있었다. 그러나 불행히도 비발디는 인도에서 사망했고, 스탄코네는 제노바에 있는 비발디의 상속인과 채권자들에게 동료의 사망 소식과 비발디의 자본금을 보내겠다고 통보했다. 하지만 투자자들을 비롯한 채권자들은 자금을

스탄코네에게 위탁하기로 결정했다.[†]

여기서 분명한 사실은, 사업의 목적지가 비잔티움제국이 아니라 인도라는 사실을 투자자들도 명확하게 인지하고 있었다는 것이다. 이렇게 볼 때 사업 목적지가 비잔티움제국으로 되어 있는 당시의 많은 공증인 문서들도 실제로는 동방 사업과 관련되어 있을 가능성이 높다. 또한, 이처럼 소규모 투자자들도 아시아와의 교역에 자본을 투자했다는 사실은 아시아 교역이 소수의 상인들만이 아닌 일반 제노바 사람들의 관심 영역이기도 했음을 보여 준다. 이 문서에서 한 가지 아쉬운 점은, 투자 지역이 구체적으로 인도 어디였는지가 기재되어 있지 않다는 사실이다.

두 번째 이야기도 인도 사업여행 중 사망한 상인에 관한 것이다.[67] 1338년 베네치아 상인 여섯 명이 베네치아를 떠나 인도의 델리로 향했다. 이 중 조반니 로레단Giovanni Loredan, 파올로 로레단Paolo Loredan, 마르코 소란초Marco Soranzo, 마리노 콘타리니Marino Contarini 등 네 명은 베네치아의 대표적인 귀족 출신들이었다. 이들 역시 위의 제노바 상인들처럼 여러 투자자들로부터 사업 자금을 조달했고, 개별 상인의 모금액도 200리라 정도로 제노바 상인들과 비슷했다. 베네치아 상인들은 크림 반도를 경유해 중앙아시아의 아스트라한까지 갔는데, 강이 얼어서 그곳에서 50일 동안 머물 수밖에 없었다. 일행은 아스트라한에서 우르겐치로 가는 또 다른 베네치아 상인 안드레

[†] 공증인 문서에 끼워져 있는 이 문서는 엄밀한 의미에서 상업 계약서가 아니라 법원의 판결문이다. 판결문에서 원래의 상업 계약을 언급하고 있다. R. S. Lopez, "Nuove luci sugli italiani in Estremo Oriente prima di Colombo", *Studi Colombiani*, vol. 3(1951), pp. 358-359.

아 주스티니아니를 만나기도 했다. 그 과정에서 조반니 로레단이 지금의 아프가니스탄 동부 도시인 가즈니 근처에서 사망하긴 했으나, 나머지 일행은 우여곡절 끝에 델리에 도착했다.

당시 델리의 술탄은 투글루크 왕조의 두 번째 술탄인 무함마드 이븐 투글루크(재위 1325~1351)로, 외국인에게 큰 시혜를 베푸는 기인으로 소문나 있었다.[††] 그리고 그 말은 거짓이 아니었던 것 같다. 베네치아 상인들이 술탄에게 20만 브잔트(7,500베네치아리라에 해당하는 금액)라는 막대한 하사금을 받았기 때문이다. 관례에 따라 술탄이 내린 선물의 10분의 1은 되돌려 주고, 100분의 1은 뇌물로 세관원들에게 주었으며, 대신들의 호의를 얻고자 900~1천 브잔트 정도를 사용했다. 상인들은 투자 상환금을 제외한 나머지 금액의 일부로 진주(10만2천 브잔트어치)를 구입한 후 각자 1만 브잔트씩 나눠 가졌다. 파올로 로레단은 자신의 몫과 사망한 형의 몫을 함께 받았다. 상인들은 남은 돈으로 현지 화폐를 구입했고, 돌아오는 길에 우르겐치에 도착해 진주(각자 1만7천 브잔트어치)와 현지 화폐를 나눠 가졌다. 이 말은 이들이 우르겐치에서 헤어졌음을 의미한다. 마르코 소란초는 자신의 몫으로 받은 진주를 프랑스로 보내 판매했다.

그런데 소송 기록에 따르면 이들의 사업여행은 기대했던 것만큼의 수익을 내지 못했던 것 같다. 조반니 로레단의 경우, 원금 포함 총 수익이 투자금의 두 배가 채 되지 않았기 때문이다. 사실 소송은 여

[††] 소문에 따르면, 그는 적과 자기 신민들에겐 매우 잔인했지만 외국인에게는 매우 관용적이었고 때론 지나친 시혜를 베풀었다. R. S. Lopez, "European merchants in the medieval Indies : the evidence of commercial documents", *Journal of Economic History*, vol. 3(1943), p. 174.

행 도중 사망한 조반니 로레단의 장인이 죽은 사위의 어린 아들들, 즉 외손자들을 위해 제기한 것이었다. 장인은 사위의 투자금과 이익의 4분의 3을 정당한 상속자들에게 반환할 것을 요구했다.[68] 피고소인들이 법정에 제출한 자료들에 나오는 낮은 이윤은 채권자 및 상속자들에게 돈을 적게 주려는 술책일 가능성을 배제할 수 없다.

중국 문헌에서도 유럽 상인들의 흔적을 찾아볼 수 있다. 그 주인공은 제노바 출신의 안달로 다 사비뇨네Andalò da Savignone이다.[69] 사비뇨네 가문은 오래전부터 몽골제국에서 상업 활동을 하고 있었고,[70] 안달로 역시 이미 세 차례나 대원大元제국의 수도를 다녀온 경험이 있었다. 그래서인지 안달로는 현지에 나가 있던 이탈리아 상인들 사이에서도 신망이 높았고, 몽골 궁정에서도 능력을 인정받고 있었던 것 같다. 왜냐하면 1330년 10월 안달로가 동료 레오네 베지아Leone Vegia와 함께 대도에 체류하면서 현지에서 사망한 제노바 상인 안토니오 사르모레Antonio Sarmore의 유산 처리를 맡았기 때문이다. 이런 일은 가장 명망 있는 사람에게 의뢰하는 것이 당시 관행이었다. 사람들의 기대대로 안달로는 1333년 3월 제노바에서 사르모레의 유산을 채권자인 페르치발레 마초노Percivale Mazzono에게 정확히 전달했고, 1334년 다시 대도로 떠났다.[71]

1336년에는 원나라의 제11대 칸인 원혜종(원순제) 토곤 테무르(재위 1333~1370)의 명을 받아 열다섯 명의 수행원과 함께 아비뇽 교황청에 파견되기도 했다.[†] (1309~1377년 '아비뇽 유수기') 원혜종은 서유럽

....

[†] L. Petech, "Les marchands italiens dans l'empire mongol", *Journal Asiatique*, 250(1929), pp. 554-555, 571. 니콜로 사비뇨니는 1292년 타브리즈에서 활동하고 있었고, 란프란키노 사비뇨니

과 좋은 관계를 맺고자 했다. 제노바 상인 안드레아 데 나시오Andrea de Nassio와 함께 유럽으로 돌아온 안달로는, 1338년 아비뇽에서 교황 베네딕투스 12세Benedictus XII(재위 1334~1342)를 만난 후 교황의 친서를 가지고 다음 해 6월 파리로 가 프랑스 왕 필리프 6세Philippe VI을 만난 다음 이탈리아로 돌아왔다.[††]

토곤 테무르에게 유럽에서 말과 다른 진귀한 물건들을 가지고 오라는 명을 받은 안달로는, 베네치아의 유리 세공품과 크리스털 보석을 사기로 결심했다. 크리스털 보석은 마르코 폴로 가문 역시 칸에게 진상한 적이 있는 몽골에서 꽤 알아주는 유럽산 상품이었다. 1338년 12월 22일, 베네치아 정부는 제노바 출신 귀족 안달로가 5~10필의 말과 1천~2천 피오리노 상당의 크리스털 세공품을 몽골의 칸에게 가져갈 수 있도록 허용하는 칙령을 반포했다.[72] 하지만 실제 안달로가 말과 보석을 구입한 곳은 제노바였다. 제노바를 떠나 나폴리에 도착한 안달로는 그곳에서 교황의 특사인 조반니 데이 마리뇰리를 만나 1339년 함께 나폴리를 떠나 중국으로 향했다. 최종적으로 조반니와 말은 중국 대도에 도착했지만,[†††] 그 이후의 행적은 알 길이 없다.

....

는 1274년 흑해 연안의 제노바 식민지에서 활동하고 있었다.

[††] 케다르는 대칸의 명을 수행한 사절은 안달로가 아니라 안드레아라고 주장한다. J. Larner, *Marco Polo and the discovery of the world* (New Haven and London, 1999), p. 122, 212 ; B. Z. Kedar, "Chi era Andrea Franco?", *Atti della società Ligure di Storia Patria*, no. 17(1977), pp. 369-377.

[†††] 몽골 황제는 궁정 시인들에게 말을 찬양하는 시를 짓도록 명했고, 화가 랑추Tcheou Lang가 이 말을 그렸다. L. Petech, "Les marchands italiens dans l'empire mongol", *Journal Asiatique*, 250(1929), p. 555.

특정 상인에 관한 기록은 아니지만 몽골제국으로 장사를 떠나는 상인들에게 매우 유용한 정보를 제공했던 책은, 피렌체 바르디 상사의 주재원 페골로티의 《상업 안내서pratica della mercatura》였다. 그의 안내서에는 키타이(중국)로 사업여행을 떠나는 상인들에게 필요한 내용이 상세하게 적혀 있다.[73] 그 내용은 다음과 같다.

우선 수염을 기르고 면도를 하지 않아야 한다. 타나에서 통역을 한 명 구하되, 좋은 통역을 구하는 데 돈을 아끼지 마라. 튀르크 방언에 능통한 두 명의 하인을 구해야 한다. 밀가루와 염장한 생선을 준비해라. 다른 물건들은 도중에 충분히 구입할 수 있으며, 고기는 모든 곳에서 구입 가능하다. 2만5천 피오리노 상당의 상품을 가지고 가라. 베이징까지 가는 데 쓰는 비용은 60~80소모sommo(300~400피오리노)이다. 귀로에 상품을 운송하는 가축에 드는 비용은 마리당 5소모(25피오리노) 정도이다. 소 수레에는 소 한 마리가 필요하며 10칸타르 정도가, 낙타 수레에는 낙타 세 마리가 필요하고 30칸타르가, 말 수레에는 말 한 마리가 필요한데 수레당 평균 6.5칸타르(250제노바리라)의 비단을 수송할 수 있다. 유럽에서 리넨을 구입해 우르겐치에서 처분한 다음, 그곳에서 소모 금화를 구입하는 것이 좋다. 키타이에 도착하면 그곳의 군주들이 은화를 취하고 그 대가로 그곳의 화폐, 즉 노란색 지폐를 준다. '발리쉬balishi'라 불리는 지폐에는 군주의 인장이 찍혀 있다. 이 지폐로 원하는 물건을 구입할 수 있다. 그곳의 모든 신민은 이 지폐를 사용하기 때문이다. 1소모로 18~20리라의 중국 비단을 구입할 수 있다.

이 정보를 통해 우리는 당시 중국으로 떠나는 상인들의 몇 가지 상업 노하우를 확인할 수 있다. 먼저 수염을 기르는 등의 중국 현지 풍습을 따름으로써 현지에서 일어날 수 있는 불필요한 마찰을 피하려고 했다. 몽골과 같은 낯선 땅에서 장사를 하고 이문을 남기려면, 현지인의 눈과 귀를 거슬러서는 안 되는 법이다.

또한 해외에서 사업하려면 좋은 통역을 구하는 것이 성공의 관건이라는 것은 동서고금을 막론한 진리다. 현지의 지배자와 권력자들부터 세관원, 시장 관원, 거간, 현지 상인들과 수공업자들에 이르기까지 직접 만나서 협상해야 할 사람이 수도 없이 많았다. 때로는 뇌물을 바쳐야 하고, 때로는 값을 흥정해야 하는 상황이 계속되는 가운데 이 미묘한 상황을 능란하게 헤쳐 나가려면 탁월한 소통 능력이 필수 조건이었을 것이다.

상품의 중간 거래가 계속되었다는 점도 눈여겨 볼 필요가 있다. 현재 우즈베키스탄에 위치한 우르겐치는 이탈리아 상인들이 유럽산 제품을 내려놓는 주요 거점이었으며, 이곳에서 유럽산 제품을 판매한 돈으로 구입한 서역 상품 역시 대도에서 큰 인기를 끌었을 것이다.

마지막으로 주목해야 할 것은, 자금을 충분히 가져가라는 충고이다. 가지고 가는 유럽산 물건만으로는 중국 현지의 값비싼 상품들을 원하는 만큼 확보하기가 어려웠다. 이것은 실크로드 무역의 오랜 특징이기도 하다. 금과 은은 동방으로 떠나는 상인들의 필수품이었다.

4

대항해 시대 이전의 아시아 진출

제노바가 선점한 동서교역 최고의 인기품 '비단'

비록 단편적이긴 하지만 여러 기록들 속에서 아시아로 간 상인들과 그들이 벌인 상업 활동의 흔적이 확인된다. 이로부터 몇 가지 사실을 유추할 수 있다. 먼저 몽골 평화시대 동서 교역을 주도한 상인은 이탈리아 상인들, 그중에서 제노바 상인들이었다는 것이다. 이 사실은 여러 곳에서 확인된다. 중국에 관한 이야기의 진위를 알아보려면 제노바 상인에게 물어보라는 보카치오의 조언은 이를 시사한다.[74]

페골로티의 《상업 안내서》에 나오는 몽골제국과 유럽의 교역에 사용된 기준 도량형 역시 제노바 도량형이었다.[75] 몽골제국이 유럽과의 외교에서 제노바 상인들을 주로 활용했다는 사실 또한 이들이 몽골제국에서 가장 활동적이었음을 증명한다.[†] 흑해를 통해 아시아로

....

[†] 13세기 후반 제노바 출신의 기솔피 부스카렐로Ghisolfi Buscarello는 일한국의 칸 아르군의 사절로 활동했다. J. Paviot, "Buscarello de'Ghisolfi, marchand génois intermédiaire entre la Perse mongole

가는 교역로가 활성화되면서, 흑해에 상관이나 상업 식민지를 확보하고 있었던 제노바 상인들은 아시와의 교역에서 가장 유리한 고지를 점할 수 있었다.[76]

제노바 상인 다음으로 대 아시아 교역에 적극 참여한 집단은 역시 베네치아 상인들이었다. 페골로티의 《상업 안내서》도 키타이로 가는 사업여행을 원하는 상인들을 언급할 때 제노바나 베네치아 상인들을 예로 들고 있다.[77] 매우 드물기는 하지만 피렌체, 피사, 시에나 출신 상인들도 페르시아 및 중국과의 교역에 참여했다.[78]

제노바와 베네치아 정부는 유럽과 가까운 킵차크한국 · 일한국과는 상업 협정이나 특혜를 통해 상당히 자유로운 상업 활동을 보장받았지만, 좀 더 멀리 있는 인도나 나머지 몽골 국가와는 공식적인 상업 관계를 수립하지 못했다. 그렇지만 개별적으로 인도와 극동까지 진출했던 상인들의 존재가 여기저기에서 확인된다. 유럽 상인들이 상관을 세우거나 꽤 활발하게 장사를 했던 곳은 킵차크한국의 카파, 타나, 사라이, 일한국의 수도 타브리즈, 흑해의 타나에서 대도로 가는 교통로에 위치한 우르겐치, 사마르칸트, 알말리크, 대원제국의 수도였던 대도, 중국 남부의 광주, 천주, 항주, 양주(양저우)[††]와 같

....

et la Chrétienté latine(fin du XIIIme ~ début du XIVme siècles", *La Storia dei Genovesi*, 11(1991), pp. 107-117. 1338년 베네치아에 도착한 원제국의 사절은 다름 아닌 제노바 출신의 안달로 다 사비뇨네였다. R. S. Lopez, "Nuove luci sugli italiani in Estremo Oriente prima di Colombo", *Studi Colombiani*, vol. 3(1951), p. 390.

†† 1951년 중국 공산군은 양주(양저우)에서 유럽인의 것으로 추정되는 묘 하나를 발견했다. 논란은 남아 있지만 묘 주인은 대체로 제노바의 빌리오니Vilioni 가문으로 추정된다. F. A. Rouleau, "The Yangchow latin tombstone as a landmark of medieval christianity in China", *Harvard Journal of Aisatic Studies*, vol. 17(1954), pp. 360-363 ; J. Larner, *Marco Polo and the discovery of the world*

은 항구도시들, 인도 북부의 델리, 인도 서부 해안에 위치한 카가, 타나, 퀼론 등의 항구도시들이었다. 이 도시들은 주교 관구管區가 설치되어 있거나 수도회가 활동하던 지역과 대체로 일치한다.[79]

일반적으로 유럽 성직자와 상인들은 낯선 땅에서 서로 협력했다. 그런 점에서 근대 이전에도 유럽 너머의 세계에서 유럽의 종교와 상업은 함께하고 있었다. 마리뇰리가 천주(취안저우)를 방문할 당시 프란체스코 수도회는 그곳에 세 개의 교회, 목욕탕, 폰다코(무역소)와 약간의 토지를 가지고 있었다. 모든 상인들(omnium mercatorum)은 이 폰다코에 상품을 보관할 수 있었다. 물론 여기서 '모든 상인'이란 유럽 상인들을 의미한다.[†] 또한 제노바 거상 루카롱고의 사례처럼 상인들은 교회에 재정적 지원을 아끼지 않았다.

유럽 상인들이 몽골제국과 인도 시장에서 구입한 상품에 관한 기록은 빈약한 편이다. 그렇지만 한 가지 분명한 사실은, 제노바 상인을 포함한 유럽 상인들이 몽골제국에서 가장 탐낸 상품은 비단이었다는 점이다. 페골로티도 《상업 안내서》에서 중국에 가면 비단을 사

(New Haven and London, 1999), p. 122 ; R. S. Lopez, "Nouveaux documents sur les marchands italiens en Chine à l'époque mongole", *L'Académie des Inscriptions et Belles-Lettres : comptes-rendus*, no. 2(1977), p. 457.

[†] 1318년 취안저우의 주교 페레그리누스Peregrinus의 편지에는, 집이 딸린 교회 하나와 교외에 위치한 숲이 있는 토지를 보유하고 있다고 했다. 편지에서 주교는 이 교외의 토지에 창고(cellas)와 예배당을 짓고 싶다고 이야기한다. 아마 이 창고가 후에 폰다코가 되었을 것으로 추정된다. A. Van den Wyngaert, *Sinica Franciscana* (Quaracchi, 1929), vol. 1, pp. 367-8, 536. 〈Est etiam Zayton, portus maris mirabilis, nobis incredibilis, ubi fratres Minores habent tres ecclesias pulcherrimas, optimas et ditissimas, balneum, fundatum, omnium mercatorum depositorium, habent etiam campanas optimas et pulcherrimas, quarum duarum ego feci fieri cum magna solempnitate, quarum unam videlicet maiorem Iohanninam, alia Antoninam decrevimus nominandas, et in medio sarracenorum sitas.〉

라고 권했다.[80] 키타이(중국) 비단은 페르시아산보다 품질은 떨어져도 가격이 저렴해 유럽 시장에서 인기가 높았다. 1257년 제노바 상인들은 중국 비단을 이탈리아와 프랑스 시장에서 판매하고 있었다.[††]

당시 제노바 시장에서 거래된 비단이 중국에 직접 가서 사 온 것인지, 아니면 이슬람이나 비잔티움 세계를 통해 수입한 것인지는 확실하지 않다. 그러나 14세기 초반 무렵이 되면 유럽 상인들이 중국에서 직접 비단을 구입해 유럽 시장에 판매한 것만은 확실하다.[81] 왜냐하면 1304년 상당한 양의 중국 비단이 런던 항에 수입되었다고 런던 관세 기록에 적혀 있기 때문이다. 수입업자는 피렌체의 프레스코발디Frescobaldi 상사였다.[82]

당시 유럽에서 가장 유명한 견직물 생산지였던 이탈리아의 루카는 1330년대 연평균 40톤 정도의 견직물을 수출하고 있었다. 루카의 견직물 산업에 원료를 제공한 것은 주로 제노바 상인들이었으며, 원료 중 상당 부분은 중국산이었을 것으로 추정된다.[83] 꽤 많은 양의 중국 원견이 유럽으로 수입될 수 있었던 것은 상대적으로 저렴한 가격 때문이었다. 페골로티의 상업 안내서에 따르면 중국 원견의 현지 가격은 유럽 시장가격의 3분의 1정도였다.[84] 이러한 가격 차이는 유럽 상인들에게 긴 여행의 위험과 비용을 감수할 만한 동기를 제공했다.[†††]

....

[††] 1266년 한 제노바 출신의 과부는 95리라어치의 키타이 비단을 구입했다. R. S. Lopez, "Nuove luci sugli italiani in Estremo Oriente prima di Colombo", *Studi Colombiani*, vol. 3(1951), p. 390.

[†††] 대도에서 흑해까지의 수송비는 제품 가격의 6분의 1정도였고, 비용을 제외한 최종 이윤은 100퍼센트 정도였다. 대도와 흑해를 왕복하는 사업 순환 주기는 18개월 정도였다. R. S. Lopez, "China silk in Europe in the Yuan period", *Journal of the American Oriental Society*,

또 다른 상업 안내서에 따르면, 원견 외에도 진주와 향신료 등이 아시아에서 유럽으로 수입되고 있었다.[85] 베네치아 상인들은 델리에서 진주를 구입해서 유럽에 내다 팔았다.[86] 이 상업 안내서는 향신료에 관해서 다음과 같이 설명한다.

"모든 종류의 향신료가 타나를 통해 서방으로 수입되고 있지만 그 양은 많지 않다(Trasi della Tana per portare verso Ponente …… spezierie d'ongni ragone, ma poche)."

"생강, 육계, 육계꽃, 대황rhubarb이 중국에서 서방으로 수출되고 있다(Trasi del Ghattaio per rechare nelle parti di verso Ponente : seta cruda che è chattaio, e gengovi, cannelle, ribarberi e fiore di channelle)."

14세기 유럽을 홀린 동방의 향신료

그러나 흑해를 통해 유럽으로 들어오는 향신료의 양이 적었다는 상업 안내서의 이야기는 실제와 다소 차이가 있다. 14세기 중엽 아시아로 가는 교통로가 차단되면서 향신료 가격이 50~100퍼센트나 상승한 사실은, 흑해를 통한 향신료 수입 중단이 유럽 향신료 시장 전체에 큰 영향을 미칠 정도로 적지 않은 양의 향신료가 흑해를 통해 수입되었음을 반증한다.[87]

향신료는 당시 유럽인들이 가장 탐했던 동방의 상품이었고, 14세

vol. 72(1952), p. 75 ; Idem, "Nouveaux documents sur les marchands italiens en Chine à l'époque mongole", L'Académie des Inscriptions et Belles-Lettres : comptes-rendus, no. 2(1977), p. 449.

기 전반에는 유럽 상인들이 향신료 생산지였던 남부 인도까지 갈 수 있었다.[†] 그렇지만 유럽 상인들이 향신료 생산지에서 직접 향신료를 구입해 갔다는 주장을 명확하게 증명하는 사료는 거의 발견되지 않았다.

익명의 상업 안내서에 따르면, 유럽 상인들은 판매나 물물교환 목적으로 마직물과 낙타 모직물(camlet), 주석, 산호, 은과 용연향ambergris 등을 중국으로 가져갔다고 한다.[88] 페골로티의 조언처럼 동방으로 갈 때 일반적으로 가져갈 수 있는 대표적인 상품은 유럽산 마직물이었다.[††] 이외에 유럽 상인들은 말, 시계, 금속 세공품, 보석과 크리스털 정도를 동방에 가져갔는데, 이런 것들은 소수의 지배층에게만 판매할 수 있는 상품들로서 현지 지배층의 환심이나 특혜를 얻는 선물로 제공되곤 했다.[†††] 유럽산 말과 베네치아의 크리스털은 몽골 지배

....

[†] 인도 남부를 여행한 선교사들은 이곳이 향신료 생산지이고 전 세계로 팔려 나갈 정도로 이곳의 향신료 생산량이 많았다고 말한다. 그러나 또 다른 향신료 생산지인 동남아시아까지 진출한 유럽 상인들은 거의 없었던 것으로 추정된다. 13세기 말에 인도 말라바에서 작성된 한 편지에 따르면, 이 지역은 후추, 생강, 계피, 브라질우드와 같은 향신료가 풍부하게 생산된 곳이며, 해로를 통해 많은 사라센(이슬람교도) 상인들이 말라바까지 왔고, 이곳에서 그들의 영향력은 대단했지만 내륙까지 진출한 사라센 상인은 드물었다. 기독교와 유대 상인들은 많지 않았으며, 이곳 사람들은 기독교인들과 기독교식 이름을 가진 사람을 모두 처형했다. H. Yule, *Cathay and the way thither*(London, 1913~16), vol. 3, p. 63.

[††] 1303년 제노바 상인이 편집한 백과사전(라틴어, 페르시아어, 코만어로 되어 있는)에는 유럽 상인들이 아시아로 가져간 13가지 종류의 마직물(프랑스, 이탈리아, 독일)이 언급되어 있다. R. S. Lopez, "Nouveaux documents sur les marchands italiens en Chine à l'époque mongole", *L'Académie des Inscriptions et Belles-Lettres : comptes-rendus*, no. 2(1977), pp. 450-451.

[†††] 1330년대 원혜종의 사절로 유럽에 파견되었던 안달로 다 사비뇨네는 돌아가는 길에 금장칸국(킵차크한국)의 칸과 대칸 토곤 테무르에게 말을 가져왔다. 1338년 베네치아 상인들은 델리의 술탄에게 시계와 금속 분수를 선물했다. R. S. Lopez, "Nouveaux

층들에게 꽤 인기가 있었던 것 같다. 대칸 토곤 테무르(원혜종)가 유럽에 파견한 제노바 출신 사절 안달로에게 5~10필의 말과 1천~2천 피오리노 상당의 베네치아 크리스털을 가져오라고 직접 부탁한 것을 보면 말이다.[89]

앞에서도 지적했다시피, 아시아 사업은 결코 국제적 규모의 거상들만의 전유물이 아니었다. 평민부터 귀족까지 투자자들의 출신 성분도 다양했고, 다양한 신분과 계층의 이탈리아 상인들이 아시아로 장사를 떠났다.[90] 공증인 기록이 알려 주듯이, 아시아로 사업여행을 떠난 상인들 대부분은 가까운 친척이나 소규모 투자자들에게 자금을 후원받았다. 그 과정에서 비밀을 유지하고자 투자 계약서에 사업 목적지를 숨기는 경우가 많았다. 당시의 많은 투자 계약서들이 "나는 신께서 나를 인도하시는 곳으로 갈 것을 약속합니다(promitto ire quo Deus mihi administraverit)"라는 애매한 표현을 사용했지만,[91] 계약 당사자들은 신께서 인도하실 구체적인 목적지가 어디인지를 알고 있었을 것이다. 그렇지 않았다면 소규모 투자자들이 큰 위험을 무릅쓰고 투자를 했을 리 만무하다.

통계자료의 부족으로 몽골 평화 시기 아시아와 유럽의 교역량을 정확히 확정하기는 사실상 불가능하지만, 몇 가지 기록들을 근거로 대략적인 규모를 유추해 볼 수는 있다. 페골로티의 《상업 안내서》에 따르면, 동방 여행에 필요한 물품과 비용은 통역과 두 명의 하인, 2

documents sur les marchands italiens en Chine à l'époque mongole", *L'Académie des Inscriptions et Belles-Lettres : comptes-rendus*, no. 2(1977), p. 450.

만5천 피오리노 상당의 상품과 현금이다. 2만5천 피오리노†에서 대도까지 가는 데 드는 경비 300~400피오리노를 제한 나머지 자금으로 현지에서 상품을 구입했을 것이다. 그러나 아시아와의 교역에 이렇게 큰 액수의 투자가 가능했을지는 미지수이다.[92]

실제로 대부분의 투자계약은 1천 리브르를 넘지 않았다. 1315년 인도로 떠난 제노바 상인 베네데토 비발디가 가지고 간 투자금은 303리라 16데나리 6솔디였다.(제노바 데나리우스 기준)[93] 1338년 인도의 델리로 사업을 떠난 여섯 명의 베네치아 상인은 각자 200리라 정도의 자금을 인도 여행에 투자했다.(베네치아 grossi 기준)[94]

그러나 이런 사례만을 가지고 아시아와의 교역 규모를 낮게 평가해서는 안 된다. 1333년 콘스탄티노플의 갈라타를 출발해 중국으로 간 제노바 상인 자코포 올리베리오Jacopo Oliverio는 4,313리브르를 가지고 갔고, 1330년대 대도에서 사망한 제노바 상인 안토니오 살모리아Antonio Salmoria는 사망 당시 4,750리라어치의 원견을 가지고 있었다.[95] 1344년 제노바 상인들이 타브리즈 시장에서 입은 손실액이 20만 리라였다는 사실은 당시 아시아 사업이 결코 무시할 만한 규모가 아니었음을 시사한다.[96]

중세 유럽 상인들의 활동에 관해서는 규명해야 할 부분이 여전히 많다. 무엇보다 유럽 상인들이 정기적으로 유럽과 아시아를 오가면서 장사를 했는지, 아니면 아시아 현지에 장기간 머물며 장사를 했

....
† 14세기 중엽 하녀의 1년치 임금은 14피오리노 정도였고, 숙련된 석공의 연 임금은 50피오리노 정도였다. 역사가 카를로 치폴라에 따르면, 14세기 중반 파비아 시에서 1년간 드는 생활비는 20피오리노 정도였다. S. M. Stuard, *Gilding the market : Luxury and Fashion in Fourteenth-century Italy* (Philadelphia, 2006), p. 133.

는지부터가 확실하지가 않다. 만약에 후자가 일반적인 경우라면, 유럽과 아시아와의 직교역이 그렇게 중요했다고 말할 수 없다. 이러한 한계들로 인해 동서 교역의 의미와 중요성에 대한 평가는 여전히 확정적이지 않다. 이탈리아 출신으로 미국에서 활동한 중세 상업사의 대가 로페즈가 중세 이탈리아 상인들이 중국에서 벌인 활동을 "진정한 대규모 교역un véritable commerce de masse"으로 높이 평가한 반면, 유대인으로 중세 지중해 무역의 최고 권위자였던 애쉬터는 장거리 수송에 드는 높은 비용을 감안할 때 이 비용을 상쇄할 수 있는 향신료와 같은 고가의 상품만이 수입되었을 것이라고 말한다.[97]

몽골 평화시대에 이탈리아 상인들이 이룩한 성과는 비단 유럽 상인들의 활동 범위를 아시아 시장으로까지 확대했다는 데에 머무르지 않는다. 하지만 그것이 끝이 아니다. 무엇보다도 중요한 업적은, 이 시기 이탈리아 상인들이 아시아와 교류하고 접촉하면서 아시아에 대한 풍부한 지리 정보와 지식 및 기술을 얻었다는 데 있다. 중국에 관한 이야기는 제노바 상인에게 물어보라는 《데카메론》의 저자 보카치오의 이야기는, 이미 대항해 시대 이전부터 제노바 상인들은 아시아에 관해 잘 알고 있었음을 보여 준다.

15세기 중엽 포르투갈 왕 알폰소 5세Alfonso V의 주문으로 베네치아 출신 수도사 마우로Mauro가 제작한 지도에는 아시아와 아프리카 대륙이 꽤 정확하게 그려져 있다. 콜럼버스와 다가마 이전에 아시아와 아프리카를 이렇게 자세하게 그려 낸 지도가 만들어질 수 있었던 것은, 몽골 평화시대에 베네치아 상인과 선교사들이 아시아를 직접 보고 얻은 지리적 정보 덕분이었을 것이다.

그런 점에서 볼 때 이 시기의 교류와 접촉은 15세기 말 유럽의 아시아 진출의 토대가 되었다고 할 수 있다. 아시아와 아메리카 대륙으로 가는 해로를 개척한 것은 포르투갈과 에스파냐 왕실의 이름으로 진행되었지만, 새로운 항로 개척에 필수적인 인적 자원과 지리 정보를 제공한 것은 13~14세기 이탈리아 해양도시 출신의 상인과 선원 그리고 수도사들이었던 것이다.

[1] 김호동, 《동방 기독교와 동서문명》, 까치, 2002, 45~47쪽.

[2] I. de Rachewiltz, *Papal envoys to the great Khan* (London, 1971), pp. 72-73, 76-81 ; R. Silverberg, *The Realm of Prester John* (Athens, 1972), p. 74.

[3] Robert-Henri Bautier, "Les relations économiques des Occidentaux avec les pays d' Orient au Moyen Age", *Sociétés et compagnies de commerce en Orient et dans l'Océan Indien* (Paris, 1970), pp. 263-321.

[4] R. S. Lopez, "European merchants in the medieval Indies : the evidence of commercial documents", *Journal of Economic History*, vol.3(1943), pp. 164-184 ; Idem, "Nuove luci sugli italiani in Estremo Oriente prima di Colombo", *Studi Colombiani*, vol. 3(1951), pp. 350-354 ; L. Petech, "Les marchands italiens dans l'empire mongol", *Journal Asiatique*, 250(1962), pp. 549-574 ; J. Richard, "Les navigations des Occidentaux sur l' océan indien et la mer Caspienne(XIIe~XVe siècles)", *Sociétés et compagnies de commerce en Orient et dans l'Océan Indien* (Paris, 1970), pp. 353-363 ; M. Balard, "Les Gênois en Asie centrale et en Extrême-Orient au XIVe siècle : un cas exceptionnel?", *Economies et sociétés au Moyen Age. Mélanges offerts à Edouard Perroy* (Paris, 1973), pp. 681-689 ; J. Paviot, "Buscarello de'Ghisolfi, marchand génois intermédiaire entre la Perse mongole et la Chrétienté latine(fin du XIIIme ~ début du XIVme siècles", *La Storia dei Genovesi*, 11(1991), pp. 107-117 ; C. Gadrat, *Une image de l'Orient au XIVe siècle. Les Mirabilia descripta de Jordan Catala de Sévérac* (Paris : Ecole des Chartes, 2005).

[5] J. Abu-Lughod, *Before european hegemony : The World System A.D. 1250~1350* ;《유럽 패권 이전 : 13세기 세계체제》, 박흥식 · 이은정 옮김, 까치, 2006.

[6] 김호동 역주,《마르코 폴로의 동방견문록》, 사계절, 2000 ; F. B. Pegolotti, *La pratica della mercatura*, A. Evans, ed. (Cambridge, 1936). 익명의 저자가 남긴 상업 기록은 다음 논문 Robert-Henri Bautier, "Les relations économiques des Occidentaux avec les pays d'Orient au Moyen Age", *Sociétés et compagnies de commerce en Orient et dans l'Océan Indien* (Paris, 1970), pp. 311-321.의 부록에 실려 있다.

[7] R. S. Lopez, "European merchants in the medieval Indies : the evidence of commercial

documents", *Journal of Economic History*, vol. 3(1943), p. 168.

[8] R. S. Lopez, "European merchants in the medieval Indies : the evidence of commercial documents", *Journal of Economic History*, vol. 3(1943), p. 168, 171.

[9] M. L. De Mas Latrie, "Privilège commercial accordé en 1320 à la république de Venise par un roi de Perse", *Extrait de la Bibliothèque de l'Ecole Chartes* (Paris, 1870), pp. 1-31 ; A. Van den Wyngaert, *Sinica Franciscana* (Quaracchi, 1929), vol. 1 ; R. S. Lopez, "Nuove luci sugli italiani in Estremo Oriente prima di Colombo", *Studi Colombiani*, vol. 3(1951), pp. 337-398 ; C. Dawson, *Mission to Asia* (New York, 1966) ; H. Yule, *Cathay and the way thither* (London, 1913~16), 4 vols. ; H. Yule (tr.), *The travels of Friar Odoric* (Cambridge, 2002) ; C. Gadrat, *Une image de l'Orient au XIVᵉ siècle. Les Mirabilia descripta de Jordan Catala de Sévérac* (Paris : Ecole des Chartes, 2005) ; 정수일 역주,《이븐 바투타 여행기》, 창작과비평사, 2001.

[10] I. de Rachewiltz, *Papal envoys to the great Khan* (London, 1971), p. 156.

[11] C. Gadrat, *Une image de l'Orient au XIVᵉ siècle. Les Mirabilia descripta de Jordan Catala de Sévérac* (Paris : Ecole des Chartes, 2005), pp. 20-21.

[12] 코스모는 유럽과 아시아의 접촉에서 몽골인들이 주도적인 역할을 했다고 말한다. N. Di Cosmo, "Mongols and merchants on the Black Sea frontier in the thirteenth and fourteenth centuries : convergences and conflicts", R. Amitai and M. Biran, eds., *Mongols, Turks, and others : Eurasian nomads and the sedentary world* (Leiden and Boston, 2005), pp. 391-392 ; P. Jackson, *The Mongols and the West, 1221~1410* (Harlow, 2005), p. 291.

[13] 고명수, 〈쿠빌라이 정부의 大都건설과 역참교통체계 구축〉,《중앙아시아연구》제15호(2010), 170~171쪽.

[14] 김호동,《동방 기독교와 동서문명》, 52~55쪽.

[15] 김호동,《동방 기독교와 동서문명》, 76쪽.

[16] 고명수,《쿠빌라이 정부의 交通·通商 진흥 정책에 관한 연구-소위 '팍스 몽골리카'(Pax Mongolica)의 성립조건 형성과 관련하여》, 박사학위논문(2009), 80~87쪽 ; Hodong Kim, "The unity of the Mongol empire and continental exchanges over Eurasia", *Journal of Central Eurasian Studies*, vol. 1(2009), pp. 19-24.

[17] 김호동,《마르코 폴로의 동방견문록》, 92~93쪽.

[18] 각 자료에 나오는 번역에 약간의 차이가 있어서 라틴어 원문을 싣는다. A. Van

den Wyngaert, *Sinica Franciscana* (Quaracchi, 1929), vol. 1, p. 349 ; H. Yule, *Cathay and the way thither (London, 1913~16)*, vol. 3, pp. 48-49 ; R. S. Lopez, "European merchants in the medieval Indies : the evidence of commercial documents", *Journal of Economic History*, vol.3(1943), p. 172. 〈De via notificio quod per terram Cothay Imperatoris aquilonarium Tartarorum est via brevior et securior, ita quod cun nunciis infra v vel vi menses poterunt pervenire ; via autem alia est longissima et periculosissima, habens duas navigaiones quarum prima est secundum distantiam inter Achon et provinciam Provincie, alia vero est secundum distantiam itner Achon et Angliam, et posset contingere quod in biennio vix perficerent viam illam. Quia prima via secura non fuit a multo tempore propter guerras, iedo sunt XII anni quod de Curia romana et de nostro Ordine et statu occidentis non suscepi nova.〉

[19] 고명수, 〈쿠빌라이 정부의 大都건설과 역참교통체계 구축〉, 174쪽.

[20] F. B. Pegolotti, *La pratica della mercatura*, A. Evans, ed. (Cambridge, 1936). 〈Il cammino d'andare dalla Tana al Gattaio è sicurissimo e di dì ed di notte secondo si conta per li mercantanti che l'anno usato.〉

[21] J. Larner, *Marco Polo and the discovery of the world* (New Haven and London, 1999), p. 121.

[22] H. Yule (tr.), *The travels of Friar Odoric* (Cambridge, 2002), 지도 참조 ; I. de Rachewiltz, *Papal envoys to the great Khan* (London, 1971), pp. 184-185.

[23] I. de Rachewiltz, *Papal envoys to the great Khan* (London, 1971), pp. 191-201.

[24] I. de Rachewiltz, *Papal envoys to the great Khan* (London, 1971), p. 196.

[25] R. S. Lopez, "European merchants in the medieval Indies : the evidence of commercial documents", *Journal of Economic History*, vol.3(1943), p. 179.

[26] M. Balard, "Les Gênois en Asie centrale et en Extrême-Orient au XIVe siècle : un cas exceptionnel?", *Economies et sociétés au Moyen Age. Mélanges offerts à Edouard Perroy* (Paris, 1973), pp. 681-686.

[27] N. Di Cosmo, "Mongols", R. Amitai and M. Biran, eds., *Mongols, Turks, and others : Eurasian nomads and the sedentary world* (Leiden and Boston, 2005), pp. 406-407.

[28] M. Balard, "Precursori di Cristoforo Colombo : I Genovesi in Estremo Oriente nel XIV secolo", *Atti del Convegno Internazionale di Studi Colombiani* (Genova, 1978), tome 1, pp. 158-159 ; J. Larner, *Marco Polo and the discovery of the world* (New Haven and London, 1999), p. 123.

[29] M. Balard, "Gênes et la mer Noire(XIIIᵉ ~XVᵉ siècles)", *Revue Historique*, CCLXX(1983), p. 38.

[30] R. S. Lopez, "European merchants in the medieval Indies : the evidence of commercial documents", *Journal of Economic History*, vol.3(1943), p. 164 ; L. Petech, "Les marchands italiens dans l'empire mongol", *Journal Asiatique*, 250(1962), pp. 549-552.

[31] I. de Rachewiltz, *Papal envoys to the great Khan* (London, 1971), pp. 144-159.

[32] L. Petech, "Les marchands italiens dans l'empire mongol", *Journal Asiatique*, 250(1962), p. 561-562.

[33] M. Balard, "Precursori di Cristoforo Colombo : I Genovesi in Estremo Oriente nel XIV secolo", *Atti del Convegno Internazionale di Studi Colombiani* (Genova, 1978), tome 1, p. 151.

[34] 이에 관한 이야기는 1290년 4월과 5월 흑해 연안의 제노바 식민지 카파에서 작성된 공증인 문서에 나온다. G. I. Bratianu, *Recherches sur le commerce génois dans la mer noire au XIIIᵉ siècle* (Paris, 1929), p. 257.

[35] 이에 관련된 기록은 크게 세 가지다. Bar Hebraeus, *Chronicon syriacum*, P. S. Bruns and G. W. Kirsch(ed. and trans.)(Lipsiae, 1789), I, p. 620 ; Jean de Winterthur, "Chronicon", *Archiv für schweizerische Geschichte*, XI, p. 52 ; G. Adam, *De modo Sarracenos extirpandi*, p. 551 ; J. Richard, "Les navigations des Occidentaux sur l'océan indien et la mer Caspienne(XIIᵉ~XVᵉ siècles)", *Sociétés et compagnies de commerce en Orient et dans l'Océan Indien* (Paris, 1970), pp. 359-360 ; J. Larner, *Marco Polo and the discovery of the world* (New Haven and London, 1999), p. 116.

[36] N. Di Cosmo, "Mongols and merchants on the Black Sea frontier in the thirteenth and fourteenth centuries : convergences and conflicts", R. Amitai and M. Biran, eds., *Mongols, Turks, and others : Eurasian nomads and the sedentary world* (Leiden and Boston, 2005), p. 400.

[37] G. M. Thomas and R. Predelli (ed.), *Diplomatarium Veneto-Levantinum sive acta et diplomata res venetas graecas atque Levantis illustrantia a. 1300~1350* (Venezia, 1880~1899), pp. 47-48.

[38] M. L. De Mas Latrie, "Privilège commercial accordé en 1320 à la république de Venise par un roi de Perse", *Extrait de la Bibliothèque de l'Ecole Chartes* (Paris, 1870), pp. 24-31.

[39] G. Golubovich, *Biblioteca bio-bibliografica della Terra Santa e dell'Oriente Francescano* (Quaracchi, 1919), vol. 3, pp. 436-438 ; L. Petech, "Les marchands italiens dans l'

empire mongol", *Journal Asiatique*, 250(1962), p. 569.

[40] R. S. Lopez, "Nuove luci sugli italiani in Estremo Oriente prima di Colombo", *Studi Colombiani*, vol. 3(1951), pp. 393-398.

[41] M. Balard, "Precursori di Cristoforo Colombo : I Genovesi in Estremo Oriente nel XIV secolo", *Atti del Convegno Internazionale di Studi Colombiani* (Genova, 1978), tome 1, pp. 151-152.

[42] L. Petech, "Les marchands italiens dans l'empire mongol", *Journal Asiatique*, 250(1962), p. 569.

[43] M. N. Pélékidis, "Venise et la mer Noire du XIe au XVe siècle", *Thesaurismata Bollettino dell'Istituto Ellenico Di Studi Bizantini e Postbizantini* (Venezia, 1970), pp. 14-15.

[44] M. Berindei and G. Migliardi Di O'riordan, "Venise et la Horde d'Or fin XIIIe~début XIVe siècle. A propos d'un document inédit de 1324", *Cahiers du monde russe et soviétique*, 29(1988), p. 245.

[45] W. Heyd, *Histoire du commerce du Levant au Moyen Age* (Leipzig, 1923), vol. 2, p. 170.

[46] M. Berindei and G. Migliardi Di O'riordan, "Venise et la Horde d'Or fin XIIIe~début XIVe siècle. A propos d'un document inédit de 1324", *Cahiers du monde russe et soviétique*, 29(1988), p. 243.

[47] G. I. Bratianu, *Recherches sur le commerce génois dans la mer noire au XIIIe siècle* (Paris, 1929), pp. 283-284.

[48] N. Di Cosmo, "A note on the Tana route and 14th century international trade", *Aspects of Altaic Civilization III. Proceedings of the 30th Meeting of the Permanent International Altaistic Conference* (Bloomington, 1990), pp. 20-32.

[49] Robert-Henri Bautier, "Les relations économiques des Occidentaux avec les pays d'Orient au Moyen Age", *Sociétés et compagnies de commerce en Orient et dans l'Océan Indien* (Paris, 1970), pp. 315-316 ; F. B. Pegolotti, *La pratica della mercatura*, A. Evans, ed. (Cambridge, 1936), pp. 21-23.

[50] M. Berindei and G. Migliardi Di O'riordan, "Venise et la Horde d'Or fin XIIIe~début XIVe siècle. A propos d'un document inédit de 1324", *Cahiers du monde russe et soviétique*, 29(1988), p. 243.

[51] N. Di Cosmo, "Mongols", R. Amitai and M. Biran, eds., *Mongols, Turks, and others : Eurasian nomads and the sedentary world* (Leiden and Boston, 2005), p. 411.

[52] R. Grousset, *The empire of the Steppes. A history of Central Asia*, trans. by N. Walford (Rutgers : The State University of New Jersey, 2002), p. 405.

[53] E. Ashtor, *Levant trade in the Later Middle Ages* (Princeton, 1983), pp. 57-63 ; G. Ortalli, "Venice and papal bans on trade with the Levant : the role of the jurist", *Intercultural contacts in the Medieval Mediterranean* (London, 1996), pp. 242-258.

[54] R. S. Lopez, "Nouveaux documents sur les marchands italiens en Chine à l'époque mongole", *L'Académie des Inscriptions et Belles-Lettres : comptes-rendus*, no. 2(1977), p. 451.

[55] J. Larner, *Marco Polo and the discovery of the world* (New Haven and London, 1999), p. 120.

[56] J. Larner, *Marco Polo and the discovery of the world* (New Haven and London, 1999), p. 121.

[57] C. Gadrat, *Une image de l'Orient au XIVᵉ siècle. Les Mirabilia descripta de Jordan Catala de Sévérac* (Paris : Ecole des Chartes, 2005), p. 310. ⟨a multis mercatoris latinis qui fuerunt presentes negocio.⟩

[58] 이 이야기는 타브리즈의 관구장이 쓴 순교 기록에 나온다. ⟨multi mercatores Latini venerunt, dicentes se fuisse presentes et istud negocium et mirabilia divulgarunt.⟩ C. Gadrat, *Une image de l'Orient au XIVᵉ siècle. Les Mirabilia descripta de Jordan Catala de Sévérac* (Paris : Ecole des Chartes, 2005), pp. 314-315.

[59] C. Gadrat, *Une image de l'Orient au XIVᵉ siècle. Les Mirabilia descripta de Jordan Catala de Sévérac* (Paris : Ecole des Chartes, 2005), p. 22. ⟨O si duae galeae per dominu Papam in hoc mari constituerentur, quale esset lucrum et Soldano de Alexandria quale damnum et detrimentum!⟩ 영어 번역문은 다음 책 참조. H. Yule, *Cathay and the way thither (London, 1913~16)*, vol. 3, p. 80.

[60] J. Richard, "Les navigations des Occidentaux sur l'océan indien et la mer Caspienne(XIIᵉ~XVᵉ siècles)", *Sociétés et compagnies de commerce en Orient et dans l'Océan Indien* (Paris, 1970), pp. 360-361 ; C. Gadrat, *Une image de l'Orient au XIVᵉ siècle. Les Mirabilia descripta de Jordan Catala de Sévérac* (Paris : Ecole des Chartes, 2005), p. 22.

[61] G. Ferrand, "Une navigation européenne dans l'Océan indien au XIVe siècle", *Journal Asiatique*, vol. 1(1922), p. 307.

[62] I. de Rachewiltz, *Papal envoys to the great Khan* (London, 1971), pp. 172-173.

[63] C. Dawson, *Mission to Asia* (New York, 1966), p. 236 ; H. Yule, *Cathay and the way thither (London, 1913~16)*, vol. 3, p. 73.

[64] 조반니 데이 마리뇰리의 여행기 라틴어 원문과 영어 번역은 다음 자료에 나온다.

A. Van den Wyngaert, *Sinica Franciscana* (Quaracchi, 1929), vol. 1, pp. 515-560 ; H. Yule, *Cathay and the way thither (London, 1913~16)*, vol. 3, pp. 209-269.

[65] A. Van den Wyngaert, *Sinica Franciscana* (Quaracchi, 1929), vol. 1, p. 536. 〈Est etiam Zayton, portus maris mirabilis civitas, nobis incredibilis, ubi fratres Minores habent tres ecclesias pulcherrimas, optimas et ditissimas, balneum, fundatum, omnium mercatorum depositorium.〉

[66] A. Van den Wyngaert, *Sinica Franciscana* (Quaracchi, 1929), vol. 1, p. 538.

[67] R. S. Lopez, "Nuove luci sugli italiani in Estremo Oriente prima di Colombo", *Studi Colombiani*, vol. 3(1951), pp. 361-368.

[68] F. C. Lane, *Venice. A maritime republic* (Baltimore, 1973), p. 139.

[69] Archivio di stato di Venezia, Senato Misti, Deliberazioni, reg. XVII, fo 116v(1388년 12월 22일 법령) ; G. Golubovich, *Biblioteca bio-bibliografica della Terrasanta e dell'Oriente Francescano* (Quaracchi, 1923), vol. 4, p. 250 ; A. C. Moule, *Christians in China before the year* 1550 (London, 1930), pp. 256-258.

[70] G. I. Bratianu, *Recherches sur le commerce génois dans la mer noire au XIIIe siècle* (Paris, 1929), pp. 307-8, 321.

[71] M. Balard, "Precursori di Cristoforo Colombo : I Genovesi in Estremo Oriente nel XIV secolo", *Atti del Convegno Internazionale di Studi Colombiani* (Genova, 1978), tome 1, pp. 154-155.

[72] R. S. Lopez, "Nuove luci sugli italiani in Estremo Oriente prima di Colombo", *Studi Colombiani*, vol. 3(1951), pp. 390-391.

[73] F. B. Pegolotti, *La pratica della mercatura*, A. Evans, ed. (Cambridge, 1936), pp. 22-23 ; H. Yule, *Cathay and the way thither* (London, 1913~16), pp. 151-155.

[74] R. S. Lopez, "European merchants in the medieval Indies : the evidence of commercial documents", *Journal of Economic History*, vol. 3(1943), p. 167.

[75] F. B. Pegolotti, *La pratica della mercatura*, A. Evans, ed. (Cambridge, 1936), pp. 22-23.

[76] G. I. Bratianu, *Recherches sur le commerce génois dans la mer noire au XIIIe siècle* (Paris, 1929), pp. 197-208 ; M. Balard, *Romanie génoise(XIIIe~début XVe siècle)* (Genova-Roma, 1978).

[77] H. Yule, *Cathay and the way thither* (London, 1913~16), vol. 3, p. 154.

[78] L. Petech, "Les marchands italiens dans l'empire mongol", *Journal Asiatique*,

250(1962), p. 552.

[79] J. Larner, *Marco Polo and the discovery of the world* (New Haven and London, 1999), pp. 119-120.

[80] F. B. Pegolotti, *La pratica della mercatura*, A. Evans, ed. (Cambridge, 1936), pp. 22-23.

[81] E. Ashtor, *Levant trade in the Later Middle Ages* (Princeton, 1983), pp. 60-61.

[82] R. S. Lopez, "Nuove luci sugli italiani in Estremo Oriente prima di Colombo", *Studi Colombiani*, vol. 3(1951), p. 352.

[83] R. S. Lopez, "Nuove luci sugli italiani in Estremo Oriente prima di Colombo", *Studi Colombiani*, vol. 3(1951), pp. 353-354 ; idem, "Nouveaux documents sur les marchands italiens en Chine à l'époque mongole", *L'Académie des Inscriptions et Belles-Lettres : comptes-rendus*, no. 2(1977), p. 454.

[84] F. B. Pegolotti, *La pratica della mercatura*, A. Evans, ed. (Cambridge, 1936), p. 23, 25.

[85] Robert-Henri Bautier, "Les relations économiques des Occidentaux avec les pays d'Orient au Moyen Age", *Sociétés et compagnies de commerce en Orient et dans l'Océan Indien* (Paris, 1970), pp. 314-315.

[86] R. S. Lopez, "European merchants in the medieval Indies : the evidence of commercial documents", *Journal of Economic History*, vol.3(1943), pp. 178-179.

[87] E. Ashtor, *Levant trade in the Later Middle Ages* (Princeton, 1983), p. 63.

[88] Robert-Henri Bautier, "Les relations économiques des Occidentaux avec les pays d'Orient au Moyen Age", *Sociétés et compagnies de commerce en Orient et dans l'Océan Indien* (Paris, 1970), p. 315.

[89] ASV, Senato Misti, reg. 17, f. 116v, 117v ; R. S. Lopez, "Nuove luci sugli italiani in Estremo Oriente prima di Colombo", *Studi Colombiani*, vol. 3(1951), pp. 390-391.

[90] M. Balard, "Precursori di Cristoforo Colombo : I Genovesi in Estremo Oriente nel XIV secolo", *Atti del Convegno Internazionale di Studi Colombiani* (Genova, 1978), tome 1, p. 160 ; R. S. Lopez, "Nouveaux documents sur les marchands italiens en Chine à l'époque mongole", *L'Académie des Inscriptions et Belles-Lettres : comptes-rendus*, no. 2(1977), p. 453.

[91] R. S. Lopez, "European merchants in the medieval Indies : the evidence of commercial documents", *Journal of Economic History*, vol.3(1943), p. 168.

[92] F. B. Pegolotti, *La pratica della mercatura*, A. Evans, ed. (Cambridge, 1936).

[93] R. S. Lopez, "European merchants in the medieval Indies : the evidence of commercial documents", *Journal of Economic History*, vol.3(1943), p. 171.

[94] R. S. Lopez, "European merchants in the medieval Indies : the evidence of commercial documents", *Journal of Economic History*, vol.3(1943), p. 176.

[95] 이에 관한 공증인 문서는 다음 논문에 나온다. M. Balard, "Precursori di Cristoforo Colombo : I Genovesi in Estremo Oriente nel XIV secolo", *Atti del Convegno Internazionale di Studi Colombiani* (Genova, 1978), tome 1, pp. 161-162 ; R. S. Lopez, "Nouveaux documents sur les marchands italiens en Chine à l'époque mongole", *L'Académie des Inscriptions et Belles-Lettres : comptes-rendus*, no. 2(1977), pp. 453-454.

[96] L. Petech, "Les marchands italiens dans l'empire mongol", *Journal Asiatique*, 250(1962), p. 569.

[97] R. S. Lopez, "Nouveaux documents sur les marchands italiens en Chine à l'époque mongole", *L'Académie des Inscriptions et Belles-Lettres : comptes-rendus*, no. 2(1977), p. 453 ; E. Ashtor, *Levant trade in the Later Middle Ages* (Princeton, 1983), p. 63.

6장
규모의 경제
: 조직 · 자본 · 시장

"불멸의 신이시여, 이제부터 제가 이야기하려는 이 도시, 피렌체의 영광에 필적할 만한 웅변력을 제게 주소서. 그것이 허락되지 않는다면, 적어도 이 도시를 찬양하는 데 필요한 열정과 희망만이라도 제게 주십시오. 웅변력이나 열정 그 둘 가운데 어느 것을 통해서라도 이 도시의 위대함과 존엄성이 충분히 표현될 수 있어야 한다고 저는 믿습니다. 이 도시보다 더 빛나고 영광스러운 곳을, 어느 누구도 이 세상 어디에서도 발견할 수 없을 것입니다. 피렌체는 위대하고 장엄한 도시입니다."

― 레오나르도 브루니Leonardo Bruni,《피렌체 찬가Laudatio Florentinae Urbis》

14세기 중엽 피렌체 출신의 연대기 작가 조반니 빌라니는 "로마는 저물어 가지만, 나의 조국은 솟아오르며 대업을 이룰 준비가 되어 있다. 이것이 바로 내가 내 조국의 과거를 기록하려는 이유이다. 나는 현재는 물론이고 내가 모든 사건을 경험하는 날까지 쉬지 않고 기록할 것이다."라며 자신이 피렌체 역사를 저술하는 이유를 밝혔다.[1] 그러면서 빌라니는 피렌체의 위상을 보여 주는 구체적인 통계 자료를 제시했다.

피렌체 시에는 9만4천 명의 인구가 있으며, 이들은 연간 1만3,200부셸의 곡물, 4천 마리의 소, 6만 마리의 양, 2만 마리의 염소, 3만 마리의 돼지를 소비한다. 7월이면 4천 개의 멜론이 수입된다. 80개의 은행, 146개의 빵집, 60명의 의사, 100개의 향신료 상점이 있다. 8천~1만 명의 아이들이 읽기를 배웠고, 1천~1,200명이 여섯 개의 학교에서 산수와 계산을 배우며, 600명의 학생이 네 개의 학교에서 라틴 문법과 논리학을 학습한다. 200개에 달하는 모직물 작업장에서 매년 7~8만 필의 직물을 생산했으며, 모직물의 총 생산 가격은 120만 피오리노에 달한다. 모직물 상인 조합은 매년 1만 필의 직물을 수입해서 판매한다.

인구 약 10만 명에 이 정도 규모의 시정市政을 운영할 수 있었던 피렌체는 분명 당시 유럽 최고 수준의 도시였음이 틀림없다. 이에 필적할 만한 도시는 베네치아와 파리 정도였다.

젊은 시절 페루치 상사의 주재원으로 여러 지역을 경험하며 피렌체의 경제성장을 몸으로 체험한 빌라니의 이야기는 과장이 아니었다. 실제로 피렌체는 14세기에 전례 없는 경제성장을 이룩하며, 주변의 경쟁 도시들을 차례로 제치고 15세기에는 토스카나 지방의 맹주 자리를 차지했다. '콤파니아compagnia'라 불리는 수백 개의 상사들은 상품 거래와 직물산업, 은행업 등 다양한 경제활동을 펼치며 경제성장을 주도했다. 특히 페루치, 바르디, 아치아이우올리Acciaiuoli 등의 대형 상사들이 14세기의 눈부신 성장을 이끌었다.

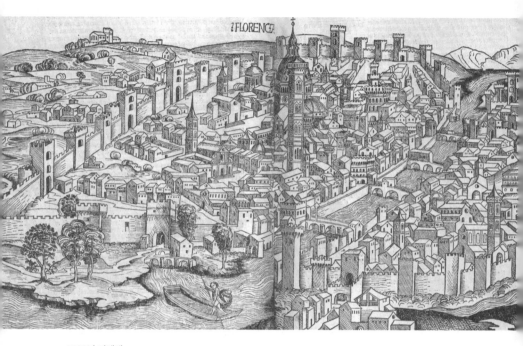

1493년 피렌체

1

중세 '초대형 상사'의 탄생 : 페루치 상사를 중심으로[†]

거대한 자산 규모의 동업출자 조직

역사상 가장 널리 알려진 이탈리아 출신 은행가는 15세기 피렌체의 메디치Medici 가문이다. 유럽 전역에 잘 조직된 금융망을 갖추었던 메디치 가문은 막대한 자금력을 바탕으로 피렌체의 정권을 장악했고, 여러 명의 교황을 배출했으며, 16세기에는 피렌체 공작 가문이 되어 유럽 여러 왕실과 혼인 관계를 맺었다. 또한 다 빈치, 미켈란젤로, 라파엘로, 보티첼리 등 당시 유럽을 대표하는 천재적인 예술가들을 후원해 피렌체에 르네상스 문화를 꽃피우는 데 크게 기여했다.[2]

메디치 가문의 명성에 가려 상대적으로 덜 알려져 있지만, 15세기의

....
[†] 본 장은 기존에 발표했던 논문(〈14세기 초반 피렌체 초대형 상사의 출현 배경 : 페루치와 바르디 상사를 중심으로〉,《대구사학》, 105권(2011), 171~198쪽)을 대폭 수정한 것이다.

메디치 상사 못지않게 14세기 유럽의 상업과 금융에서 주도적인 역할을 했던 피렌체 상사들이 있었다. 바로 바르디와 페루치 상사이다. 이들을 "기독교 세계를 떠받치는 두 기둥"이라고 소개한 동시대의 연대기 작가 조반니 빌라니의 이야기는 두 상사의 위상을 짐작케 한다.[3]

실제로 전성기 바르디 상사의 자산은 126만6,756피렌체리라(약 87만4,061피오리노), 페루치 상사의 자산은 74만2,247피렌체리라(약 51만2,150피오리노)에 달했다.[4] 비슷한 시기 프랑스 왕 필리프 6세의 재정 수입이 78만6천 피오리노 정도였음을 감안할 때 두 상사의 자산 규모는 엄청난 것이었다.[5]

미국의 역사가 헌트는 이들을 중세의 "초대형 상사super-companies"로 명명했다. 헌트가 정의한 초대형 상사는 유럽 주요 시장에 세운 사업 지부를 통해 대규모 상품 거래와 국제적 규모의 상업 활동, 국제 수준의 은행업과 제조업 등 다양한 사업 활동을 대규모로 전개한 회사이다.[6]

바르디와 페루치 상사가 어떻게 "기독교 세계를 떠받치는 기둥", "중세의 초대형 상사"라는 거창한 칭호를 얻게 되었는지 그 역사를 추적해 보자. 두 상사의 사업 활동이 매우 유사했기 때문에, 여기서는 상대적으로 더 많은 연구가 이루어진 페루치 가문의 상업 활동을 집중적으로 다룰 것이다.

페루치 가문이 본격적으로 사업 활동을 시작한 시기는 13세기 중엽 이후이다.[††] 그러나 페루치 가문의 초기 활동에 관한 자료는 거의

[††] '페루치'라는 이름이 거래 자료에 처음 등장한 것은 1248년 프랑스와의 은행 거래이다.
Davidsohn, *Storia di Firenze* (Firenze : Sansoni, 1956), vol. 2, p. 478.

남아 있지 않으며, 이들이 처음부터 귀족 출신이었는지도 명확하지 않다. 그렇지만 페루치 상사가 14세기 유럽을 대표하는 초대형 상사로 성장하는 토대를 닦은 사람은 아미데오 페루치Amideo Peruzzi(?~1303)의 두 아들 아르놀도Arnoldo와 필리포Filippo였음이 분명하다. 형제는 각자 개별 사업을 하다가 1280년대부터 동업을 시작했다.[†]

그러나 '페루치 상사Peruzzi compagnia'라는 회사명은 1292년 작성된 공중인 문서에 처음 등장한다. 이때 형인 아르놀도가 죽자, 필리포는 네 명의 조카들(파치노, 토마소, 조토, 아르놀도) 그리고 적어도 셋 이상의 외부 투자자들과 공동으로 출자해 페루치 상사를 결성하고 자신이 대표를 맡았다.

1292년 결성된 페루치 상사는, 1296년 5월 1일 공식적으로 사업을 청산하는 동시에 비슷한 구성원으로 제2기 페루치 상사를 결성했다. 제2기 페루치 상사는 1300년 5월 1일 청산되었다.[††] 제2기 페루치 상사에서도 큰조카인 파치노가 대표 직을 맡았던 짧은 시기를 제외하고는 필리포가 계속 상사의 대표였다.

1300년부터 1308년까지 이어진 제3기 페루치 상사에는 17명의 동업자가 참여했다. 페루치 가문 출신 일곱 명(필리포와 그의 아들 게리, 세 명의 조카 조토·토마소·아르놀도, 사망한 조카 파치노의 두 아들 필리포·

....

[†] 페루치 상사의 창립자라 할 수 있는 인물은 13세기 중엽 필리포와 아르놀도 페루치였다. 이들은 이미 1280년대부터 피렌체에서 큰 명성을 얻었다. E. S. Hunt, *The medieval super-companies. A study of the Peruzzi company of Florence* (Cambridge, 1994), pp. 16-26.

[††] 중세에는 상사들이 처음 자본금을 모집할 때부터 청산 날짜를 확정하는 것이 관례였다. 이러한 일정에 따라 모든 상사가 일정 기간을 주기로 결성과 청산을 반복했다. 따라서 자본금 청산이 이루어졌다고 해서 상사가 해체되었다고 성급하게 판단해서는 안 된다.

〈지도 12〉 1335년 페루치 상사의 사업망

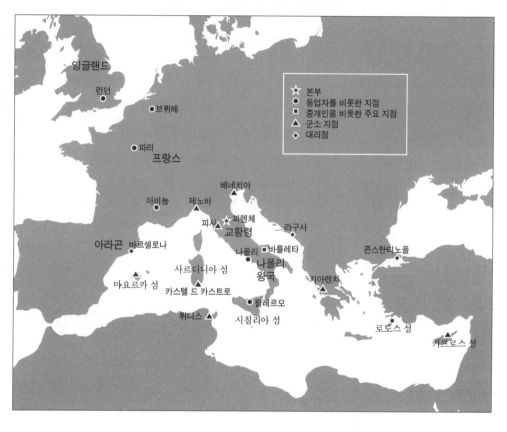

리니에리)이 7만4천 리라를, 나머지 열 명의 외부인이 4만9천 리라를 출자했다. 1308년 상사의 대표 필리포가 사망하면서 페루치 상사는 새로운 국면을 맞았다. 1300년부터 파산하는 1343년까지 총 22명의 페루치 사람들이 상사에 출자하고 운영에 참여했는데, 이들은 모두 필리포와 아르놀도의 부친 아미데오의 직계 후손이었다.[7]

당시 대부분의 피렌체 상사들과 마찬가지로 페루치 상사도 '사업 정산'과 '계약 갱신'을 반복하며 14세기 중반까지 상업 활동을 이어 갔다.[8] 그런 점에서 14세기 초반 피렌체 상사들의 사업은 12세기 제노바·베네치아 상인들의 일회적인 성격의 사업과는 많이 달랐다. 뿐만 아니라, 상사를 운영하는 자금의 절반 이상을 직접 출자했다는 점에서도 여러 투자자들에게 사업 자금을 조달했던 12세기 베네치아·제노바의 순회상인과 달랐다. 무엇보다 두드러진 차이는, 그 자산 규모였다.

사업 조직에서도 페루치 상사는 이전 시기의 이탈리아 상인들과 비교해 질적으로 발전된 모습을 보였다. 상사를 이끌어 가는 주체는, 공동으로 출자하여 상사compagnia를 결성한 동업자들이었다. 적게는 4~5명, 많게는 20명 이상이 상사 결성에 참여했으며, 이 동업자들은 제3자에 대해 무한의 연대책임을 졌다. 동업자들은 상사 활동에 직접 참여하면서 사업에 관한 의사 결정을 공동으로 했다. 다만, 상사 결성을 주도한 가문의 연장자가 상사의 대표 직을 맡는 것이 일반적이었다. 대표는 피렌체에 머물면서 사업을 총괄했고, 여러 동업자들은 유럽 전역에 흩어져 각 지부의 사업을 지휘했다. 다음은 1335년 페루치 상사의 조직도이다.[9]

1335년 페루치 상사 조직도

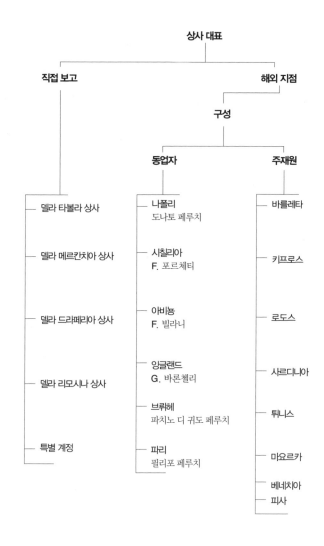

상사 대표

직접 보고

해외 지점

구성

동업자

주재원

- 델라 타볼라 상사

- 델라 메르칸치아 상사

- 델라 드라페리아 상사

- 델라 리모시나 상사

- 특별 계정

- 나폴리
  도나토 페루치

- 시칠리아
  F. 포르체티

- 아비뇽
  F. 빌라니

- 잉글랜드
  G. 바론첼리

- 브뤼헤
  파치노 디 귀도 페루치

- 파리
  필리포 페루치

- 바를레타

- 키프로스

- 로도스

- 사르디니아

- 튀니스

- 마요르카

- 베네치아
- 피사

이 그림에서 알 수 있듯이, 일부 해외 지점의 경우에는 운영을 책임지는 주재원factor들이 있었다. 자금이 없거나 사업 경험이 부족한 젊은이들이 상사의 주재원으로 활동했는데,《데카메론》의 작가 보카치오도 젊은 시절 페루치 상사의 나폴리 주재원으로 일한 바 있다.

전성기 시절, 페루치 상사는 133명의 주재원을 고용하고 있었다. 이는 유럽 제일의 규모였다. 이 주재원들은 잉글랜드의 런던, 중세 말 대서양 제일의 항구도시 브뤼헤, 프랑스 파리, 교황청 소재지인 아비뇽, 서지중해의 바르셀로나, 스페인 발레아레스 군도의 마요르카, 팔레르모, 이탈리아 반도의 제노바, 베네치아, 피사, 나폴리, 로마, 바를레타, 비잔티움제국의 수도이자 흑해와 지중해 무역의 요충지인 콘스탄티노플, 키프로스 섬, 로도스 섬 등 유럽과 지중해의 주요 시장 대부분에서 활동했다.[10]

페루치 가문은 상사를 꾸리고 얼마 되지 않은 1280년대 이후 피렌체 사회에서 부와 명성을 얻기 시작했다. 그리고 13세기 후반, 모직물 상인 조합(Arte di Calimala)과 환전상 조합(Arte del Cambio)의 회원이 되면서 본격적으로 성장하기 시작했다. 당시 피렌체의 경제뿐 아니라 정치까지 주도한 두 조합에 가입했다는 것 자체가 당시 페루치 가문이 꽤 성공했음을 보여 준다. 1297년에는 조합 서열 3위인 향신료 상인 조합(Medici, Speziali, e Merciai)에도 가입했으며, 이후에는 모직물 제조업자 길드(Arte della Lana)의 회원이 되었다.[11]

하지만 13세기 말의 페루치 상사는 아직 '초대형 상사'라 불리기에는 여러 가지 면에서 부족했다. 물론 이때도 해외시장에서 간간이 거래를 성사시키고 있었지만, 상대적으로 작은 규모의 상업 거래와 대부에 치중했기 때문이다. 페루치 상사가 진정한 '초대형' 상사로 부상하려면 좀 더 큰 세계에서 활동할 필요가 있었다. 이후 남부 이탈리아와의 곡물무역, 잉글랜드의 양모무역 그리고 교황청과의 금융거래가 페루치 상사를 14세기 유럽 경제를 지탱하는 기둥으로 성장시켰다.

2
페루치 상사를 만든 세 가지 사업

남부 이탈리아와의 곡물무역 : 수탈

식량 자원인 곡물은 무겁고 저렴한 데다 상대적으로 운송료가 비싸서 원거리 대량 수송 상품이 아니었다는 기존의 역사 해석과 달리, 중세 후반에 지중해를 통해 곡물이 대량으로 거래되었음이 밝혀졌다. 11세기 이후 지속된 인구 증가로 곡물 수요가 늘어났고, 특히 인구 성장이 두드러진 피렌체와 같은 대규모 도시에서는 식량 공급이 더 중요했다. 당시 피렌체는 주변 농촌에서 생산된 곡물만으로는 다섯 달 정도밖에 버틸 수 없을 만큼 도시 규모가 급성장하여 다른 곡물 공급지가 반드시 필요했다. 그리고 피렌체에서 가장 가까운 곡물 생산지는 남부 이탈리아와 시칠리아였다.

13세기 후반 남부 이탈리아를 두고 벌어졌던 치열한 전쟁은 페루치 상사를 포함한 피렌체 상인들이 남부 이탈리아의 곡물무역에서 독점적인 지위를 확보하는 데 크게 기여했다. 헌트는 페루치 상사가 초대형 상사로 성장할 수 있었던 일차적인 배경이 남부 이탈리아의 곡물무역이었다고 주장했다. 그의 주장대로 이 상사들은 남부 이탈리아에서 생산된 막대한 양의 곡물을 거래하며 상당한 이윤을 거두었다. 그렇기 때문에 13세기 중반~14세기 초반에 피렌체가 경제적으로 급성장할 수 있었던 기반이 남부 이탈리아였음을 부정하는 역사가는 거의 없다. 심지어 이 시기 남부 이탈리아 경제가 피렌체 상인들에 의해 정복되었다고 말하는 역사가도 있다.[12] 피렌체 역사를 저술한 독일사가 다비드손Davidsohn 역시 상업적으로나 정치적으로 남부 이탈리아만큼 피렌체에 중요한 지역은 없었다고 지적했다.

피렌체 상인들이 남부 이탈리아 경제를 장악하고 국제 규모의 거상으로 성장할 수 있는 발판은 앙주 가문의 보호와 특혜였다.[13] 실제로 피렌체 상인들이 남부 이탈리아 시장에 본격적으로 진출한 시기는 앙주 가문이 이 지역을 정복한 시기와 일치한다.[14] 피렌체 상인들과 앙주 가문의 밀월 관계는 13세기 중엽 국제정치의 산물이었다.

이 시기 교황청은 호엔슈타우펜 가문 출신의 신성로마제국 황제에 맞서 새로운 동맹 세력을 찾고 있었다. 당시 신성로마제국의 프리드리히 2세가 이탈리아 문제에 깊숙이 관여하면서 교황청과 적대 관계를 형성했다는 것은 앞서 설명한 바 있다. 이 문제로 절치부심하던 교황 우르바누스 4세는 묘수를 찾았다. 바로 프랑스 국왕 루이 9세의 동생이자 앙주 백작인 앙주의 샤를을 동맹 세력으로 끌어들이는 것이었다.

1266년 교황청의 주도로 로마에서 나폴리와 시칠리아의 왕 카를로 1세로 등극한 샤를은, 교황청의 후원 아래 이탈리아 정복전쟁에 착수했다. 그리고 같은 해 신성로마제국 프리드리히 2세의 서자이자 부왕에게서 시칠리아 왕위를 승계한 만프레도를, 1268년에는 프리드리히 2세의 손자인 콘라트를 격퇴함으로써 명실상부하게 남부 이탈리아와 시칠리아의 주인이 되었다.

원정 초기부터 전쟁 비용을 제공한 피렌체 상인은 소수였지만, 카를로 1세Carlo I(재위 1266~1285)의 승리가 계속되자 많은 피렌체 상인들이 이에 동참했고 대부금도 증가했다. 상인들이 나폴리·시칠리아 왕에게 전비를 대부하고 기대한 바는 무엇보다도 상업상의 특혜였고, 실제로 앙주 가문의 왕들은 대부금에 비례하여 차별화된 특혜를 제공했다. 하지만 카를로 1세의 통치기에는 피렌체 상인들이 독점적인 지위를 획득하지는 못했다.[15]

프로방스 백작이기도 했던 왕이 여전히 남프랑스 상인들과 거래했고, 남부 이탈리아와 시칠리아 곡물 수출을 직접 통제했기 때문이다. 그리고 남부 이탈리아에 눈독을 들이고 있던 집단은 피렌체 상인들만이 아니었다. 루카와 시에나 출신 은행가들도 카를로 1세의 원정을 재정적으로 지원했고, 피사·제노바·베네치아 또한 남부 이탈리아를 중요하게 생각하고 있었다.

그러나 1282년 시칠리아 팔레르모에서 앙주 가문의 지배에 대항해 일어난 '시칠리아 만종 사건'은 피렌체 상사들에 여러모로 유리하게 작용했다. 이 사건은 외부의 정복자인 앙주 가문과 그들이 데리고 온 오만한 프랑스 출신 병사들 그리고 세금에 대한 불만으로 터져 나왔다. 시칠리아의 왕위를 노리는 아라곤 왕 페드로 3세Pedro III와 남부 이탈리아의 앙주 가문을 견제하려고 했던 비잔티움 황제 미카엘 팔레올로고스는 각자 첩자를 보내 불만을 선동했다.

1282년 부활절 일요일 저녁 기도(만종) 시간에 팔레르모 군중들이 프랑스 주둔지를 습격해 프랑스군을 학살하자, 카를로 1세는 반란군

진압을 위해 이탈리아 본토에서 군대를 모집했다. 이에 반란군은 아라곤의 왕 페드로 3세를 시칠리아 왕으로 추대했다. 결국 카를로 1세는 곡창지대인 시칠리아를 아라곤 왕국에 빼앗기면서 막대한 재정수입을 잃게 되었지만, 피렌체 상사들은 남부 이탈리아에서의 입지를 더욱 공고히 할 수 있는 계기를 마련할 수 있었다.[16] 시칠리아를 되찾으려는 왕은 전쟁 자금이 필요했고, 피렌체 상사들은 자금 대부를 대가로 좀 더 많은 요구를 할 수 있었기 때문이다.

1285년 카를로 1세가 사망하고 정권을 잡은 카를로 2세Carlo II(재위 1285~1309)도 아버지의 정책을 그대로 계승했다. 더구나 1298년 카를로 2세에게 돈을 빌려 주었던 시에나 출신의 대은행 가문인 본시뇨리 가의 파산으로 피렌체 상사들의 협상력은 더욱 높아졌다.[17] 게다가 시칠리아가 아라곤 왕국의 수중에 들어가자 황제파 도시였던 제노바와 피사는 교황파의 선봉장인 앙주 가문이 지배하는 남부 이탈리아보다는 시칠리아에서 곡물을 구입하려고 했다.

결국 경쟁에서 살아남아 앙주 가문의 자금줄 역할을 전담하게 된 곳은 페루치와 바르디, 아치아이우올리 상사였다.[18] 페루치 상사는 1304년에 9만 피오리노를, 1306년에 추가로 4만5천 피오리노를 카를로 2세에게 대부했다. 1309년 카를로 2세의 셋째 아들로 아버지를 계승한 로베르토Roberto(재위 1309~1343)는 더욱더 피렌체 대형 상사들에게 의존하게 된다.[19] 그 결과, 남부 이탈리아에서 피렌체 상사들의 힘과 부가 최고 절정에 달했다.[20]

로베르토는 교황파의 지도자로서 피렌체 대형 상사들의 적극적인 후원과 재정 지원을 받았다. 중세 대부분의 봉건 왕들처럼 재정 기반이 취약했던 로베르토로선 이들의 지원이 없었다면 당면한 난제들을 해결할 수 없었을 것이다. 특히 페루치, 바르디 상사와의 관계는 공적인 관계를 넘어 사적으로도 매우 친밀했다. 로베르토는 여행 중에 페루치와 바르디 상사가 제공하는 여러 편의를 제공받았다. 1306년 왕위에 오르기 전에도 부인과 함께 피렌체를 방문했고, 1310년 피렌체 방문 때에는 피렌체에서 가장 훌륭한 조토 페루치 Giotto Peruzzi의 성에 유숙했다.[†] 페루치 가문은 귀한 손님을 극진히 대접한다고 성의 지붕까지 새로 얹었다. 이 시기에 로베르토는 페루치, 바르디 상사와 은화 2만4천 온스(11만 피오리노 상당)라는 막대한 자금 대부 계약서를 작성했다.[††]

1326년 피렌체 공화국은 로베르토의 아들이자 이탈리아 남서부 지방 칼라브리아 공작 카를로에게 10년간 피렌체를 통치해 달라고 요청했고, 공작은 그해 7월 피렌체에 도착했다. 이때 페루치·바르디·아치아이우올리 상사가 공동으로 카를로의 3개월 체류비를 지불했는데, 그 액수가 무려 3만1,400피오리노에 이르렀다. 피렌체 상사들에게 앙주 가문 사람들의 피렌체 체류는 상호 관계를 더욱 돈독히 하고, 결과적으로 특혜를 얻어 낼 수 있는 절호의 기회였다.[†††]

페루치를 포함한 이탈리아 상사들이 앙주 가문에 돈과 온갖 협력

....

[†] 페루치 상사의 회계장부에는 이에 소요된 비용이 450리라였다고 기록되어 있다. A. Sapori, *I libri di commercio dei Peruzzi* (Milano, 1934), p. 407, 476.

[††] 이 자금은 로마냐 지방에 주둔하고 있던 로베르토의 군대를 위한 것이었다. G. Yver, *Le commerce et les marchands dans l'Italie méridionale au XIIIᵉ et au XIVᵉ siècle* (New York, 1903), p. 304.

[†††] 1327년 1월 무렵에는 피렌체 은행가들에게 갚아야 할 채무가 6만656피오리노로 증가했다. G. Yver, *Le commerce et les marchands dans l'Italie méridionale au XIIIᵉ et au XIVᵉ siècle* (New York, 1903), p. 315.

을 제공하며 얻고자 한 것은 상업상의 특혜, 특히 남부 이탈리아의 곡물무역에 대한 특혜였다. 앙주 왕실은 1290년부터 1329년까지 약 30년간 40건 이상의 곡물 수출 허가권을 발행했는데, 이 중 대다수가 이 세 상사에게 돌아갔다. 이후 페루치 상사는 로베르토 왕에게 나폴리, 바를레타, 바리와 같은 남부 이탈리아 항구도시를 통해 일정 상품을 관세 없이 수출할 수 있는 특권까지 얻었다.[21] 심지어 이탈리아 전역에 기근이 든 1329년에도 피렌체 상인들은 풀리아 지방의 항구를 이용해 곡물을 수출할 수 있는 허가권을 받았다. 당시 이지역 주민들이 식량이 부족해 폭동을 일으킬 기세였음에도 불구하고 허가권이 발급된 것이다.[22]

남부 이탈리아 곡물 거래는 이탈리아 반도를 넘어 지중해 전역으로 확산된 국제적인 규모의 사업이었다. 14세기 초 피렌체 상인들이 수출한 남부 이탈리아산 곡물의 양은 엄청났다. 1311년에만 4만5천 톤의 곡물이 팔려 나갔다. 비록 여기에는 미치지 못하지만, 1327년부터 1331년까지 수출량도 연평균 1만2,300톤으로 여전히 대단했다.[††††] 이 거래량은 피렌체의 소비량을 훨씬 웃돌았기 때문에 잔여 물량은 이탈리아와 지중해 전역으로 수출되었다. 이 과정에서 피렌체 상인들은 제노바와 베네치아 선박을 임대하여 곡물을 수송했다.[23] 이탈리아 중부에 위치한 피렌체는 항구도시가 아니었기 때문이다.

그러나 곡물 장사로 큰 이윤을 남기기는 쉽지 않았다. 당시에도

---

†††† 아불라피아의 계산에 따르면, 이는 15세기 제노바 초대형 범선 50척 분량이다. D. Abulafia, "Southern Italy and the florentine economy, 1265~1370," *Economic History Review*, vol. 34(1981), p. 382.

곡물은 식량 자원으로 엄격한 관리와 통제를 받았다. 피렌체 정부도 원활한 곡물 수급을 위해 곡물 분배를 엄격하게 통제하려 했고, 1274년 이후부터는 '6인 곡물 위원회'가 곡물 분배를 감독했다. 관리 대상 곡물은 네 가지 종류의 밀과 보리, 호밀, 수수와 기장이었다. 곡물 공급이 많으면 많은 대로, 부족하면 또 부족한 대로 큰 차익을 기대하기가 어려웠다. 공급이 넘치면 값이 떨어지고, 부족하면 정부가 나서서 곡물 가격을 규제했기 때문이다. 그러나 이 대목에서도 중세 이탈리아 상인들 특유의 정치력이 발휘되었다. 페루치 가문 사람들은 곡물 위원으로 활동하며 정부의 규제를 자신들에게 유리한 쪽으로 적용했다.[24]

그럼에도 불구하고 곡물 거래는 큰 차익을 남길 수 있는 장사는 아니었다. 하지만 다른 상품들에 비해 상대적으로 수익률은 낮아도 당시 남부 이탈리아산 곡물무역은 이미 규모의 경제를 형성할 정도로 성장해 있었다. 즉, 전체 거래량이 커지면서 이윤의 절대치도 커졌던 것이다. 페루치 상사가 곡물무역으로 벌어들인 이익금은 연간 2만~5만 피렌체리라에 달했고, 이 액수는 상사의 연간 인건비(9천 피렌체리라)와 이자를 제하고도 남았다.[25]

게다가 페루치 상사가 남부 이탈리아에서 벌인 활동은 곡물 교역만이 아니었다. 1316년 페루치 상사는 바르디와 아치아이우올리 상사와 연합해 '신디케이트syndicate'를 결성했다. 서로 경쟁하고 싸우기보다는 수익이 날 만한 모든 사업에 균등하게 참여하고 이익을 나누는 독점 방식을 선택한 것이다. 이제 남부 이탈리아에서 이들에게 대항할 수 있는 개인이나 조직(은행조차)은 없었다. 이 신디케이트는 세금 징수, 현금 수송, 관리와 군대 봉급 지급, 군수물자 거래, 포도주와 곡물 거래 등 남부 이탈리아 앙주 왕국의 재정·군사·경제 모든 분야에 손을 뻗쳤다. 1330년에는 피렌체의 대표적인 상사였던 부오나코르시Buonaccorsi 상사까지 이 연합에 참여했다.[26]

결국 이 피렌체 상사들은 남부 이탈리아 경제를 송두리째 장악했다. 14세기 피렌체에 초대형 상사들이 탄생할 수 있었던 중요한 배경에는 이처럼 남부 이탈리아에 대한 철저한 경제 수탈이 있었던 것이다.[27]

잉글랜드와의 양모무역

중세 말 피렌체가 제노바와 베네치아 수준의 상업도시로 성장할 수 있었던 기반 중 하나는 국제적인 규모의 은행업과 모직물 제작이었다. 최고 전성기에는 300개의 모직물 작업장에서 연간 10만 필 정도의 모직물을 생산했다. 당시 모직물 산업은 피렌체 인구의 3분에 1에 해당하는 3만 명을 부양할 정도로 높은 경제적 비중을 담당하고 있었다.

14세기에 피렌체의 모직물 산업이 이렇게 성장할 수 있었던 것은 무엇보다 안정적인 원료 공급 덕분이었다. 페루치 상사와 바르디 상사를 포함한 피렌체 대형 상사들이 잉글랜드에서 생산된 고급 양모를 안정적으로 들여온 덕분에 피렌체 모직물 공장들이 고가의 모직물을 생산할 수 있었던 것이다.

하지만 잉글랜드산 양모를 확보하는 것이 처음부터 쉬운 일은 아니었다. 양모의 해외 수출은 잉글랜드 왕실의 엄격한 통제를 받았기 때문에 외국 상인들이 필요한 양의 양모를 정기적으로 구매하기란 여간 어려운 일이 아니었다. 특히 에드워드 1세Edward I(재위 1272~1307) 이후 잉글랜드 왕실은 양모 수출에서 나오는 세금을 중요한 재정수입원으로 여기고 이에 적극적으로 개입했다.[28]

게다가 13세기 후반까지 잉글랜드산 양모 거래를 주도한 세력은 이탈리아가 아니라 플랑드르 상인이었다. 그러나 13세기 말 잉글랜드 왕실이 플랑드르 지방과의 양모 교역을 자주 중단하거나 양모를 몰수하면서 플랑드르 상인의 몫이 점차 줄어들었다. 게다가 이 시기에 지브롤터 해협을 통과해 지중해와 대서양을 연결하는 해로가 개통되면서 이탈리아 상인들이 잉글랜드 양모 시장에 본격적으로 뛰어들자, 플랑드르 상인의 입지는 축소될 수밖에 없었다.

1273년 이탈리아 상인들은 잉글랜드에서 약 7천 자루의 양모를 구매했는데, 이 양은 당시 잉글랜드 양모 수출량의 25퍼센트에 해당했다.[29] 13세기 후반부터 14세기 전반 사이에 해외로 수출된 잉글랜드산 양모량은 연평균 2만~3만3천 자루 정도로, 많게는 4만 자루까지 수출되었다.[30] 그중 피렌체 상인들의 거래량은 3,240자루로 전체의 10퍼센트 정도였다.

1273년 이탈리아 상인들에게 허가된 수출량[31]

상사	수출 허가량
피렌체의 체르키Cerchi 상사	400자루
피렌체의 팔코니에리Falconieri 상사	620자루
피렌체의 마치Macci 상사	640자루
피렌체의 바르디 상사	700자루
루카의 니콜라 테스타Nicola Testa	700자루

피렌체의 프레스코발디 상사	880자루
루카의 리카르디 상사	1,080자루
피아첸차의 스코티 상사	2,140자루

이 표에서 알 수 있듯이, 1270년대 이탈리아 상사들 중에서 피아첸차의 스코티 상사와 루카의 리카르디 상사가 가장 많은 양의 양모를 거래하고 있었다. 리카르디 상사가 상당한 양의 양모 수출권을 확보할 수 있었던 것은, 루카 상인들과 연합해 잉글랜드 왕 에드워드 1세에게 큰 액수의 자금을 빌려 주었기 때문이다. 그러나 리카르디 상사의 런던 지부가 파산하고, 이와 동시에 루카 상인들도 잉글랜드 시장에서 입지를 상실하면서 양모 교역의 주도권은 피렌체 상인들에게 넘어갔다. 피렌체의 프레스코발디 상사가 대표적이었다.

프레스코발디 상사도 여러 상사와 연합해 잉글랜드 왕 에드워드 2세(재위 1307~1327)에게 자금을 빌려 주고 그 대가로 양모 거래 특혜를 얻었다. 하지만 무능하고 나약했던 에드워드 2세는 치세 초기 프랑스 가스코뉴 출신의 피에르 가베스통Pierre Gaveston을 지나치게 총애했고, 무거운 세금을 부과했으며, 이에 더해 왕실의 후원을 받는 이탈리아 상인들에 대한 혐오까지 겹치면서 1310년 잉글랜드 귀족들의 반란이 일어났다.(Ordainers' Revolt) 이 반란 중에 프레스코발디 상사는 큰 피해를 입어 결국 잉글랜드를 떠나야 했다. 이렇게 되자 대규모의 금융 대출업도 할 수 없게 되어, 1315년 결국 파산하고 말았다.[32] 페루치 그리고 페루치보다 더 주도적인 역할을 하게 될 바르디 상사가 잉글랜드 양모무역에 본격적으로 뛰어든 시기가 바로 이 무렵이다.

바르디 상사가 잉글랜드에 진출한 것은 1267년경이지만, 초기에는 사업 규모가 그리 크지 않았다.[†] 그런데 과거에 다른 이탈리아 상인들이 그러했듯, 잉글랜드 왕실에 막대한 자금을 대부해 주면서 양모 교역에서 특권적인 입지를 누리게 되었다. 대부 액수가 늘어나면서 상업상의 특혜도 늘어났고, 그 덕분에 사업이 급속하게 번창할 수 있었다. 실제로 1290~1310년 4,900파운드에 불과했던 잉글랜드 왕실에 대한 대부가 1312~1326년 10여 년 사이에 6만8천 파운드로 크게 늘어났다. 그 덕분에 바르디 상사는 양모 거래에서 상당한 지분을 확보했을 뿐만 아니라 양모 수출관세까지 면제받았다.[33] 그 결과, 1295년 312자루이던 바르디 상사의 양모 거래량은 1317~8년 1,083자루로 크게 증가했다. 이는 당시 외국 상인이 거래한 양모 수출량의 7퍼센트에 해당하는 양이었다.[34]

그러나 편법을 통한 부의 축적은 늘 말썽을 일으키는 법이다. 게다가 바르디 상사는 잉글랜드인 입장에서는 엄연한 외국인 집단이었다. 바르디 상사가 잉글랜드 왕실에 막대한 자금을 빌려 준 대가로 얻은 상업상의 특혜는 런던 시민들의 공분을 샀고, 급기야 1326년 상사의 런던 지부가 군중들에게 약탈을 당했다. 하지만 같은 해 프랑스 출신 잉글랜드 왕비이자 자신의 정부였던 이사벨라의 부름을 받아 에드워드 2세를 폐위시키고 권력을 장악한 로저 모르티머Roger Mortimer도 바르디 상사의 필요성을 인정할 수밖에 없었고, 이들을 계속해서 활용했다.[35]

....
[†] 기록에 따르면, 바르디 가문은 1183년에 이미 잉글랜드에 지부를 두고 있었다. A. Sapori, *La crisi delle compagnie mercantile dei Bardi e dei Peruzzi* (Firenze, 1926), p. 5.

부왕 에드워드 2세의 뒤를 이어 왕위에 오른 에드워드 3세Edward III(재위 1327~1377) 집권기에 바르디 상사의 위상은 더 높아졌다. 왕실 운영에 필요한 막대한 비용을 계속해서 빌려 줄 수 있는 자금력을 가진 상사가 바로 바르디 상사였기 때문이다. 1328~1331년 왕실 재정 기록에서 나타나듯이, 에드워드 3세는 평상시에도 차용한 돈으로 왕실 재정을 운영했다. 에드워드 3세는 매년 1만2천~1만9천 파운드의 돈을 차용했고, 빌리자마자 그중 4천 파운드를 이자로 지불했다. 1328~1331년 바르디 상사가 잉글랜드 왕실에 빌려 준 돈은 약 3만9,576파운드였고, 그중 가장 많은 몫이 왕실 운영비(약 1만7,670파운드)로 지출되었고, 그 다음이 국내외 외교 업무비(약 1만1,528파운드)였다. 게다가 바르디 상사는 왕실에 외상으로 물건을 납품하는 편의도 제공했다. 이러한 서비스 덕분에 바르디 상사는 1329년 명실상부한 왕실의 은행가가 될 수 있었다.

잉글랜드 왕실에 막대한 자금을 대부하면서 바르디와 페루치 상사는 양모 거래에 관한 특권과 세금 감면과 같은 특혜를 얻었다. 일반적으로 잉글랜드 왕실은 대부금을 크게 두 가지 형태로 상환했는데 하나는 이전 채무를 새로 빌린 돈의 일부로 갚는 것이고, 다른 하나는 세금 징수권의 양도라든가 양모를 이용한 현물 상환이었다. 잉글랜드 왕실은 1338년 7월부터 1340년 1월까지 7만4천 파운드(50만 피오리노)를 바르디와 페루치 상사에 상환했다. 그중 3만8천 파운드는 관세 수입 형태로, 1만8,800파운드는 플랑드르에서의 양모 수출관세 징수 형태로, 1만7,200파운드는 양모로 상환했다. 이 중 남부 유럽으로의 양모 수출 독점권은 특혜 중의 특혜였다.

두 상사가 가장 많은 양모를 거래한 1338~1340년은 사실상 모든 양모를 네덜란드 양모 도매시장으로 수출해야만 하는 규정이 시행되던 시기였다. 당시 잉글랜드 왕실은 '양모 스테이플Wool Staple'이라 불리는 체제를 유지하고 있었다. 이 체제에 따르면 잉글랜드 양모의 해외 수출은 일차적으로 해외의 특정 장소(이 특정 장소를 '스테이플'이라 부르며, 주로 항구도시가 지정되었다.)로만 제한되었다. 1338년에서 1342년까지는 네덜란드의 도르드레흐트Dordrecht가 스테이플이었고, 1343년에는 브뤼헤가 스테이플이 되었다. 왕실의 허가를 받은 상인들은 잉글랜드에서 양모 수출세를 내고 해외의 허가 장소에서 양모를 검사받아야만 했다. 이 체제는 왕실이 해외 무역을 효과적으로 통제해 세금을 안정적으로 확보하기 위한 수단이었다.

그러나 에드워드 3세에게 천문학적인 규모의 자금을 대부했던 두 피렌체 상사는 양모 수출 지정 장소인 스테이플이 아니라 이탈리아로 양모를 직접 수출할 수 있는 예외적인 특혜를 얻었다. 1339년 3월, 에드워드 3세는 바르디와 페루치 상사를 제외한 어떤 외국 상사도 이베리아 반도, 모로코나 가스코뉴 지방으로 양모를 수출하지 못하도록 하겠다고 두 채권자에게 약속까지 했다. 두 상사는 이탈리아로 8천 자루의 양모를 수출할 수 있는 권한을 얻었고, 1338~1340년 사이에 7,365자루를 지중해로 수출했다. 이는 당시 잉글랜드 양모의 해외 수출액의 9퍼센트에 육박할 정도로 엄청난 규모였다.[†]

[†] 1294년 피렌체와 루카 출신 상사들은 잉글랜드에서 2,700자루 정도의 양모를 거래했다. 1294년 가을에서 1297년 10월까지 피렌체의 프레스코발디 상사는 1,400자루의 양모를 해외로 수출했으며, 이는 당시 전체 수출량의 3퍼센트에 해당했다. 하지만 당시 이탈리아 상사들이 수출한 양모 대부분은 이탈리아가 아니라 플랑드르 지방으로 수출되었다. E. B. Fryde, "Italian maritime trade with medieval England(c. 1270~c. 1530)," *Recueils de la*

해외로 선적된 잉글랜드 왕실의 양모 중 절반 이상이 피렌체 상사들 몫이었다. 바르디와 페루치가 34퍼센트, 부오나코르시 상사가 10.5퍼센트, 아치아이우올리와 알베르티 상사가 합해서 4.75퍼센트의 지분을 확보하고 있었다. 1270년대 10퍼센트 정도였던 피렌체 상인들의 양모 거래량이 14세기 초중반에 다섯 배까지 증가한 것이다.[36]

잉글랜드산 양모를 피렌체까지 들여오는 일은 그리 녹록한 일이 아니었다. 잉글랜드에서 충분한 양모를 확보하는 일부터 서둘러야 했다. 피렌체 상인들은 잉글랜드산 양모의 상당 부분을 생산했던 수도원에 한두 해 전에 미리 선금을 주고 양모를 확보했다. 충분한 양의 양모를 확보할 자금 여력이 없는 상인들은 이러한 경쟁에 참여하기가 어려웠다.

그 다음 과정은 양모를 피렌체로 수송하는 일이었다. 바르디 상사의 주재원이었던 페골로티가 저술한 상업 안내서에는 런던에서 피렌체로 양모를 수송하는 데 소요되는 여러 비용이 자세하게 기록되어 있다. 우선 런던에서 관세와 수출세를 지불해야 했고, 관리에게 금품을, 서기에게는 포도주를 건넸으며, 상품을 계량하고 옮기는 비용을 물어야 했다. 런던에서 프랑스 가스코뉴 지방의 항구까지 가는 운송료가 있었고, 이곳에서 일시적으로 양모를 보관하는 비용을 물어야 했다. 이곳에서 육로로 몽펠리에까지, 그리고 몽펠리에에서 남프랑스 항구도시 에귀모르트Aigues-Mortes까지 수송하는 운송료와 도로 이용료가 추가되었다. 에귀모르트에서 다시 해로를 이용해 피사까지 수송하는 비용을 지불해야 했고, 피사에서 피렌체까지 옮기는

데에도 여러 비용이 추가되었다.[37]

이런 번거로운 수송 과정을 거쳐야 하니, 양모가 런던을 출발해 피렌체까지 도달하는 데에는 통상 몇 개월이 소요되었다. 해적이나 나쁜 기상 조건으로 배가 잉글랜드로 되돌아가는 경우에는 시간이 더 들었을 뿐만 아니라 다시 복잡한 과정을 밟아야 했다.

페루치와 바르디 상사는 자신들이 운영하는 모직물 작업장에 필요한 양만 남기고 나머지 양모는 피렌체 모직물 제작업자들에게 판매했다. 두 상사는 선대제 생산putting-out system으로 모직물 공장을 운영했다. 자신들은 원료 공급과 완제품 판매를 담당하고, 공장의 장인이 공급받은 원료로 완제품을 생산한 것이다. 장인은 상사에 고용된 일종의 고용인에 불과했다. 사실 두 상사의 전체 사업에서 모직물 제작과 판매는 그렇게 중요한 사업 분야는 아니었다. 모직물의 제작과 피렌체 국내 판매는 페루치 상사 내에서 일종의 자회사에 해당했던 '콤파니아 델라 라나Compagnia della lana'(모직물 상사)가 담당했고, 상사에서 파견한 두 명의 대리인(도노 베르치Dono Berci와 로렌초 디 베티노Lorenzo di Bettino)이 이를 총괄했다.

잉글랜드산 양모 교역은 위험부담도 적지 않고, 많은 인력과 자본 그리고 체계적인 운영이 필요한 '큰 사업big business'이었다. 그렇지만 페루치와 바르디 상사에게는 상당한 위험을 무릅쓸 정도로 수지맞는 장사였다. 바르디 상사는 1331년부터 1333년까지 약 3년간 양모 거래에서만 3만9,395피렌체리라라는 막대한 이윤을 남겼는데, 이는 당시 상사 전체 수입의 반에 해당하는 금액이었다.[38]

잉글랜드산 양모 거래는 피렌체 상사들에게 금전상의 이익뿐 아니라 상사의 다른 사업을 원활하게 돌아가게 하는 윤활유 역할을 했다. 잉글랜드에서 수입한 고급 원료를 이용해 고가의 모직물을 제작했고, 이를 남부 이탈리아 시장에 내다 팔고 그 이윤으로 남부 이탈리아산 곡물을 구입할 수 있었다. 이러한 안정적인 원료 공급 덕분에 1330년대 피렌체는 연간 10만 필의 모직물을 생산하는 이탈리아 최대의 모직물 생산지로 부상할 수 있었다.

교황청과의 금융거래와 은행업

지금까지 살펴보았듯, 곡물과 양모 교역은 페루치 상사가 "초대형 상사"로 성장할 수 있었던 중요한 기반이었다. 하지만 페루치 상사의 전체 역사에서 가장 핵심적인 사업은 뭐니 뭐니 해도 은행업이었다. 앞서 보았듯이 곡물과 양모 교역 모두 은행업, 즉 대부업이 뒷받침되어야 가능한 사업이었기 때문이다. 그런 점에서 은행업과 상품 교역은 함께 갈 수밖에 없었다.

페루치 상사가 유럽 제일의 금융업자로 성장한 것은 14세기 들어서였다. 13세기 유럽 제일의 은행가는 시에나 출신의 본시뇨리 가문이었다. 1255년 오를란도 본시뇨리Orlando Bonsignori는 '그란 타볼라Gran Tavola'('큰 탁자'라는 의미. 당시 은행은 탁자를 펴 놓고 장사하는 수준이었기에 이런 이름이 붙었다.)라 불리는 조합을 결성했다. 이 조합은 유럽에서 가장 강력한 은행으로 성장했고, 그 덕분에 교황청의 재정을 관리하는 교황청 은행가가 될 수 있었다. 교황청 은행가로서의 핵심 업무는 교황청에 자금을 대부하는 것과 교황청의 자금을 관리하는 것이었다. 그런데 1298년 본시뇨리 상사가 파산했다. 이 파산으로 교황청은 막대한 재정적 손실을 입었고, 급기야 아비뇽 교황 클레멘스 5세는 이탈리아 은행가들과의 관계를 단절하겠다고 공식적으로 선언했다.[†]

본시뇨리 상사의 파산은 피렌체 상인들에게는 좋은 기회였다. 게다가 클레멘스 5세 이후 교황청의 태도도 점차 완화되었다. 클레멘스 5세의 뒤를 이은 요하네스 22세는 이탈리아 은행가들과의 관계를 복원했고, 이러한 우호적인 관계는 베네딕투스 12세까지도 이어졌다. 그런데 14세기 들어 교황청의 재정 운영 방식에 약간의 변화가 생겼다.

먼저, 교황청의 은행가를 가리키는 명칭이 이전의 '교황청의 상인mercatores camere'에서 '교황청에 머무르는 상인mercator in romana curia commorans'으로 바뀌었다. 이러한 명칭 변화는 교회가 더 이상 교황청 직속 은행가를 두지 않고, 아비뇽에서 활동하는 일반적인 은행가들과도 거래했음을 의미한다. 또 다른 변화는, 은행가들에게 교회의 자금 이송 업무만을 맡겼다는 것이다. 아비뇽 유수(1309~1377) 이전에는 교황청 은행가들에게 교회의 자금 이송뿐 아니라 교황청의 자금 운영도 위탁했고, 때론 대부를 받기도 했다.

이 같은 정책 변화의 원인은 앞서 살펴본 대로 13세기 말 교황청의 재정을 맡았던 은행-상사들의 파산이었다.[39] 교황청이 유럽 전역에서 거둔 세금을 운송하는 업무만을 상인-은행가들에게 맡긴 또

....
[†] 본시뇨리뿐만 아니라 교황청의 은행가 역할을 했던 다른 상사들, 예컨대 루카의 리카르디Ricciardi, 암마나티Ammanati, 키아렌티Chiarenti, 프란체시Franzesi, 모치Mozzi도 파산했다. Y. Renouard, *Les relations des papes d'Avignon et des companies commerciales et bançaires de 1316 à 1378* (Paris, 1941), p. 125.

페루치 상사의 자산 장부

다른 이유는, 당시 교황청의 금고가 넉넉해져 은행가들에게 자금을 빌릴 필요성이 줄어들었기 때문이다. 실제로 1316년부터 1342년까지 교황청의 대규모 자금 차용은 없었다.

비록 교황청 일거리가 줄어들긴 했지만, 요하네스 22세와 베네딕투스 12세 시기는 페루치와 바르디 상사에게는 더할 나위 없이 좋은 시절이었다. 이 두 교황의 통치기(1316~1342)가 교황청 내에서 "피렌체 상사들의 전성기"였다고 보는 학자도 있다.[40]

1317년 요하네스 22세는 페루치, 바르디 상사와 두 건의 계약을 체결했다. 잉글랜드에서 거둔 교회세를 아비뇽으로 이송하는 일이었다. 계약은 1318년과 1319년 갱신되었다. 이후에도 갱신은 계속되었던 것 같지만, 교황청에 이를 보여 주는 계약서가 남아 있지 않다. 1322~1327년 사이에 페루치 상사는 1만2천 피오리노를, 바르디 상사는 연평균 1만3천 피오리노를 아비뇽으로 송금했다. 베네딕투스 12세 시절에도 이러한 관행은 변하지 않았고 오히려 두 상사의 업무는 늘어났다. 프랑스에서 거둔 세금을 운송하는 업무는 이전까지는 주로 프랑스 출신 징세업자들이 맡았지만, 이때부터 피렌체 은행가들을 활용하는 경우가 늘어났다. 베네딕투스 12세는 특히 페루치, 바르디, 아치아이우올리와 같은 대형 피렌체 상사들을 선호했다.[41]

이처럼 바르디·페루치 상사가 교황청과 맺은 금융 관계는, 이 상사들이 남부 이탈리아의 앙주나 잉글랜드 왕실과 맺은 관계(자금 대부)와는 달랐다. 교황청이 원한 것은 기독교 세계에서 거둔 세금을 교황청으로 신속하고 정확하게 그리고 안전하게 운송해 줄 수 있는 인적 네트워크를 가진 상인이었다. 그렇기 때문에 소규모 지역 상인들은 이 업무를 감당하기 어려웠다. 당시 가장 넓은 지역에 상업망을 거느렸던 중부 이탈리아 상사들, 특히 바르디와 페루치 같은 피렌체 대형 상사들이 이 업무에 적합했다.

그렇다면 교황청은 왜 세금을 직접 운송하지 않았을까? 교황청이 잉글랜드에서 거둔 교회세 운송을 피렌체 은행-상사들에게 맡긴 이유는 안전함과 편리함 때문이었다. 바다를 통한 현금 수송은 위험부담이 컸기 때문에, 가능한 한 현금을 직접 수송하지 않고 문제를 해결하는 것이 최상책이었다. 13세기 이후 런던에 지부를 두고 있던 피렌체 상사들을 활용하면 현금을 실제로 수송하지 않아도 되는 편리함이 있었다. 상사는 아비뇽 교황청에 직접 현금을 제공하고, 잉글랜드에서 거둔 교회세를 받아서 잉글랜드산 양모를 구입하는 데 사용했다.

이러다 보니 교황청과의 거래는 그 사업 규모나 이윤 측면에서는 그렇게 큰 비중을 차지하지 않았다. 물론 교황청은 상당한 규모의 상품을 소비했지만, 상사들의 전체 거래량에서 차지하는 비중으로 봐서는 그렇게 큰 고객이 아니었다. 교황청은 소비 물품의 상당 부분을 주변의 작은 지방 상인들을 통해서 확보했다. 더구나 13세기와 달리 14세기 들어 교황청이 은행가들에게 위탁한 업무까지 축소되면서 이 비중은 더 줄어들었다.

그러나 이탈리아 상사들에게 교황청과의 긴밀한 정치적·상업적 관계는 단순히 금전으로 환산할 수 없는 의미가 있었다. 중세 기독교 사회에서 교황청의 납품업자나 은행가가 된다는 것은 크나큰 영광이었다. 또한, 교황들은 교황청과 긴밀한 관계를 맺은 상사들을 유럽의 여러 군주들에게 소개하거나 추천했다. 요하네스 22세는 1317년 잉글랜드 왕 에드워드 2세에게 바르디와 페루치 상사를 추천했으며, 1330년 밀 문제로 서로 대치하고 있던 베네치아와 바르디 상사를 우호적인 차원에서 중재하기도 했다. 1306년 이후 로도스 섬에 정착해 있던 병원 기사단(원래는 예루살렘으로 오는 순례자들을 치료하는 병원에서 출발했기 때문에 병원 기사단으로 불렸다. 이후 로도스 섬을 거쳐 최종 적으로 몰타 섬에 자리를 잡았기 때문에 '로도스 기사단' 또는 '몰타 기사단'으로 도 불린다.)이 1320년 바르디 상사에게 13만3,300피오리노, 페루치 상 사에게는 19만1천 피오리노를 빚지고 갚지 않자, 이 두 상사는 요하 네스 22세에게 이 문제의 해결을 부탁하기도 했다. 베네딕투스 12세 는 페루치와 바르디 상사를 프랑스의 필리프 6세(재위 1328~1350)에 게 소개했다.[42]

잉글랜드에서 거두어 아비뇽 교황청으로 송금한 금액이 이 상사 들의 전체 사업에서 그리 큰 비중을 차지하지 않았지만, 이 업무는 이 상사들에게 또 다른 중요한 의미를 가지고 있었다. 바로 잉글랜 드와의 양모 거래를 원활하게 하고, 더 나아가 상사의 전체 사업을 효율적으로 순환시키는 것이었다. 상사들로서는 상업상의 특혜 때문 에 잉글랜드 왕실에 이미 상당한 자금을 대부한 상태에서 양모 구 입을 위해 추가로 현금을 확보하는 것이 쉬운 일이 아니었다. 이런 어려움을 해결해 준 것이 바로 잉글랜드에서 거둔 교회세였다. 교회 세를 아비뇽으로 직접 보내지 않고 양모 구입 자금으로 활용하는 대신에, 그에 상당하는 금액을 아비뇽 교황청에 제공하기만 하면 되 는 것이었다. 1317년 바르디 상사는 이 방법을 활용해 아비뇽 교황 청에 1천 마르크를 서류상으로만 송금했다.

양모 거래에는 상당한 자본이 필요했을 뿐만 아니라, 구매에서 최 종 판매를 통해 이윤을 얻기까지 긴 시간이 걸렸다. 만약 자체적으 로 현금을 동원해 양모를 구입했다면, 이를 팔아서 현금 수입을 챙기기까지 수개월간 자금 회전에 어려움을 겪었을 것이다. 특히 양모를 플랑드르 시장에 내다 팔던 초기의 관행에서 이탈리아로 직접 수송해 피렌체의 모직물 장인들에게 공급하는 형태로 바뀌면서 이러한 문제점이 더욱 부각되었다. 이 모든 과정에 금화와 은화와 같은 귀금속 화폐를 사용했다면 자본을 묶어 두어야 하는 문제와 더불어 정금을 수송해야 하는 어려움도 컸을 것이다.[43] 그런데 교회세가 이 문제를 말끔히 해결해 주었다.

교황청을 대신해 잉글랜드 현지에서 거둔 교회세는 상사들이 잉글랜드에서 충분한 양모를 확보하기 위해 잉글랜드의 양모 생산업자들에게 주는 선금으로도 쓰였다. 대표적인 양모 생산자였던 수도원들은 현금을 당겨서 쓴 대가로 짧게는 2~3년치, 길게는 15~20년치의 양모 수확분을 저당 잡혀야 했다. 이탈리아 상사들로서는 양모 거래 수익뿐만 아니라 이자 수익까지 동시에 챙길 수 있었다. 양모 생산 수도원들은 미리 받은 돈의 일부를 교황청에 보낼 자금으로 사용했는데, 이 돈이 결국 자금 이송을 맡고 있던 상사들 손에 다시들어오는 구조였다. 이 모든 과정이 현금을 주고받을 필요 없이 장부상으로 청산되었다. 결국 빌려 준 돈이 돌고 돌아서 이자와 함께 상사의 계정으로 다시 들어오게 되는 셈이었다.[44]

이탈리아 상사들은 양모 구입에서 완제품 판매에 이르기까지의 긴 과정을 직접적인 현금 결제 없이 수행할 수 있게 되었다. 이를 통해 얻게 된 여유 자금은 특혜를 얻는 데 필요한 대부금으로 사용할 수 있었으니 이거야말로 일석삼조였다.

3
피렌체 대형 상사들의 연쇄 파산

에드워드 3세의 채무불이행

1343년 10월, 페루치 상사가 파산을 선언했다.[45] 페루치 상사만이 아니었다. 1333년부터 시작된 피렌체 상사들의 연이은 파산은 1346년까지 약 350개 상사들의 파산으로 이어졌다.[46] 특히 14세기 피렌체의 경제성장을 견인하고, 유럽 금융을 주도한 대형 상사들의 파산은 피렌체뿐만 아니라 유럽 경제 전반을 뒤흔든 초대형 금융 사고였다. 이들은 어쩌다가 파산하게 되었을까?

14세기 피렌체 출신의 연대기 작가 빌라니Villani에 따르면, 페루치 상사(1343)와 바르디 상사(1346)는 어리석게도 지나치게 많은 돈을 백년전쟁을 준비하는 잉글랜드 왕 에드워드 3세에게 빌려 줬다가 받지 못하는 바람에 파산했다.

실제로 당시 잉글랜드 왕이 페루치 상사와 바르디 상사에게 진 빚은 각각 60만 피오리노[47]와 90만 피오리노로, 이는 당시 피렌체 연평균 재정수입의 다섯 배에 해당하는 거액이었다.[†]

이후 많은 사람들이 빌라니의 해석을 있는 그대로 받아들였다. 그러나 이후 일부 역사가들이 빌라니의 해석에 반론을 제기했다. 20세기 역사가들인 사포리와 프라이드는 두 상사의 파산이 주로 피렌체 내부의 재정적·정치적 어려움에 기인했다고 결론지었다.[48] 물론 두 역사가도 에드워드 3세의 채무불이행으로 입은 재정적 손실이 엄청났으며, 이것이 파산을 유발하는 데 상당히 영향을 미쳤음을 부정하지는 않았다.

헌트는 최근의 연구에서 적극적인 반론을 제기했다. 그는 에드워드 3세에게 막대한 금액을 대부하고 이를 회수하지 못한 것은 상사의 몰락을 초래한 치명적인 계기가 아니라, 이미 몰락하고 있던 상사에 추가 타격을 가한 사건이었다고 말한다.[49]

그는 에드워드 3세에게 대부하지 않았던 아치아이우올리 상사도 같은 시기에 파산했다는 사실을 중요한 증거로 제시한다. 그리고 잉글랜드 왕실에 대한 대부의 대가로 얻은 특혜 사업이었던 양모무역이 처음부터 이 상사들의 주력 핵심 사업이 아니었다고 주장한다. 이 상사들이 "초대형 상사"로 성장할 수 있었던 계기는 남부 이탈리아산 곡물 거래였다는 것이다. 즉, 피렌체 상사들이 고속 성장한 시기인 1300~1324년에 상사들이 주력한 사업은 남부 이탈리아산 곡물 거래였고, 이들이 잉글랜드산 양모무역에 본격적으로 뛰어든 시

---

† 피렌체리라는 실질 화폐가 아니라 계정화폐, 즉 명목화폐였다. 실질 화폐는 피렌체 금화인 피오리노florino d'oro였다. 피오리노는 1252년 처음 발행되어 1533년까지 주조되었다. 초기 순도는 금 3.54그램이었고, 이후 3.33에서 3.55로 변했다. 명목화폐인 1피렌체리라는 실질 화폐인 피오리노의 29분의 20에 해당했다. J. M. Najemy, *A history of Florence 1200~1575* (Oxford, 2006), p. 117.

기는 1330년대였다는 설명이다.

상식적으로 생각해도 헌트의 주장에는 일리가 있다. 유럽에서 가장 경험 많고 정교한 사업 조직을 거느렸던 이 상사들이 그렇게 어리석게 대규모 대부를 하지는 않았을 것이기 때문이다.[50] 바르디와 페루치 상사는 넓은 지역에 퍼져 있는 상업 조직과 자금 조달력, 사업 흐름을 효율적으로 관리할 수 있는 회계 기술, 위험을 줄이는 보험과 같은 안전장치 등을 갖추고 사업을 운영한 것으로 유명하다. 게다가 두 상사가 파산 위험까지 무릅쓰며 잉글랜드 왕에게 돈을 빌려 줄 이유도 없었고, 그들은 이미 대부의 대가로 얻은 특혜 덕분에 양모무역에서 막대한 이익을 챙기고 있었다.

중세 이탈리아 상사들의 성공과 실패는 분명 당대의 정치권력과 밀접한 관련을 맺고 있었다. 중세 이탈리아 상인들이 상업 분야에서 선보인 재능과 효율적인 조직 관리, 뛰어난 상업 기술과 제도 등은 탁월했지만, 그것만으로는 14세기 초 초대형 상사의 출현을 온전하게 설명하기 어렵다. 오늘날과 마찬가지로, 어쩌면 지금보다 훨씬 더 중세 상업 세계에서는 정치권력의 보호와 특혜가 성공의 관건이었을 것이다.

중세 시장은 자유경쟁이 아니라 독과점 원칙이 지배하는 시장이었고, 이런 시장에서 독점적인 위치를 확보하려면 그 지역을 다스리는 정치권력과의 유착이 필수적이었다. 더군다나 페루치 상사가 활동하던 시기에 유럽의 국제정치는 교황과 황제의 대립이라는 기본 틀에 더해 새로이 성장하는 세속 군주들이 치열한 대립 국면을 조성하고 있었다. 이런 상황에서 해외에서 사업 활동을 하려면 그 지역을 다스리는 지배자의 정치적 입장과 견해까지도 지지하지 않을

수 없었을 것이다.[†]

[†] 피렌체에서는 교황파와 황제파 사이의 투쟁 이외에도 흑당과 백당으로 나눠진 교황
파 내부의 분열도 있었다. 백당은 황제파와의 화해를 원하는 쪽이었던 반면, 흑당은 황
제파에 대해 좀 더 강경한 입장을 견지했다. 이 피렌체 대형 상사들은 흑당을 지지했
고, 피사에서 볼로냐에 이르는 지역에 주로 관심이 있던 좀 더 작은 규모의 상인들은 백
당을 지지했다. D. Abulafia, "Southern Italy and the florentine economy, 1265~1370," *Economic
History Review*, vol. 34(1981), p. 387.

[1] 야코프 부르크하르트,《이탈리아 르네상스의 문화》, 이기숙 옮김, 한길사, 2003, 141쪽.

[2] 크리스토퍼 히버트,《메디치 가 이야기. 부 패션 권력의 제국》, 한은경 옮김, 생각의나무, 2001.

[3] I. Del Punta, "Principal italian banking companies of the XIIIth and XIVth centuries : a comparison between the Ricciardi of Lucca and the Bardi, Peruzzi and Acciaiuoli of Florence," *Journal of European Economic History*, 33(2004), p. 647.

[4] J. M. Najemy, *A history of Florence 1200~1575* (Oxford, 2006), p. 114.

[5] J. Pryor, "Foreign policy and economic policy : the Angevins of Sicily and the economic decline of Southern Italy, 1266~1343," L. O. Frappel, ed., *Principalities, powers and estates : studies in medieval and early modern government*(Adelaide University Press, 1979), p. 45.

[6] E. S. Hunt, *The medieval super-companies. A study of the Peruzzi company of Florence* (Cambridge, 1994), pp. 38-40.

[7] J. M. Najemy, *A history of Florence 1200~1575* (Oxford, 2006).

[8] E. S. Hunt, *The medieval super-companies. A study of the Peruzzi company of Florence* (Cambridge, 1994), p. 77.

[9] E. S. Hunt, *The medieval super-companies. A study of the Peruzzi company of Florence* (Cambridge, 1994), p. 79.

[10] E. S. Hunt, *The medieval super-companies. A study of the Peruzzi company of Florence* (Cambridge, 1994), p. 90.

[11] R. Davidsohn, *Storia di Firenze* (Firenze : Sansoni, 1956), vol. 5, p. 255.

[12] Y. Renouard, *Les hommes d'affaires italiens du Moyen Age* (Paris, 1968), p. 151.

[13] D. Abulafia, "Southern Italy and the florentine economy, 1265~1370," *Economic History Review*, vol. 34(1981), p. 378 ; Y. Renouard, *Les hommes d'affaires italiens du Moyen Age* (Paris, 1968) ; A. Sapori, *The Italian merchant in the Middle Ages* (New York, 1970), p. 151.

[14] H. Takayama, "Law and monarchy in the south," D. Abulafia, ed., *Italy in the central middle ages* (Oxford, 2004), pp. 76-81.

[15] E. S. Hunt, *The medieval super-companies. A study of the Peruzzi company of Florence* (Cambridge, 1994), pp. 46-47.

[16] Georges Yver, *Le commerce et les marchands dans l'Italie méridionale au XIIIe et au XIVe siècle* (New York, 1903), p. 311 ; Abulafia, "Southern Italy and the florentine economy, 1265~1370," *Economic History Review*, vol. 34(1981), p. 386.

[17] Y. Renouard, *Les hommes d'affaires italiens du Moyen Age* (Paris, 1968), p. 152.

[18] D. Abulafia, "Southern Italy and the florentine economy, 1265~1370," *Economic History Review*, vol. 34(1981), p. 380.

[19] E. S. Hunt, *The medieval super-companies. A study of the Peruzzi company of Florence* (Cambridge, 1994), p. 53.

[20] G. Yver, *Le commerce et les marchands dans l'Italie méridionale au XIIIe et au XIVe siècle* (New York, 1903), pp. 301-302.

[21] G. Yver, *Le commerce et les marchands dans l'Italie méridionale au XIIIe et au XIVe siècle* (New York, 1903), p. 306.

[22] D. Abulafia, "Southern Italy and the florentine economy, 1265~1370," *Economic History Review*, vol. 34(1981), pp. 381-382.

[23] 선적 항구, 목적지와 수송 선박에 관해서는 다음의 자료 참고. G. Yver, *Le commerce et les marchands dans l'Italie méridionale au XIIIe et au XIVe siècle* (New York, 1903)), pp. 123-125.

[24] E. S. Hunt, *The medieval super-companies. A study of the Peruzzi company of Florence* (Cambridge, 1994), pp. 50-51.

[25] E. S. Hunt, *The medieval super-companies. A study of the Peruzzi company of Florence* (Cambridge, 1994), pp. 52-53.

[26] G. Yver, *Le commerce et les marchands dans l'Italie méridionale au XIIIe et au XIVe siècle* (New York, 1903), pp. 308-309.

[27] 이에 관해서는 D. Abulafia, "Southern Italy and the florentine economy, 1265~1370," *Economic History Review*, vol. 34(1981) 참조.

[28] R. L. Reynolds, "Origins of modern business enterprise : medieval Italy," *Journal of European economic history*, 12(1952), p. 365.

[29] I. Del Punta, "Principal italian banking companies of the XIIIth and XIVth centuries : a comparison between the Ricciardi of Lucca and the Bardi, Peruzzi and Acciaiuoli of Florence," *Journal of European Economic History*, 33(2004), p. 657.

[30] E. S. Hunt, *The medieval super-companies. A study of the Peruzzi company of Florence* (Cambridge, 1994), p. 57.

[31] I. Del Punta, "Principal italian banking companies of the XIIIth and XIVth centuries : a comparison between the Ricciardi of Lucca and the Bardi, Peruzzi and Acciaiuoli of Florence," *Journal of European Economic History*, 33(2004), p. 656-7.

[32] E. S. Hunt, *The medieval super-companies. A study of the Peruzzi company of Florence* (Cambridge, 1994), p. 60.

[33] E. S. Hunt, "A new look at the dealings of the Bardi and Peruzzi with Edward III," *Journal of Economic History*, 50(1990), p. 151.

[34] E. B. Fryde, "Italian maritime trade with medieval England(c. 1270~c. 1530)," *Recueils de la Société Jean Bodin*, vol. 32(1974), p. 300.

[35] E. B. Fryde, "Loans to the english crown 1328~31," *English Historical Review*, 70(1955), p. 199.

[36] I. Del Punta, "Principal italian banking companies of the XIIIth and XIVth centuries : a comparison between the Ricciardi of Lucca and the Bardi, Peruzzi and Acciaiuoli of Florence," *Journal of European Economic History*, 33(2004) p. 657.

[37] F. B. Pegolotti, *La pratica della mercatura* (Cambridge, 1936), pp. 256-258.

[38] E. B. Fryde, "Italian maritime trade with medieval England(c. 1270~c. 1530)," *Recueils de la Société Jean Bodin*, vol. 32(1974), pp. 300-1.

[39] E. S. Hunt, *The medieval super-companies. A study of the Peruzzi company of Florence* (Cambridge, 1994), pp. 61-62.

[40] Y. Renouard, *Les relations des papes d'Avignon et des compagnies commerciales et bancaires de 1316 à 1378* (Paris, 1941), pp. 121-126.

[41] Y. Renouard, *Les relations des papes d'Avignon et des compagnies commerciales et bancaires de 1316 à 1378* (Paris, 1941), p. 126.

[42] Y. Renouard, *Les relations des papes d'Avignon et des compagnies commerciales et bancaires de 1316 à 1378* (Paris, 1941), pp. 536-547.

[43] F. B. Pegolotti, *La pratica della mercatura* (Cambridge, 1936), p. 256.

[44] E. Power, *The english wool trade in english medieval history* (Oxford, 1941), pp. 42-43.

[45] A. Sapori, *La crisi delle compagnie mercantile dei Bardi e dei Peruzzi* (Firenze, 1926), pp. 158-170.

[46] G. A. Brucker, *Florentine politics and society, 1343-1378* (Princeton : Princeton University Press, 1962), pp. 16-17.

[47] P. Spufford, *Money and its use in Medieval Europe* (Cambridge, 1988), p. 406 ; E. B. Fryde, "Loans to the english crown 1328~31," *English Historical Review*, 70(1955), p. 198 ; R. De Roover, "The story of Alberti company Florence, 1302~1348," J. Kirshner, ed., *Business, banking and economic thought in late medieval and early modern Europe* (Chicago, 1974), pp. 24-6 ; J. M. Najemy, *A history of Florence 1200~1575* (Oxford, 2006), p. 113.

[48] A. Sapori, *La crisi delle compagnie mercantile dei Bardi e dei Peruzzi* (Firenze, 1926), p. v ; E. S. Hunt, "A new look at the dealings of the Bardi and Peruzzi with Edward III," *Journal of Economic History*, 50(1990), pp. 161-162 ; E. Russell, "The societies of the Bardi and the Peruzzi and their dealings with Edward III," G. Unwin, ed., *Finance and trade under Edward III*(London, 1918), p. 127. E. B. Fryde, "Public credit with special reference to North-Western Europe," M. M. Postan, E. E. Rich and E. Miller, ed., *The Cambridge Economic History of Europe*, vol. 3 (Cambridge, 1963).

[49] E. S. Hunt, *The medieval super-companies. A study of the Peruzzi company of Florence* (Cambridge, 1994).

[50] Y. Renouard, *Les hommes d'affaires italiens du Moyen Age* (Paris, 1968) ; A. Sapori, *The Italian merchant in the Middle Ages* (New York, 1970).

제 3 부

중세 말 전문상인

: 변화와 혁신을 모색하며

중세 말은 '위기의 시대'였다. 14세기 중엽 피렌체의 대형 은행 상사들이 연쇄 파산했고, 비슷한 시기 흑해에서 전파되어 유럽 전역을 강타한 흑사병이 유럽 인구의 절반을 앗아 갔다.《중세의 상업 혁명》의 저자인 로페즈에 따르면, 14~15세기 위기의 원인은 복합적이었다. 흑사병과 그로 인한 인구 감소 외에도 북서유럽의 경제 침체, 영국의 산업과 해상 활동 발전, 오스만의 동지중해 정복 등이 중첩되면서 중세 말 경제 위기가 찾아왔다는 것이다.[1]

이 시기, 중세 이탈리아 상인들은 이 위기를 어떻게 타개했을까? 상인들은 상업적 활력을 잃고 토지 귀족이 되어 갔다는 것이 일반적인 설명이다. 사포리는 11~13세기 이탈리아 상인들이 상업에 전적으로 몰입했다면, 14세기 말부터는 점차 정주定住상인이 되어 부르주아화되었다고 말한다. 그들은 여전히 정치권력을 장악하는 데 부를 사용했으며, 사업보다는 문화와 예술에 관심을 갖게 되었고, 도시 주변의 시골에 큰 저택을 구입해 귀족처럼 안락하게 생활하는 것을 이상으로 여기게 되었다.[2] 로페즈 또한 일정한 곳에 자리를 잡고 활동하는 정주상인의 등장은 상업 기술의 발전보다는 이윤율 하락과 관련 있으며, 중세 말을 대표하는 정주상인은 이전 시대의 활기를 잃어버렸다는 비슷한 해석을 내놓았다.

이러한 해석대로, 중세 말에 이르러 이탈리아 상인들은 이전의 활력을 잃고 토지 귀족이 되었을까? 중세 말이 진정 위기의 시대였

[1] Y. Renouard, "Lumières nouvelles sur les hommes d'affaires italiens au Moyen Age", *Annales : Economies, Sociétés, Civilisations* vol. 10 (1955), p. 65.

[2] Y. Renouard, "Lumières nouvelles sur les hommes d'affaires italiens au Moyen Age", *Annales : Economies, Sociétés, Civilisations* vol. 10 (1955), p. 64.

을까?

그러나 토지와 부동산 구입을 단순히 상업 활동으로부터의 이탈로 간주하는 것은 성급한 결론이다. 이미 12세기부터 제노바 상인들은 부동산과 토지에 상당히 많은 액수를 투자하고 있었다. 이를 두고 제노바 상인들이 상업을 포기하고 전통적인 토지 귀족이 되었다고 말하지는 않는다. 제노바 상업은 12세기부터 도약하기 시작하여 그 이후로 더 큰 성장을 이루었기 때문이다.[3] 또한, 14세기 중엽 시작된 경제적 위기로 생산량이 현저하게 하락한 것도 아니다. 이 위기는 후퇴라기보다는 '정체'에 가까웠다. 몽골제국의 와해와 그에 따른 동서 교역로 차단으로 인한 아시아 시장의 상실은 중부 유럽 국가와의 교역 증가로 상쇄되었다. 베네치아와 피렌체 상인들은 폴란드와 헝가리의 귀금속 광산과 소금 광산 개발에 투자했다. 1337년부터 시작된 백년전쟁 때문에 프랑스와 영국으로 가던 사치품 수출이 완전히 중단된 것도 아니다.

다만, 여러 역사가들이 지적하듯 중세 말 이탈리아 상인들이 직면한 국제 정세는 분명 이전 시기만큼 장밋빛이 아니었다. 이제 새로운 환경에 적응하고 적극적으로 변화를 모색하지 않으면 살아남을 수 없게 되었다. 가장 큰 충격은 흑해로부터 왔다. 14세기 중엽 몽골제국의 해체로 아시아로 가는 직교역로가 닫혀 버린 것이다.[4] 1368년 황허 강 남쪽에서 일어난 주원장이 원 왕조를 북쪽으

[3] H. G. Krueger, "Genoese merchants, their partnerships and investments, 1155 to 1164", *Studi in onore de Armando Sapori* (1957), vol. 1, pp. 270-271.

[4] 남종국, 〈몽골 평화 시대 아시아에서 유럽 상인들의 상업 활동〉,《서양중세사연구》, 28호(2011), 158~196쪽.

로 몰아내고 명나라를 세운 뒤, 기독교를 몽골족이 수입한 종교로 간주해 중국에서 쫓아냈다. 지금의 남러시아 땅에 있었던 킵차크 한국 역시 14세기 초 이슬람으로 개종하면서 점차 기독교 상인들에게 관용을 베풀지 않게 되었다. 1343년 몽골 킵차크한국의 제10대 칸인 자니베크 칸(재위 1342~1357)은 타나에 있던 베네치아 상관을 파괴했다.

에게 해와 흑해 지역에서도 이탈리아 상인들의 위상은 예전 같지 않았다. 소아시아에서 성장하고 있는 오스만제국이 베네치아와 제노바 식민지들을 점령해 나갔다. 1470년에는 네그로폰테(그리스 에비아 섬), 1475년에는 카파, 1479년 오트란트, 1484년에는 오늘날 루마니아 영토이자 흑해에 면해 있는 세타티아 알바Cetatea Alba가 차례차례 오스만 수중에 들어가면서 흑해로의 자유로운 통행은 사실상 어려워졌다.

서지중해에서는 또 다른 강적들이 성장하고 있었다. 서유럽의 봉건 왕조들이 중앙집권 국가로 발전하면서 이탈리아의 부유한 소규모 도시공화국들을 넘보기 시작했기 때문이다. 특히, 이베리아 반도에서 이슬람 세력을 몰아내는 데 성공한 아라곤 왕국이 서지중해 바다에서 점차 영향력을 확대하면서 이 지역의 상권에도 변동이 일어났다. 13세기 말 아라곤 왕국은 이탈리아 상인들, 특히 제노바 상인들의 주요 거점이던 시칠리아 섬을 장악했다. 덕분에 왕국의 대표적 항구도시였던 바르셀로나 출신 상인과 선박들이 시칠리아를 중심으로 형성된 서지중해 무역에서 우월한 지위를 누리게 되었다.[5] 게다가 대서양 연안 항구들도 이탈리아 해상 세력의 경쟁자로 부상

했다. 여러 면에서 이탈리아 상인들을 둘러싼 상황은 어려워졌다.[6]

그렇지만 위기가 늘 추락으로 이어지는 것은 아니다. 위기를 질적 변화와 발전의 계기로 받아들이면 이야기는 달라진다. 15세기 베네치아, 피렌체, 밀라노 등 이탈리아 상업도시들은 원료 공급지와 판매 시장을 확보하기 위해 팽창주의 정책을 선택했다. 그 결과, 중간 규모의 도시들은 주요 도시들의 위성도시로 전락했다. 베네치아는 15세기 초 북서부 이탈리아로 팽창해 베로나·파도바·라벤나를 정복했고, 피렌체는 300년 동안의 긴 싸움을 끝내고 1406년 피사를 병합하면서 막강한 해상 세력으로 부상했다. 이전까지 제노바 상선을 주로 이용해야 했던 피렌체는 이제 자국 선박을 이용해 장사를 할 수 있게 되었다. 실제로 피렌체 정부는 베네치아 모델을 본떠 피렌체 정기 선단을 운영했다.[7]

그러면서 베네치아, 제노바, 피렌체 등은 산업을 육성하기 시작했다. 전통적으로 이탈리아 항구도시들은 동지중해에서 물건을 들여와 유럽 시장에 판매하고 다시 유럽산 상품을 동방으로 수출해 왔는데, 이러한 기본 구조가 15세기에도 여전히 유지되었다. 그렇지만 중세 말로 갈수록 다른 산업 분야가 빠르게 부상했다. 베네치아는 동지중해에서 들여온 원료를 이용해 유리 산업을 발전시켰다. 14세기 피렌체 상인들은 지금의 루마니아 북서부 지방인 트란실바니아

---

[5] 아라곤 왕국의 팽창에 관해서는 M. Del Treppo, *I mercanti catalani e l'espansione della corona aragonese nel secolo XV* (Napoli, 1972~1973) 참조.

[6] Y. Renouard, *Les hommes d'affaires italiens du Moyen Age* (Paris, 1968), p. 253-254.

[7] 피렌체 갤리 상선단에 관해서는 M. E. Mallet, *The florentine galleys in the Fifteenth century* (Oxford, 1967) 참조.

금광과 폴란드의 소금 광산 개발에 선구적인 역할을 했다.[8] 이 시기에 특히 직물업의 약진이 두드러졌다. 이 기조는 이탈리아를 넘어 유럽 여러 지역들에서 나타났다.[9] 직물산업의 성장은 동지중해와의 교역에서 생기는 무역수지 불균형을 어느 정도 상쇄해 주는 긍정적인 효과를 낳았다.[10]

또한, 이탈리아 상인들은 변화하는 국제 정세와 사업 관행에 맞춰 새로운 상업 기술을 도입하고 제도를 개선하거나 만들었다. 물론 이탈리아 상인들이 대부제도와 은행 업무, 복식부기와 같은 선진적이고 자본주의적 상업 기술을 처음으로 만들었다거나, 그런 점에서 이탈리아가 유럽 자본주의를 가속화한 모든 혁신의 본거지라는 주장은 지나치다. 하지만 이탈리아 상인들이 환어음, 복식부기, 신용제도와 같은 상업 기술들을 처음 개발한 것은 아닐지라도 이를 효과적으로 사용하고 전파한 것만은 분명한 사실이다.[11]

그리고 중세 이탈리아 상인은 변화하는 시대에 적응하고 원활한

---

[8] 물론 피렌체 상인이 초기 산업 발전에 기여한 바가 있지만, 15세기 이를 주도한 세력은 독일 상인들이었다. Y. Renouard, *Les hommes d'affaires italiens du Moyen Age* (Paris, 1968), p. 254.

[9] NAM, Jong Kuk, *Le commerce du coton en Méditerranée à la fin du Moyen Age* (Leiden, 2007).

[10] E. Ashtor, "L'exportation des textiles occidentaux dans le Proche Orient musulman au bas Moyen Age(1370~1517)", *Studi in memoria di Federigo Melis*, vol. 2 (Napoli, 1978), pp. 303-377.

[11] 일반적으로 복식부기는 1340년경 제노바와 베네치아에서 출현하여 피렌체로 전해졌다고 알려져 있다. 반면 멜리스는 복식부기에 필요한 여러 내용과 기술들이 13세기 말에 이미 루카, 시에나, 피렌체에서 만들어졌다고 주장한다. Y. Renouard, "Lumières nouvelles sur les hommes d'affaires italiens au Moyen Age", *Annales : Economies, Sociétés, Civilisations* vol. 10 (1955), p. 74 ; R. De Roover, *L'évolution de la lettre de change XIVe~ XVIIIe siècles* (Paris, 1953).

상업 활동을 방해하는 여러 장애물을 극복하면서 변화해 갔다. 15세기를 대표하는 이탈리아 상인은 12세기의 전형적인 이탈리아 상인과 질적으로 달랐다. 12세기 이탈리아 상인이 상품을 가지고 여러 지역을 돌아다니면서 큰 수익을 노렸던 모험적 성격의 '여행상인'이었다면, 15세기 이탈리아 상인은 해외 각지에 주재원을 두고 현지에서 일어난 상업 거래를 복식부기로 작성된 회계장부와 서신으로 보고받으며 꽤 큰 자본을 투자해서 안정적인 규모의 이윤을 도모했던 정주상인이었다.

이제 제3부에서 만나게 될 상인들은 제노바 명반 상인, 베네치아 면화 상인 그리고 프라토 상인 다티니다. 베네치아의 면직물 상인과 제노바의 명반 상인을 제3기를 대표하는 상인으로 선정한 것은, '이탈리아 상인' 하면 가장 먼저 연상되는 '향신료 상인'이라는 널리 통용되는 이미지를 수정할 필요 때문이다. 물론 당시 동서무역에서 향신료는 중요한 비중을 차지했고, 이탈리아 상인, 특히 베네치아 상인들이 향신료 중계무역으로 큰 이익을 얻은 것은 사실이다.

하지만 중세 말 이탈리아 상인들이 취급한 품목은 다양했을 뿐만 아니라, 수송비가 비교적 비싸 원거리 수송이 불가능했을 거라 여겨지는 여러 가지 농산물과 제조업 생산 원료, 완제품까지도 활발하게 거래되었다는 사실이 최근 연구들로 밝혀지고 있다. 이탈리아 상인이 주도했던 중세 지중해 무역에서 이슬람 세계와 기독교 세계를 상호의존하게 만들었던 것은 직물 산업이었고, 그 원료가 된 면화와 인디고, 명반은 동서를 하나로 묶어 주는 매개체였다는 아불라피아의 지적은 직물 산업의 원료와 완제품이 향신료 못지않게 이탈리아 상인들의 주요한 거래 품목이었음을 말해 준다.[12]

명반과 면화 상인을 거쳐 마지막으로 만나게 될 프라토 상인 다티니가 우리에게 안겨 주는 이야기는 풍성하다. 다티니는 중세 말 이탈리아 정주상인의 내적·외적 면모를 가장 잘 보여 주는 사례로, 다티니를 통해 중세 상인들의 큰 고민거리였을 양심과 죄의식의 문제까지 들여다볼 수 있다.

잘 알려져 있다시피, 중세 유럽 기독교 사회에서 성직자들과 신학자들은 상업과 돈을 의심스런 눈으로 바라보았고, 특히 이자를 받고 돈을 빌려 주는 행위에 대해서는 노골적인 적대감을 드러냈다. 상인이라는 직업은 가장 천시받는 직업 중 하나였고,[13] 그중에서도 이자 대부업자는 교회는 물론이고 공동체의 저주라는 천형을 짊어져야 했다. 이자 대부업자에게는 교회의 묘지에 묻히는 것조차 허락되지 않았다.[14] 상업과 이자 대부를 죄악시하는 교회의 이데올로기 공세에 많은 이탈리아 상인들은 마음의 평안을 얻지 못했다.

이탈리아 상인들이라고 해서 종교적 믿음이 약했던 것은 아니다. 그들도 동시대의 다른 기독교인들처럼 강한 종교적 심성을 가지고 있었기에 교회의 비난과 질타를 가벼이 여길 수는 없었을 것이다.[15]

[12] D. Abulafia, "The impact of the Orient : economic interactions between East and West in the Medieval Mediterranean", D. A. Agius and I. R. Netton(ed.), *Across the Mediterranean frontiers. Trade, politics and religion, 650~1450* (Turnhout, 1997), pp. 38-40.

[13] J. Le Goff, *Pour un autre Moyen Age* (Paris : Gallimard, 1977), pp. 91-107.

[14] E. de Roover, *Business, banking, and economic thoughts in Late Medieval and Early Modern Europe* (Chicago and London, 1974), p. 336.

[15] 사포리는 14세기 중엽 피렌체 출신 상인이자 연대기 작가인 조반니 빌라니의 사

상인들은 회계장부에서조차도 '신과 이윤의 이름으로', '그리스도의 이름으로', '성모 마리아의 이름으로'와 같은 종교적 표현을 사용했고, 계약서를 작성하거나 거래를 할 때마다 가난한 사람들 몫으로 거래액의 일부(데나로 디 디오denaro di Dio. '주님의 돈')를 따로 떼어 놓았다. 그들의 회계장부에 등장하는 '우리 주님에게Messer Domineddio'라는 이름의 계정에는 이렇게 따로 떼어 놓은 돈이 기록되어 있다.[16]

물론 기독교적인 죄의식이 상인의 이윤 추구를 막지는 못했다. 남겨진 수만 통의 편지 속에서 모습을 드러낸 상인 다티니는 언뜻 모순되어 보이는 이 두 가지가 어떻게 한 사람 안에 공존할 수 있는지를 뚜렷하게 보여 준다. 손에서 펜을 놓지 않고 끊임없이 장부를 들여다보며 최근 입수된 정보를 분석하는 다티니와, 종말을 논하는 설교가들의 이야기를 들으며 회개의 눈물을 흘리고 흰 속옷만 걸친 채 예수의 고행을 따르는 다티니는 분명 한사람이다. 논리적으로는 모순되지만 현실에서는 얼마든지 해결 가능한 이 역설을 상인 다티니 속에서 찾아보자.

....

례를 들면서 중세 이탈리아 상인들은 종교적으로 매우 경건했다고 말한다. A. Sapori, *The italian merchant in the Middle Ages* (New York, 1970).

[16] F. L. Galassi, "Buying a passport to heaven : usury, restitution, and merchants of medieval Genoa", *Religion*, no. 22(1992), p. 314.

7장
독점의 탄생
: 제노바의 명반 상인

"오늘 저(비오 2세의 손자 조반니 다 카스트로)는 교황 성하께 튀르크인들에 대한 승리의 소식을 전합니다. …… 이제 성하께서는 튀르크인들을 물리칠 십자군을 준비하실 수 있고, 명반 광산에 필요한 충분한 재정을 확보하실 있습니다."
　　　　　　　　　　　　　　　　－ 15세기 중엽 교황 피우스 2세의 회고록

　중세 말 이탈리아 도시 중에서 가장 강력한 해상 세력은 제노바와 베네치아였다. 그동안 두 해상 강자는 지중해를 둘러싸고 계속해서 다툼을 벌였다. 두 도시는 여러 차례 해전을 벌였지만, 최종적인 승부를 가르지 못하고 이후에는 각자의 영역을 상호 인정해 주는 쪽으로 타협을 보았다. 베네치아는 시리아·이집트와의 교역에, 제노바는 비잔티움제국과 소아시아 반도와의 교역에 집중했다. 당연히 취급하는 상품도 달라질 수밖에 없었다. 베네치아 상인들에게 향신료가 있었다면, 제노바 상인들에게는 명반이 있었다.[†]

　명반 교역에서 우위를 점하려면, 무엇보다 저렴한 산업 원료인 명반을 낮은 비용으로 수송하는 것이 관건이었다. 명반은 주로 지금의

[†] 그렇다고 제노바가 명반 교역과 수송을 완전히 장악한 것은 아니었다. 베네치아 상인들도 꽤 많은 양의 명반을 거래하고 있었기 때문이다. 이들은 베네치아 본토에 공급하는 것은 물론이고, 남부 이탈리아와 남부 독일에도 명반을 공급하고 있었다. D. Jacoby, "Production et commerce de l'alun oriental en Méditerranée, XIᵉ~XVᵉ siècles", *L'alun de Méditerranée. Colloque international organisé par le Centre Camille Jullian* (Napoli and Aix-en-Provence, 2005), p. 244.

터키 일대인 소아시아 반도에서 생산되었는데, 명반의 주요 고객은 모직물 산업이 발달한 플랑드르와 잉글랜드 등 북서유럽 지역이었다. 결국 제노바는 소아시아에서 생산된 명반을 대량으로 대서양까지 수송하기 위해 당시로서는 상상할 수 없을 정도로 큰 선박을 건조해야 했다. 또한, 가급적이면 직항로를 선택하여 수송비를 줄일 필요가 있었다. 이 때문에 동지중해에서 명반을 선적하고 대서양으로 향하는 제노바 선박은 가능한 한 본국을 거치지 않으려고 했다. 그 결과, 15세기 제노바 본토의 경제는 큰 타격을 받았던 반면 동지중해에 위치한 제노바 식민지들은 크게 번성했다. 이로 인해 재정수입이 줄어든 본토 정부는 이제 제노바 상인들의 상업 활동에 적극적으로 간여하거나 지원할 수 없게 되었다. 그런 점에서 명반은 중세말 제노바의 경제적 명운을 결정한 상품이었다고 할 수 있다.

그런데도 향신료의 경우와 달리 중세 명반 산업에 대한 연구는 상대적으로 빈약한 편이다. 향신료에 관한 환상적인 이야기들이 증명하듯, 중세 유럽 사람들은 향신료에 특별한 의미를 부여하고 그 원산지를 찾아 나서기도 했다. 반면 직물 산업에 필요한 원료인 명반은 향신료만큼의 관심과 풍성한 이야깃거리를 만들지 못했다. 그러나 중세 유럽 사회에서 가장 중요한 산업이 직물 산업이었음을 감안할 때 명반의 중요성은 아무리 강조해도 지나치지 않다. 한 마디로, 명반 없는 직물 산업은 상상할 수 없다.[1] 너무 흔해서 특별하지 않은 명반은 당대와 마찬가지로 후대의 역사가들에게도 별 관심을 받지 못했지만, 중세 후반 서유럽 경제에서 향신료 못지않게 중요한 비중한 차지했다. 사치품에 해당하는 향신료 없이는 살아도 여러 방면에서 일상적으로 사용된 명반 없이는 살아가기 힘들었다.

1
명반과 직물 산업

"명반이 없으면 어떤 옷도 염색할 수 없다"

명반은 황산알루미늄칼륨의 결정물로, 무색의 덩어리나 가루 또는 알갱이 형태로 되어 있다. 산성을 가진 명반은 뜨거운 물에 용해된다. 중세 유럽 사회에서 명반은 다양한 용도로 쓰였다. 일반적으로는 직물을 염색하는 과정에서 염료가 섬유에 잘 스며들게 하는 화학 매염제로 사용되었다.[†] 명반을 사용하면 색조가 짙어지고 염색도 빨리 진행된다. 동물성 염료인 연지벌레 가루를 제외하면 대부분의 식물성 염료(대청, 꼭두서니, 물푸레나물, 브라질우드, 리트머스이끼)는 섬유와 잘 결합하지 않는 성질이 있기 때문에 당시 직물업에서는 염료와 섬유를 잘 결합시켜 주는 일종의 매염제媒染劑가 꼭 필요했다.

명반은 모직물의 불순물, 특히 기름기를 제거하는 데에도 도움을

[†] 명반은 중세 유럽의 직물 산업에서 가장 일반적으로 사용된 매염제였다. G. de Poerk, *La draperie médiévale en Flandre et en Artois, technique et terminologie* (Bruges, 1951), p. 169.

준다. 이러한 특성 덕분에 털과 기름을 뽑아 가죽을 부드럽게 만드는 무두질 공정과 양피지 제작에도 쓰였다. 화가들 역시 가죽 캔버스에 물감이 잘 스며들도록 명반을 활용했다. 명반은 또한 유리와 설탕 제조에도 이용되었다.[2] 따라서 베네치아에서 유리 산업이 발전하면서 명반의 수요도 늘어날 수밖에 없었다.[3] 게다가 고대 이후 중세까지 명반은 중요한 약재로도 이용되었는데,[4] 특히 출혈을 막는 지혈제로 쓰였다. 이외에도 명반은 그 쓰임새가 다양했다. 로마제국 시절 그리스 출신의 지리학자 겸 역사가였던 스트라본은 약간의 명반을 첨가해 금을 끓이면 금의 불순물을 제거할 수 있다고 말했다.[5] 절인 대구에서 소금을 빼는 작업을 할 때에도 명반을 사용했다.

이렇듯 다양한 쓰임이 있었지만, 대부분의 명반은 염색하는 데 사용되었다.[6] 특히 명반은 모직물을 염색하는 데 없어서는 안 될 원료였다.[7] 14세기 초반 도미니쿠스 수도회 소속 수사 요르단 세브락은 "명반이 없으면 어떤 옷도 염색할 수 없다"고 명반의 중요성을 강조했다.[8] 16세기 이탈리아 시에나 출신의 금속 제조업자였던 비링구치오 역시 "인간에게 빵이 필요한 만큼 염색업자에게는 명반이 필요하다"면서 직물 염색에서 명반이 차지하는 중요성을 지적했다.[9] 과거 전통 경제에서는 직물 산업만큼 중요한 산업이 없었으니, 그런 직물 산업에 없어서는 안 될 필수불가결한 재료였던 명반의 중요성을 짐작할 수 있다.[10] 이처럼 다양한 쓰임새로 인해 중세 유럽 사회에서 명반의 수요처는 넓었고 소비도 광범위하게 이루어졌다. 11세기 이후 유럽에서 모직물 산업이 성장하면서 명반의 수요는 더 커졌다.[11]

명반 처리 과정

2

제노바 출신 명반 상인들

유럽에서 명반을 사용하기 시작한 것은 고대로 거슬러 올라간다. 중세 지중해 세계의 역사를 연구한 클로드 카엔에 따르면, 12세기 이후 유럽에 들어온 명반은 주로 이집트에서 수입된 것이었다. 12세기 서유럽에서는 충분한 양의 명반이 생산되지 않았기 때문이다. 티레니아 해의 불카노 섬과 이스키아 섬, 토스카나 지방의 아르젠타리오 산에서 생산된 명반은 양도 많지 않았을 뿐만 아니라 품질도 좋지 않았다. 게다가 이탈리아 반도에서 생산된 명반은 모직물 생산지로 성장하던 피렌체로 주로 수출되었기 때문에 이탈리아 전체 수요를 충족시킬 정도는 아니었다. 이베리아 반도와 북서아프리카에서 생산된 명반은 중세 말에도 여전히 플랑드르, 마르세유, 이탈리아 여러 도시들로 수출되었지만 수출량이 그렇게 많지 않았다.

상황이 이러했기 때문에 서유럽은 12세기까지 주로 이집트산 명반에 의존할 수밖에 없었다. 1192년 수출량이 5천 킨타르qintar(약 250톤. 1킨타르는 대략 50킬로 정도다.)에 달할 정도로 이집트의 명반 수출량은 대단했다.[12] 하지만 13세기 이후 이집트 명반은 국제 거래에서 종전의 지위를 상실했고 중세 말에는 생산량이 급격히 줄어들었다. 중세 말의 명반 생산량 감소가 이집트 쇠퇴의 주요 원인 중 하나로 꼽힐 정도로 당시 이집트 경제에서 명반 수출이 차지하는 비중은 컸다.[13] 이집트의 명반 수출이 줄어든 이유는 소아시아에서 새로운 명반 광산이 개발되었기 때문이다.[†] 이 소아시아에서 생산된 명반 거래를 주도하게 된 사람들이 바로 제노바 상인들이었다.

'명반왕' 베네데토 자카리아 : 독점의 시작

확실히 13세기 들어 유럽의 명반 수요는 증가했다.[14] 유럽 내부에서 직물 산업이 성장하면서 명반 수요도 늘어났다. 그런 만큼 새로운 명반 광산을 찾으려는 노력도 커져 갔다. 이에 따라 새로운 명반 생산지로 부상한 곳이 바로 소아시아, 흑해와 지중해 사이의 넓은 고원(지금의 터키)이었다. 이곳에서 명반 광산이 본격적으로 개발되기 시작한 것은 13세기 중반 이후였다.[15] 키프로스 왕국과 남부 프랑스의 프로방스 상인들이 맺은 협정에 따르면, 이미 13세기 중반 소아시아의 명반이 키프로스 섬을 경유해 서유럽으로 수출되고 있었다.[16]

13세기 중엽 프랑스 출신의 프란체스코회 수도사로서 아시아를 여행했던 기욤 드 뤼브룩은 여행기에서 당시 룸셀주크 왕국의 수도

[†] 그렇다고 이집트 명반이 완전히 사라진 것은 아니다. 14세기 말까지도 여전히 이집트 명반이 여러 지역으로 수출되었음을 보여 주는 많은 증거 자료들이 있다. D. Jacoby, "Production et commerce de l'alun oriental en Méditerranée, XIe~XVe siècles", *L'alun de Méditerranée. Colloque international organisé par le Centre Camille Jullian* (Napoli and Aix-en-Provence, 2005), p. 243.

였던 이코니움에서 만난 두 명의 이탈리아 명반 상인에 관한 이야기를 들려준다. 뤼브룩에 따르면, 아크레에서 온 제노바 출신의 니콜로 디 산 시로와 그의 사업 동료인 베네치아 출신의 보니파체 데 몰렌디노가 당시 튀르크산 명반 수출을 독점하고 있었다. 그런데 이 두 상인이 명반을 너무 비싸게 팔아 이전에는 15브잔트 하던 명반이 이제는 50브잔트에 팔린다는 상인들의 불만이 여기저기서 들렸다고 한다.[†]

그런데 1261년 비잔티움의 미카엘 8세 팔레올로고스가 제국의 수도 콘스탄티노플을 되찾은 이후 국제 명반 교역은 근본적으로 변화하기 시작했다. 그 변화의 핵심은 바로 제노바 상인들이 주도한 국제 명반 거래의 독점이었다. 그 서막은 1264년 비잔티움 황제와 제노바 자카리아 가문의 두 형제 마누엘Manuel과 베네데토Benedetto의 만남이었다.[17]

베네데토 자카리아는 1264년 제노바 정부의 사절로 비잔티움 황제 미카엘 8세 팔레올로고스를 알현했다. 사절의 임무는 1263년 황제가 용병으로 고용했던 제노바 함대를 해고하고 본국 귀환을 명한 사건을 조정하는 것이었다.[18] 협상은 실패였다. 그러나 베네데토는 황제에게 호감과 신뢰를 얻는 데 성공하여 몇 년 후에는 황제의 여동생을 신부로 얻는 영예를 입었다. 비록 전성기의 제국은 아니었지만 비잔티움 황실, 즉 동로마제국 황실의 사위가 된 것은 더할 나위 없는 명예였을 것이다. 게다가 황제는 베네데토의 형 마누엘에게 지중

....
[†] 당시 이곳(Konya)은 룸셀주크 왕국의 수도였다. C. Dawson, *Mission to Asia* (London, 1980), pp. 217-218.

해 제일의 명반 산지인 포카이아(현재 터키의 포하)를 양도했다.[††] 물론 황제에게 매년 일정 금액을 납부해야 했지만, 명반에서 얻는 수입은 이보다 몇 십 배나 많았다. 그리스 연대기 작가는 마누엘 자카리아의 명반 사업에 관해 다음과 같은 이야기를 남겼다.

> 황제께서는 마누엘 자카리아에게 특혜를 베푸시어 명반이 나는 포카이아 동쪽에 있는 산을 넘겨주셨다. 자카리아는 그곳에 일꾼들을 데리고 와서 쉬지 않고 명반을 채굴하게 하였고, 그 덕분에 엄청난 돈을 벌었고 더 많이 벌려고 욕심을 부렸다. 그는 명반 수출 독점권을 얻고자 노력했고 결국에는 얻어 냈다.[19]

비잔티움 황제는 왜 이런 막대한 이익을 얻을 수 있는 특혜를 자카리아 형제에게 주었을까? 아마 당시 비잔티움제국을 둘러싼 국제 정세 때문이었을 것이다. 사실 미카엘 8세는 1261년 콘스탄티노플을 수복하고 비잔티움제국을 재건했지만, 여전히 사방에 적들로 둘러싸여 있었다. 그에게 '신생' 제국을 방어하는 것은 결코 쉽지 않은 일이었다. 그는 수도를 수복하는 과정에서 제노바 정부와 님페아 조약을 체결해 해상 지원을 약속받고, 해상 지원의 대가로 큰 상업적 특혜를 제공하기로 했다. 그러나 미카엘은 콘스탄티노플을 되찾는 과정에서 제노바로부터 어떤 실질적인 도움도 받지 못했다. 그렇다고 해서 제노바와의 제휴를 깰 수도 없었다. 무엇보다 제노바의 최대 경

[††] 양도한 연도에 대해서는 약간의 의견 차이가 존재한다. 1267년 또는 1275년이라고 주장하는 역사가들도 있다. J. Delumeau, *L'alun de Rome XV~XIX siècle* (Paris, 1962), p. 16.

쟁 상대이자 적이었던 베네치아와 소아시아의 튀르크인들이 에게 해에서 막강한 세력을 유지하고 있었기 때문이다.

해군력을 충분히 확보하지 못한 황제는 선박을 제공할 수 있으면서 베네치아, 튀르크와는 적대적인 관계에 있는 세력을 적극 활용하고자 했다. 이런 면에서 베네치아의 경쟁자이자 적이고 충분한 해상력을 보유한 제노바는 안성맞춤이었다. 이런 제노바와의 우호적인 관계는 이후에도 지속될 수밖에 없었다. 황제 안드로니쿠스 3세 팔레올로고스Andronicus III Palaeologos(재위 1328~1341)는 1303년 5월 제노바인들에게 갈라타 지구에 좀 더 넓은 거주지를 허용했고, 1304년 협정에서는 갈라타의 수비를 확충하는 것을 포함한 중요한 특혜를 제공했다.[20] 이러한 정책을 통해서 비잔티움 황제들은 제노바가 제국 방어에 적극 동참하며 제국과 운명을 같이하기를 기대했다.[21]

이러한 정책은 개별 도시뿐만 아니라 개인에게도 적용되었다. 황제는 자신에게 군사적 지원을 제공하는 자들에게는 봉토를 수여하고 충성을 약속받았다. 베로나 출신의 모험가였던 리카리오Licario가 베네치아인들이 해군기지로 사용하고 있던 네그로폰테(에비아) 섬을 되찾는 것을 돕겠다고 약속하자, 황제는 그를 봉신으로 삼았다. 자카리아 형제에게 주어진 특혜 역시 마찬가지의 이유에서 나왔을 것이다.[22] 황제가 이 형제에게 기대했던 바는, 명반 교역에서 나오는 막대한 이윤으로 함선과 군대를 만들어 팽창하는 튀르크를 막아 내라는 것이 아니었을까.

황제에게 포카이아를 봉토로 받은 자카리아 형제는, 명반 교역으로 벌어들인 이윤으로 구시가 북동쪽에 새로운 도시를 건설하고 그곳을 '신포카이아'라고 명명했다. 포카이아는 당시 최대 규모의 명반 생산지로 이곳에서 생산된 명반은 최고급 품질을 자랑했다. 당시 포카이아 명반의 유일한 경쟁 상대는 흑해의 명반이었다. 마누엘 자카리아는 비잔티움 황제를 설득해 흑해산 명반 교역을 금지해 달라고 요청하고, 이를 통해 명반 교역에서 독점적인 입지를 확보하고자 했다.[23] 그리고 형제는 포카이아 명반 교역을 독점함으로써 유럽 시장뿐 아니라 이슬람 국가로 가는 수출까지 장악했다. 특히 모직물 산업이 번성했던 플랑드르와 잉글랜드로 가장 많은 명반이 수출되었다. 14세기 초 포카이아 명반을 수입했던 카탈루냐 출신의 용병 레몬 문타네르Ramon Muntaner의 증언에 따르면, 포카이아 명반 채굴에 3천 명 이상의 그리스인들이 고용되었을 정도로 자카리아 형제의 명반 생산 규모는 엄청났다.[24]

1305년 자카리아 형제는 비잔티움 황제 안드로니쿠스 2세 팔레올로고스Andronicus II Palaiologos(재위 1282~1328)로부터 포카이아 근처에 위치한 키오스 섬을 양도받음으로써 명반 교역에서 더욱 우월적인 입지를 구축했다. 그러나 이것은 사실 강탈에 가까웠다. 두 형제는 황제에게 키오스 섬을 호시탐탐 노리고 있는 튀르크와 카탈루냐 세력을 대신 막아 주겠다면서 섬에 대한 통치권을 달라고 했다. 그런데 황제의 공식적인 승인이 나기도 전에 키오스 섬을 점령해 버린 것이다. 황제는 어쩔 수 없이 섬에 대한 10년간의 통치권을 허용했고, 이후 통치권은 5년 단위로 갱신되었다.[25]

에게 해 동쪽에 위치해 있으며 현재는 그리스 영토인 키오스Chios 섬은 흑해와 콘스탄티노플에서 이집트와 알렉산드리아로 가는 주요한 해로상에 있다는 지리적 이점으로 인해 서유럽으로 수출되는 명반의 중간 집산지 역할을 했다. 베네치아인들이 키오스 섬을 제노바의 "오른쪽 눈"이라 부른 것에서 알 수 있듯, 이 섬은 동지중해에 흩어져 있는 제노바 식민지와 상업 거류지 그리고 제노바 상인들을 관리 감독할 수 있는 지정학적 요충지에 위치해 있었다.[26] 이후 포카이아 명반 대부분은 일차적으로 키오스 섬으로 옮겨져, 이곳에서 다시 대형 제노바 범선에 선적되어 서유럽으로 수출되었다.

게다가 키오스 섬은 포도주를 포함한 다양한 농산물 생산지이기도 했다. 특히 이 섬에서만 자라는 나무에서 얻은 '마스틱'이라 불리는 유향수지乳香樹脂(나뭇진)는 당시 유럽과 이슬람에서 수요가 늘고 있던 인기 상품이었다. 중세 말 키오스 섬은 콘스탄티노플의 페라 지구와 흑해 연안의 카파와 함께 제노바 상인들의 가장 중요한 상업 중심지로 부상했고, 이 섬을 다스리는 자카리아 형제의 명성은 높아질 수밖에 없었다.[27]

그러나 1307년 베네데토가, 1309년에는 마누엘마저 사망하면서 자카리아 가문의 사업은 새로운 국면에 접어들게 되었다. 이제 베네데토의 딸 엘리아나와 결혼한 안드레올로 카타네오 델라 볼타Andreolo Cattaneo della Volta가 키오스 명반 사업을 관리하게 되었다. 물론 안드레올로는 키오스 섬을 통치하는 처가 자카리아 가문에 여전히 충성했다. 당시 이 지역을 여행하던 요르단 세브락은 안드레올로의 성을 방문했고, 명반 사업의 규모에 놀라움을 표시했다. 수도사의 증언에 따르면, 안드레올로는 52명의 기사와 400명의 보병을 거느리며 이 병력으로 튀르크인들의 공격을 막아 내고 있었고, 그가 생산한 명반이 없으면 어떤 직물도 염색할 수가 없었다.[28] 키오스에서는 이미 13세기 후반에도 매년 1만4천 칸타르(50킬로그램)의 명반이 생산되고 있었고, 베네데토는 이 명반을 모험이나 행운을 뜻하는 '보나 벤투라bona ventura'라고 명명한 자신의 선박을 이용해 제노바와 대서양으로 수출했다.[29]

베네데토와 마누엘 형제 사망 후 키오스 섬 통치권은 베네데토의 아들 베네데토 2세에게 넘어갔다. 1328년 안드로니쿠스 2세 팔레올로고스 황제가 사망하자, 베네데토 2세는 동생인 마르티노Martino와 공동으로 사업을 운영했다. 자카리아 가문의 진정한 번영기는 이 시기였다. 이 시기에 자카리아 가문은 잉글랜드와 플랑드르로 더 많은 명반을 수출했고, 잉글랜드와의 교역이 늘어나면서 잉글랜드 왕실에서 고위 성직을 얻기까지 했다.[30] 마르티노는 명반과 유향수지 교역에서 엄청난 돈을 벌었다. 1320년대 후반 마르티노의 연간 수입은 12만 히페르피론†에 육박했는데, 이는 당시 비잔티움 황제 안드로니쿠스 3세가 거두는 재정수입의 5분의 1에 해당할 정도로 엄청난 금액이었다.[31] 마르티노는 이 자금을 활용해 에게 해의 여러 섬들을 구입하거나 정복함으로써 명실상부한 에게 해의 막강 군주로 부상했다. 마르티노는 특히 소아시아에서 성장하던 튀르크 세력과의 전투에서 승리함으로써 서유럽 기독교 세계에서 큰 명성을 얻었다.

하지만 마르티노는 비잔티움 황실로부터 독립성을 확보하고, 당시 성장하던 터기 이슬람 세력을 막아 내는 기독교 세계의 십자군을 자청하면서 몰락을 자초하게 되었다. 마르티노는 자신의 이름만 들어간 화폐를 주조함으로써 비잔티움 황제를 상위 군주로 인정하지

----

† 14세기 동안 비잔티움의 히페르피론과 베네치아의 두카토의 상대적 가치는 2대 1이었다. K. Fleet, *European and Islamic trade in the Early Ottoman State : the merchants of Genoa and Turkey* (Cambridge University Press, 2004). p. 46.

않으려 했고, 무너진 라틴제국의 제위를 찾으려는 남이탈리아 항구 도시 타란토의 필립Philip과 동맹을 맺음으로써 비잔티움 황제를 격분시켰다. 마르티노는 공동 통치자였던 자신의 형마저 권력에서 쫓아냈다. 결국 1329년, 유능한 참모를 거느리고 제국의 해군을 재건한 현명한 황제 안드로니쿠스 3세는 105척으로 이루어진 함대를 파견해 키오스를 되찾았다. 당시 증언에 따르면, 포로가 된 마르티노를 콘스탄티노플로 이송하지 않았다면 그는 키오스 섬의 그리스인들에게 찢겨서 죽임을 당했을 것이다. 마르티노는 교황의 중재로 석방되는 1337년까지 콘스탄티노플 감옥에서 지내야 했다.[32]

키오스 섬을 정복한 안드로니쿠스 3세는 포카이아를 통치하고 있던 자카리아의 카타네오 가문의 항복도 받아 냈다. 카타네오 가문은 비잔티움 황실의 봉신으로 충성을 맹세하고 나서야 포카이아에 대한 통치권을 유지할 수 있었다. 그런데 1335년 안드레올로의 아들 도메니코 카타네오Domenico Cattaneo가 베네치아 출신의 에게 해 공작 duke of the Archipelago(제4차 십자군 이후 베네치아 귀족들은 에게 해 일부 지역을 정복했고, 이 과정에서 만들어진 식민지 영토가 에게 해 공국이었다. 초기 정복 과정에서 주도적인 역할을 했던 베네치아 대귀족 가문인 사누도Sanudo 가문이 주로 에게 해 공작을 역임했다.)과 성 요한 기사단의 도움을 받아 비잔티움제국의 레스보스 섬을 침공하는 사태가 벌어졌다. 이듬해인 1336년 도메니코는 황실 군대에 의해 쫓겨났고, 1340년에는 포카이아의 그리스인들이 제노바의 지배에 맞서 반란을 일으킴으로써 이 지역의 명반 광산은 비잔티움제국의 품으로 돌아갔다.[33]

키오스 섬의 마호나 : 명반 '트러스트'의 결성

자카리아 가문의 뒤를 이어 이 지역의 명반 교역을 주도한 세력은 키오스 섬의 마호나였다. '마호나Mahona'는 원래 아랍어로 '상호 협력'을 뜻하는 단어로, 당시 이탈리아 상인들은 공동의 이익을 위해 함께 출자한 '동업자 모임'을 지칭하는 의미로 이 단어를 사용했다.

키오스 섬의 마호나는 1346년 제노바 정부가 키오스 섬을 되찾고자 조직한 함대와 그 운영 자금을 제공한 출자자들로 구성된 일종의 협회였다. 강한 정부와 적극적인 상업 육성 정책을 표방한 베네치아와 달리, 제노바 정부는 허약했고 항상 재정이 부족했다. 그런 연유로 중세 말 제노바 정부는 개별 상인들에게 투자를 받아 식민지 개척 등의 해외 사업을 진행했고 그 운영권도 투자자들로 구성된 협회, 즉 마호나에 일임하곤 했다.

그런데 14세기를 목전에 둔 1299년 소아시아를 호령하던 셀주크 제국이 오스만튀르크에 무너지면서 이 일대의 정세가 크게 요동쳤다. 오스만제국은 비잔티움과 전쟁을 벌인 끝에 1371년 비잔티움을 봉신으로 굴복시켰다. 이 와중에 제노바는 1373년 키오스 섬을 재정복하는 데 성공한다. 제노바 함대는 키오스 섬을 정복하고 난 뒤 얼마 안 있어 인근에 위치한 지중해 제일의 명반 산지인 구舊포카이아와 신新포카이아까지 정복함으로써 에게 해 동쪽에서 다시 한 번 확고한 상업적 기반을 건설했다.

다음 해인 1374년, 키오스 섬의 마호나는 제노바 정부와 계약을 체결해 정복지에 대한 사실상의 통치권을 위임받았다. 마호나는 매년 2,500리라라는 매우 적은 금액을 제노바 정부에 바치는 대가로,

키오스와 부속 도서들에서 들어오는 모든 재정수입을 관리하고 교역을 통제하는 것은 물론, 모든 시민에 대한 사법권까지 행사하게 되었다. 이는 키오스와 부속 도서에 대한 완전한 통제권을 확보한 것이나 마찬가지였다.

이렇게 다시 포카이아의 명반 광산이 제노바 상인들의 수중에 들어오게 되었지만, 상황은 예전 같지 않았다. 무엇보다 이제는 자카리아 가문이 아니라 키오스 섬의 마호나가 포카이아의 명반 생산 및 판매를 관장하게 되었다. 게다가 마호나의 핵심 구성원이 주로 자카리아 가문의 반대 세력이었기 때문에 명반 교역을 주도하는 세력이 완전히 바뀌었다고 할 수 있다.[34] 키오스 섬의 마호나는 오스만제국이 포카이아를 정복하는 1455년까지 약 80년간 이 명반 광산을 운영했다.

마호나 회원 개개인이 보유한 지분은 양도할 수 있었지만 주로 같은 가문 안에서 거래되었고, 지분 거래는 제노바 본토가 아니라 키오스 섬에서 이루어졌다. 이후 마호나의 회원들은 '주스티니아니 Giustiniani'라는 성姓을 공유하면서 상호 결속을 공고히 했다.[35] 이 성을 공유하게 된 계기는 마호나의 첫 번째 회합이 주스티니아니 가문의 집에서 있었기 때문이다. 이후 대부분의 회원들이 이 성을 사용하면서 자신들의 위상을 과시하려고 했다. 이들은 키오스 섬에 대한 통치권뿐 아니라 제노바 국내 정치에도 막강한 영향력을 행사하며 자신들의 이익을 관철시켜 나갔다.

키오스의 마호나에게 막대한 이익을 가져다준 가장 중요한 상품은 역시 명반이었다. 마호나는 신포카이아의 명반 광산 개발권을 10년 단위로 경매에 붙였다. 명반 광산 개발권을 따기 위해 다수의 상인들이 콘소시엄을 구성했다. 물론 광산 개발권을 얻는 사람들은 마호나 회원들이었다. 마호나는 경매 과정에 소요된 경비를 공제하고 광산 개발권을 경매해서 얻은 이익을 나눠 가졌다.

그러나 1374년 이후 지중해의 명반 생산과 교역이 전적으로 마호나를 중심으로만 움직인 것은 아니었다. 마호나 이외에 명반 생산과 교역에서 큰손 역할을 한 제노바 출신 상인이 있었는데, 바로 가틸루시오Gattilusio 가문이다. 14세기 중엽 프란체스코 가틸루시오는 내전에 휩싸인 요하네스 5세 팔레올로고스가 제위를 되찾는 데 도움을 준 대가로 황제로부터 레스보스 섬의 중심 도시였던 미틸레네Mytilene 섬을 봉토로 받았다. 이후 가틸루시오 가문은 주변 지역을 정복해 15세기 초반 에게 해에서 막강한 세력으로 성장했다. 미틸레네 섬도 명반 생산지였다. 가틸루시오 가문이 장악한 미틸레네 근처에 위치한 레스보스 섬 또한 상당한 양의 명반이 채굴되고 있었다. 가틸루시오 가문의 핵심 사업 역시 자연스럽게 명반의 채굴과 가공 및 수출이 되었다.[36]

명반 개발 초기에 관한 자세한 내용은 알려져 있지 않다. 키오스 섬의 마호나가 어떤 회원들에게 광산 개발권을 판매했는지에 관한 초기 기록이 많지 않기 때문이다. 다만, 대체로 14세기 후반에는 명반의 수요가 줄어들었기 때문에 제노바 상인들의 명반 교역도 일정 정도 타격을 받았을 것으로 보인다. 14세기 중엽 발생한 흑사병으로 전 유럽의 인구가 격감하였고, 그에 따라 유럽 각지의 직물 생산이 줄어들면서 염색업의 주재료인 명반 수요도 줄어들었을 것이다.[37]

그러나 14세기 말부터는 꽤 상세한 기록이 남아 있다. 1395년부터 오스만이 이곳을 정복하는 1455년까지의 시기에 명반 개발권을 낙

찰받은 인사들의 명단을 작성할 수 있을 정도이다. 이들은 주로 동지중해에서 활동한 제노바인들 중에서 가장 부유하고 영향력 있는 가문 출신들이었다. 그중에서도 15세기 초반에 명반 교역을 주도한 사람은 조반니 아도르노Giovanni Adorno와 필리포 주스티니아니Filippo Giustiniani였다.

1416년 두 사람은 자코모 주스티니아니Jacomo Giustiniani와 함께 명반 개발권을 따냈다. 총 투자액의 4분의 1을 투자한 자코모는 이후 자신의 지분 중 5분의 3을 마호나 회원인 다른 세 명의 상인에게 양도했다.[38] 어쨌든 이 콘소시엄을 주도한 조반니는 전 제노바 시장의 아들로서, 1414년 신포카이아를 다스리는 총책임자로 임명된 인물이었다.

1416년 조반니는 키오스 섬의 마호나 회원 몇 명과 함께 명반 회사를 설립해 포카이아 명반 개발권까지 확보했다. 하지만 그의 명반 사업은 그렇게 순탄하지 않았다. 카탈루냐와의 전쟁으로 명반 교역이 제대로 이루어지지 않은 것이 주된 원인이었다. 1421년 오스만제국의 제6대 술탄 무라드 2세Murad II(재위 1421~1444, 46~51)가 즉위할 당시에는 회사의 채무 규모가 2만6천 두카토에 이를 정도로 큰 어려움을 겪고 있었다. 다행히 1422년 조반니 아도르노가 무라드 2세의 해상 활동을 도우면서 술탄에게 진 채무를 변제받을 수 있었다.[39]

자카리아 가문에서 키오스 섬의 마호나(가틸루시오 가문)로 이어지는 과정에서 여러 가지의 크고 작은 변화가 일어났다. 그리하여 15세기 초반 제노바 상인들이 직면한 명반 교역 환경은 자카리아 때와는 많이 달라져 있었다. 1428년 소아시아 영토 대부분이 오스만제국에 통합되면서 다수의 명반 산지가 오스만의 수중에 들어갔기 때

⟨지도 13⟩ 그리스의 명반 산지

시프셀라
사페스

콘스탄티노플(이스탄불)

삼순

세라손테   트레비존드
콜로네이아

트리클리아
시지케   루파이
울루바드

카라히사르

에르주룸

아소스

코타이
퀴타히아

레스보스

포글리아
포카이아

키오스

이즈미르

히에라폴리스

세자레
카이세리

디야르바키르

알툴루오고
에페소스
팔라티아
밀레

라오디케
데니즐리

이코니움
코냐

우르파·에데스

티그리스 강

사탈리아
아달리아
안탈리아

유프라테스 강

문이다. 이제 오스만 영토에서 생산된 명반과 경쟁해야 했고, 오스만 술탄과의 우호적인 관계가 명반 사업의 성공을 좌우하는 관건이 되었다. 명반 광산 개발 및 교역에 대한 전권을 아시아의 새로운 강자인 오스만튀르크의 술탄이 결정했다. 하지만 제노바 상인들은 이 시기에도 명반 교역에 독점적인 지위를 이어 갈 수 있었다.

오스만 술탄 메흐메드 1세Mehmed I(재위 1413~1421), 무라드 2세, 메흐메드 2세는 오스만 영토에 있는 명반을 직접 채굴해 판매하지 않고 제노바 상인들에게 그 독점적인 유통권을 보장해 주었다.[40] 물론 공납을 납부해야 한다는 조건이 달려 있었다. 가령 신포카이아 명반 광산 개발권을 따낸 사람은 오스만 술탄에게 매년 2천 두카토를 공납으로 바쳐야 했다. 1420년대부터 포카이아가 오스만에 넘어가는 1455년 사이에 명반 개발권을 획득한 핵심 인물들은 엔리코 주스티니아니 롱고Enrico Giustiniani Longo, 프란체스코 드라페리오Francesco Draperio, 파리데 주스티니아니Paride Giustiniani였다. 이들은 포카이아 명반뿐 아니라, 그리스와 튀르크 명반 거래를 모두 독점하다시피 했다.[41]

드라페리오의 거대 명반 콘소시엄

15세기 중엽 이 지역의 명반 교역에서 가장 두드러진 활약을 한 마호나 상인은 프란체스코 드라페리오Francesco Draperio였다. 제노바에서 태어난 그는 비잔티움제국의 수도 콘스탄티노플에 있는 제노바 상관 지역인 페라에 자리를 잡았다. 중세 말 제노바 상인들에게 페라는 제노바보다 더 중요한, 진정한 의미의 경제 중심지였다.

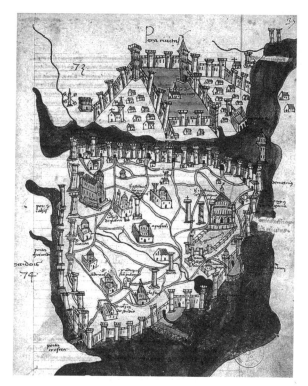

1422년 피렌체의 지도 제작자가 만든 콘스탄티노플 지도. 북쪽으로 제노바 상관이 있던 '페라'가 보인다.

드라페리오는 노련한 수완으로 비잔티움 황실뿐 아니라 오스만제국과도 우호적인 관계를 유지했는데, 이는 바로 그가 가진 재산 덕분이었다. 비잔티움과 오스만제국의 전쟁에서 그는 최종적으로 오스만 쪽에 명운을 걸었다. 1453년 비잔티움제국이 무너진 후 그는 '콘스탄티노플의 배신자'라는 오명을 얻었지만 사업적으로 그의 선택은 옳았다.[42]

이보다 앞선 1437년 드라페리오는 다른 제노바 출신 상인들과 함께 조합을 결성해 비잔티움제국의 황제 요하네스 8세 팔레올로고스, 미틸레네 섬의 군주 도리노 1세 가틸루시오Dorino I Gattilusio, 오스만 술탄 무라드 2세에게 명반 광산 개발권을 따내는 데 성공했다. 이 정도 사람들로부터 총체적인 명반 개발권을 따낸다는 것은 탁월한 외교적 수완과 막강한 자금력이 없으면 불가능한 일이었다. 드라페리오의 조합에는 두 개의 제노바 상사들이 참여했고 그중 한 조합은 명반 채굴을, 다른 조합은 명반 수출을 담당했다.[43] 이로써 이 제노바 상인 조합은 에게 해와 소아시아 일대의 명반 생산과 판매를 사실상 독점했다.

이 제노바 조합의 명반 사업은 역대 최고 규모를 자랑했다. 1445년에는 아홉 척의 초대형 제노바 범선이 키오스를 떠나 잉글랜드와 플랑드르 지방으로 향했다. 이 선박들이 수송한 명반은 총 7만1천 칸타르(3,500톤)였다.[44] 이처럼 거래 규모가 커지자, 명반 공급자를 별도로 지정하기도 했다. 1437년 11월, 명반 조합은 콘스탄티노플에서 활동하는 두 명의 피렌체 상인에게 5년간 1만6,050칸타르의 포카이아산 명반을 공급하겠다는 계약을 체결했다. 계약 조건은 이들에게 토스카나 시장에 대한 명반 거래의 우선권을 보장하되, 거래 지역을 토스카나 지역으로 한정한 것이다. 그 대신에 제노바 명반 조합은 토스카나 지방에서 명반 거래를 할 수 없었다.[45]

그리고 10여 년 후인 1449년, 새로운 콘소시엄이 결성되었다. 28만 두카토에 해당하는 출자금은 당시로서는 상상할 수 없을 정도의 어마어마한 금액이었다. 그런 점에서 드라페리오의 조합은 중세 지중해에서 결성된 가장 규모가 큰 상업조합이었다. 이 조합은 명반의 생산, 판매, 수송에 이르는 모든 과정을 철저하게 통제했다. 동지중해에서 생산된 명반 중에서 이들의 통제 밖에 있었던 것은 이집트의 명반뿐일 정도로 이 조합의 사업 규모는 광범위했다. 개발 운영권은 6년간 지속될 예정이었다.

조합은 과잉생산으로 인한 가격 하락을 우려해 생산을 통제했고, 조합원들이 개별적으로 장사하는 것을 허용하지 않았다. 운영위원회가 조직되어 모든 것을 결정했다. 각 지역에서 생산된 명반은 우선 키오스 섬으로 옮겨져 이곳에서 여러 지역으로 수출되어야 했다. 단, 베네치아와 아드리아 해로 들어가는 명반은 이러한 강제 규정에서 제외되었다. 1450년 계약에 따르면, 5년 동안 매년 베네치아로 6천 칸타르의 명반을 수송하기로 되어 있었다. 키오스 섬의 운영위원회가 수송 선박을 임대하였고, 제노바·브뤼헤·잉글랜드에 있는 지역 운영위원회는 키오스 운영위원회의 결정에 따라야 했다. 가격 하락을 우려해 생산을 통제했지만, 그래도 조합이 6년 동안 생산해서 판매할 명반의 양은 50만 칸타르(약 2만5천 톤)에 이르렀다.[46]

그러나 콘소시엄 결성 후 채 4년이 지나지 않은 1453년 무렵, 드라페리오의 명반 사업은 위기에 봉착했다. 그는 1453년 오스만튀르크의 명반 광산 개발 독점권을 갱신하는 데 실패했다. 1455년에는 가

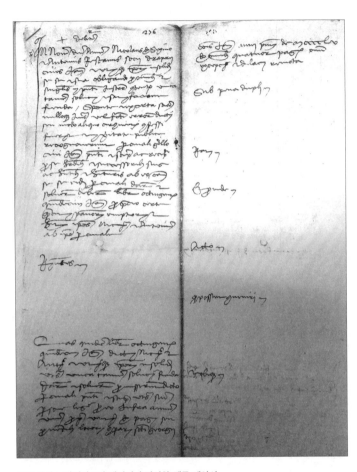

명반 상인 드라페리오의 대리인이 작성한 채무 계약서

장 중요한 명반 산지였던 포카이아가 오스만 수중에 들어갔다. 다른 제노바 상인들은 1447년에 이미 오스만제국의 명반 광산 개발권을 확보하는 데 실패한 상태였다. 제노바 관할 하에 있던 다른 명반 산지들도 차례로 오스만제국의 영토에 편입되었다. 결국 제노바 상인들은 에게 해와 소아시아 명반 산지에 대한 직접적인 통제권을 상실함으로써 명반 교역에서의 독점적인 지위를 잃어버렸다.[47]

새로운 전환점 : 톨파의 명반 광산 발견

역사상 제노바의 불운은 베네치아의 행운으로 연결되는 경우가 많았다. 거꾸로 베네치아의 불운은 제노바의 행운이었다. 앞서 비잔티움제국이 베네치아 상인들을 몰아내기 위해 제노바 상인들과 손잡으려 했음을 목격했다. 이번에는 제노바가 명반 교역에서 독점권을 상실하면서 베네치아가 반사이익을 누리게 된다.

사실 제노바 상인들이 명반 무역을 독점하던 시기에도 베네치아 상인들은 명반 광산을 개발하려고 여러모로 노력했다. 베네치아 정부는 에게 해에 위치한 크레타와 네그로폰테 섬에서 명반 광산 개발을 적극적으로 추진했고, 1429년에는 베네치아 함대를 지휘한 경험이 있는 노련한 선장이자 유능한 상인이었던 피에트로 퀘리니Pietro Querini에게 크레타 섬에서 10년간 명반을 채굴할 수 있는 권한을 부여하기도 했다. 1445년에는 크레타 섬의 지역 정부로 하여금 가장 높은 금액을 적어 내는 입찰자에게 명반 채굴 특혜를 주게 했다. 이 지역에서 생산된 명반은 비록 품질은 다소 떨어져도 명반 수급이 원

활하지 못할 경우에 매우 요긴하게 쓰일 수 있었다.[48]

베네치아의 행운은, 오스만튀르크가 소아시아 일대를 장악하고 최종적으로 비잔티움제국을 몰락시킨 후 제노바의 명반 수급이 그 어느 때보다도 힘든 상황에 처하면서 찾아왔다. 물론 이때도 일부 제노바 상인들이 오스만제국 내에 위치한 명반 광산 대부분을 임차하여 운영하고 있었다. 그렇지만 명반 교역에서 제노바 상인이 누렸던 독점적인 지위는 이제 무너지고 있었다. 결정적으로, 오스만 술탄은 포카이아를 점령한 후 제노바 상인들을 내쫓고 명반 광산 채굴권을 베네치아 상인들에게 양도했다.[49]

이렇게 소아시아에서 베네치아에 밀려났지만, 그렇다고 제노바가 명반 교역에서 완전히 물러난 것은 아니었다. 무엇보다 이탈리아 남부 톨파에서 명반 광산이 발견되면서 제노바는 회생의 기회를 잡았다. 1462년 5월, 조반니 다 카스트로Giovanni da Castro가 교황령에 속하는 남부 이탈리아의 톨파 근처에서 명반 광산을 발견했다. 파도바 출신인 카스트로는 교황 피우스 2세의 손자로 이탈리아 모직물을 콘스탄티노플로 수출하여 그곳에서 염색해 판매하면서 큰돈을 벌었다. 그러나 1453년 콘스탄티노플이 오스만제국의 수중에 들어가면서 모든 것을 잃고 간신히 목숨만 건진 채 도망쳤다. 로마로 돌아온 그는 교황청 관리로 지내면서 여기저기를 다니다가 톨파 근처에서 우연히 명반 광산을 발견했다.[50]

교황 피우스(비오) 2세Pius II(재위 1458~1464)의 회고록에는 이 소식을 전하는 조반니 다 카스트로의 편지 내용이 등장한다.[51]

"오늘 저는 교황 성하께 튀르크인들에 대한 승리의 소식을 전합니다. 그들은 직물을 염색하는 데 필요한 명반을 우리 기독교인들에게 팔아 매년 30만 두카토 이상을 빼앗아 갑니다. 왜냐하면 이스키아 섬에서 생산되는 것은 얼마 되지 않고, 리파리 섬 광산의 명반은 이미 로마인들이 모두 캐내 버렸기 때문입니다. 저는 일곱 개의 세계에 공급할 정도로 엄청나게 많은 양의 명반이 매장된 광산 일곱 개를 발견했습니다. 교황 성하께서 일꾼을 고용해서 용광로를 설치하고 명반 광석을 녹이도록 제게 명하신다면, 이 명반을 유럽 전체에 공급해서 튀르크인들에게 돌아가던 이익을 모두 뺏어 올 수 있을 것입니다. 원료와 물은 충분하고, 근처에는 치비타베키아Civitavecchia(이탈리아 중부의 항구도시) 항구도 있습니다. 이제 성하께서는 튀르크인들을 물리칠 십자군을 준비하실 수 있고, 명반 광산에 필요한 충분한 재정을 확보하실 있습니다."

더군다나 톨파에서 채굴한 명반은 소아시아산 명반보다 품질이 좋았다. 조반니 다 카스트로는 광산 개발과 채굴을 맡아 사업을 이끌었지만, 자금력도 딸리고 정보와 지식도 부족했다. 결국 그는 명반 사업 전문가인 제노바 상인과 손을 잡았다. 1462년 11월, 조반니는 제노바 사람 바르톨로메오 데 프라무라Bartolomeo de Framura와 피사 사람 한 명을 끌어들여 명반회사Societas Aluminium를 설립했다. 물론 그들의 지위는 어디까지나 교황청의 사업을 대신하는 하청업자였다. 그들은 생산한 명반 1칸타르당 4분의 3 두카토, 치비타베키아 항구까지 수송하는 데 3분의 1 두카토를 받았다. 교황 피우스 2세는 여기서 나오는 판매 수익금을 튀르크를 물리칠 함대 건조에 사용하기로 하고 명반 사업을 독점할 계획까지 세웠지만, 1464년 사망하면서

그의 꿈은 실현되지 못했다.[52]

후임 교황 파울루스(바오로) 2세Paulus II(재위 1464~1471)는 명반 사업에서 나오는 모든 수익금을 이교도를 물리치는 데에만 사용하겠노라 선언하며, 톨파 명반 광산에 대한 독점을 공포했다. 그리고 1465년 4월 11일에는 외국산 명반을 사거나 판매하는 자는 파문에 처하겠다고 위협했다. 넓은 지역에서 활동하는 사업 조직망이 없던 교황청은 명반의 분배와 판매를 경매에 붙였다. 이 경매를 따낸 사업가가 바로 메디치 가문이다.

1466년 4월 1일, 메디치 가문은 교황청과 9년 기간의 계약을 체결했다. 이 계약으로 메디치 가문은 명반회사 설립에 참여한 제노바 상인 프라무라의 지분을 확보했다. 이로써 메디치 가문은 톨파의 명반을 전 기독교 세계에 판매할 수 있는 독점권을 확보했다. 교황청은 소아시아산 명반을 기독교 세계에 판매하는 것을 금하는 조치를 내려 메디치의 사업에 힘을 실어 주었다. 톨파의 명반 사업이 메디치 가문의 수중에 들어가면서 명반 상인으로서 제노바 상인들이 구가하던 전성시대는 끝났다.

3
명반, 제노바의 운명을 바꾸다

　명반은 제노바가 펼치던 국제 교역의 기본 틀과 방향을 바꾸어 놓았다. 주로 소아시아에서 생산된 명반을 대규모로 대서양으로 수송하려면 반드시 큰 배가 있어야 했다. 제노바는 이를 위해 1천 톤이 넘는 초대형 선박을 건조함으로써 지중해에서 가장 큰 선박을 보유한 나라가 되었다. 그러나 대서양으로의 명반 수송은 제노바 본토의 경제적 위상을 떨어뜨렸다. 소아시아의 명반 사업이 제노바 정부와는 별개로 거상들의 전유물이 되면서 제노바 시의 재정은 빈약해졌고, 그 결과 제노바는 주변 강국의 침략을 효율적으로 방어하지 못하는 지경에 처했다.

　이 와중에 제노바에서는 본토를 떠나 해외 식민지나 타국에서 큰돈을 번 서유럽 제일의 국제 거상들이 출현했다. 모든 것을 정부가 통제한 베네치아에서는 중소 규모의 부자가 많았던 것과 극명하게 대비되는 지점이다. 이러한 구조적 차이를 만든 것이 다름 아닌 명반이었다.

대서양 항로 개통, 제노바 본토의 쇠퇴

제노바가 13세기 말 대서양으로 가는 해로를 개척한 이유는 동지 중해에서 생산된 명반을 대서양으로 수송하기 위함이었다. 그 시작은 1278년 5월 12일 만종 무렵, 제노바에서 베네데토 자카리아를 포함한 세 명의 갤리선 선장과 세 명의 상인들이 수송 계약을 체결하면서부터다. 이 계약에 따라 자카리아 등은 1,297칸타르의 명반을 제노바에서 잉글랜드로 수송하는 책무를 맡았다.[†]

그 이후 제노바 선박들이 정기적으로 지중해와 대서양을 오가게 되었다.[††] 물론 이전에도 대서양과 지중해를 오가는 선박이 있었지만 이는 매우 드물고 예외적인 일이었다. 그런 점에서 대서양 정기 항로를 개척한 세력은 제노바라고 할 수 있다. 카탈루냐와 베네치아 상인들이 그 뒤를 이었고, 15세기 초엽 피렌체가 마지막으로 지중해와 대서양을 연결하는 선박 서비스에 동참했다.

13세기 말 지중해와 대서양을 연결하는 직항로의 개설은 유럽 경

[†] 라틴어로 작성된 원 계약서는 다음 논문에 나온다. 계약서에는 구체적인 항구가 언급되어 있지 않지만, 런던이나 사우샘프턴이 목적지였을 것으로 추정된다. R. Doehaerd, "Les galères génoises dans la Manche et la mer du Nord à la fin du XIIIᵉ et au début du XIVᵉ siècle," *Bulletin de l'Institut historique belge de Rome*, vol. 19(1938), p. 33.

[††] 제노바 공증인 문서는 이 사실을 잘 보여 준다. R. Doehaerd, "Les galères génoises," *Bulletin de l'Institut historique belge de Rome*, vol. 19(1938), pp. 5-76 ; R. Doehaerd, *Les relations commerciales entre Gênes, la belgique et l'Outremont d'après les archives notariales génoises aux XIIIᵉ et XIVᵉ siècles* (Roma and Bruxelles, 1941) ; R. Doehaerd and Ch. Kerremans, *Les relations commerciales entre Gênes, la belgique et l'Outremont d'après les archives notariales génoises 1400~1400* (Roma and Bruxelles, 1952). 반면 정기적인 선박 운행이 14세기 초엽부터 시작되었다고 보는 역사가도 있다. E. B. Fryde, "Italian maritime trade with medieval England(c. 1270~c. 1530)," *Recueils de la Société Jean Bodin*, vol. 32(1974), p. 292.

제에 큰 변화를 가져왔다. 우선 직항로의 개설은 지중해와 북부 유럽을 연결하던 기존의 상업 루트인 샹파뉴 정기시에 큰 타격을 입혔다.[53] 하지만 직항로의 개설 덕분에 지중해와 북부 유럽 사이의 교역량은 전체적으로 증가했다. 특히 지중해의 모직물 산업이 대서양 직항로 개설의 가장 큰 수혜 산업이 되었다. 피렌체가 잉글랜드와 플랑드르에서 생산된 양모를 가공해 중세 말 유럽의 대표적인 모직물 생산지로 부상할 수 있었던 것도 직항로를 통한 대규모 양모 수입이 가능했기 때문이다.[54] 직항로 개설을 주도한 제노바와 베네치아 같은 이탈리아 해상 도시국가들은 국제무역에서 더 주도적인 역할을 할 수 있게 되었다.[55] 물론 지중해 도시들만 이익을 얻은 것은 아니다. 지중해 선박의 주요 기항지였던 브뤼헤는 금융 중심지로, 사우샘프턴은 양모와 모직물 수출항으로 비약적인 성장을 했다.[†††]

소아시아 명반은 서유럽 전 지역으로 수출되었지만, 그중에서도 직물 산업이 번성했던 플랑드르와 잉글랜드 등지가 가장 중요한 고객이었다. 일반적으로 포카이아와 그 주변 명반 광산에서 채굴·가공된 명반은 일차적으로 키오스 섬으로 옮겨졌고, 이곳에서 다시 서유럽으로 수출되었다.[56] 따라서 동지중해에 위치한 제노바 식민지 키오스와 영국 남부의 항구 사우샘프턴, 벨기에의 브뤼헤를 연결하는 노선이 제노바 수송의 대동맥으로 부상했다.[57]

[†††] 제노바 선박들이 사우샘프턴 항으로 명반, 대청과 같은 염색 재료를 대량 공급하면서 영국 남부에서 모직물 생산이 증가했다. E. B. Fryde, "Italian maritime trade with medieval England(c. 1270~c. 1530)," *Recueils de la Société Jean Bodin*, vol. 32(1974), pp. 319-320 ; W. B. Watson, "The structure of the florentine galley trade with Flanders and England in the fifteenth century," *Revue Belge de Philologie et d'Histoire*, vol. 39(1961), pp. 1073-1091.

제노바 선박이 런던이 아니라 남부의 항구 사우샘프턴을 선택할 수밖에 없었던 이유는, 제노바 선박이 템스 강을 거슬러 런던까지 입항하기에는 너무 컸기 때문이다. 명반을 가득 싣고 키오스 섬을 출발한 제노바의 초대형 범선이 제노바를 경유하지 않고 대서양으로 직행한 것도 비슷한 이유였다.[58] 수익률을 높이려면 가능한 한 기항지를 줄일 필요가 있었고, 이탈리아 남부에서 티레니아 해를 거슬러 제노바 본토까지 우회하는 것은 여러 면에서 수지가 맞지 않았다. 제노바 항구에서 하역하거나 선적할 상품이 그렇게 많지 않았기 때문에 선장이나 선주, 상인들 모두 제노바 기항을 원치 않았다.

제노바 무역의 대동맥이 제노바를 경유하지 않게 되면서 관세를 포함한 여러 가지 재정수입이 줄어들게 된 제노바 정부는, 뒤늦게 이를 규제하는 조치를 취했다. 하지만 별다른 물리적 수단이나 강제력이 없었기 때문에 무역의 흐름을 다시 제노바로 끌어오기란 쉽지 않았다. 13세기 중엽 이후 제노바의 거상들은 본토가 아니라 주로 동지중해에 흩어져 있는 제노바 상관이나 식민지, 특히 페라 · 카파 · 키오스 등지에서 활동했고, 이들의 주요 무역 상대는 북서아프리카와 이베리아 반도 그리고 대서양이었다. 이러한 구조에서 거상들이 특별한 이유 없이 정부를 위해 자신들의 상품과 선박을 제노바로 우회시킬 리 없었다.

이 점에서 베네치아는 제노바와 달랐다. 흥미롭게도, 중세 후반 서유럽의 국제 교역을 주도했던 이탈리아의 대표적 두 항구도시 베네치아와 제노바는 서로 많은 면에서 닮았고 또 달랐다. 중세 말로 접어들며 제노바가 여전히 도시의 수도이면서도 상권의 중심지 역할을 잃어버렸던 반면, 베네치아 본섬은 베네치아의 수도이자 베네치아 경제의 중심지 역할을 했다. 이러한 차이는 근본적으로 두 도시가 취급한 주요 상품과 고객의 차이에서 비롯되었다. 베네치아 정부는 동지중해에서 들어오는 모든 상품을 우선적으로 베네치아 본섬으로 가져와야 한다는 규정을 만들어 이를 엄격히 시행했다. 이러한 정부 정책이 잘 실행될 수 있었던 것은 본섬과 가까운 곳에 소비지가 있었기 때문이다. 실제로 동방에서 베네치아로 들어온 향신료, 면화 등은 대부분 북부 이탈리아와 남부 독일로 팔려 나갔다.

초대형 범선 건조

다음 페이지의 그림은 제노바 출신 탐험가 콜럼버스(1451~1506)가 아메리카에 도착하기 한 해 전인 1481년, 제노바 화가 크리스토포로가 제노바 항구의 전경을 그린 것이다. 항구 주변에 흩어져 있는 50척 이상의 원형 범선과 50척 이상의 갤리선들은 15세기 말 해상 강국 제노바의 위상을 한껏 뽐내고 있다.

그림에서 알 수 있듯이 크기와 형태가 다른 여러 종류의 배들이 있지만, 형태상 두 가지 종류로 분류할 수 있다. 첫 번째는 배 폭이 좁고 길이가 긴 '갤리선'이다. 일반 갤리선은 빠르고 기민하다는 장점 덕분에 16세기 후반까지 군함으로 사용되었다. 14세기의 평균적인 제노바 갤리선은 전장 40미터, 선폭 5미터, 높이 2미터 정도였다.[59] 하지만 중세 후반에 빠른 속도라는 기존 갤리선의 장점과 범선의 장점인 대량 수송 능력을 결합한 새로운 형태의 선박, 즉 대형 갤리선이 등장했다. 당시 대형 갤리선을 가장 많이 보유한 곳은 베네

중세 말 제노바를 대표하는 화가 크리스토포로 데 그라시Cristoforo de Grassi가 1481년에 그린
제노바 항구 전경

치아로, 중세 말 베네치아의 대형 갤리선은 그 크기가 250~300톤에 육박했다. 이러한 대형 갤리선은 노와 돛을 함께 사용했다. 그림 오른쪽에 위치한 선박들이 대형 갤리선이다.

그림 왼쪽 앞부분에 위치한 선박이 두 번째 형태의 선박인 '원형 범선'이다. 그림 속 원형 범선은 세 개의 돛대와 각 돛대에 여러 개의 사각 돛을 갖추고 있고, 두 개의 갑판으로 이루어져 있다. 원형 범선은 갤리선보다 컸기 때문에 상대적으로 훨씬 많은 양의 화물을 수송할 수 있었다. 그림에서도 어느 정도 짐작할 수 있듯이 제노바의 원형 범선은 엄청나게 컸다. 제노바의 대형 범선은 중세 말 지중해를 떠다닌 가장 큰 선박이었고, 제노바는 1천 톤 이상의 화물을 수송할 수 있는 초대형 범선도 여러 척 보유하고 있었다.

중세 말 제노바의 초대형 범선은 이후 15세기 말 새로운 항로를 개척하려고 모험여행을 떠났던 콜럼버스와 다 가마가 타고 간 선박들과 비교해도 확실히 컸다. 흔히 근대 이전 아시아와 유럽의 선박 기술을 비교하면서, 15세기 초반 명나라의 환관 정화가 인솔했던 선단의 규모와 선박 구조가 15세기 말 다 가마나 콜럼버스가 타고 갔던 선박과는 비교가 안 될 정도로 월등했다고 이야기한다. 실제로 정화의 보선寶船은 전장 138미터, 선폭이 56미터에다 적재량이 1,500톤에 이르는 초대형 선박이었고, 바스코 다 가마의 선박은 전장 25미터, 선폭 5미터, 적재량이 120톤에 불과한 작은 선박이었다.[60] 하지만 정화의 보선과 제노바의 초대형 범선을 비교한다면 그 격차는 그렇게 크지 않았을 것으로 보인다. 16세기 후반이 되면 포르투갈도 1천 톤이 넘는 '몬스터'라는 초대형 범선을 인도 항해에 투입한다.

제노바는 왜 이렇게 큰 선박을 건조했을까? "필요는 발명의 어머니"라는 격언이 이에 대한 답일 듯싶다. 명반을 대량으로 수송할 필요 때문에 제노바는 초대형 범선을 건조했다. 앞서 살펴보았듯이, 13세기 중엽 이후 제노바 상인들이 가장 많이 거래한 상품은 명반이었다.[61] 그리고 명반 교역에서 가장 큰 문제가 수송비였다. 명반은 무겁고 부피가 많이 나가는 상품이기 때문에 상대적으로 수송비 부담이 높았다. 그런데 향신료와 비단과 같은 사치품에 비해 상대적으로 저렴한 상품이었기에 높은 수송비는 이윤율을 떨어뜨렸다. 게다가 명반 생산지와 주요 소비처가 너무 멀리 떨어져 있어 수송비 부담이 가중되었다. 당시 명반 수요가 가장 높았던 지역은 모직물 산업이 번성한 플랑드르와 잉글랜드였다.

초기에 명반을 지중해에서 대서양으로 수송한 선박은 갤리선이었다.[62] 1278년 베네데토 자카리아를 포함한 세 명의 갤리선 선장이 세 명의 상인들과 수송 계약을 체결하고 1,297칸타르의 명반을 제노바에서 잉글랜드로 수송하기로 했을 때,[63] 60톤에 불과한 명반을 세 척의 갤리선에 나눠 수송했다. 그러나 무게가 많이 나가고 상대적으로 저렴한 염색 원료인 명반을 갤리선에 수송하는 것은 타산이 맞지 않았을 것이다. 실제로 명반 교역이 증가하면서 이 문제가 최우선 선결 과제로 떠올랐다. 결국 제노바는 큰 선박을 건조하기로 했다. 그 결과, 제노바의 명반 수송선은 당시 지중해에서는 찾아보기 힘들 정도의 대형 선박으로 발전했다.[64]

이렇듯 명반 수송의 비중이 높아지면서, 14세기 말 제노바에서는 향신료와 같은 고가의 상품을 수송하던 갤리선의 수가 점차 줄어들었다. 게다가 향신료 교역이 점차 베네치아 상인의 수중에 들어가면서 갤리선 의존도는 더욱 낮아질 수밖에 없었다. 결국 개별 도시의 상업 구조, 주거래 상품, 생산지와 공급지의 위치 등에 따라 보유하는 선박의 종류와 구성도 달라질 수밖에 없었다.

다른 지중해나 대서양 항구도시들이 보유했던 선박과 비교하면 제노바 초대형 범선의 압도적인 크기는 더욱 두드러져 보인다. 중세 말 프랑스와 대서양 국가의 선박은 점점 더 작아지는 추세였고, 포르투갈 범선은 150~250톤이 대부분이었다. 서지중해 수송에서 주도적인 역할을 한 카탈루냐 선박도 250톤을 넘지 않았다. 15세기 피사를 정복한 피렌체는 범선보다는 갤리선을 선호했다.[65] 그나마 베네치아만이 250톤 이상의 범선을 다수 보유하고 있었다. 15세기 베네치아는 250톤급 이상의 중대형 범선 35척을 보유하고 있었는데, 이 배들의 총 수송 능력은 1만5천 톤으로 개별 선박의 평균 수송 능력은 430톤 정도였다. 비록 다른 항구도시의 선박에 비교하면 컸지만, 제노바 범선에 비하면 여전히 왜소한 편이었다.[66]

이렇듯 제노바의 초대형 선박은 경쟁 상대들에 비해 최소 다섯 배 이상의 수송 능력을 자랑했다.[†] 이 덕분에 제노바 상인들은 명반 수송에서 독점적인 위치를 확보할 수 있었다. 제노바가 초대형 범선을 가장 많이 보유한 시절이 제노바의 명반 교역 전성기인 1380~1460년대와 일치한다는 사실은 명반 수송과 초대형 선박 건조의 연관성을 확실하게 뒷받침해 준다.

....

[†] 1439년에 작성된 한 수송 계약서에 따르면, 포카이아에서 플랑드르로 가는 제노바 선박에 약 500톤의 명반을 선적할 예정이었다. 다른 상인들이 선적할 양까지 고려한다면 이보다는 많은 명반을 한 선박에 실을 수 있었던 것이다. D. Jacoby, "Production et commerce de l'alun oriental en Méditerranée, XIe~XVe siècles", *L'alun de Méditerranée. Colloque international organisé par le Centre Camille Jullian* (Napoli and Aix-en-Provence, 2005), p. 244.

¹ J. Delumeau, *L'alun de Rome XV~XIX siècle* (Paris, 1962), p. 13.

² M. Balard, *La Romanie génoise(XIIᵉ ~début du XVᵉ siècle)* (Genova-Roma, 1973), p. 769.

³ J. Delumeau, *L'alun de Rome XV~XIX siècle* (Paris, 1962), p. 14.

⁴ R. Halleux, "L'alun dans la littérature des recettes du 1er au XIIᵉ siécle", *L'alun de Méditerranée. Colloque international organisé par le Centre Camille Jullian*(Napoli and Aix-en-Provence, 2005), pp. 9-10.

⁵ R. Halleux, "L'alun dans la littérature des recettes du 1er au XIIᵉ siécle", *L'alun de Méditerranée. Colloque international organisé par le Centre Camille Jullian* (Napoli and Aix-en-Provence, 2005), p. 11.

⁶ J. Delumeau, *L'alun de Rome XV~XIX siècle* (Paris, 1962), p. 14.

⁷ 이에 관해서는 다음 책들 참고. Ch. Singer, *The earliest chemical industry. An essay in the historical relations of economics and technology illustrated from the alum trade* (London, 1984) ; G. de Poerk, *La draperie médiévale en Flandre et en Artois, technique et terminologie* (Bruges, 1951).

⁸ M. Balard, *La Romanie génoise(XIIᵉ ~début du XVᵉ siècle)* (Genova-Roma, 1973), p. 769.

⁹ M. Balard, *La Romanie génoise(XIIᵉ ~début du XVᵉ siècle)* (Genova-Roma, 1973), p. 769.

¹⁰ J. Delumeau, *L'alun de Rome XV~XIX siècle* (Paris, 1962), p. 13.

¹¹ R. S. Lopez, *Benedetto Zaccaria : ammiraglio e mercante nella Genova del Duecento* (Genova : Fratelli Frilli Editori, 2004), p. 65.

¹² C. Cahen, "L'alun avant Phocée", *Revue d'histoire économique et sociale*, tome 41(1963), pp. 437-438.

¹³ C. Cahen, "L'alun avant Phocée", *Revue d'histoire économique et sociale*, tome 41(1963), pp. 446.

¹⁴ C. Cahen, "L'alun avant Phocée", *Revue d'histoire économique et sociale*, tome 41(1963),

pp. 441-442.

[15] D. Jacoby, "Production et commerce de l'alun oriental en Méditerranée, XIe~XVe siècles", *L'alun de Méditerranée. Colloque international organisé par le Centre Camille Jullian* (Napoli and Aix-en-Provence, 2005), p. 233.

[16] C. Cahen, "L'alun avant Phocée", *Revue d'histoire économique et sociale*, tome 41(1963), pp. 443.

[17] M. Carr, "Trade or crusade? The Zaccaria of Chios and Crusades against the Turks", N. G. Chrissis and M. Carr(ed.), *Contact and conflict in Frankish Greece and the Aegean, 1204-1453. Crusade, religion and trade between Latins, Greeks and Turks* (Surrey : Ashgate, 2014), pp. 116-117.

[18] R. S. Lopez, *Benedetto Zaccaria : ammiraglio e mercante nella Genova del Duecento* (Genova : Fratelli Frilli Editori, 2004), pp. 52-53 ; 존 줄리어스 노리치, 《비잔티움 연대기》 3, 남경태 옮김, 바다출판사, 2007, 407쪽.

[19] Ch. Singer, *The earliest chemical industry. An essay in the historical relations of economics and technology illustrated from the alum trade* (London, 1948), p. 89.

[20] G. I. Bratianu, *Recherches sur le commerce génois dans la mer noire au XIIIe siècle* (Paris, 1929), pp. 277-278.

[21] F. Thiriet, *La Romanie vénitienne au Moyen Age* (Paris, 1950), p. 156.

[22] D. M. Nicol, *The last centuries of Byzantium 1261~1453* (Cambridge, 1993), second edition, p. 60.

[23] W. Miller, "The Zaccaria of Phocaea and Chios(1275~1329)", *Journal of Hellenic Studies*, vol. 31(1911), p. 44.

[24] Ch. Singer, *The earliest chemical industry. An essay in the historical relations of economics and technology illustrated from the alum trade* (London, 1948), p. 91.

[25] C. Wright, *The Gattilusio lordship and the Aegean world 1355-1462* (Leiden : Brill, 2014), p. 36.

[26] J. Heers, *Gênes au XVe siècle : activité économique et problèmes sociaux* (Paris, 1961), p. 385.

[27] M. Carr, "Trade or crusade? The Zaccaria of Chios and Crusades against the Turks", N. G. Chrissis and M. Carr(ed.), *Contact and conflict in Frankish Greece and the Aegean, 1204-1453. Crusade, religion and trade between Latins, Greeks and Turks* (Surrey : Ashgate,

2014), pp. 117-118.

[28] C. Gadrat, *Une image de l'Orient au XIVe siècle. Les Mirabilia descripta de Jordan Catala de Sévérac* (Paris : Ecole des Chartes, 2005), p. 295.

[29] L. Liagre, "Le commerce de l'alun en Flandre au Moyen Age", *Le Moyen Age*, tome 61(1955), p. 180.

[30] M. Carr, "Trade or crusade? The Zaccaria of Chios and Crusades against the Turks", N. G. Chrissis and M. Carr(ed.), *Contact and conflict in Frankish Greece and the Aegean, 1204-1453. Crusade, religion and trade between Latins, Greeks and Turks* (Surrey : Ashgate, 2014), pp. 120-121.

[31] M. Carr, "Trade or crusade? The Zaccaria of Chios and Crusades against the Turks", N. G. Chrissis and M. Carr(ed.), *Contact and conflict in Frankish Greece and the Aegean, 1204-1453. Crusade, religion and trade between Latins, Greeks and Turks* (Surrey : Ashgate, 2014), p. 128.

[32] M. Carr, "Trade or crusade? The Zaccaria of Chios and Crusades against the Turks", N. G. Chrissis and M. Carr(ed.), *Contact and conflict in Frankish Greece and the Aegean, 1204-1453. Crusade, religion and trade between Latins, Greeks and Turks* (Surrey : Ashgate, 2014), p. 132.

[33] C. Wright, *The Gattilusio lordship and the Aegean world 1355-1462* (Leiden : Brill, 2014), p. 37.

[34] J. Delumeau, *L'alun de Rome XV~XIX siècle* (Paris, 1962), p. 16.

[35] J. Delumeau, *L'alun de Rome XV~XIX siècle* (Paris, 1962), p. 17.

[36] C. Wright, *The Gattilusio lordship and the Aegean world 1355-1462* (Leiden : Brill, 2014), p. 173.

[37] J. Heers, *Gênes au XVe siècle : activité économique et problèmes sociaux* (Paris, 1961), p. 395.

[38] M.-L. Heers, "Les Génois et le commerce de l'alun à la fin du Moyen Age", *Revue d'histoire économique et sociale*, tome 32(1954), p. 34.

[39] E. Basso, "Genovesi e Turchi nell'Egeo medievale : Murad II e la 《Societas Folie Nove》", *Quaderni Medievali*, vol. 36(1993), pp. 36-41, 44-47 ; D. Jacoby, "Production et commerce de l'alun oriental en Méditerranée, XIe~XVe siècles", *L'alun de Méditerranée. Colloque international organisé par le Centre Camille Jullian* (Napoli and

Aix-en-Provence, 2005), p. 248.

[40] D. Jacoby, "Production et commerce de l'alun oriental en Méditerranée, XIe~XVe siècles", *L'alun de Méditerranée. Colloque international organisé par le Centre Camille Jullian* (Napoli and Aix-en-Provence, 2005), pp. 245-246.

[41] J. Heers, *Gênes au XVe siècle : activité économique et problèmes sociaux* (Paris, 1961), p. 397.

[42] M.-L. Heers, "Les Génois et le commerce de l'alun à la fin du Moyen Age", *Revue d'histoire économique et sociale*, tome 32(1954), p. 36.

[43] J. Delumeau, *L'alun de Rome XV~XIX siècle* (Paris, 1962), p. 17.

[44] J. Delumeau, *L'alun de Rome XV~XIX siècle* (Paris, 1962), p. 18.

[45] G. Müller, *Documenti sulle relazioni delle città toscane coll'Oriente cristiano e coi Turchi fino all'anno MDXXXI* (Firenze, 1879), pp. 169-171.

[46] J. Delumeau, *L'alun de Rome XV~XIX siècle* (Paris, 1962), p. 18.

[47] D. Jacoby, "Production et commerce de l'alun oriental en Méditerranée, XIe~XVe siècles", *L'alun de Méditerranée. Colloque international organisé par le Centre Camille Jullian* (Napoli and Aix-en-Provence, 2005), p. 253.

[48] F. Thiriet, *La Romanie vénitienne au Moyen Age* (Paris, 1950), p. 418.

[49] C. Cahen, "L'alun avant Phocée", *Revue d'histoire économique et sociale*, tome 41(1963), pp. 446 ; W. Heyd, *Histoire du commerce du Levant au Moyen Age* (Leipzig, 1885~1886), vol. 2, p. 570.

[50] L. Liagre, "Le commerce de l'alun en Flandre au Moyen Age", *Le Moyen Age*, tome 61(1955), pp. 194.

[51] L. Liagre, "Le commerce de l'alun en Flandre au Moyen Age", *Le Moyen Age*, tome 61(1955), pp. 195 ; 리사 자딘, 이선근 옮김, 《상품의 역사》, 영림카디널, 2003, 128~129쪽.

[52] L. Liagre, "Le commerce de l'alun en Flandre au Moyen Age", *Le Moyen Age*, tome 61(1955), pp. 196.

[53] J. L. Abu-Lughod, *Before European hegemony : the world system A. D. 1250~1350*, 박홍식 · 이은정 옮김, 《유럽 패권 이전 : 13세기 세계체제》, 까치, 2006, 96쪽.

[54] 피렌체 모직물 생산량은 1310년대에 최고조에 달했다. E. B. Fryde, "Italian maritime trade with medieval England(c. 1270~c. 1530)," *Recueils de la Société*

Jean Bodin, vol. 32(1974), p. 292 ; A. A. Ruddock, *Italian merchants and shipping in Southampton 1270~1600* (Southampton, 1951), pp. 29-30.

[55] 루이스는 대서양 선박들이 직항로 개설에서 주도적인 역할을 하지 못한 이유를 다음 논문에서 설명했다. A. R. Lewis, "Northern european sea power and the Straits of Gibraltar, 1031~1350 A. D.," *Order and innovation in the Middle Ages : essays in honor of Joseph R. Strayer* (Princeton, 1976), p. 139.

[56] L. Liagre de Sturler, *Les relations commerciales entre Gênes, la Belgique et l'Outremont : d'après les archives notariales génoises aux XIIIe et XIVe siècles* (Roma and Brussels, 1969), no 521.

[57] E. Ashtor, *Levant trade in the Later Middle Ages* (Princeton, 1983), p. 331.

[58] M.-L. Heers, "Les Génois et le commerce de l'alun à la fin du Moyen Age", *Revue d'histoire économique et sociale*, tome 32(1954), pp. 44-45, 47-49.

[59] J. Heers, *Gênes au XVe siècle : activité économique et problèmes sociaux* (Paris, 1961), p. 270.

[60] 박한제 외 지음, 《아틀라스 중국사》, 사계절, 2010, 134~135쪽.

[61] J. Heers, "Types de navires et spécialisation des trafics en Méditerranée à la fin du Moyen Age", M. Mollat(ed.), *Le navire et l'économie maritime du Moyen Age au XVIIIe siècle* (Paris, 1958), p. 117.

[62] R. Doehaerd, "Les galères génoises dans la Manche et la mer du Nord à la fin du XIIIe et au début du XIVe siècle," *Bulletin de l'Institut historique belge de Rome*, vol. 19(1938), p. 33.

[63] R. Doehaerd, "Les galères génoises dans la Manche et la mer du Nord à la fin du XIIIe siècle et au début du XIVe siècle", *Bulletin de l'Institut historique belge de Rome*, 19(1938), p. 33.

[64] D. Jacoby, "Production et commerce de l'alun oriental en Méditerranée, XIe~XVe siècles", *L'alun de Méditerranée. Colloque international organisé par le Centre Camille Jullian* (Napoli and Aix-en-Provence, 2005), p. 234.

[65] J. Heers, *Gênes au XVe siècle : activité économique et problèmes sociaux* (Paris, 1961), pp. 273-274.

[66] F. C. Lane, "Venetian shipping during the commercial revolution", *Venice and history. The collected papers of F. C. Lane* (Baltimore, 1966), p. 7.

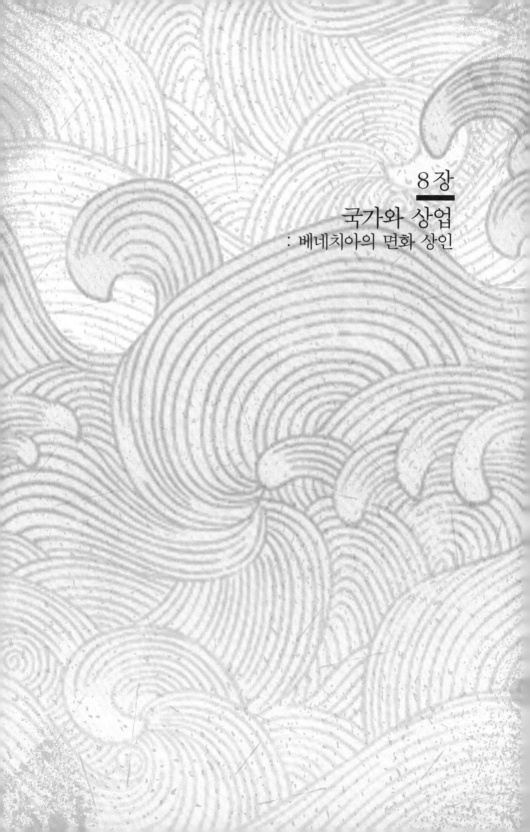

8장

국가와 상업
: 베네치아의 면화 상인

"평화 시 우리 도시는 무역에 1천만 두카토를 투자하며, 사업을 위해 세계 전역에 수많은 상선과 갤리선을 파견합니다. 이러한 투자로 2백만 두카토의 이익을 거둡니다." - 15세기 초 베네치아 도제 토마소 모체니고의 임종 연설

소란초 형제상회는 15세기 초엽 베네치아를 대표하는 국제적인 규모의 중개무역상으로서, 베네치아 도시국가의 귀족이었던 소란초Soranzo 가문의 네 형제들이 함께 만들었다.(형제들의 이름은 도나도 Donado, 자코모Giacomo, 피에트로Pietro, 로렌초Lorenzo이다.)[1] 이탈리아어로 '프라테르나Fraterna'라고 하는 '형제상회'는 당시 베네치아에서 가장 일반적인 사업 형태였다.('프라테르Frater'는 라틴어로 '형제'를 뜻한다.)[2] 형제와 부자 또는 삼촌이나 조카 등 혈연관계로 얽힌 가까운 사람들이 함께 자금을 출자하고 역할을 분담하여 안정적인 결속력을 자랑하는 것이 특징이었다.

소란초 형제상회가 결성된 정확한 연도는 알려져 있지 않지만 초기 자본금이 2,800두카토 정도였고, 그중에서 맏형인 도나도Donado의 자본이 1천 두카토 정도로 가장 많았던 것으로 보인다.[3] 이렇게 기본적인 사업 자금은 형제들의 출자금으로 마련하고, 이후 다양한 사람들로부터 투자를 받아 자본금을 키웠다.

15세기 초 소란초 형제상회는 십자군 시절의 이탈리아 상인과 비교할 때 여러 가지 면에서 달라진 모습을 보인다. 먼저 해외시장에 주재원이나 사업 파트너를 상주시키면서 본토에서 사업을 전체적으로 관할하고, 사업의 흐름과 최종 결과를 복식부기 형식의 회계장부에 꼼꼼하게 기록한 것은 전에는 볼 수 없던 모습이다. 무엇보다도 이들을 새로운 시대의 선구자로 만든 것은 이들이 특정 상품만을 취급하는 '전문상인'이었다는 데 있다. 위험을 분산시키고자 가능한 한 여러 상품에 자금을 나눠서 투자했던 이전 시기의 상인들과 크게 달라진 것이다. 이제 사업은 더 이상 불규칙하고 일회적이며 위험 부담이 큰 '모험'이 아니었다. 15세기 상업은 더 규칙적이고 지속적이고 안전해졌으며, 따라서 한 상품에 투자하더라도 안정적인 수입을 기대할 수 있었다.

당시 베네치아는 유럽 경제의 중심이었다. 1422년 베네치아 도제였던 토마소 모체니고Tommaso Mocenigo(재임 1414~1423)의 임종 연설은 소란초 형제상회가 활동한 당시 베네치아의 경제력과 위상을 짐작하게 한다.[4]

"여러분이 알다시피 우리에겐 10~200암포라급[†] 선박 3천 척과 여기에 고용된 1만7천 명의 선원이 있습니다. 중대형 범선 300척이 있고, 여기에 고용된 8천 명의 선원이 있습니다. 매년 45척의 중대형 갤리선이 운항하고 있고, 여기에는 1만1천 명이 고용되어 있습니다. 1만6천 명의 직공들이 있으며, 이들은 비단과 모직물과 면직물을 생

....

[†] '암포라amphora'. 원래 고대 지중해에서 제작되는 도자기를 뜻하는 용어였는데, 중세에는 선박의 크기를 측정하는 단위로 사용되었다. 1암포라는 50킬로그램 정도였다.

산하고 있습니다. 7백만 호의 집이 있고, 그 가치는 50만 두카토입니다. 연수입이 700~4천 두카토에 달하는 사람이 1천 명이나 있습니다. 베네치아의 재정수입은 77만4천 두카토이고, 테라 페르마[††]의 재정수입은 46만4천 두카토, 해상 수입은 37만6천 두카토입니다.

또한, 여러분이 알다시피 우리 도시는 매년 120만 두카토의 금화를 주조합니다. 은화는 매년 80만 두카토를 주조하는데 이 중 5천 마르크는 매년 이집트와 시리아로 보내집니다. 테라 페르마 지역으로는 매년 10만 두카토가 보내집니다. 우리의 해상 영토로는 매년 5만 두카토가 나갑니다. 잉글랜드로 매년 10만 두카토가 나가고, 나머지는 베네치아에 남습니다. 여러분이 알다시피 피렌체 상인들은 매년 1만6천 필의 모직물을 베네치아로 가져옵니다. 우리는 이 모직물을 다시 남부 이탈리아의 풀리아, 시칠리아 왕국, 카탈루냐, 에스파냐, 북서아프리카, 이집트, 시리아, 키프로스, 로도스, 비잔티움제국, 크레타 섬, 펠로폰네소스 반도 남단, 리스본으로 내다 팝니다. 매주 피렌체 상인들은 7천 두카토어치에 해당하는 각종 상품을 베네치아로 가져오고, 이는 연간 15만 두카토에 이릅니다. 피렌체 상인들은 프

토마소 모체니고

[††] '테라 페르마terra ferma'. '단단한 땅'이라는 뜻으로, 섬인 베네치아와 비교해 이탈리아 본토 땅을 의미한다. 베네치아에 테라 페르마는 주로 북부 이탈리아 지역을 의미했고, 베네치아는 14세기 말 이후 북부 이탈리아 일대를 정복해 식민지로 만들었다.

랑스와 카탈루냐 양모, 비단, 밀랍, 금과 은사, 설탕, 은괴, 각종 향신료, 명반, 인디고, 가죽, 보석 등을 구입하고 이것은 우리 도시에 엄청난 이익을 가져다줍니다."

이 연설에서 짐작할 수 있듯이, 15세기 초 당시 베네치아는 유럽에서 가장 많은 선박(3,345척)을 보유하고 있었으며 이에 고용된 선원만 3만6천 명에 달했다. 당시 베네치아 인구가 본 섬과 해외 영토를 포함해 20만 명 정도였음을 감안할 때 인구의 10분의 1 이상이 선원이었던 것이다. 해외에 나가서 활동하는 다수의 베네치아 상인들을 포함하면 원거리 국제무역에 종사하는 사람들이 인구의 절대다수를 차지했다. 뛰어난 선박 건조 기술과 조선소는 물론이고, 선박도 가장 많이 보유하고 있었다. 수많은 베네치아 상선들이 지중해와 흑해와 대서양을 오가며 상품과 물자를 실어 날랐다.

그렇지만 이때 베네치아는 선택의 기로에 서 있었다. 모체니고 도제가 측근들을 불러 베네치아의 경제를 자랑하듯 이야기한 이유는, 베네치아가 살 길은 바다에 있으며 평화로운 무역만이 이를 보장한다고 믿었기 때문이다. 하지만 격변하는 유럽의 정치 질서에 공격적으로 대응하려면 이탈리아 본토 내부로 파고드는 팽창주의 정책이 필요하다는 반대파의 목소리가 그 어느 때보다 높았다. 반대파를 이끈 프란체스코 포스카리Francesco Foscari는 북부 이탈리아에서 벌인 전쟁으로 베네치아가 큰 이익을 얻었다고 주장했다.

모체니고는 "만약 여러분이 포스카리를 다음 도제로 선출한다면 베네치아는 전쟁에 휘말릴 것이고 많은 재정적 손실을 입게 될 것"이라고 경고했다. 하지만 그가 사망하자 포스카리가 도제로 선출되었고, 베네치아는 피렌체와 연합해 북부 이탈리아의 강자였던 밀라노와 거의 30년간 지속되는 장기전에 돌입했다.[5]

이런 와중에 독일 상인들이 급성장했다. 이들은 전통적으로 베네치아가 주도하던 동서 교역에까지 손을 뻗으려 했다.[6] 그들은 지중해를 통한 해상 수송이 아니라 흑해를 출발해 다뉴브 강을 따라가는 육상 수송로가 적극 개발되기를 원했다. 15세기 초 헝가리 왕으로 신성로마제국 황제가 된 지기스문트Sigismund(재위 1411~1437)는 이러한 독일 상인들의 열망을 현실화시키려고 노력했다. 그 결과, 황제와 베네치아 사이에 갈등이 생겨 전쟁으로까지 이어졌다. 황제는 경제봉쇄를 통해 베네치아를 무너뜨리려 했다. 그 일환으로 제국의 신민인 독일 상인들에게 베네치아와의 무역을 금하는 칙령을 내리기도 했다.[7]

이렇듯 소란초 형제상회가 활동하던 15세기 전반은 베네치아의 경제적 주도권이 여러 경쟁 세력들에게 위협받던 시기다. 베네치아의 상인들은 어떻게 이 난국을 헤쳐 갔을까? 그리고 베네치아 정부는 자국 상인들의 활동을 어떻게 지원했을까? 이것이 우리가 소란초 형제상회의 사례를 통해 답을 구하고자 하는 질문들이다.

1
전문상인의 탄생

면화만을 취급한 소란초 형제상회

8장 서두에서 언급했듯이 소란초 형제상회는 사업 조직과 운영, 사업 규모 등에서 동시대의 대표적인 베네치아 상인들과 별반 다르지 않았다.[8] 하지만 한 가지 점에서 당대의 베네치아 상인뿐 아니라 여타의 전형적인 이탈리아 상인들과 달랐다.

우리가 기억하는 중세 이탈리아 상인의 특징은 "활동이 매우 다양했다. 그들은 상인인 동시에 수송업자였으며 또한 보험업자였고 환전상이자 은행가였으며 기업가이자 정보 취급자이기도 했다"[9]는 것이다. 이 지적처럼 중세 이탈리아 상인들은 이윤이 되는 상품이면 그 어떤 것이라도 취급했으며, 만약의 사태에 대비하여 한 가지 상품에 모든 자본을 묶어 두지 않았다.[10] 15세기 베네치아 상인 안드레아 바르바리고Andrea Barbarigo와 로렌초 돌핀Lorenzo Dolfin이 이런 전형적인 상인에 해당한다.

물론 사업 규모나 사업 조직 면에서 소란초 형제상회와 로렌초 돌핀은 큰 차이가 없었다. 유명 귀족 가문 출신인 로렌초 돌핀도 해외 시장에 동업자들과 대리인들을 두고 있었다. 동지중해의 대표적인 시장인 알렉산드리아, 아크레, 베이루트, 다마스쿠스, 콘스탄티노플, 크레타 섬의 헤라클리온뿐만 아니라, 대서양의 대표적인 상업 중심지인 런던과 브뤼헤에서도 거래를 하고 있었다. 둘의 차이는 단 하나, 소란초 형제상회는 로렌초 돌핀과 달리 면화만을 전문적으로 취급했다는 점이다.[11]

동시대의 일반적인 이탈리아 상인과 달리 소란초 상회가 집중 투자한 상품은 바로 면화였다. 그렇다고 소란초 형제상회가 다른 상품을 취급하지 않았다는 것은 아니다.[12] 다만, 그들의 핵심 사업이 시리아 현지에서 원면(가공하지 않은 솜)을 구입해 베네치아에서 유럽 상인들에게 되파는 것이었다는 뜻이다. 소란초 상회의 사업을 좀 더 자세히 들여다보면, 그들도 다양한 종류의 면화에 분산투자했음을 알 수 있다. 그들은 하마스, 트리폴리, 아크레, 알레포, 라타키아(시리아 북부의 항구도시) 등 시리아의 여러 면화 생산지에 대리인이나 동업자를 두고 그들에게서 원면을 확보했다. 가장 중요한 거래처였던 하마스에서는 형제 중 한 명이 직접 면화 구입을 담당했다.[13]

시리아 현지에 상주한 형제는 형제상회의 업무 외에 다른 베네치아 상인들의 거래도 대행했다. 현지 베네치아 상인 공동체는 서로 협력 관계를 유지했으며, 손해가 발생할 경우 공동 책임을 지기도 했다. 한번은 맘루크 술탄이 베네치아 상인을 포함한 유럽 상인들에게 일정량의 향신료를 시장가격보다 높게 구입하도록 강제했는데, 이때도 베네치아 상인들은 추가 비용을 함께 분담했다.

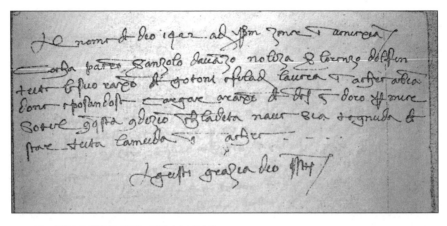
아크레에서 베네치아로 보내는 면화 수송 계약서

　상회의 업무 중 가장 힘들고 어려운 일은 맘루크제국의 영토였던 시리아 현지에서 생활하면서 장사하는 것이었다. 당시 맘루크제국은 베네치아의 최대 무역국이었고, 그런 연유로 맘루크 술탄은 서유럽 상인들 중에서 베네치아 상인을 가장 우대했다. 그러나 시리아 현지에서 생활하며 장사를 한다는 것은 녹록한 일이 아니었다.

　당시 베네치아에서는 젊어서 먼 이국에서 사업 경험을 쌓은 후 고향으로 돌아와 베네치아에서 사업을 총괄하는 것이 일반적인 관행이었다. 소란초 형제들의 사업 패턴도 이와 유사했다. 사업 초기에는 맏형 도나도가 시리아 현지에서 활동했다. 도나도는 1403년부터 1416년까지 10여 년간 시리아에서 가장 중요한 면화 거래 시장이던 하마스에서 상인 경험을 쌓았다. 1417년 도나도가 베네치아로 돌아온 후 시리아 현지 사업을 맡은 사람은 셋째인 피에트로였다. 비슷한 시기에 막내인 로렌초도 시리아에서 형 피에트로와 함께 지냈다.

피에트로는 '바자bazar'라 불리는 시장에서 '모레스Mores'라 불리는 이슬람 상인들로부터 면화와 향신료를 구입했다. 이슬람 상인 중에서도 면화를 전문적으로 취급하는 대상들이 있었다. 통상 피에트로는 중개인을 통해서 상품을 구입했다. 이 중개인들은 맘루크 정부의 관리는 아니었지만 준 관리 역할을 하고 있었다. 피에트로가 아랍어를 알고 있었는지는 확실하지 않지만, 일반적으로 기독교 상인과 무슬림 상인 사이의 교역에는 '투르지만turziman'이라 불리는 통역이 있었다.

피에트로가 1년 내내 주의를 기울여야 했던 것은 자주 변하는 상품 가격이었다. 그는 가능한 한 자주 가격 변동 상황을 베네치아에 있는 형들에게 전달하려고 노력했다. 특히 베네치아에서 오는 배가 시리아 항구에 입항하는 달에는 가격 변동이 유독 심해졌기 때문에 더 많은 주의를 기울여야 했다. 면화 선단이 입항하는 3월은 면화 수요가 높아져 1년 중 면화 가격이 가장 높은 시기였다. 면화 선단이 도착하기 전에 충분한 양의 면화를 확보하지 못한 상인들은 마음이 불안할 수밖에 없었다. 반면 베네치아에서 건너온 상품의 가격은 떨어졌다.

당시 베네치아 상인들이 가장 이상적이라고 여긴 거래 방식은 베네치아에서 보낸 물건을 팔고 그 돈으로 면화와 향신료 등의 상품을 구입하는 것이었다. 통상적으로 판매액보다는 구매액이 많았기 때문에 그 차액을 현금, 즉 금화나 은화 등으로 지불해야 했다. 결제에는 베네치아 두카토(3.545g),[†] 맘루크제국의 금화 디나르dinar(3.5g),

---

[†] 15세기 말 미숙련 노동자의 1년치 임금이 30두카토 정도였다. 1475년 파도바에서는 조

은화 디르함dirham(2.97g), 동화 팔스fals(4.25g) 등이 사용되었다.[14]

1년 면화 교역량 28만 두카토

도나도 소란초가 베네치아로 돌아온 이듬해인 1418년 1월 4일, 베네치아 정부는 아홉 척으로 구성된 면화 선단을 시리아에 파견하기로 결정했다.[15] 통상 봄 면화 선단에 관한 논의와 결정은 1월에, 가을 면화 선단에 관한 결정은 7월에 내려졌다. 베네치아 정부는 매년 파견할 선박의 수, 선단장, 항해 노선, 면화 선적 항구와 정박 기간, 운송료 등 선단 운영의 모든 것들을 논의하고 결정했다. 아홉 척의 대형 범선으로 구성된 선단을 시리아에 파견하겠다는 정부의 결정은 곧바로 리알토 다리Ponte di Rialto에서 공포되었다. 13세기 목조로 처음 건설된 리알토 다리는 16세기 석조로 바뀌어 19세기까지 베네치아 도심을 관통하는 대운하를 건너는 유일한 다리였다. 대부분의 정부 포고령은 리알토 다리에서 '소리꾼'을 통해 공포되는 것이 일반적인 관행이었다.

정부의 발표가 나자, 상인들은 시리아로 보낼 물건과 현금을 준비하고, 여러 지시 사항을 적은 편지를 보내고, 선주와 수송 계약을 체결하면서 분주한 시간을 보냈다. 베네치아 사업을 총괄하는 맏형 도나도와 둘째 자코모 또한 현지의 두 아우들에게 보낼 여러 가지 것

....

판공의 월급이 3두카토였다. R. Mueller, *The Venetian money market : books panics, and the public debt, 1200~1500* (Johns Hopkins University Press, 1997), pp. 649-650.

들을 챙기느라 매우 바쁜 시간을 보냈다. 면화를 담는 자루인 '카네바체canevaze', 모직물과 화폐는 꼭 실어야 하는 품목이었다.

선적을 마친 봄 면화 선단은 1418년 1월 말경 베네치아 항구를 출발했다. 선단은 중간에 펠로폰네소스 반도 남단에 위치한 베네치아 식민지 코론과 모돈 그리고 크레타 섬을 경유해 최종적으로 시리아 항구도시에 도착했다. 1418년 봄 면화 선단이 정확하게 언제 시리아 항구에 도착했는지는 알 수 없지만, 통상 3월 한 달 동안 시리아 항구에 머물면서 면화를 비롯한 각종 상품을 선적했다. 가을 면화 선단은 9월 한 달 동안 시리아 항구에서 상품을 선적했다. 그래서 선적 시기에 따라 '3월 면화 선단'과 '9월 면화 선단'으로도 불렸다.

면화 선단은 대략 네 곳의 항구, 즉 아크레·베이루트·트리폴리·라타키아에서 면화를 선적했다. 1418년 봄 면화 선단이 시리아 항구에 당도했을 때 피에트로와 로렌초는 아홉 척의 선박 중 네 척의 선박에 면화를 나누어 실었다. 피에트로 타랄로Pietro Taralo가 선장인 선박에 36자루, 트로일로 소란초Troilo Soranzo가 선장인 선박에 32자루, 자코모 판파노Jacomo Panpano가 선장인 선박에 32자루, 베네데토Benedetto가 선장인 선박에는 27자루를 실었다. 면화는 총 127자루였다. 이렇게 분산해서 선적한 이유는 만일에 있을지도 모르는 난파나 해적과 같은 위험에 대비하기 위함이었다. 그렇지만 아홉 척의 대형 범선으로 구성된 베네치아 면화 선단을 공격할 정도로 무모한 해적은 많지 않았다.

그러면 면화를 포장하고 계량하는 단위였던 '자루sac'는 어느 정도 크기였을까? 면화 선적 항구에 따라서 자루의 크기가 약간씩 달랐지만, 한 자루는 대체로 150~200킬로그램 정도로 굉장히 큰 포장

단위였다.[16]

일반적으로 봄 면화 선단은 6월 말이나 7월 초에 베네치아로 귀환했다. 귀환한 선박은 다시 가을 면화 선단에 참여할 수 있었다. 1418년 봄 면화 선단이 수송한 면화의 총량을 알려 주는 사료는 발견되지 않았다. 그렇지만 대형 범선 한 척이 평균 500자루 이상을 수송했으므로, 아홉 척의 선박이 4,500자루 정도를 수입해 왔을 것으로 짐작된다. 그런데 이것이 베네치아로 들여오는 면화의 전부가 아니었다. 여기에 가을 면화 선단의 수송량, 알렉산드리아행 봄과 가을 면화 선단의 수송량, 사적으로 운행하던 범선들의 수송량까지 합쳐야 한다.

베네치아 도제 토마소 모체니고는 매년 2,250톤 정도의 원면이 베네치아를 통해 서유럽으로 수출된다고 자랑했다. 이를 150킬로그램 단위의 자루로 계산하면, 1만5천 자루의 원면이 베네치아로 들어와서 서유럽 전역으로 팔려 나갔다는 것이다. 금액으로 환산하면 25만 두카토에 이르는 어마어마한 양이다. 당시 베네치아의 면사 수출액이 3만 두카토였으니, 원면과 면사를 합친 베네치아의 면화 관련 총 교역액은 28만 두카토에 달한다. 베네치아 무역의 근간이었던 후추의 연간 교역액 30만 두카토와 비교해도 결코 뒤지지 않는 비중이다. 면화 무역은 베네치아 총 수출액 2천2백만 두카토의 13퍼센트를 차지했다.[17]

그렇다면 소란초 상회의 면화 교역은 어느 정도 규모였을까? 1418년 회계장부에 따르면, 소란초 상회는 160자루의 면화를 구매했다. 중세 지중해 교역사의 대가인 애쉬터는, 소란초 상회와 같은 15세기 초엽의 일급 베네치아 상인은 매년 60~100자루의 원면을 구입했고 그 비용이 2천 두카토 정도였을 것이라고 추정했다.[18] 물론 이 추정

소란초 형제들이 주고받은 편지

치는 상회의 회계장부만을 근거로 한 것이다. 오늘날 상회의 회계장부가 모두 남아 있지 않고, 소란초 형제들이 주고받은 편지에는 언급되지만 장부에는 기재되지 않은 거래들을 고려할 때 소란초 상회의 실제 사업 규모는 분명 이 추정치를 크게 능가할 것이다.

다시 소란초 형제 얘기로 돌아가자. 명망 있는 귀족 가문 출신으로 고향 땅 베네치아에 머물며 국제 거래를 관리·감독하는 일과 비교해, 이슬람이 지배하는 시리아에서 아랍어를 하지 못하는 기독교 상인으로서 이슬람을 상대로 장사를 하는 것은 수십 배나 힘들고 고달픈 일이었을 것이다. 종교적·문화적 차이는 때론 갈등을 일으켰을 것이다. 고향에서 보내 온 맛있는 이탈리아산 포도주로 지친 마음을 위로하려 해도, 포도주를 종교적으로 금하는 이슬람 국가에서는 이조차도 쉽지 않은 일이었다.[19] 이런 연유에서인지 1419년 피에트로는 본국에 있는 형들에게 베네치아로 돌아가고 싶다고 편지를 썼다. 하지만 형들은 동생의 마음을 받아주지 않았다.[20]

2
베네치아의 수송 체계

가장 안전하고 확실한 수송 시스템

소란초 형제상회가 면화를 전문적으로 취급하는 전문상인이 될 수 있었던 것은, 상업과 수송에 대한 정부의 체계적인 지원과 후원 덕분이었다. 제노바 상인의 경우, 상품을 구입하고 이를 수송할 선박을 찾는 일을 모두 스스로 알아서 처리해야 했다. 상품의 안전한 수송을 감시하는 관리자를 선박에 동승시키는 사소한 일까지 모두 자비와 자력으로 해결해야 했다. 반면에 베네치아 상인들은 국가가 제공하는 정기적인 수송 서비스를 이용할 수 있었고, 상품에 꼬리표와 선적 송장만을 동봉해서 보내면 끝이었다. 상품의 안전한 수송은 정부와 정부 주도의 정기 선단 운영자들이 보장해 주었다.

베네치아는 14세기 초부터 정기 선단 제도를 운영하기 시작했다. 처음에는 일부 지역에만 수송단을 파견하다가 중세 말로 가면서 대상 지역을 확대했다. 정부는 총 네 가지 종류의 정기 선단을 운영했다. 갤리 상선단, 면화 선단, 순례 선단, 포도주 선단이 그것이다. 각각의 선단은 지중해와 흑해, 대서양을 오가며 상품과 인력을 실어 날랐다.

베네치아 정부가 처음으로 설립한 정기 선단은 14세기 초엽 비잔티움제국과 흑해로 가는 갤리 상선단이었다. 비슷한 시기에 키프로스와 소아르메니아 왕국을 베네치아로 연결하는 갤리 상선단이 도입되었다. 1345년에는 이집트 알렉산드리아 노선이 만들어졌고, 1374년에는 시리아의 베이루트행 갤리 선단이 추가되었다. 1402년에는 베네치아와 남부 프랑스 일대를 연결하는 에귀모르트 갤리 선단이, 1436년에는 북서아프리카행 갤리 선단이, 마지막으로 1460년에는 북동아프리카행 갤리 선단이 설립되었다.

갤리 상선의 건조는 1104년 건립된 베네치아 국영 조선소Arsenale에서 이루어졌다. 이후 베네치아 국영 조선소는 유럽 제일의 규모로 성장해 베네치아의 자랑거리가 되었다. 피렌체 출신 시인 단테는 베네치아 국영 조선소만큼 큰 작업장은 본 적이 없다고 말했고, 실제로도 당대 제일 규모의 산업 시설이었다.[21] 당시 국영 조선소에서 일하는 인원만 3천 명에 이를 정도였다. 국영 조선소의 위상은 16세기 말까지도 이어졌다. 1574년 프랑스 국왕 앙리 3세Henri III가 선박 건조 과정을 시찰할 당시 갤리선 한 척을 건조하는 데 채 한 시간이 걸리지 않았다.[22]

베네치아 국영 조선소는 오늘날에도 여전히 과거의 영광과 위용을 자랑하고 있다. 정기 갤리 선단에 투입되었던 대형 갤리선은 해상 제국 베네치아의 힘을 상징했다. 일반적으로 노로 움직이는 갤리선은 빠른 기동성 덕분에 주로 전함으로 사용되었다. 전투용 갤리선은 속도를 유지하기 위해 소형으로 제작되었고, 그래서 100톤을 넘는

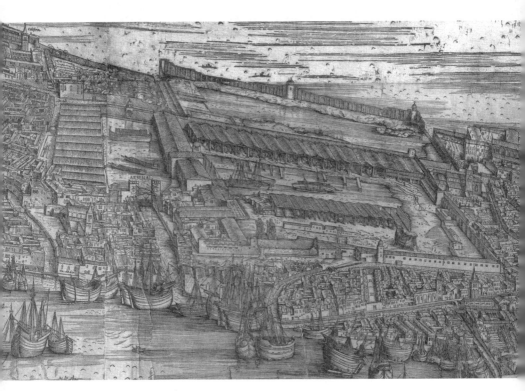

1104년에 건립된 베네치아 국영 조선소

경우가 드물었다. 그러나 화물 수송용 선박은 많은 짐을 실을 수 있어야 했다. 베네치아는 기존 갤리선의 속도를 그대로 살리면서 화물 선적 능력을 증대시킨 새로운 형태의 갤리, 즉 '갤리 상선'을 건조했다. 당시 베네치아 사람들은 이 갤리선을 '대형 갤리'라 불렀다.

갤리선은 국가 소유였지만 '인칸토incanto'라 불리는 경매를 통해 투자자와 선장을 모집했다. 즉, 배는 국가가 제공하고 그 운영은 민간에 맡긴 것이다. 물론 정부는 갤리 선단 제도가 안정적으로 운영될 수 있도록 운행에 관한 모든 사항을 엄밀히 통제했다. 갤리 선단은 매년 1회씩 운영되었다. 의회에서 선단의 규모와 출항 날짜, 항해 일정에 관한 공고문을 게시하면 공식적인 파견 일정이 시작되었다. 관련 사항들이 적시된 공고문이 산 마르코 광장에 면한 두칼레 궁 Palazzo Ducale 앞에 게시되고, 소리꾼들이 리알토 다리를 시작으로 섬을 두루 돌기 시작하면 섬 전체가 분주해졌다. 선적해야 할 물건들을 오래전부터 준비해 온 상인, 선단에 참여하길 원하는 선장과 항해사들, 본 섬을 떠나 한몫 잡을 생각인 선원 지망자 등 모두가 이 공고를 기다리고 있었기 때문이다.

다른 베네치아 상인들과 마찬가지로 소란초 상회도 후추와 같은 향신료를 베네치아로 보낼 때에는 주로 갤리 선단을 이용했다. 상회가 이용한 갤리 상선은 200톤급 선박이었다. 정기적으로 그리고 매우 안전하게 운항했던 알렉산드리아와 베이루트 갤리 상선단 덕분에 베네치아 상인들은 향신료 무역에서 독점적인 지위를 확보할 수 있었다.[23]

베네치아 갤리 선단 경매 기록

화물은 물론이고 순례자 수송까지

　면화 선단이 도입된 것은 정기 선단제가 도입되고 조금 지난 14세기 중엽이었다. 시리아와 이집트, 키프로스 등지에서 생산된 면화를 수입하기 위해서였다. 1366년 베네치아 정부는 "면화 수입이 베네치아에 매우 중요한 사업으로 많은 베네치아인들이 이를 통해 생계를 유지하고 있다"며 면화 선단을 도입하게 된 취지를 밝혔다.[24]

　면화 수송을 담당한 선박은 갤리 선단이 아니라 '코카coca'라 불린 대형 범선이었다. 국가가 직접 건조한 갤리와 달리 이 범선은 개인 소유로서, 선주들은 경매를 통해 국가가 주도하는 면화 수송 선단에 참여했다. 키프로스 면화 선단은 맘루크제국과의 전면적 교역 금지령이 해제되고, 키프로스 섬의 상업적 가치가 줄어들면서 최종적으로 중단되었다. 반면 시리아와 알렉산드리아 면화 선단은 15세기 말까지 지속되었다. 1년에 한 번씩 운행된 갤리 선단과 달리, 면화 선단은 1년에 두 차례 운행되었다.[25]

　시리아 면화 선단은 3월과 9월에 아크레, 베이루트, 트리폴리, 라타키아 등 네 곳의 시리아 항구에서 원면을 선적했다. 각 항구별 선적 기간은 미리 정해져 있었고, 대체로 트리폴리와 라타키아에 정박하는 기간이 가장 길었다. 이 두 항구도시에서 선적되는 면화의 양이 다른 두 정박지보다 더 많았기 때문이다. 소란초 형제상회는 거의 매년 정부가 제공하는 정기 선단을 이용해 베네치아로 원면을 수송했다. 회계장부가 남아 있는 1407년부터 1428년까지 21년 동안 단 한 차례를 제외하고는 매년 정기 선단에 원면을 선적했다. 원면을 선적하지 못한 1410년은 시리아 현지 사정으로 인해 많은 베네치

〈지도 14〉 중세 말 베네치아 수송 노선

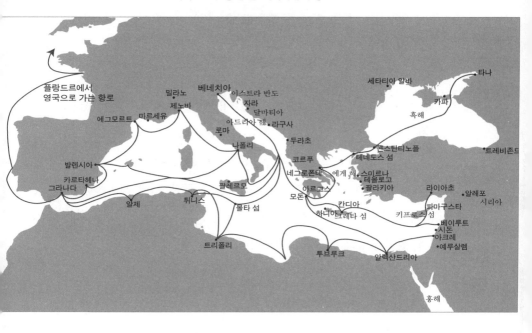

플랑드르에서
영국으로 가는 항로

베네치아
이스트라 반도
자라
달마티아
아드리아 해 라구사

밀라노
제노바
에그모르트 마르세유
로마
나폴리
팔레르모

발렌시아
카르타헤나
그라나다

알제
튀니스
몰타 섬

트리폴리

두라초
코르푸
네그로폰테
아르고스
모돈
하니아 크레타 섬
투브루크

세타티아 알바

카파
흑해
트레비존드

콘스탄티노플
테네도스 섬
에게 해 스미르나
테올로고
팔라키아
칸디아
키프로스 섬

라이아초 알레포
시리아
파마구스타
베이루트
시돈
아크레
예루살렘

알렉산드리아
홍해

타나

아 상인들이 원면을 구매하지 못한 해이다.[26] 베네치아 면화 선단은 안전하고 규칙적이었기 때문에 외국 상인들에게도 인기가 높았다.

포도주 선단의 운영도 면화 선단과 유사했다. 우선 투입되는 선박이 대형 범선이었다. 포도주 선단은 주로 베네치아 영토였던 크레타 섬에서 생산되는 포도주를 본국으로 수송하는 임무를 맡고 있었다.[27] 하지만 포도주 선단은 그 규모나 중요성에서 갤리 선단과 면화 선단에 미치지 못했다.

이 밖에 상품이 아니라 예루살렘 성지를 여행하는 순례자들을 전문적으로 수송하는 순례 선단이 있었다. 1382년 베네치아 정부는 베네치아와 시리아의 야파(지금의 텔아비브)를 연결하는 순례 선단을 도입했다. 1387년에는 '톨로마치tolomazi'라 불리는 일종의 순례자 안내원 제도를 신설하여 순례자들의 편의를 도모했다. 베네치아 정부는 순례 선단뿐 아니라, 성지순례에 필요한 각종 서류 업무까지 대행했다. 성지를 순례하려면 교황청에서 발급하는 허가증 외에, 당시 예루살렘을 장악하고 있던 이슬람 국가 맘루크제국이 발급하는 일종의 여권 등이 필요했다. 운항이 중단되는 1530년대까지 베네치아 정부는 매년 2회씩 순례 선단을 운영했다.

이렇듯 정부의 체계적인 후원과 지원 덕분에 베네치아 순례 선단은 전 유럽에서 명성을 얻었다. 당시 서유럽에서 가장 안전하고 확실한 성지순례 여행 상품이 베네치아 정부가 제공한 순례 선단이었다는 사실을 반박할 사람은 없을 것이다. 매년 수백 명의 독일인과 영국인, 프랑스인, 이베리아인, 이탈리아인들이 이 순례 선단을 이용해 성지를 다녀왔고, 그중에는 이를 여행담으로 펴내는 이들도 있었다. 1480년 베네치아 순례 선단을 이용해 성지순례를 다녀온 밀라노 출신 산타 브라스카Santa Brasca가 "성지순례를 하려면 베네치아로 가시오. 세상에서 그보다 안전하고 확실한 길은 없소. 이런 서비스를 제공하기 위해 매년 갤리선을 투입하기 때문이오."라고 조언할 정도로 베네치아 순례 선단의 명성은 자자했다.[28]

베네치아 수송 서비스는 한 시대를 이끌었던 위대한 해상제국 베네치아의 옛 영광을 가장 잘 보여 준다. 그 영향은 단지 상품 수송에만 국한되지 않았다. 지중해, 흑해와 대서양을 오가는 베네치아 상선들은 유럽 전역에서 각종 정보를 베네치아로 들여왔고, 그 덕분에 16세기 초 베네치아는 "가장 중요한 정보의 중심지"가 될 수 있었다.[29]

3
소란초 형제상회의 고객

은광 개발, 독일 상인의 급부상

소란초 형제상회의 최고 고객은 단연 독일 상인들이었다. 특히 남부 독일의 세 도시인 아우크스부르크, 울름, 뉘른베르크 출신 상인들이 가장 많은 원면을 구입해 갔다. 물론 베네치아로 면화를 구입하러 온 상인들 가운데 북부 이탈리아 상인들의 수는 여전히 많았다. 그러나 이들의 비중은 분명 예전만 못했다.

사실 14세기 이전까지만 해도 면직물 제작은 주로 이탈리아 중부와 북부 도시들에서 이루어졌다. 그런데 14세기 중반 이후 면직물산업이 남부 독일 지역으로 확산되면서 아우크스부르크, 울름, 뉘른베르크 등이 새로운 면직물 도시로 부상했다.[30] 실제로 14세기 중엽 베네치아 정부가 면화 선단을 창설한 것이 남부 독일의 면직물 산업지에 원료를 공급하기 위해서였다는 주장까지 있을 정도다.

남부 독일과 베네치아 사이의 상업 교류는 이미 13세기 중엽 이후 눈에 띄게 증가했다. 상업 교류가 늘어나자 자연스럽게 알프스를 관통해서 남부 독일로 가는 새로운 노선들이 개통되었다. 1237년 베네치아와 독일을 포함한 중부 유럽을 연결하는 생-고타르 고개가 개통되었고, 비슷한 시기에 브레너 고개도 개통되었다.[31]

남부 독일과 베네치아의 교역이 이처럼 증가한 것은 중부 유럽의 은광과 동광이 본격적으로 개발되면서부터다. 동방과의 무역을 주로 담당했던 베네치아와 제노바 같은 이탈리아 항구도시들은 이슬람 세계와의 무역에서 항상 적자를 보고 있었고, 이러한 차액을 귀금속, 즉 현금으로 결제해야 했다. 이탈리아 상인들이 동지중해에서 구입한 상품들은 향신료나 비단과 같은 값비싼 제품이었던 반면, 이탈리아 상인들이 이슬람 세계와 비잔티움 세계에 공급하는 물품은 상대적으로 저렴한 농산물과 모직물이었기 때문이다. 이러한 적자 무역을 계속해야 했던 이탈리아 상인들에게는 이 차액을 메울 귀금속이 절실히 필요했다.

중세 후반 중부 유럽에서 은광이 본격적으로 개발되기 전까지, 이탈리아 상인들은 주로 수단의 금을 이용해서 무역 차액을 지불했다. 그런데 중부 유럽에서 은이 채굴되면서 이 은이 수단의 금을 대신하는 중요한 결제 수단이 되었다. 결국 베네치아는 동지중해에서 들여온 상품을 독일 상인들에게 판매하고, 그 결제 대금을 은으로 받아서 이를 동방 상품 구입에 활용했다. 독일 상인들 입장에서도 이 은을 이용해 베네치아 시장에서 더 많은 동방 상품을 구입할 수 있어 나쁠 것이 없었다.

이렇게 은이 통용되면서 독일 상인들이 구입을 획기적으로 늘린 상품이 바로 원면이다. 독일 상인들은 베네치아에서 면직물 완제품이 아니라 원료 상태의 원면을 구입해, 이를 남부 독일에서 가공하여 '푸스티안fustian'(면직과 주로 마직을 섞어 만든 혼방 직물)이라는 혼방 면 직물을 대량으로 생산했다. 베네치아 정부는 이 독일 상인들을 위해 여러 가지 배려를 아끼지 않았다. 그만큼 독일 상인들이 베네치아 경제에서 차지하는 중요성이 커졌던 것이다. 중세 말 베네치아에서 가장 규모가 크고 좋은 곳에 위치한 외국 상관이 바로 독일 상관이었다는 사실은 독일 상인의 중요성을 증명한다. 당시 베네치아 경제활동의 중심지였던 리알토 다리 바로 옆에 독일 상관이 자리 잡고 있었다. 이 시기 독일 상관이 "베네치아의 허파"였다는 비유가 결코 과장이 아니었던 것이다.[32]

소란초 형제상회로부터 원면을 구입한 상인들도 이 독일 상관에서 활동하던 남부 독일 도시 출신 상인들이었다. 15세기 말 베네치아 역사를 시로 찬미한 안토니오 사벨리코M. Antonio Sabellico는 독일 상관을 다음과 같이 묘사했다.

"그 창고 안에는 상인들과 상품이 있고, 상관 앞 운하에는 언제나 배가 늘어서 있다. 거기에서 계속 위로 올라가면 포도주와 기름을 실은 배들이 있고, 짐꾼이 몰려 있는 해안에는 배와 나란히 상인들의 창고가 줄지어 서 있다. 리알토에서 산 마르코 광장까지는 향수 가게와 숙박업소들이 즐비하다."[33]

한 마디로, 당시 리알토와 독일 상관 주변이 베네치아에서 가장 활기찬 시장 구역이었음을 알 수 있다.

신성로마제국 황제와의 지루한 '경제전쟁'

이렇게 베네치아는 전통적인 고객인 북부 이탈리아 상인들에 더해 남부 독일 상인들까지 끌어들이면서 점차 거래 지역을 넓혀 나갔다. 특히 중세 말 독일과의 상업 교류가 늘어나고 상호의존도가 더욱 높아지면서, 독일의 정치적 상황이 베네치아 상인들에게 초미의 관심사가 되었다. 독일과의 갈등과 전쟁은 곧바로 베네치아 경제에 직격탄이 될 것이었기 때문이다. 그런데 이 같은 우려가 현실이 되었다. 신성로마제국 황제와 베네치아 간에 무역 분쟁이 일어난 것이다. 그리고 이는 곧 소란초 형제상회의 사업 활동에 큰 타격을 주었다.

문제의 발단이 된 것은, 14세기 후반부터 시작된 베네치아의 팽창 정책이었다. 이로써 특히 북부 이탈리아의 밀라노와 헝가리 왕국, 신성로마제국과의 충돌이 불가피해졌다.[34] 베네치아의 팽창 정책은 북부 이탈리아의 전통적인 맹호인 육상국가 밀라노의 위상에 도전하는 것이었고, 거대 영토국가로 크게 용트림하려는 신성로마제국의 발걸음을 막아서는 것이었기 때문이다.

당시 신성로마제국 황제는 15세기 초 헝가리 왕으로서 제위에 오른 지기스문트였다.[35] 베네치아의 팽창을 우려한 그는, 헝가리 왕 시절부터 곳곳에서 베네치아를 막았다. 14세기 후반 베네치아가 제노바와 키오지아 해전(1378~1381)을 치를 때에는 제노바 편을 들었으며, 이후 아드리아 해 달마티아 해안에서 베네치아 세력을 직접 몰아냈다. 이때의 패배로 베네치아는 헝가리 왕에게 매년 7천 두카토의 공납까지 바치게 되었다.[36]

지기스문트는 1410년 신성로마제국 황제로 등극한 뒤 더 노골적으로 베네치아를 압박하기 시작했다. 그는 베네치아가 정복한 북부 이탈리아 도시들을 선동하기 시작했다. 1412년 베네치아 귀속을 논의 중이던 이탈리아 북동부 프리울리 지방 문제에 직접 개입하여 결국 베네치아와 전쟁을 벌였다.[37] 황제는 독일에서 베네치아로 가는 교역로를 폐쇄함으로써 베네치아의 전력을 약화시키려 했다. 당시 베네치아 귀족상인 안토니오 모로지니Antonio Morosini가 쓴 연대기에 따르면, 당시 황제의 교역로 폐쇄 전략은 베네치아 경제에 큰 손실을 입혔다고 한다.[38] 그러나 전쟁은 베네치아의 승리로 끝났고, 1413년 4월 17일 5년간의 휴전협정이 체결되었다.

하지만 베네치아에 황제는 여전히 잠재적 위협 요인이었다. 베네치아 내에서는 황제를 제거해야 한다는 여론이 형성되었다. 급기야 1415년, 베네치아 정부는 신성로마제국 황제를 암살할 계획을 구체적으로 세웠다. 그러나 당시는 휴전 상태였고, 만약 암살에 실패할 경우 발생할 수 있는 문제 등으로 인해 이 계획은 실행되지 못했다.[39]

아니나 다를까, 1418년 휴전협정이 끝나자마자 양자 사이의 적대감이 다시 표출되었다. 베네치아는 결국 프리울리 지방을 점령했고, 이에 맞서 황제는 베네치아에 대한 경제적 공격을 감행했다. 황제는 제국의 모든 도시들에게 베네치아와의 상업 관계를 끊으라고 명했고, 베네치아를 대신해 동방의 상품을 구입할 수 있는 육로를 활성화시키려고 노력했다.[40] 바로 흑해를 출발해 도나우 강을 따라 이어지는 육로였다.[41] 황제는 이를 위해서 베네치아의 최대 숙적이자 당시 흑해에서 활발할 상업 활동을 벌이던 제노바와 손을 잡았다.

1418년과 1419년 발생한 두 차례의 군사적 출동은 소란초 형제상회의 면화 교역에 큰 타격을 주었다. 형제들은 전쟁이 빨리 끝나고 평화가 찾아와 안정적인 교역을 할 수 있기를 바라는 마음을 편지에 담아 주고받았다. 본국에 있는 형제들은 전쟁이 어떻게 될지 모르는 상황에서 시리아 현지에서 활동하는 동생에게 1418년 가을 면화 시장에서 얼마만큼의 면화를 구입하라고 해야 할지 결정을 내리지 못했다. 게다가 독일에서 베네치아로 들어오는 교역로가 봉쇄되어 독일 상인들이 베네치아로 오지 못했다.[42]

소란초 형제상회는 창고에 남아 있는 면화를 처분하지 못했다. 다른 베네치아 상인들의 상황도 마찬가지였다. 1418년 가을 면화 선단이 시리아에서 2천 자루의 면화를 싣고 들어오면서 베네치아 시장에는 팔리지 않은 면화가 총 1만 자루가 쌓였다. 재고가 쌓이자 면화 가격도 크게 떨어졌다. 1417년 초 7~8파운드 하던 면화 가격이 1418년 초 5파운드까지 하락했다.

면화 판매가 어려워지자 또 다른 문제가 발생했다. 일반적으로 면화를 팔고 받은 돈을 시리아로 송금해 다시 면화를 구입하는 데 사용했는데, 1418년에는 송금할 돈이 부족했다. 1419년 2월 소란초 형제상회는 울름 출신의 거상 요하네스 디에터Johannes Dietter에게 편지를 보내어 1417년 구매한 면화 대금을 결제해 달라고 긴급 요청했다. 상황은 1418년 말부터 약간씩 호전되기 시작했다. 1418년 12월부터 이듬해 8월까지 독일 상관에서 3,200자루의 원면이 거래되었기 때문이다. 황제의 금지령에도 불구하고 독일 상인들은 베네치아 시장으로 돌아올 수밖에 없었다. 그만큼 독일 상인들에게도 베네치아가 꼭 필요했던 것이다.[43]

다시 베네치아 내에서 신성로마제국 황제를 제거해야 한다는 여론이 힘을 얻었다. 베네치아 정부는 이 계획에 1천 두카토의 예산을 배정했다. 크레타 출신 베네치아인 무다초Micheletto Mudazzo가 황제를 제거하겠다고 베네치아로 건너오기까지 했다. 하지만 2차 암살 계획도 실행에 옮겨지지는 못했다. 1419년 베네치아가 오스만튀르크의 공격을 받으면서 다른 곳에 신경을 쓸 여력이 없었기 때문이었다.[44]

황제와의 지루한 경제전쟁은 1430년대까지 지속되었다. 1431년 베네치아 상인 안드레아 바르바리고Andrea Barbarigo는 동업자 알베르토 돌체토Alberto Dolceto에게 보낸 편지에서, 헝가리 왕(신성로마제국 황제) 지기스문트와의 전쟁 때문에 사업에서 큰 이익을 기대하기 힘들며 면화 판매도 저조하고 가격도 낮을 것이라고 우려했다.[45]

4
근대적 상업 기술 : 최초의 복식부기 장부

15세기 정주상인과 복식부기의 발달

우리가 소란초 형제상회의 활동을 비교적 상세하게 재구성할 수 있는 것은 그들이 남긴 기록 덕분이다. 물론 그들이 작성한 모든 기록이 보존되지는 않았지만 그들끼리 주고받은 편지, 물품을 보낼 때 동봉한 송장, 상품 구매에서 판매에 이르는 모든 과정을 상세하게 기록한 회계장부 등이 다른 상인들에 비해 꽤 많이 남아 있는 편이다. 이 기록을 통해 우리는 15세기 베네치아를 대표하는 소란초 형제상회가 이전 시기의 이탈리아 상인에 비해서 발전된 모습을 보였음을 확인할 수 있다.

특히 주목해야 할 점은, 소란초 형제상회가 모든 거래 내역을 상세하게 기록했다는 것이다. 그들은 베네치아에서 자본을 조성하고, 이 돈을 시리아 현지로 보내 원면과 같은 동방 상품을 구입하고, 구매한 상품을 베네치아로 들여와 판매해서 수익을 내는 모든 과정을 하나도 빠짐없이 장부에 적었다. 그런데 그들의 장부 작성법은 한두 세기 전의 선조들과 전혀 달랐다.[46] 바로 복식부기複式簿記를 사용한 것이다.[47]

이탈리아 수학자 루카 파치올리Luca Pacioli(1445~1510)는 1494년 펴낸 저서 《산수와 지리 집성. 비례와 비율Summa de arithmetica, geometria. Proportioni et proportionalita》에서 베네치아 복식부기의 우수성을 자랑했다. 그는 이 책에서 상인이 사업에 성공하려면 세 가지가 필요하다고 했다. 그의 설명을 간략하게 요약하면 다음과 같다.

가장 중요한 것은 현금이다. 현금 없이 되는 사업은 없기 때문이다. 두 번째로 중요한 것은, 훌륭한 장부 작성자이자 숙달된 수학자가 되는 것이다. 세 번째는 중요한 모든 거래를 체계적인 방법으로 기록 정리하는 것이다. 누구라도 한눈에 거래 내역을 이해할 수 있도록 차변과 대변 방식, 즉 복식부기로 사업을 정리하고 기록하는 것이다. 이 일은 상인에게 매우 중요한데, 체계적인 기록과 정리가 이루어지지 않으면 사업을 제대로 수행하는 것이 불가능하고 마음의 안식도 얻을 수 없기 때문이다.[48]

한때 일부 역사가들은 복식부기를 자본주의의 핵심 제도로 간주했다. 19~20세기 독일의 사회학자 좀바르트Werner Sombart는 복식부기가 없었다면 자본주의가 탄생하지 못했을 것이라고까지 주장했다.[49] 이렇게 복식부기의 중요성이 강조되면서, 사람들의 관심은 자연스럽게 복식부기를 맨 먼저 창안한 사람이 누구인지에 쏠렸다. 그 사람이야말로 자본주의 제도의 선구자라 할 수 있기 때문이다. 일부 역사가들은 베네치아 상인들이 복식부기를 처음으로 개발했다고 주

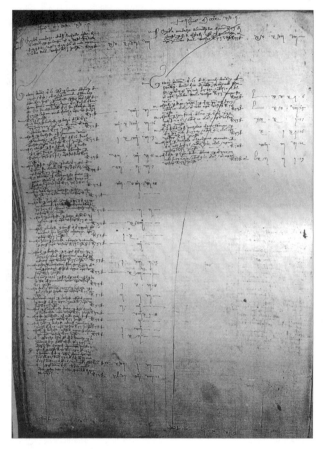

소란초 형제상회 회계장부

장했다. 하지만 베네치아보다 더 이른 시기에 제노바와 토스카나 지방에서 복식부기 방식으로 작성된 회계장부가 남아 있는 상황에서 이러한 주장은 설득력을 잃었다. 그러면서 복식부기는 이탈리아 상인들의 발명품이 아니라 이탈리아 상인들이 이슬람 세계에서 배워 온 것이라는 반론이 제기되었다.[50]

사실 누가 처음 복식부기를 발명했는가라는 기원 논쟁보다 더 중요한 것이, 어떠한 사회경제적 맥락이 복식부기의 활발한 사용을 가져왔는가 하는 것이다. 통상 기술의 발전을 낳는 것은 사회적 필요성이다. 십자군 시절에만 해도 이탈리아 상인들에게는 복식부기와 같은 정교한 회계가 필요 없었다. 상인들이 직접 상품을 가지고 여러 시장을 돌아다녔고, 여행상인 자신이 거래 내용을 그 누구보다도 잘 알고 있었기 때문이다. 그런데 소란초 형제상회가 활동하던 15세기 초가 되면 이탈리아 상인들 대부분이 정주상인으로 거래를 주관한다. 본국에 거주하면서 해외에 파견한 대리인들의 활동을 관리·감독해야 하는 정주상인 입장에서는 모든 거래 내역을 자세히 알 필요가 있었다.[51] 이 때문에 이탈리아 상인들은 복식부기로 된 회계장부를 사용하게 된 것이다.

"복식부기가 없었다면 자본주의도 없었다?"

대리인들은 매일 일어나는 모든 거래를 일기장journal의 '차변debit'과 '대변credit'란에 나누어 이중으로 기록했다. 그리고 일기장의 내역을 다시 좀 더 큰 장부인 원장ledger에 옮겨 적었다. 일기장이 시간순으로 거래 내용을 정리한 것이라면, 원장은 동일한 사업이나 인물에 관한 내용을 일목요연하게 볼 수 있도록 함께 묶어서 정리한 장부였다. 한 마디로, 거래의 분석을 용이하게 하려 한 것이다.[52] 이렇듯 복식부기로 작성된 회계장부 덕분에 본국에 있는 상사의 대표는 해외 시장에 파견한 대리인의 모든 상업 거래를 쉽게 파악할 수 있었다.

소란초 형제상회는 총 세 권의 장부를 남겼는데, 모두 복식부기로 작성되었다. 그중 하나는 1413년 시리아의 하마스에서 활동하던 대리인 로렌초 디 프리올리Lorenzo di Prioli가 작성한 일종의 일기장이다. 그 다음으로 '리브로 베키오 레알Libro Vecchio Real'이라 불리는 장부는 1410~1417년의 거래 내역을 기록한 것이다. 분량은 약 50매 정도이다. '리브로 누오보 레알Libro Nuovo Real'이라 불리는 원장에는 1406년부터 1434년 사이의 거래 내역이 담겨 있다. 분량은 약 170매 정도로, 이 장부에 가장 많은 사업 정보가 남아 있다. 원장에는 상인 계정, 상품 계정, 자본 계정, 손익 계정 등 다양한 계정들이 등장한다. '벤투라Ventura'라 불리는 투자여행 계정도 있다.[53]

소란초 상회가 면화를 전문적으로 취급했다는 점에 유의하여 이 상품 계정을 자세히 들여다보자. 시리아에서 면화를 싣고 오는 면화 선단이 베네치아 항구에 귀환하면 회계장부에 면화 계정이 개설된다. 예를 들어, 1416년 시리아에 있는 도나도 소란초는 31자루의 하마스 원면을 베네치아에 있는 형제들에게 보내면서 면화 계정을 개설했다. 면화 계정의 왼쪽, 즉 차변에는 면화 구매 대금, 수송비, 하역비, 창고까지의 운반비, 관세, 판매 대행료 등 시리아 현지에서 면화를 구입할 때부터 베네치아에서 이를 고객에서 판매하기 전까지 들어가는 모든 비용이 기록되었다. 면화 계정의 오른쪽, 즉 대변에는 구매 고객의 이름과 출신 도시, 구매량, 상품 무게, 단위당 가격, 구매 날짜 등이 명기되었다.(1417년 4월 21일 코라도 발시는 1만2,648파운드에 해당하는 하마스 면화 32자루를 100파운드당 7과 2분의 1두카토를 주고 구입했다.Gotoni Daman alinchontro de aver de 21 avril 1417 per ser Chorado Valsi per sacha 24 pexo neto L 12648 ducati 7 1/2 el Cento monta neto apar ut supra)

이렇게 원장에 기록된 상품 계정만으로도 상품의 구매에서 판매에 이르는 전 과정을 파악할 수 있다. 하지만 일반적으로 원장의 면화 계정 차변에 적힌 면화 구입 대금은 총액일 뿐이다. 그렇기 때문에 이에 관한 상세한 내역을 알려면 시리아 현지에서 작성된 일기장을 참조해야만 한다. 다행히 이런 종류의 일기장이 남아 있다. 이 일기장의 왼쪽, 즉 차변에는 면화 초기 구입 비용과 수량을 비롯하여 배에 선적할 때까지 들어간 모든 비용이 함께 적혀 있다. 일기장의 오른쪽, 즉 대변에는 수송비와 차변에 적혀 있는 총 비용이 합산되어 있다.[54]

이토록 상세한 회계장부 덕분에 우리는 베네치아 상인들이 시리아 현지에서 초기 구입비 외에 20여 종의 추가 비용을 지불했음을 알 수 있다. 시리아 현지에서 면화 구입에 들어가는 각종 비용은 향신료에 비해 상대적으로 높았다.[55] 추가적으로 들어가는 포장용 자루 대금, 창고 임대료, 통역 수수료, '코티모cottimo'라 불린 관세, 단노 디 피페르danno di piper 등이 면화 구입비를 상승시켰다. 특히 면화에는 높은 관세가 부과되었다. 단노 디 피페르는 후추의 강제 구매로 인해 발생하는 부담금이었다.[56]

맘루크의 술탄은 재정 확보를 위해 유럽 상인들에게 시세보다 높은 가격으로 일정량의 후추를 강제로 매입하게 했다. 술탄의 명령을 따르지 않으면 시장에서 상품을 추가로 구매할 수 없었다. 베네치아 상인들은 강제 구매로 발생하는 비용을 공동으로 분담했는데, 이 분담금 이름이 '단노 디 피페르', 즉 후추로 인해 발생하는 손해였다.[57] 이 비용에다 수송비와 시리아 현지에서 드는 각종 비용을 합하면 초기 구입비의 30~40퍼센트에 이르렀다.[58] 15세기 베네치아 상인들이 면화 교역에서 얻은 평균 이윤율은 50퍼센트였다.[59]

중세 말 베네치아 상인들이 사용한 복식부기가 없었다면 자본주의의 탄생이 불가능했을 것이라는 좀바르트의 견해는 분명 과장되었다. 그렇지만 중세 말 베네치아 상인들이 새로운 회계 방식인 복식부기를 사용했다는 사실은 그들이 활동했던 중세 말 상업 세계가 십자군 시절의 그것과는 질적으로 달라지고 발전했음을 증명한다. 본섬에 상주하는 상회 대표는 멀리 해외 주재원들의 상거래 활동을 한눈에 파악할 수 있었고, 수지타산 문제를 수시로 점검할 수 있었다. 이것은 전체적인 사업 전략을 상시적으로 재검토하고 수정하는 것을 가능하게 했다. 또한 비용을 항목별로 점검하며 합리적인 지출을 꾀하고, 판매 루트를 조정하여 이윤을 극대화할 수도 있었다.

자본주의를 어떻게 정의하느냐에 따라 자본주의와 복식부기의 관계를 바라보는 시각도 달라지겠지만, 복식부기가 자본의 합리적 운영 가능성을 높인 것은 사실이다. 게다가 어쨌든 이렇게 상세하게 작성된 회계장부 덕분에 오늘날 15세기 베네치아 상인들이 어떻게 장사를 했는지를 조목조목 알 수 있지 않은가. 마치 대리인의 거래 활동을 600년 후에 사후감사하는 것처럼 말이다.

[1] 소란초 형제상회 대한 대표적인 연구는 다음과 같다. E. Ashtor, *Levant trade in the Later Middle Ages* (Princeton, 1983), pp. 257-261, 323, 382, 431 ; Idem, "The venetian cotton trade in Syria in the Later Middle Ages", *Studi Medievali, XVII(1976), pp. 675-715* ; F. C. Lane, *Andrea Barbarigo : merchant of Venice, 1418~1449* (Baltimore, 1944) ; Idem, "Rhythm and rapidity of turnover in venetian trade of the fifteenth century", *Venice and history. The collected papers of F. C. Lane* (Baltimore, 1966), pp. 109-127 ; W. von Strömer, *Die Gründung der Baumwollindustrie in Mitteleuropa* (Stuttgart, 1978), pp. 37, 54, 78-79, 82, 96, 101, 147 ; NAM, Jong Kuk, *Le commerce du coton en Méditerranée à la fin du Moyen Age* (Leiden and Boston : Brill Academic Publishers, 2007), pp. 117-125.

[2] F. C. Lane, "Family partnerships and ʾjoint ventures", *Venice and history. The collected papers of Frederic C. Lane* (Baltimore, 1966), pp. 36-55 ; E. Vallet, *Marchands vénitiens en Syrie à la fin du XVᵉ siècle* (Paris, 1999), pp. 27-39.

[3] NAM, Jong Kuk, *Le commerce du coton en Méditerranée à la fin du Moyen Age* (Leiden and Boston : Brill Academic Publishers, 2007), pp. 118-119.

[4] Ph. Braunstein, *Venise, portrait historique d'une cité* (Paris, 1971), pp. 123-125.

[5] F. C. Lane, *Venice. A maritime republic* (Baltimore and London, 1973), pp. 228-229.

[6] S. Sassi, *Sulle scritture di due aziende mercantili veneziane del Quattrocento* (Napoli, 1950), pp. 7-9.

[7] G. Székely, "Les facteurs économiques et politiques dans les rapports de la Hongrie et de Venise à l'époque de Sigismond", V. Branca(ed.), *Venezia e Ungharia nel Rinascimento* (Firenze, 1973), pp. 41-42.

[8] F. C. Lane, "Family partnerships and joint ventures", *Venice and history. The collected papers of Frederic C. Lane* (Baltimore, 1966), pp. 36-55.

[9] Y. Renouard, *Les hommes d'affaires italiens du Moyen Age* (Paris, 1968), p. 219.

[10] F. C. Lane, "Rhythm and rapidity of turnover in venetian trade of the fifteenth century", *Venice and history. The collected papers of F. C. Lane* (Baltimore, 1966), pp. 109-127.

[11] F. C. Lane, *Andrea Barbarigo : merchant of Venice, 1418~1449* (Baltimore, 1944).

[12] ASV, Miscellanea Gregolin, busta 14, Libro Nuovo Real, passim.

[13] NAM, Jong Kuk, *Le commerce du coton en Méditerranée à la fin du Moyen Age* (Leiden and Boston : Brill Academic Publishers, 2007), pp. 120-121.

[14] W. K. Mujani, "The fineness of Dinar, Dirhama and Fals during the Mamluk period", *Journal of Applied Sciences Research*, 7(2011), pp. 1895.

[15] ASV, Collegio, Notatorio, registro-segnatura antica 13, f. 90v.

[16] NAM, Jong Kuk, *Le commerce du coton en Méditerranée à la fin du Moyen Age* (Leiden and Boston : Brill Academic Publishers, 2007), pp. 120-121, 228, 435, 439.

[17] Ph. Braunstein, *Venise, portrait historique d'une cité* (Paris, 1971), pp. 126-127.

[18] E. Ashtor, "The venetian supremacy in levantine trade : monopoly or pre-colonialism", *Journal of European Economic History*, 3(1974), p. 42.

[19] G. Christ, *Trading conflicts : Venetian merchants and Mamluk officials in late Medieval Alexandria* (Leiden and Boston : Brill, 2012), pp. 167-174.

[20] ASV, Miscellanea Gregolin, busta, 1419년 7월 30일자 편지.

[21] F. C. Lane, *Venice. A maritime republic* (Baltimore and London, 1973), p. 163.

[22] W. H. McNeil, *Venice : the hinge of Europe, 1081~1797* (Chicago, 1974), p. 244.

[23] 남종국, 〈중세 말 베네치아의 해상 네트워크〉, 《서양중세사연구》, 제21호(2008), 182쪽.

[24] ASV, Senato Misti, reg. 32, f. 3v.

[25] ASV, Ufficiali sopra le mercanzie del Levante, reg. 1, f. 12r-v.

[26] E. Ashtor, *Levant trade in the Later Middle Ages* (Princeton, 1983), p. 248.

[27] U. Tucci, "Il commercio del vino nell'economia Cretese", G. Ortalli (ed.), *Venezia e Creta* (Venezia, 1998), p. 186.

[28] 남종국, 《중세 지중해 교역은 유럽을 어떻게 바꾸었을까?》, 민음인, 2011, 117~118쪽.

[29] P. Sardella, *Nouvelles et spéculations à Venise au début du XVIᵉ siècle* (Paris, 1948), p. 10, 14.

[30] 마차우이에 따르면 독일에 면직물 산업이 시작된 것은 14세기 중엽이었다. M. F. Mazzaoui, "La diffusione delle tecniche tessili del cotone nell'Italia dei secoli XII~XVI", *Tecnica e società nell'Italia dei secoli XII~XVI* (Pistoia, 1987), p. 162 ; H. Kellenbenz, "The

fustian industry of the Ulm regions in the fifteenth century and early sixteenth centruy",
N. B. Harte and K. G. Ponting(ed.), *Cloth and clothing in medieval Europe. Essays in memory of professor E. M. Carus-Wilson* (London, 1983), pp. 259-276.

[31] 페르낭 브로델,《물질문명과 자본주의 III-1》, 주경철 옮김, 까치, 1997, 153쪽.

[32] Ph. Braunstein, "Relations d'affaires entre Nurembergeois et vénitiens à la fin du XIVe siècle", *Mélanges d'Archéologie et d'histoire publiés par l'Ecole Française de Rome*, 76(1964), pp. 227-228.

[33] 야코프 부르크하르트,《이탈리아 르네상스의 문화》, 이기숙 옮김, 한길그레이트 북스, 2003, 129쪽.

[34] A. Ducellier, "Deux projets vénitiens d'assassinat du roi Zsigmond(1415~1419)", *Etudes finno-ongriennes*, tome 4(1971), p. 61.

[35] P. Engel and A. Ayton, *Realm of St. Stephen : A History of Medieval Hungary* (International Library of Historical Studies)(2005).

[36] A. Ducellier, "Deux projets vénitiens d'assassinat du roi Zsigmond(1415~1419)", *Etudes finno-ongriennes*, tome 4(1971), p. 61.

[37] A. Ducellier, "Deux projets vénitiens d'assassinat du roi Zsigmond(1415~1419)", *Etudes finno-ongriennes*, tome 4(1971), p. 62.

[38] W. von Strömer, "Die Kontinentals-perre Kaiser Sigismunds gegen Venedig 1412~1413, 1418~1433 und die Verlagerung der transkontinentalen Transportwege", *Transporti e sviluppo economico, secoli XIII~XVII*(1986), p. 66.

[39] A. Ducellier, "Deux projets vénitiens d'assassinat du roi Zsigmond(1415~1419)", *Etudes finno-ongriennes*, tome 4(1971), pp. 61-66.

[40] S. Papacostea, "Kilia et la politique orientale de Sigismond de Luxembourg", *Revue Roumaine d'histoire*, 15(1976), p. 422 ; A. Ducellier," Deux projets vénitiens d'assassinat du roi Zsigmond(1415~1419)", *Etudes finno-ongriennes*, tome 4(1971), p. 64.

[41] S. P. Pach, "La route du poivre vers la Hongrie médiévale", *Mélanges en l'honneur de Fernand Braudel. Histoire économique du monde méditerranéen 1450~1650* (Toulouse, 1973), pp. 449-458.

[42] Archivio di stato di Venezia, Miscellanea Gregolin, busta 13. 소란초 형제가 로렌초 벰보에게 보낸 편지.

[43] NAM, Jong Kuk, *Le commerce du coton en Méditerranée à la fin du Moyen Age* (Leiden and Boston : Brill Academic Publishers, 2007), pp. 387-388.

[44] A. Ducellier, "Deux projets vénitiens d'assassinat du roi Zsigmond(1415~1419)", *Etudes finno-ongriennes*, tome 4(1971), pp. 65-66.

[45] S. Sassi, *Lettere di commercio di Andrea Barbarigo, mercnate veneziane del quattrocento* (Napoli, 1950), pp. 7-9.

[46] J. Gleeson-White, *Double entry. How the merchants of Venice created modern finance* (New york and London, 2011) ; E. Pergallo, "Development of the compound entry in the 15th century ledger of Jachomo Badoer, a venetian merchant", *The Accounting Review*, vol. 58(1983), pp. 98-104.

[47] B. S. Yamey, "Accounting and the rise of capitalism : further notes on a theme by Sombart", *Journal of Accounting Research*, vol. 2(1964), p. 117.

[48] 루카 파치올리,《1494 베니스 회계 : 베니스 상인의 계산과 기록》, 이원로 옮김, 다산북스, 2011, 31~33쪽.

[49] J. Gleeson-White, *Double entry. How the merchants of Venice created modern finance* (New york and London, 2011), p. 161.

[50] J. M. 홉슨,《서구 문명은 동양에서 시작되었다》, 정경옥 옮김, 에코리브르, 2005.

[51] W. H. McNeil, *Venice : the hinge of Europe, 1081~1797* (Chicago, 1974), p. 140.

[52] F. C. Lane, *Venice. A maritime republic* (Baltimore and London, 1973), p. 142.

[53] Archivio di Stato di Venezia, Miscellanea Gregolin busta 14, Libro Nouvo Real.

[54] NAM, Jong Kuk, *Le commerce du coton en Méditerranée à la fin du Moyen Age* (Leiden and Boston : Brill Academic Publishers, 2007), pp. 120-121.

[55] E. Ashtor, "Profits from trade with the Levant in the fifteenth century", *Bulletin of the School of Oriental and African Studies*, 38(1975), pp. 266-268.

[56] Archivio di Stato di Venezia, Procuratori di San Marco, commissarie miste, busta 117.

[57] E. Ashtor, "Le monopole de Barsbay d'après des sources vénitiennes", *Anuario de Estudios Medievales*, 9(1974~1979), pp. 551-572.

[58] E. Ashtor, "Profits from trade with the Levant in the fifteenth century", *Bulletin of the School of Oriental and African Studies*, 38(1975), p. 266.

[59] E. Ashtor, "Profits from trade with the Levant in the fifteenth century", *Bulletin of the School of Oriental and African Studies*, 38(1975), p. 269.

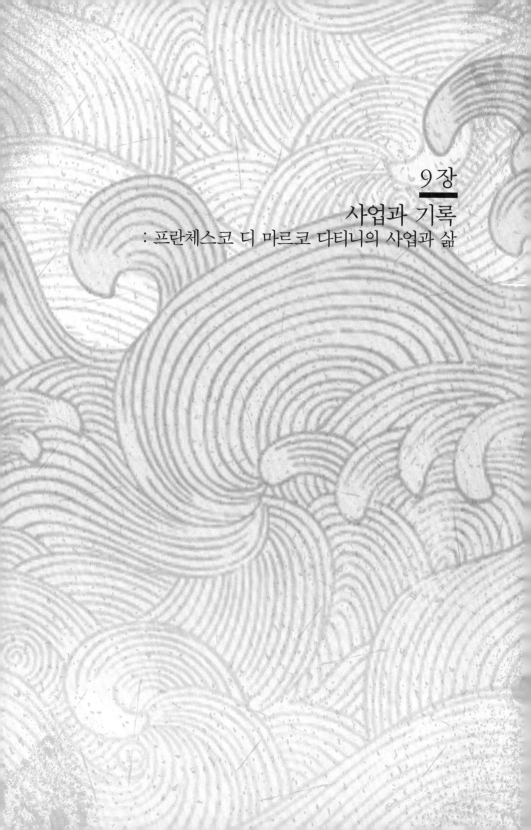

9장
사업과 기록
: 프란체스코 디 마르코 다티니의 사업과 삶

"모든 것, 즉 모든 계약, 모든 상품의 출입과 출납 등을 기록해야 하며, 항상 펜을 손에 쥐고 있어야 한다. 상인의 손은 항상 잉크 자국으로 물들어 있어야 바람직하다." — 14세기 중엽 피렌체 상인 페골로티의 《상업 안내서》

중세 이탈리아 상인들 중에서 프라토 출신 상인 프란체스코 디 마르코 다티니Fancesco di Marco Datini(1335~1410)만큼 특별한 사람도 없을 것이다. 우선 본 책에서 다룬 대부분의 상인들이 귀족 출신임을 감안할 때, 다티니의 출신 성분과 성공은 예외적이다.

중부 이탈리아의 작은 도시 프라토에서 선술집 주인의 아들로 태어난 다티니는, 아비뇽에서 사업을 시작해 유럽 전역에 지점을 개설하고 최종적으로는 국제적인 거상이 되었다. 당시 중세 봉건사회의 신분 질서가 확고하게 뿌리내린 프랑스, 잉글랜드, 독일 지역과 구분되는 이탈리아의 독특한 특징 중 하나는 바로 귀족계급이 상업에 적극적으로 참여했다는 사실이다. 다른 나라들에서는 귀족계급이 상업을 천시하고 상업 활동에 참여하는 것이 금지되어 있었던 반면, 이탈리아에서는 지배계급인 귀족이 상업을 적극적으로 후원하는 것은 물론이고 이에 직접 참여했다. 이러한 특징이 이탈리아 도시들이 중세 서유럽 경제에서 주도적인 역할을 할 수 있었던 배경임을 앞에서 여러 차례 지적했다. 이러한 특수한 구조 덕분에 중세 말까지 이탈리아 상업도시에서는 귀족 출신 상인이 정치권력과 경제 권력을 모두 잡고 있는 경우가 많았다.

이런 상황에서 신분이 미천한 다티니가 국제적인 거상으로 성장할 수 있었다는 것은 신화에 가까운 이야기다. 그가 성취한 모든 것은 혼자서 이룩한 것이었고, 그의 성공은 진취적인 정신과 대담함, 혼란스런 사회 변화에 신속하게 적응하는 능력, 국제적인 감각, 수도승과 같은 근면함과 노력, 주변 사람들조차 신뢰하지 않는 조심성 등과 같은 사업가로서의 자질 덕분이었다.

다티니의 성공 신화 못지않게 그를 특별하게 만든 것은 그가 남긴 방대한 양의 기록이다. 비록 상업 규모 면에서는 동시대 유럽 제일의 상인 가문이었던 피렌체 출신의 바르디 상사나 페루치 상사, 메디치 상사 등에 견줄 수 없지만, 다티니는 막대한 자료를 후대에 남겨 줌으로써 이들 못지않게 생생하게 후대인들의 기억과 역사 속에 살아남을 수 있었다.

다티니의 문서가 온전히 보존될 수 있었던 이유는 그의 유언 덕분이다. 그는 자신의 거의 전 재산을 프라토 시에 기부할 것이며, 모든 자료를 유지 보존해 달라는 유언을 남겼다. 하지만 프라토 사람들은 다티니가 남긴 막대한 재산에는 관심이 있었어도 그가 남긴 문서는 소중하게 관리하지 않았다. 제대로 관리하기는커녕 그대로 방치해 버렸다. 그리고 그런 무관심 덕분에 오히려 그의 문서는 생가 구석방에서 몇 백 년간 사람의 손을 타지 않고 묻혀 있을 수 있었다. 쥐나 벌레들이 일부 갉아먹긴 했지만, 발견 당시 놀라울 정도로 많은 문서가 고스란히 남아 있었다.[1]

1870년 프라토 출신의 몇몇 학자들이 이 귀중한 자료를 발굴했다. 그렇게 해서 다티니의 문서는 400년의 시공간을 넘어 빛을 보게 되었다. 12만5천 통 가량의 상업 편지와 1만 통 가량의 개인 서신을 포함해 다양한 종류의 상업 문서들이 발견되었다. 더 놀라운 점은, 이것이 다티니와 관련된 기록의 전부가 아니라는 것이다. 그가 생전에 주고받은 편지 중 상당수가 남아 있지 않기 때문이다. 14세기 당시에는 통상 편지 앞머리에서 이전에 보냈거나 받은 편지를 언급하는 것이 관례였는데, 그의 편지 서두에 언급된 서신 중 남아 있지 않은 것이 꽤 있다.

다티니가 남긴 문서가 특별한 대접을 받는 것은, 문서의 방대함은 물론이고 그 속에 담긴 이야기의 다양함 때문이다. 그의 문서 속에는 장사에 관한 이야기뿐 아니라 중세 이탈리아 도시민의 일상생활이 생생하게 묘사되어 있다. 특히 그가 아내와 주고받은 수많은 편지는 중세 결혼 생활의 모습을 손에 잡힐 듯 보여 준다.[†] 예나 지금이나 특별하고 예외적인 경우가 아니면 같이 사는 부부가 서신을 주고받는 경우는 매우 드물다. 또한 중세에는 귀족이나 부유한 부르주아 가정에서도 여성이 글을 읽고 쓰는 것을 바람직하게 여기지 않았기 때문에 여성이 남긴 편지는 많지 않은 편이다. 다티니의 어린 부인 마르게리타도 처음에는 글을 쓸 줄 몰랐기 때문에 편지를 대필하다가 나중에 글을 배워 직접 편지를 썼다. 그런데 남편 다티니는 아내에게 집안일에나 신경 쓰라고 핀잔을 주었다.

....

[†] 다티니 문서고에는 다티니의 부인 마르게리타가 쓴 약 250통의 편지가 남아 있다. Archivio di Stato di Prtoa, lettere di una donna del Trecento. M. Datini, *Letters to Francesco Datini*, trans. by C. James and A. Pagliano (Toronto, 2012).

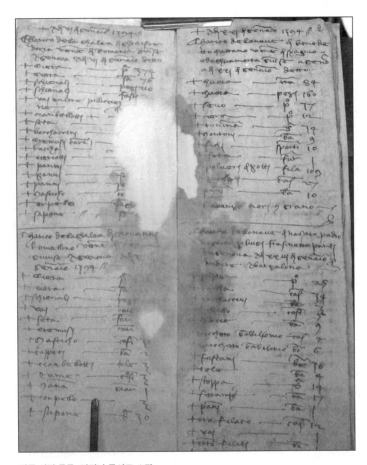

화물 선적 목록. 다티니 문서고 소장

그러나 다티니 기록의 특별함은 뭐니 뭐니 해도 '상인' 다티니가 남긴 각종 거래 자료들이 갖는 사료적 가치에서 나온다. 그가 남긴 기록은 중세 말 지중해 상업사를 다시 쓰게 만들었다.[2] 다티니 문서에 대한 연구가 진행되면서 중세 지중해 무역에 대한 역사적 평가와 인식이 바뀌었다. 지중해사 연구 초기에는 지중해 무역을 향신료, 비단 등의 고가품이 주종을 이루는 사치품 무역으로 간주했다. 19세기 후반 독일의 지중해 연구자들은 향신료와 같은 사치품 교역의 중요성을 강조하며 향신료 무역이 지중해 무역의 동력원이었다고 주장했다.[3] 그러나 다티니 문서에 대한 연구가 본격화되면서 이 주장은 수정될 수밖에 없었다. 향신료 외에 곡물, 면화, 명반, 산업 생산에 필요한 다양한 원료들도 당시의 주요한 거래 품목이었음을 다티니 문서가 증명해 주었기 때문이다.[4]

다티니 사료가 갖는 가치는 중세 말 유럽 경제사 연구에 한정되어 있지 않다. 그의 기록은 정치, 문화, 언어, 복식, 음식, 일상생활 등 이 시기 유럽인의 생활 전반에 걸쳐 있다. 그의 기록을 읽다 보면 600년 전의 프라토, 피사, 피렌체, 아비뇽, 바르셀로나, 제노바, 베네치아, 파리 등 어느 유럽 도시의 뒷골목을 걷고 있는 듯한 느낌을 받게 된다. 이렇듯 특별한 역사적 의미를 지닌 다티니의 기록 덕분에 이번 장에서는 다른 이탈리아 상인의 경우에는 거의 불가능한 중세 상인의 일상생활을 상세하게 그려 낼 수 있다.

1
선술집 아들에서 국제적인 거상으로

돈이 되는 일이면 무엇이든 하는 상인

다티니는 1335년경 프라토에서 가난한 선술집 주인의 아들로 태어났다.[†] 그의 출생, 유년기, 가족에 대해서는 자세한 정보가 남아 있지 않다. 분명한 것은 1348년 발생한 흑사병으로 아버지와 어머니가 돌아가셨고, 다티니에게 남은 유일한 혈육은 형 스테파노Stefano뿐이었다는 것이다. 형제는 후덕한 양모 피에라Piera 부인 밑에서 자라게 되었는데, 양모는 다티니에게 어머니와 같은 존재였다. 그리고 15세가 되던 해, 다티니는 유산으로 받은 땅을 팔아서 준비한 150피오리노를 가지고 아비뇽으로 떠났다.

다티니가 돈을 벌 장소로 아비뇽을 선택한 이유는, 당시 유럽에서

[†] 벤사는 정확하지 않지만 대략 출생 연도가 1335년임을 증명하는 자료들이 남아 있다고 말한다. E. Bensa, *Francesco di Marco da Prato : notizie e documenti sulla mercatura italiana del secolo XIV* (Milano, 1928), p. 2.

아비뇽이 가장 중요한 상업도시들 중 하나였기 때문이다. 1305년 교황청이 옮겨 오면서 아비뇽은 일약 국제적인 규모의 상업도시로 부상하여 유럽 전역에서 온 수많은 방문객들로 넘쳐나게 되었다. 당시 3만 명 정도의 인구를 보유한 교황청 도시 아비뇽의 구매력은 상당했다.[5] 잉글랜드와 플랑드르 지방에서 양모와 직물이, 남부의 항구도시들에서는 향신료와 염료가, 이베리아 반도에서 양모와 올리브유, 가죽과 과일이, 이탈리아 반도에서는 주로 직물이 아비뇽 시장으로 수입되었다.

특히 아비뇽은 가장 중요한 사치품 시장이었다. 클레멘스 6세는 자신의 개인 의복을 제작하는 데 1,080마리의 담비 가죽을 사용했고, 교황 요하네스 22세는 40벌의 옷을 만드는 데 1,276피오리노라는 막대한 비용을 썼다.[6] 교황들은 교황청을 장식하기 위해 값비싼 예술 작품을 구입했고, 추기경들은 금으로 마구馬具를 만들었으며, 고위 성직자들은 고급 사제복을 구입했다. 다티니의 동업자였던 보나코르소 디 반니Bonaccorso di Vanni의 가게에서 판매된 물품 목록은 아비뇽이 값비싼 공예품과 금은 세공품의 주요 소비처였음을 증명한다.

상업적인 면에서 아비뇽은 기회의 땅이었고, 특히 다티니와 같은 토스카나 출신 상인들에게는 더욱 그러했다. 왜냐하면 동향 출신의 사람들이 아비뇽의 경제를 장악하고 있었기 때문이다. 교황청 도시에 살고 있는 상인과 장인들 그리고 다양한 직종의 사람들 중에는 이탈리아 출신이 가장 많았다. 특히 이탈리아 중부 토스카나 출신 상인들이 아비뇽의 상권을 장악하고 있었고, 교황청의 은행가 역시 이 지방의 대표적 도시인 피렌체 출신들이었다. 다티니가 아비뇽에

서 장사할 당시 교황청 은행가 역할을 담당했던 사람은 피렌체 출신의 알베르티Alberti 가문이었다.[7]

다티니가 아비뇽을 선택한 이유는 충분히 이해가 되지만, 그가 어떻게 이곳에서 돈을 벌었는지는 상세한 기록이 남아 있지 않다. 어쨌든 그는 10년 만에 상인으로서 확실하게 기반을 잡았고, 그 기반은 아마 무기 거래였던 것 같다. 다티니는 적군과 아군을 가리지 않고 양측 모두에게 무기를 공급해서 돈을 벌었고, 무기 거래에서 번 돈을 가지고서 여러 분야로 사업을 확장했다. 한 마디로, 그는 돈이 되는 모든 물품을 취급했다. 그리하여 30대 중반에 이르면 당시 아비뇽에서 활동하던 피렌체의 알베르티 상사나 소데리니Soderini 상사와 같은 국제적인 규모의 상사에는 미치지 못해도 꽤 성공한 자산가가 되어 있었다.

아비뇽 시절 다티니에게 돈과 구원의 문제는 어느 정도 분리되어 있었다. 다시 말해, 돈과 이윤을 금기시하는 전통적이고 기독교적인 윤리의식이 다티니가 돈을 버는 데 심각한 장애 요소로 작동하지 않았다는 것이다. 이 시절 다티니가 주고받은 편지들은 그가 교회에서 경계하는 "탐욕스럽고 음탕한" 생활을 했음을 보여 준다. 그는 고리대금업이라는 비난을 살 만한 환거래에도 참여하는 등 돈이 되는 일이면 어떤 주저함이나 거리낌도 없었던 것 같다. 죽음이나 구원을 생각하기에는 아직 젊었기 때문이리라. 그는 젊은이로서 즐겁고 때론 방탕한 생활을 즐겼고, 아비뇽이 주는 어떤 즐거움도 거부하지 않았다.

나이는 다티니보다 한참 어렸지만 다티니의 둘도 없는 친구였던 마체이는 아비뇽 시절의 다티니를 "육체의 모든 즐거움을 알았던 사람"으로 표현했고, 다티니도 "예술과 돈을 경배하며 창조주와 자신을 잊고 여자들을 가까이 하면서 자고새 고기만 먹고 산 사람"이라고 젊은 날의 방탕함을 술회했다.[8] 이런 생활의 결과, 다티니는 1375년 서자를 보았다. 하지만 많은 상인들이 오랫동안 고향을 떠나 해외에 머물면서 방탕한 생활을 한다고 개탄했던 동시대 설교가 산 베르나르디노San Bernardino의 이야기는 다티니가 예외적인 탕아는 아니었음을 시사한다.[9] 상인들의 이런 생활은 일반적으로 용인되었다.

다티니의 사업은 번창했고 재산은 늘어 갔지만, 결혼과 귀향이라는 문제가 그를 괴롭히고 있었다. 고향의 지인들은 어서 돌아와서 참한 처녀를 아내로 맞으라고 종용했고, 이에 더해 좀 더 올바른 삶을 살라는 충고도 아끼지 않았다.[10] 다티니 본인도 자신의 삶이 올바르지 않다는 것을 알고 있었다. 그 역시 경건한 삶의 필요성이나 효과에 대해서 결코 의문을 제기하지 않았다. 다티니가 아비뇽에 머물며 장사하던 시절, 가능한 한 빨리 그곳에서의 사업을 접고 돌아오라고 설득하는 양어머니 피에라 부인에게 보낸 편지에서 다티니는 "밤낮으로 저는 어떻게 하면 당신에게 되돌아갈 수 있는지를 고민하며, 신께서 허락하신다면 제 모든 일들을 바로잡고자 하는 생각만을 한답니다"라고 털어놓았다.[11]

1376년 마흔을 넘긴 다티니는 겨우 열여섯 살밖에 되지 않는 동향 출신의 소녀 마르게리타Margherita를 신부로 맞았다. 마르게리타는 지참금이 없는 대신에 다티니에게 젊음과 미모, 좋은 혈통을 제공했다. 그녀의 외가는 상인 계층보다 높은 피렌체 출신의 소小귀족에 속했고, 결국 다티니의 재산 덕분에 이런 결혼이 성사되었을 것이다. 그렇지만 다티니는 마르게리타의 친정 식구들에게 후한 편이 아니었는데, 그들은 항상 손을 벌렸다. 마르게리타는 오빠에게 보낸 편지에서 "왜 오빠는 그렇게 비굴하게 처신해서 내가 남편 앞에서 입을 열 수도 없게 만드는가"라고 불평했다.[†]

그러나 결혼 후에도 다티니의 귀환은 계속 늦춰졌다. 지인들은 고향으로 돌아와 참된 삶을 살라고 촉구했다. 다티니도 그 필요성을 인정하는 답을 보냈지만, 쉽사리 아비뇽의 사업을 정리하지 않았다. 최종적으로 그의 귀향을 결정한 것은 구원이나 참된 삶과 같은 문제가 아니라 경제적인 이유, 특히 교황청의 판도 변화였다.[12]

1370년대 중반 교황청과 피렌체의 관계가 악화되기 시작했고,[13] 1375년 급기야 피렌체가 교황에게 선전포고를 한 후 전쟁에서 승리했다. 이에 교황 그레고리우스 11세Gregorius XI(재위 1370~1378)는 1376년 3월 31일 피렌체 시민들을 이단자들로 선포하고 피렌체 도시 전체를 파문했다. 이 사건으로 아비뇽 상권을 장악하고 있던 피렌체 상인들은 제노바나 베네치아로 피신했다. 다행히 다티니는 교황이 프라토 출신에게는 파문을 적용하지 않기로 한 덕에 아비뇽에 머물 수 있었다. 게다가 아비뇽을 떠나는 피렌체 상인들이 그들의 물건과 사업 관리를 다티니에게 위임하면서 다티니의 경제적 영향력은 더 커졌다. 중세 이탈리아 경제사가 사포리는 그 덕분에 다티니가 그렇게 빨리 부자가 될 수 있었다고 말했다.[††] 그렇지만 최종적으로 1378년 교황과 교황청의 로마 귀환으로 아비뇽의 교역 활동이 상당

....

[†] 그렇지만 오빠인지 남동생인지 확실하지 않다.

[††] A. Sapori, *Studi di storia economica* (Firenze, 1940), vol. 3, p. 465. 반면 오리고는 이러한 견해를 뒷받침할 만한 구체적인 증거가 없다고 반박한다. I. Origo, *The merchant of Prato : Francesco di Marco Datini* (Middlesex : Penguin Books, 1979), p. 52, 357.

부분 위축됨에 따라 다티니도 아비뇽을 떠날 결심을 할 수밖에 없었다.

1382년 마침내 다티니는 고향으로 돌아왔다. 귀향 당시 다티니는 이미 상당한 부자였다. 고향 사람들은 그의 재산을 부러워했지만, 그를 인간적으로 좋아하지 않았고 냉담한 태도를 보였다. 마찬가지로 다티니도 고향 사람들에게 큰 애정이 없었고, 가끔 프라토 시청에 돈을 빌려 주기는 했지만 그에 대해 충분히 보상받지 못한다고 불평하곤 했다.

고향으로 돌아온 후 다티니는 사업을 더욱 확장하여 피렌체, 피사, 제노바, 바르셀로나, 마요르카 등 유럽 주요 국제시장들에 지점을 개설했다. 여기저기 흩어져 있는 이 지점들은 현장에 있는 다티니의 동업자 혹은 대리인들이 운영했다. 비잔티움제국에서는 납과 명반, 순례용 의복, 흑해에서는 노예와 향신료, 런던과 사우샘프턴에서는 잉글랜드산 양모, 마요르카와 에스파냐에서는 아프리카산이나 에스파냐산 양모, 이비사에서는 소금, 베네치아에서는 비단과 코르도바, 튀니스에서는 가죽, 사르디니아와 시칠리아에서는 밀, 카탈루냐에서는 오렌지, 대추야자, 나무껍질, 포도주가 들어왔다.

고리대금업과 은행업

이 시절 다티니를 고민에 빠뜨린 문제는, 아마도 은행업 진출과 이를 둘러싼 주변의 따가운 시선이었던 듯하다. 하지만 주변 친구들의 충고에도 불구하고 다티니는 은행업에 진출했다. 당시의 대다수 상인들처럼 다티니도 돈이 되는 사업이면 어디에든 투자를 했다. 물론 돈을 빌려 주고 이자를 받는 일도 했다. 상인과 은행가라는 직업은 밀접하게 연결되어 있었다. 그는 1398년 프라토 출신의 바르톨로메오 캄비오Bartolomeo Cambio와 동업해서 피렌체에 은행을 개설했고, 다음 해 봄에는 피렌체 환전상 길드에 가입했다. 그는 환거래에서 높은 이윤을 얻기도 했다. 하지만 동업자인 캄비오는 다티니에게 보낸 편지에서 이자 장사가 다티니의 명성에 해가 될 것이라고 경고했다.[14]

여러 사람들이 당신이 환전상이 됨으로써 피렌체에서 가장 위대한 상인으로서의 명성을 잃게 될 것이라고 나에게 얘기합니다. 왜냐하면 고리대 계약을 하는 위대한 상인은 아무도 없기 때문입니다. 나는 당신이 여전히 예전처럼 상인으로 남아 있을 것이고, 은행업을 계속하더라도 고리대금업을 하지 않을 것이라고 당신을 변론했습니다. 그러나 그들은 "세상은 그렇게 이야기하지 않을 것이다. 그들은 그가 고리대금업자라고 이야기할 것이다"라고 대답합니다. 나는 "그가 고리대금업자가 되기 위해 은행을 하는 것이 아니다. 왜냐하면 그는 자신이 번 모든 것을 가난한 사람들에게 나눠줄 것이기 때문이다"라고 항변했습니다. 그러나 다른 사람들은 "그는 결코 예전과 같은 위대한 상인이 될 수 없으며, 그 정도로 좋은 명성을 얻을 수 있다고 생각하지 말라. 당신은 이에 대해서 지겹도록 조언을 들었을 것이다!"라고 대답합니다.

그러나 다티니에게 은행업은 피할 수 없는 사업적 선택이었다. 상업 세계에서도 고리대금업에 대한 인식이 변화하고 있었다. 당시의 교회 법령집, 성직자들과 신학자들의 저술 역시 돈과 상업 그리고 이자에 관한 부정적인 관념이 점차 변화하고 있었음을 보여 준다.[15] 상업과 도시가 발전함에 따라 교회도 변화하는 사회에 일정 정도 적응할 수밖에 없었고, 지나치지 않을 정도의 이자는 사회적으로 용인되는 분위기가 형성되었다.[16] 13세기 철학자이자 신학자 토마스 아퀴나스Thomas Aquinas조차 판매자가 어떤 손해를 입게 되면 그 손해를 보상해야 한다고 했다.[17] 이 논리를 확장시키면, 채무자가 빚을 너무 늦게 갚아서 채권자에게 손해를 끼치면 채권자는 채무자에게 그에 대한 보상을 요구할 수 있다는 주장으로 이어졌다.[18]

무엇보다 이자 자체에 대한 생각이 바뀌고 있었다. 누군가에게 돈을 빌려 주는 것은, 그 돈으로 다른 돈을 벌 수 있는 기회비용을 제공하는 것이기 때문에 일정한 보상을 받아야 한다는 주장이 사회적 설득력을 얻어 갔다. 이자가 노동의 대가로 간주되기 시작한 것이다. 즉, 이곳저곳을 찾아다니고 회계장부를 작성하고 환전하는 것 또한 노동으로 간주되었다. 원금을 받지 못할 '위험'이라는 논리도 이자를 정당화했다. 채무자가 빚을 갚을 수 없거나 악의적으로 빚을 갚으려고 하지 않을 경우 채권자가 자본을 상실한 위험은 어떻게 보상받을 것인가.[19] 중세 후반으로 갈수록 돈과 상업을 긍정적으로 바라보는 지식인들의 저서가 늘어났고, 신학자들과 법률학자들은 투자를 통해 얻어지는 합법적인 이윤과 단순한 고리 대부를 구분하게 되었다.[†]

[†] 볼드윈에 따르면, 12~13세기 교회법학자들과 신학자들은 상인과 그들의 이윤을 윤리적으로 정당한 것으로 여겼다. 그렇기 때문에 상인이 주의 깊고 현명하게 행동할 경우 사회에서 명예롭게 살 수 있게 되었다. J. W. Baldwin, "The medieval merchant before the bar of canon law," *Papers of the Michigan academy of science, arts, and letters*, no. 44(1959), p. 299 ; A. Ja.

실제로 13세기 이후로 전당포 주인 수준의 '고리대금업자'와 국제 규모의 상인 은행가는 완전히 구별되었고, 후자는 고리대금업자라는 오명을 거의 벗고 교회와 사회의 폭넓은 용인을 받게 되었다.[20] 상인들도 중세 말로 갈수록 이자 대부를 포함해 교회가 강요하는 경제 규범들을 엄격하게 준수하지 않았다.

그러나 전문적인 상업 세계가 아무리 그렇게 바뀌어도, 이자 대부를 바라보는 일반 대중의 감정은 여전히 단순했다. 과도한 이자를 받는 대부는 물론이고, 한 푼이라도 이자를 받는 것은 모두 불법이라고 교회법은 가르치지 않았던가.[†] 보통 사람들은 정당한 이윤과 고리 사이의 미묘한 차이를 이해하려고 하지 않았고, 돈을 거래하는 사람들을 모두 '롬바르디아인', 즉 전당포 주인과 혼동했다.[††] 오늘날 롬바르디아 지방은 밀라노가 중심지인 북서부 이탈리아를 의미하지만 당시, 특히 중세 프랑스에서는 이보다 좀 더 넓은 의미, 즉 북중부 이탈리아를 포괄하는 용어였다. 중세 말 롬바르디아 상인, 즉 북중부 이탈리아 출신 상인들은 해외에서 은행가·환전상·전당포 주인으로 널리 알려져 있었다. 그런 연유로 '롬바르디아인'이라는 표현

Gurevich, "The merchant," J. Le Goff, ed., *Medieval callings* (Chicago, 1987), p. 277.

[†] 13세기 초엽 프란체스코 수도회 소속 신학자인 올리비P. J. Olivi는 이자를 받는 대부 행위는 고리 대부usura이며, 이는 신성한 교회법뿐만 아니라 자연법에도 위배된다고 주장했다. 그에 따르면, 이자 대부는 우정을 파괴하고 사회를 부패하게 만들며, 이자를 받고 돈을 빌려 주는 사람들은 모든 세속적인 물건들을 집어삼킨다. J. Kirschner and K. Lo Prete, "Peter John Olivi's treatises on contracts of sale, usury and restitution : minorite economics or minor works?," *Quaderni fiorentini*, no. 13(1984), pp. 253-254.

[††] 그런 점에서 은행가와 고리대금업자가 엄밀하게 구분된다는 루버의 주장이 항상 옳은 것은 아니다. R. de Roover, *Business, banking, and economic thoughts in Late Medieval and Early Modern Europe* (Chicago and London, 1974).

은 '이자 대부를 하는 고리대금업자'라는 경멸적인 용어로 쓰였던 것이다.

다티니의 동업자였던 캄비오와 절친한 친구 라포 마체이의 생각도 다르지 않았다. 공증인 라포 마체이는 다티니의 대부업이 옳지 않은 일이라고 충고하며 이자로 받은 돈을 원 주인에게 되돌려 주라고 충고했다. 나중에 다티니가 사망했을 때 그의 장례식을 시 부담으로 치르는 것에 반대한 20명의 시의회 의원들도 아마 그렇게 생각했을 것이다.[21]

하지만 다티니는 지인들의 충고와 만류, 주변의 따가운 시선 따위는 심각하게 받아들이지 않았다. 그와 같은 전문상인들에게 환거래와 은행업은 이제 합법적이고 정당한 행위였고, 국제 상업에서는 없어서는 안 될 필수적인 상업 기술과 제도였다. 당시 상업 세계에서 돈을 거래하는 사람들은 대체로 세 가지 유형, 즉 전당포 주인 같은 소규모 대부업자, 환전상, 그리고 국제적인 규모의 상인-은행가로 구분되었다. 그리고 다티니는 작은 책상을 놓고서 가난한 사람들에게 높은 이자를 요구하며 그 역겨운 거래 기록을 장부에 적는 전당포 주인이 아니라 국제적인 규모의 은행가였다.

결국 일반인들의 전통적이고 윤리적인 도덕률과 실제 상업 세계의 경제관념 사이의 간극이 점점 더 커지고 있었다는 의미다. 중세 말에 법적 처벌과 교회의 파문이 두려워서 은행업이나 이자 대부를 하지 않는 상인은 많지 않았다. 물론 여전히 법정에서 고리대금의 피해자라고 주장하는 사람들이 드물지 않았지만, 이러한 주장은 통상 채무자가 채무를 이행하지 않으려는 핑계인 경우가 많았다. 실제로 중세 말 이자 대부가 일반화되었지만, 고리대금업과 관련된 소송사

건은 오히려 드물었다.[22]

이제 대부 계약서를 작성할 때도 이전과는 달리 이자를 받는 계약임을 분명히 하는 문구들이 등장했다.[†] 중세 말 고리대금 금지법은 거의 지켜지지 않았고,[23] 다티니 역시 고리대금업을 했다는 이유로 처벌받은 적이 없다. 무엇보다도 이를 금지했던 교회 자체가 이를 강제할 정당성을 잃어버렸다. 교황청부터가 이런 종류의 은행거래를 대규모로 하고 있었고, 14세기 교황청의 재정을 담당했던 사람들이 피렌체 출신의 상인-은행가들이었기 때문이다. 한 역사가의 표현을 빌리면, 중세 교황청은 가장 규모가 큰 은행이었다.[24]

....

[†] R. S. Lopez and I. W. Raymond, *Medieval trade in the Mediterranean world* (New York, 1968), pp. 157-161. 하지만 여전히 '이자interesse'나 '고리 대부usura'라는 용어를 사용하는 것은 가급적이면 피하려고 했다. 당시 이자 관련 용어들에는 다음과 같은 것들이 있다. Bene, bontà, costo, discrezione, donare, dono, fruttare, frutto, guadagno, guiderdone, interesse, meritare, merito, premio, pro, prode, profitto, rovvediglion, usura. R. de Roover, "Restitution in Renaissance Florence", *Studi in onore di Armando Sapori* (Milano, 1957), p. 783 ; F. Edler, *Glossary of medieval terms of business : italian series 1200~1600* (New York, 1970), p. 322

2
'호모 스크리벤스homo scrivens', 기록하는 인간

편지를 써서 보고하라

이 책 서두에서 지적했듯이, 십자군 시절의 이탈리아 상인과 중세 말 이탈리아 상인은 여러 면에서 달랐다. 상업 활동은 안정적이었고, 전문성을 요구하는 상거래 기술들이 등장했으며, 무엇보다 상당한 자본을 축적한 상인들이 나타났다. 대자본을 갖춘 상인들은 더이상 상품을 가지고 여러 지역을 돌아다니는 십자군 시절의 순회상인이 아니었다. 이제 그들은 지중해 전역에 대리인을 둔 어엿한 정주상인이 되었다.

다티니 역시 그러했다. 이에 따라 그의 사업 업무 가운데 가장 중요한 일이 여러 지역에 흩어져 있는 인력을 효율적으로 관리하는 것이었다. 이들과 소식을 주고받고 먼 곳에서 이들의 사업 활동을 관리 감독하는 문제가 사업의 관건으로 부상했다. 앞 장에서 우리는 소란초 형제상회가 사업의 전체적인 흐름을 파악하기 위해 복식부기를 활용하는 것을 살핀 바 있다. 그러나 복식부기가 모든 문제를 해결해 주지는 못했다. 사업을 위해서는 관리와 통제 못지않게 정확한 정보를 누구보다 빨리 확보하는 것이 중요하기 때문이다. 그런 연유로 다티니는 글쓰기를 제일 중요한 업무로 여겨 멀리 있는 주재원들에게 자주 편지를 쓰도록 했다.

그러나 이러한 다티니의 요구에 상사원들은 불만이 많았던 것 같다. 아비뇽에 상주하고 있던 다티니 상사의 주재원 보닌세냐Boninsegna는 편지를 쓰는 데 업무 시간의 절반을 투자한다고 불평했으며, 다른 편지에서는 너무 더워서 편지를 쓰기 힘들다고 호소했다.[25] 이렇듯 편지 쓰기는 상인, 특히 상사의 주재원이나 고용 상인에게는 매우 성가시고 귀찮은 일이었지만 피할 수 없는 기본 의무였다. 페골로티의 《상업 안내서》에 따르면, "모든 것, 즉 모든 계약, 모든 상품의 출입과 출납 등을 기록해야 하며, 항상 펜을 손에 쥐고 있어야 한다. 상인의 손은 항상 잉크 자국으로 물들어 있어야 바람직하다."[26]

물론 처음부터 편지 작성이 상인들의 필수 업무는 아니었다. 12~13세기 지중해를 무대로 활동한 이탈리아 상인들은 주로 상품을 가지고 여러 지역을 돌아다니면서 장사를 하는 순회상인들이었기 때문에 당시에는 편지를 주고받는 일이 그리 많지 않았다. 한곳에 머무는 일이 드물어 편지를 수령하기가 힘들었고, 현지에서의 중요한 사업상 결정은 상인이 혼자서 판단하는 경우가 많았기 때문이다. 편지 쓰기의 필요성은 중세 말로 접어들면서, 무엇보다 상인 조직에 변화가 일어나면서 생겨났다.[27]

복식부기를 도입하여 상품과 자본, 인력의 운영과 배치를 조절하고 관리할 수 있게 되면서, 이탈리아 상인의 사업 활동이 체계적으로 조직화된 것이다. 이제 상인들은 여러 지역을 순회하지 않았고,

해외시장에 주재원을 상주시키고 자신은 본토에서 사업을 총괄 지휘했다. 이에 따라 본국과 해외시장 사이의 정보 교환 필요성이 커져 편지 쓰기의 필요성이 높아질 수밖에 없었다.

다티니의 사업에서 서신이 얼마나 큰 비중을 차지했는지는 그가 얼마나 자주 편지를 썼으며, 얼마나 많은 지역과 서신을 교환했는지를 살피면 알 수 있다. 그가 남긴 문서 중 상업 편지는 12만5천 통 정도로, 대부분 1382년에서 1410년 사이에 쓴 편지들이다. 다티니 상사와 서신을 교환한 도시는 대략 270곳으로, 여기에는 베네치아 · 제노바 · 피렌체 · 피사 · 나폴리 · 마르세유 · 아비뇽 · 몽펠리에 · 바르셀로나 · 발렌시아 · 파리 · 런던 · 브뤼헤 등 1400년경 유럽에서 가장 활발했던 국제시장들이 모두 포함되어 있다. 그리고 이렇게 도처에 포진해 있는 상인들이 일주일에 적어도 3~4통의 편지를 보내 왔던 것으로 보인다.

상인들에게 편지는 서로 떨어져 있는 사업상의 동료들을 묶어 주는 매개체로서, 이동하지 않고도 멀리 떨어진 시장의 동향을 파악하고 이를 기반으로 상업적 결정을 내릴 수 있도록 돕는 가장 기본적인 수단이었다. 편지의 더욱 중요한 기능은 경쟁자보다 더 많은 정보를 더 빨리 수집하는 것이었고, 이는 상업 활동에서 그만큼 높은 수익을 보장받는 생존 전략이기도 했다. 결국 서신은 상인의 삶과 사업을 관리 조직하는 기본적인 수단으로서, 그 속에는 시간과 공간 그리고 위험에 대한 점진적이고 조직적인 지배욕과 함께, 상호 간의 결속을 강화시키고 불확실한 미래에 대한 불안을 극복하려는 노력이 담겨 있다. 상인들은 편지에서 "내일은 불확실하다Da doman non 'e certezza"는 격언을 되풀이했는데, 이를 극복하기 위해 편지를 자주 쓸

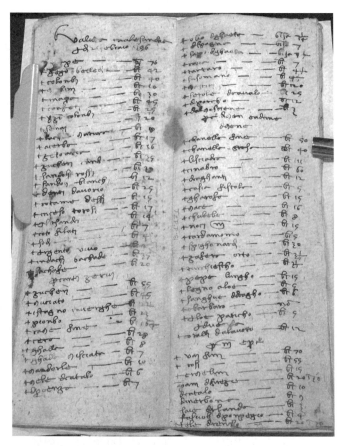

알렉산드리아 시장에서 작성된 상품 시세표. 다티니 문서고 소장

수밖에 없었던 것이다.

순회상인에서 정주상인으로 변모한 이탈리아 상인들은 시장 상황을 더 상세히 조사해야 했으며, 구매에서 발송에 이르는 모든 거래 내역을 기록해서 보고해야 했다. 시장의 흐름과 상품에 대한 모든 정보를 경쟁자보다 더 빨리 수집하는 것이 성공의 관건이었다. 예를 들어, 다티니 상사는 30여 개 시장에서 '발루타valuta'라 불리는 상품 시세표를 작성하여 서로 교환했다. 그중에서 가장 자세하고 많은 상품이 언급된 발루타는 베네치아에서 작성된 것이다. 그만큼 베네치아 시장이 중요했음을 알 수 있다.

다른 정주 상인들과 마찬가지로 다티니 상사 사람들도 상품을 보낼 때 자세한 송장을 동봉했다. 지중해를 통한 해상 수송일 경우에는 상품의 총량, 수송 선박과 선장의 이름, 개별 상자의 일련번호와 각 상자의 무게, 상사의 상표 등이 송장에 기재되었다. 다티니 상사는 타인이 선적한 상품의 목록까지 작성해 사업에 활용했다. 특히 다티니 상사는 지중해 전역에 흩어져 있는 조직망을 활용해 지중해를 오간 선박의 선적 목록을 작성했다. 그중 일부가 프라토 문서고에 보존되어 있다. 수백 개에 이르는 이 선적 목록은 중세 말 지중해 무역을 연구하는 데 없어서는 안 될 값진 문서이다.[28]

3
중세 이탈리아 상인의 일상생활[†]

다티니의 개인 회계장부와 수첩, 편지에는 그의 시시콜콜한 일상이 상세히 기록되어 있다. 그가 어떤 옷을 입었는지, 어떤 책을 읽었는지, 어떤 음식을 먹었는지, 어떤 하인과 노예를 두었는지, 그 노예들이 얼마나 마음에 들지 않았는지, 첩이 낳은 딸의 지참금으로 얼마나 많은 돈이 들었는지, 임신한 여자 하녀에게 얼마나 많은 돈을 썼는지, 어떤 병을 앓았고 그 치료법이 무엇이었는지, 흑사병이 중세 유럽인들에게 얼마나 큰 공포를 주었는지, 종교와 구원이 중세 사람들의 삶에 특히 노년에 이르러 얼마나 중요했는지 등등. 600년 전 이탈리아 도시민의 삶을 이토록 생생하게 보여 주는 기록이 또 어디에 있을까.

....
[†] 이 장은 기존에 발표했던 논문(〈중세 이탈리아 상인 다티니의 일상생활 : 돈과 구원의 문제〉, 《상명사학》, vol. 13~14 (2008), 125~151쪽)을 대폭 수정한 것이다.

가정생활

　1376년 결혼할 당시 다티니와 마르게리타의 나이 차는 상당했다. 41세의 다티니에 비해 신부의 나이는 16세에 불과했다. 오늘날의 기준으로 보면 축복받기 어려운 결혼이겠지만, 당시에는 이런 결혼이 일반적이었다. '파리의 가장Le ménagier de Paris'이라는 제목의 책을 남긴(구체적인 내용은 아내에게 주는 교훈서) 동시대의 파리 부르주아 상인이 열다섯 살 어린 아내를 얻은 것을 감안하면 다티니의 결혼도 그렇게 예외적인 것은 아니었다. 예외적이라면 평민 다티니와 결혼한 마르게리타가 귀족 출신이었다는 점이다. 다티니는 평민이었지만 부유한 상인이었고, 마르게리타 가문은 몰락한 귀족이었기 때문에 이같은 신분에 어울리지 않는 결혼이 성사될 수 있었다.

　중세 이탈리아 도시민의 가족 개념은 오늘날보다 훨씬 광범위했다. 부유한 가장 다티니는 가난한 아내의 친척들뿐만 아니라 동업자, 관리인과 하인들의 가족들까지도 돌볼 책임이 있었다. 이 짐은 다티니처럼 부유한 가장이면 으레 짊어져야 하는 사회적 책무였다. 마르게리타의 친척들은 끊임없이 다티니에게 금전적 요구를 했고, 그 정도는 베풀 수 있는 부자라고 생각했다.[29]

　다티니처럼 부유한 가장에게는 첩이 있었고, 이것이 결혼 생활을 위협하지는 않았다. 첩 역시 가족 내에서 일정한 지위를 차지했고, 서자들도 상속자로서 합법적인 지위를 누리며 집안 내에서 크게 차별받지 않고 성장했다. 다티니와 여자 노예 루차Luzza 사이에는 지네브라Ginevra라는 이름의 딸이 하나 있었다. 마르게리타는 처음에는 이 아이를 집에서 키우는 것을 거부했지만, 나중에 자신이 불임이 확실해지자 친딸처럼 길렀다.

예나 지금이나 별로 달라지지 않은 것은, 가정주부가 해야 할 일이 엄청 많다는 사실이다. 당시 이탈리아에서 명성을 얻은 유명한 설교가 산 베르나르디노는 다음과 같이 바람직한 가정주부상을 제시했다.

> 좋은 가정주부는 집 안에 있는 모든 것에 관심을 가져야 한다. 좋은 가정주부는 오물이 들어가지 않도록 창고를 잘 지키고 깨끗하게 관리해야 한다. 좋은 가정주부는 기름 단지를 잘 관리하고 버릴 것과 버리지 않을 것을 염두에 두어야 한다. 좋은 가정주부는 고기를 소금에 절이고 보존하는 것에 모두 신경을 써야 한다. …… 좋은 가정주부는 모든 집안일을 감독해야 한다.

이러한 시대적 분위기에 더해, 마르게리타는 남편의 끝없는 잔소리를 견뎌야 했다. 남편은 항상 아내에게 즉시 처리해야 할 일거리들을 지시하는 긴 목록을 편지에 적어 보냈다. 사실 다티니가 아내에게 보낸 편지는 부부의 일상을 서로에게 알리는 안부 편지가 아니라 시시콜콜한 잔소리 목록 같다. 다티니가 보낸 편지들은 대부분 "잊지 않고 모두 처리했소?"라는 문구로 시작해 "잊지 말고 행하시오"라는 문구로 끝났다.[30]

다티니 집 안에는 하인뿐 아니라 노예들도 있었다. 특히 눈에 띄는 사람은 다티니가 이베리아 반도에서 구입한 몽골 소년 안토네토 Antonetto다. 중세 말 이탈리아 상인 가정 내에 아시아 몽골 출신의 노예가 있었다는 사실은 대항해 시대 이전에도 동서 간의 인적 이동이 있었음을 말해 준다. 몽골 소년 안토네토는 자신은 자유인으로 태어났기 때문에 결코 노예로 팔릴 수 없다고 주장하며 피렌체 시에 자유를 달라는 소송을 제기했다. 비록 패소했지만 흥미로운 사례임이 분명하다.

이민족 출신 노예는 이탈리아 가정에 썩 잘 동화되지 못했던 것 같다. 주인들은 이들을 항상 의심스런 눈으로 보았으며, 이들의 나쁜 행실과 거친 태도가 다른 모범적인 하인들까지 물들인다고 생각했다. 하지만 그럼에도 불구하고 가내노예에 대한 수요가 줄지 않은 것은 하인보다 노예가 더 저렴했기 때문이다. 자유민 하인들에게는 숙식과 의복 이외에도 임금을 지불해야 했다.[31]

소비생활

다티니는 한 마디로 허세가 심한 사람이었다. 그는 새로운 집을 짓는 데 엄청나게 많은 돈을 썼다. 지금까지 남아 있는 그의 저택은 오늘날의 기준으로 보면 그리 대단해 보이지 않지만, 당시에는 꽤 화려한 저택으로 말들이 많았던 듯하다. 영원한 친구이자 아들 같았던 공증인 라포 마체이는 다티니의 새 집이 준공되자 이 집을 세상에서 가장 훌륭한 성이라 칭했다.

그렇다면 다티니는 자신의 부를 과시하는 데에만 정신이 팔린 줄 부였을까? 주변 사람들의 생각은 달랐다. 오히려 인색한 자린고비라는 평이 대부분이었다. "당신은 12솔디를 절약할 수 있다면 과자조차 먹지 않고 이번 사순절을 보낼 것입니다. 당신은 뱃속에서 아우

성치는 소리가 나더라도 지갑을 열지 않을 위인입니다." 다티니의 인색함을 비난한 어느 상인의 평이다.[32]

하지만 다티니는 옷을 사는 데에는 돈을 아까워하지 않았다.[33] 그는 자신이 부유한 상인이라는 사실을 과시하고 싶어 했다. 그의 옷장에는 값비싸고 다양한 의복들이 가득했다. '카미차camicia'라 불린 리넨으로 된 속옷, 잠자리용 모자, '판노 디 감바panno di gamba'라 불린 폭이 넓은 바지, 다양한 재질과 종류의 양말, 속옷 위에 입는 몸에 꼭 끼는 '파세토 farsetto', 값비싼 재질의 가운과 외투, 다수의 승마용 두건, 당시에는 사치품으로 취급되었던 장갑 등의 구입 목록이 그가 남긴 장부에서 확인된다. 여성인 마르게리타와 지네브라의 의복은 다티니의 것보다 훨씬 다양하고 많았다. 물론 교회는 신분에 맞게 검소하게 옷을 입으라고 목소리를 높였고, 정부는 사치금지법으로 이를 단속하려고 노력했다. 하지만 다티니의 사례에서 알 수 있듯이 사람들은 이런 윤리와 규제를 크게 신경 쓰지 않았다. 1343년 피렌체 시정부는 각 가정의 소지품에 대한 대대적인 조사를 벌여 금지 품목을 찾아냈다. 이때 작성된 물품 목록을 살펴보면 당시 대다수 중상층 여성들이 금지된 옷감으로 만든 가운을 가지고 있었던 듯하다.

옷 목록에 비해 다티니의 도서 목록은 빈약했다.[34] 몇 권의 종교 서적을 포함해 피렌체 출신의 유명 작가인 단테와 빌라니의 저작들을 소장하고 있었지만, 그의 방을 채우고 있었던 것은 분명 책들이 아니었다. 당시에는 책이 매우 비쌌기 때문에 부유한 상인조차 많은 책을 소장하기 힘들었을 테지만, 그러한 사실을 감안하더라도 그가 소장한 도서의 양이 빈약했다는 사실은 달라지지 않는다. 다티니는 책을 즐기는 르네상스 시대의 교양 있는 상인과는 거리가 멀었던 듯하다. 아마도 상거래를 지휘하고, 유용한 정보를 수집하고, 손익을 계산하는 일들을 하는 데 독서가 큰 도움이 되지 않는다고 생각했을 것이다.

반면에 부부는 둘 다 음식을 좋아했고 음식에 많은 돈을 썼다.[35] 그리고 다티니는 대식가에 가까웠다. "저는 종종 저녁을 간소하게 먹는데 올리브 한 줌이 전부입니다. 의사들도 당신에게 그렇게 하라고 얘기할 것입니다."라는 라포 마체이의 애정 어린 충고는 다티니가 식탐이 있었음을 시사한다. 실제로 다티니는 음식에 많은 신경을 썼다. 자신이 아비뇽에서 프라토로 돌아오는 저녁에 식사 준비를 어떻게 해야 할지를 지시하는 편지를 보낼 정도였다. 그가 요구한 저녁 식사는 여러 종류의 치즈를 듬뿍 넣어 만든 맛있는 수프와 여기에 곁들여 먹을 신선한 달걀, 비첸초 강에서 잡은 신선한 생선, 시장에서 구입한 신선한 채소, 좋은 무화과와 복숭아, 호두 등이었다.

그의 수프와 소스에는 계피, 생강 등의 다양한 향신료가 들어갔다. 당시 다티니 정도의 부자 상인들은 후추와 생강, 계피, 정향 등의 아시아 향신료를 일상적으로 소비할 수 있었던 것으로 추정된다. 실제로 다티니는 향신료를 대단히 애용했다. 그는 매일 세 가지 소스를 먹었는데 붉은색 소스에는 계피가, '페베라타peverata'라는 소스에는 후추·생강·육두구가, 낙타색 소스에는 계피와 정향이 들어갔다. 향신료는 다티니가 즐겨 마시던 포도주를 만들 때에도 항상 들어가는 첨가제였다. 향신료가 들어가지 않은 중세 포도주는 상상도 할 수 없었다. 가장 비싼 향신료였던 정향도 다티니에게는 사치품이 아니었다.

중세 유럽인들에게 포도주는 기호를 넘어서는 즐거움이었다. 다티니와 그의 친구들도 포도주를 매우 좋아했고, 포도주에 대한 섬세한 미각과 기호를 자랑했다. 그렇게 검소하고 경건했던 공증인 라포 마체이조차 포도주는 거부하지 않았다. 포도주는 라포의 유일한 사치였다. 다티니와 마체이는 맛있는 카르미냐노 포도주를 나누며 수많은 저녁 시간을 함께 보냈다. 다티니는 이탈리아 지방에서 생산된 포도주 외에도 외국 포도주들도 즐겨 마셨다. 그런 다티니를 두고 마체이는 포도주를 사려고 돈을 물 쓰듯 한다고 말할 정도였다.

다티니 부부는 약에도 꽤 많은 돈을 썼고, 손에 넣을 수 있는 모든 특효약을 사용했다.[36] 한 사업 동료가 다티니에게 "당신은 자제할 줄 모르고 위를 약하게 만들 정도로 약과 시럽을 너무 많이 먹습니다."라고 충고할 정도였다.

중세 유럽의 의학은 고대 그리스와 로마의 의사 히포크라테스와 갈레노스의 체액 이론을 근간으로 했다.[37] 체액 이론에 따르면 병은 우리 몸을 구성하는 네 가지 체액의 불균형에서 생기는 것이기 때문에, 병을 치료하려면 체액의 균형을 회복시켜야 했다. 그래서 과다한 체액을 몸 밖으로 배출하는 치료인 사혈瀉血과 관장 등이 널리 행해졌다. 가장 대표적인 체액인 피가 과다할 경우 주기적으로 사혈을 해서 균형을 맞추었다. 당시 유명한 피렌체 의사 니콜로 팔쿠치Niccolo Falcucci는 다티니에게 "약을 모두 복용하고 나면 그 약 기운으로 토하고 싶어질 겁니다. 그러면 잘 토해서 위를 말끔히 비우세요. 그것이 당신에게 이롭습니다. 당신의 체액은 점성이 강하고 거칠고 끈적거리기 때문에 큰 고통 없이 한번에 몸에서 빠져나갈 수 없습니다."라는 처방전을 내주었다.

하지만 다티니 부부가 받은 처방은 오늘날의 의학적 지식에 비춰

볼 때 그리 효과적인 것은 아니다. 사람들은 '테리아카theriaca'라 불리는 일종의 해독제를 만병통치약으로 믿었다. 일부 대학의 의사들이 공공장소에서 이 약을 만들었다. 당시 서유럽에서 가장 유명한 몽펠리에 의학부에서 제조한 테리아카에는 약 80가지의 약재가 들어갔다. 공증인 마체이는 이 약을 흑사병 예방약으로 추천했고, 변비부터 고열에 이르기까지 다양한 병들에 이 약이 처방되었다. 이 약 덕분인지는 몰라도 다티니는 일흔 넘게 살았다. "무엇보다도 몸을 하인처럼 움직여야 한다"는 라포 마체이의 충고가 그의 건강에 더 도움을 주었을 것이다. 결석, 치질, 변비 등으로 고생은 했지만 당시 기준으로 볼 때 꽤 고령까지 살았다.

돈이냐, 구원이냐

프란체스코 디 마르코 다티니는 1410년 8월 16일 사망했다. 그는 죽으면서 10만 피오리노† 상당의 엄청난 재산을 전부 프라토의 가난한 시민들에게 유증했다. 일생 재물을 축적하는 데 몰두했고 경건한 삶과는 거리가 멀었던 그가 전 재산을 기부한 것은 일견 의아해 보인다. 하지만 당시에는 이와 같은 일이 드물지 않았고, 실제로 많

------

† '피오리노fiorino'는 1252년 처음으로 주조된 피렌체 금화로 15세기 중엽까지 유통되었다. 금화에는 세례자 요한의 얼굴과 피렌체를 상징하는 백합이 새겨져 있었다. 약 3.53 그램의 순금을 함유했다. 다티니의 대리인들이나 주재원들은 연간 30~40피오리노의 임금을 받았다. I. Origo, *The merchant of Prato : Francesco di Marco Datini* (Middlesex : Penguin Books, 1979), p. 117.

은 상인들이 임종 시 전 재산을 종교 단체나 자선 기관에 유증했다. 고리대금업으로 얻은 이윤의 경우에는 이를 피해자에게 되돌려 주기도 했다.[†]

그렇다면 다티니를 포함해 중세 상인들은 왜 죽음을 앞두고 전 재산을 가난한 사람들에게 나눠 줬을까? 이 물음에 답하려면 돈과 상업에 대한 부정적인 시각이 중세 유럽 사회를 짓누르고 있었다는 사실에 주목해야 할 것이다. 중세 기독교 사회에서 성직자들과 신학자들은 상업과 돈을 의심스런 눈으로 바라보았고, 특히 고리대금업에 대해서는 노골적인 적대감을 드러냈다.[††]

[†] 단테가 흠모한 베아트리체의 아버지 폴코 포르티나리는 고리대금으로 번 이윤을 환원했다. 14세기 말 피렌체 출신의 상인 바르톨로메오 코치도 부당하게 번 돈을 환원했다. 다티니의 막역한 친구였던 공증인 라포 마체이가 작성한 문서에 따르면, 1412년 아레초 출신의 부유한 상인 라자로 페이도 자신의 전 재산을 가난한 사람들에게 유증했다. 15세기 메디치 가문 출신 상인 줄리아노 메디치는 유언장에서 고리대금으로 얻은 이윤을 피해자들에게 돌려 주라고 명했고, 아들 프란체스코는 아버지의 유언을 실행했다. I. Origo, *The merchant of Prato : Francesco di Marco Datini* (Middlesex : Penguin Books, 1979), pp. 223-224 ; F. E. de Roover, "Restitution in Renaissance Florence", *Studi in onore di Armando Sapori* (Milano, 1957), p. 775 ; A. Sapori, "L'interesse del denaro a Firenze nel trecento (dal testamento d'un usuraio)", *Archivio storico Italiano*, no. 10(1928), pp. 111-186 ; B. N. Nelson, "The usurer and the merchant prince : italian businessmen and the ecclesiastical law of restitution, 1100-1550", *Journal of Economic History*, no. 7(1947), p. 113.

[††] 일부 역사가들은 기독교가 이자 대부를 금지한 것은 성서에 근거한 것이라고 보았다. 르 고프는 이자 대부를 사악한 행위로 간주하는 네 개의 구약 텍스트와 한 개의 신약 텍스트를 그 증거로 제시한다. 반면 일부 경제사가들은 교회가 경제적 이익을 얻고자 이런 이데올로기를 만들어 냈다고 주장한다. 반면 탄은 논문에서 이자 대부를 금하는 여러 법령들을 오랜 시간에 걸친 사회경제적 발전의 결과로 해석한다. 자크 르 고프, 김정희 옮김, 《돈과 구원》, 이학사, 1998, 25~28쪽 ; E. S. Tan, "Origins and evolutions of the medieval church's usury laws : economic self-interest or systematic theology", *Journal of European Economic History*, no. 34(2005), p. 263.

교회는 11세기 말부터 13세기 초까지 상인 계층에 대해 더욱 강경한 입장을 고수했다.[38] 12세기 볼로냐 출신의 교회법학자였던 조반니 그라치아노Giovanni Graziano는 "상인은 결코 신을 기쁘게 할 수 없거나 거의 그렇게 하기가 힘들다Homo mercator nunquam aut vix potest Deo placere"고 선언했고,[39] 토마스 아퀴나스는 상업을 불명예스런 직종으로 간주했다.[40] 당시 상인 직업은 가장 천시받는 직업 중 하나였고,[†††] 상인들 중에서도 특히 고리대금업자는 교회와 공동체의 저주라는 천형을 짊어져야 했다. 그들에게는 교회의 묘지에 묻히는 것조차 허락되지 않았다. 결국 중세 기독교 사회에서 돈은 구원의 방해물이었다.[41] 교회와 세속 권력은 돈주머니와 영생 둘 중 하나를 선택하기를 강요했고, 바로 이것이 다티니를 포함한 상인들의 딜레마였다.

그런 점에서 영혼의 구원은 상인의 일상에서 결코 부수적이거나 주변적인 문제가 아니었다.[††††] 다티니의 기록을 통해 중세 상인의 일상생활을 그려낸 오리고I. Origo는 다티니의 삶에서는 두 가지 요

[†††] 중세 유럽 사회에서는 많은 직종들이 천시받거나 저주받았다. 특정 직종들에 대한 부정적인 인식은 종교적 이유나 전통적인 금기들에서 유래했다. 전통적인 금기들은 피에 대한 금기, 불순하거나 더러운 것에 대한 금기, 돈에 대한 금기 등이었다. '불법적인 직종illicita negocia'이나 불명예스러운 직종을 결정하는 기독교적 척도는 칠죄종이었다.(음란, 탐욕, 식탐, 교만, 태만, 분노, 질투) 상인이라는 직업은 돈과 탐욕과 밀접한 관계가 있었기 때문에 천시받았다. J. Le Goff, *Pour un autre Moyen Age* (Paris : Gallimard, 1977), pp. 91-107.

[††††] 이에 관해서는 두 가지 상반된 견해가 공존한다. 종교와 사업은 서로 다른 별개의 영역이라는 주장이 있다면, 종교가 사업 활동에 매우 많은 영향을 미친다는 주장도 있다. 마쉬케는 중세 상인의 망탈리테에 관한 연구에서 주로 합리적인 이윤 추구 정신에만 초점을 맞추었다. E. Maschke, "La mentalité des marchands européens au Moyen Age," *Revue d'histoire économique et sociale*, no. 42(1964), pp. 457-484.

소, 즉 종교와 사업만이 의미와 가치를 갖는다고 지적했다.[42] 르 고 프Jacques Le goff 또한 저서 《돈과 구원》에서 고리대금업자들이 부와 천국, 돈과 지옥 사이에서 치열한 투쟁을 벌인 과정을 분석하며 상인들, 특히 고리대금업자들에게 돈과 구원이라는 문제는 너무나 중요한 문제였다고 지적했다.[43]

실제로 다티니를 포함해 중세 상인들의 회계장부는 '신과 이윤의 이름으로'[†] '그리스도의 이름으로', '성모 마리아의 이름으로'와 같은 문구로 시작된다. 규모가 있는 상사에는 보시를 위한 작은 모금함이 항상 비치되어 있었고, 축일이나 휴일에는 가난한 사람들에게 베풀도록 직원들에게 약간의 돈을 지급하기도 했다. 계약서를 작성하거나 거래를 할 때마다 가난한 사람들 몫으로 거래액 중 일부를 따로 떼어 놓기도 했다. 회계장부에 나오는 '우리 주님에게Messer Domineddio'라는 이름의 계정에는 이렇게 따로 떼어 놓은 돈이 기록되었다.[44]

하지만 젊은 시절의 다티니에게 돈과 구원의 문제는 같은 비중을 지닌 사항이 아니었다. 그는 돈벌이가 되는 것이면 어디서든 돈을 긁어모으려고 안달했을 뿐 구원의 문제는 먼 미래의 일로 제쳐 두고 있었다. 영혼의 구원에 좀 더 신경을 쓰라는 아내와 주변의 이야기는 젊은 다티니에게 절실하게 다가오지 않았다. 그러던 그가 생의 마지막에 이르러서 갑자기 태도를 바꾼 것이다. 삶이 주는 즐거움에만 몰두하던 다티니는, 나이가 들면서 새로운 근심에 시달렸다. 바로 가

[†] 이러한 문구가 처음 등장한 시기는 대략 13세기였고, 이런 문서 중 하나가 1253년 Castra Gualfredi e compagni dei Borghesi의 회계장부다. "Al nome di Dio, amen, ,di guadgangno e di buona ventura". E. de Roover, *Business, banking, and economic thoughts in Late Medieval and Early Modern Europe* (Chicago and London, 1974), p. 345.

까운 미래에 자신에게 일어날지도 모르는 일들에 대한 엄청난 두려움이었다. 구체적으로 말해, 구원에 대한 두려움이 그의 말년을 어둡게 만들었다. 이제 그는 지나온 삶을 차분히 돌아보기 시작했다.

이는 다티니가 이제 지인들의 충고와 주변의 시선을 전과는 다르게 느끼기 시작했음을 시사한다. 교회와 사회는 상인들로 하여금 '돈주머니'와 영생 중 하나를 선택하도록 강요했고, 실제로 이런 종류의 이데올로기가 온 사회에 넘쳐 났다. 일상적으로 보고 들었던 고리대금업자에 대한 끔찍한 그림과 이야기들이 더 이상 남의 이야기가 아니었다. 신성한 신의 뜻을 저버린 고리대금업자들이 지옥의 일곱 번째 환環의 이글거리는 화염 속에서 목에 돈자루를 걸고 신음하는 그림들은 토스카나 지방의 교회들에서 일상적으로 볼 수 있었고, 다티니 역시 단테의 《신곡》에서 지옥에서 고통받는 고리대금업자의 이야기를 읽었을 것이다.[††]

당시 사람들에게는 그런 모습이 시인이 만들어 낸 상상의 세계가 아니라 무시무시한 현실에 가까웠고, 고리대금업자가 그런 운명에 떨어지지 않을 것이라고 생각하는 사람은 많지 않았다. 대부분의 설교가들은 변함없이 가장 무거운 죄는 부자들의 죄라고 외치고 다녔고,[†††] 설교를 열성적으로 찾아 들었던 다티니가 설교에 등장하는

[††] 다티니의 편지는 그가 단테의 작품을 읽었음을 보여 준다. 단테, 김의경 옮김, 《신곡》, 혜원출판사, 1991, 94~100쪽.

[†††] 13세기 초에 활동한 설교가 자크 드 비트리가 편찬한 《대중설교 또는 신분에 따른 설교》에는 고리대금업자에 대한 이야기들이 다수 나온다. 중세 말 설교가들이 청중들에게 했던 고리대금업자에 대한 이야기는 비트리의 예화집에 나오는 예화들과 거의 유사하다. F. F. Crane, ed., *The exempla or illustrative stories from the sermons vulagres of Jacques de Vitry* (London, 1890), pp. 72-77, 203-207 ; 유희수, 〈Jacques de Vitry의 대중설교와 exemplum〉,

돈과 고리대금에 관한 일화들을 듣고서 마음의 부담을 느끼지 않을 수는 없었을 것이다.[†] 설교가들은 상인들, 특히 고리대금업자들이 구원을 얻을 수 있는 방법은 부당하게 얻은 이익을 환원하는 것뿐이라고 목청을 높였다.[††] 설교 예화집에는 고리대금업자들이 구원을 얻고자 재산을 환원한 사례들이 자주 등장했다.[†††]

다티니의 마음을 움직이는 데 결정적인 역할을 한 사람은 조반니 도미니치와 라포 마체이였다. 두 사람의 충고와 조언은 주로 돈에 대한 욕심을 버리고 경건한 삶과 구원에 더 많은 시간을 할애하라는 것이었다. 도미니치는 프란체스코 수도회에 소속된 수도사로서 피렌

....

《서양중세사연구》, 2호 (1997), 77~107쪽 ; 르 고프, 김정희 옮김,《돈과 구원》, 이학사, 1998, 63~88쪽.

[†] 다티니에 기록에 자주 언급되는 설교가는 산 베르나르디노와 조반니 도미니치Giovanni Dominici다. 시에나 출신의 산 베르나르디노(1380~1444)는 프란체스코 수도회 소속 수도사로 유명한 설교가이자 신학자였다. I. Origo, *The world of San Bernardino* (New York, 1962), pp. 77-99 ; E. de Roover, *Business, banking, and economic thoughts in Late Medieval and Early Modern Europe* (Chicago and London, 1974), p. 339 ; I. Origo, *The merchant of Prato : Francesco di Marco Datini* (Middlesex : Penguin Books, 1979), pp. 314-315.

[††] 13세기 에티엔 드 부르봉은 " 고리대금업자가 저주를 피하고자 한다면 부당하게 취한 돈을 반환하고 고해성사를 하여 죄를 게워 내야 한다. 그렇지 않으면 지옥의 형벌에 의해서 그것들을 토해 내야 할 것"이라고 말했다. 르 고프, 김정희 옮김,《돈과 구원》, 이학사, 1998, 109~110쪽.

[†††] 13세기 초 로베르 드 쿠르송은 저서에서 구체적인 환원 절차를 다음과 같이 설명한다. 우선 고위 성직자나 명망이 있는 사람을 유산 집행자로 선택하라. 만약 피해자가 사망했다면 자신의 영혼을 위해 기도해 줄 수 있는 가난한 사람들에게 일차적으로 재산을 유증해라. 피해자가 살아 있을 경우에는 피해자나 그의 상속자에게 돈을 돌려줘라. 피해자가 살아 있지만 사는 곳을 모를 경우에는 피해자의 이웃이나 가난한 사람에게 환원해라. J. Baldwin, *Masters, princes and merchants : the social views of Peter the Chanter and his circle* (Princeton, 1970), vol. 1, pp. 302-307.

피렌체 두오모 성당에 그려진 도메니코 디 미켈리노의 프레스코화 〈단테와 신곡〉(위)
단테의 《신곡》 〈지옥편〉 삽화(아래)

체 시민들에게 신망이 두터운 유명 설교가였다.[†] 도미니치와 다티니가 주고받은 편지는 둘 사이의 신뢰와 우정뿐 아니라 도미니치 수도사가 다티니의 영적 조언자였음을 보여 준다. 다티니는 도미니치를 진정으로 존경했고, 수도사는 다티니에게 너무 많은 것을 탐하지 말고 남에게 베풀면서 살라고 충고했다. 흑사병이 피렌체를 강타할 무렵, 도미니치는 피렌체 시민들에게 가난하고 비천한 사람들만이 신께서 부패와 사악함을 없애려고 보낸 무서운 재앙을 피할 수 있다고 설교했다.

다티니에 대한 도미니치 수도사의 영향력은 다티니가 유언장의 내용을 바꿀 정도로 대단했던 것 같다. 다티니는 1400년 사순절 어느 저녁에 도미니치 수도사를 찾아갔다. 두 사람이 구체적으로 무슨 이야기를 나눴는지는 알 수 없지만, 라포의 편지는 대강의 내용을 짐작케 한다. 라포는 편지에서 "신의 은총으로 당신은 신의 뜻을 전적으로 아니면 부분적으로라도 실천하시면 됩니다. 그러면 당신은 어떤 일이 닥치더라도 평안하게 살 수 있을 것입니다. 왜냐하면 당신의 나무는 좋은 땅에 뿌리를 내릴 것이기 때문입니다."라고 썼다.[44] 얼마 지나지 않아 다티니는 유언장을 수정하면서 유산 관리를 교회나 성직자에게 맡기지 않기로 결정했다. 이러한 결심을 하는 데에는 수

[†] 이 수도승의 훌륭한 언변은 순수한 의지력으로 얻어진 것이었다. 왜냐하면 어릴 적에 그는 혀가 짧은 데다 너무 심하게 더듬거렸기 때문이다. 그래서 어머니가 그를 수도원에 데려갔을 때 수도승들이 그 소년이 할 수 있는 일이라곤 도시의 어릿광대가 되는 일뿐이라고 말하며 비웃을 정도였다. 그러나 순수한 열정과 불굴의 의지로 그는 이러한 장애를 극복했고, 당시에 가장 존경받는 설교가가 되었다. J. Baldwin, *Masters, princes and merchants: the social views of Peter the Chanter and his circle* (Princeton, 1970), vol. 1, p. 318.

도사의 견해가 강하게 작용했던 것 같다. 수도사는 유언장을 어떻게 작성하면 좋을지를 묻는 다티니 부인에게, 재산을 가난한 사람들에게 유증하되 유산 집행자를 신중히 선택하라고 충고했다. 이는 가능한 한 성직자를 유산 집행자로 선택하지 말라는 충고였다.[††]

라포 마체이는 다티니가 구원을 받을 수 있도록 평생 옆에서 충고하며 함께한 좋은 벗이었다. 그렇지만 라포는 다티니와는 완전히 다른 부류의 사람이었다. 그는 신앙심이 깊었지만 종교적 맹신으로 치우치지 않았고, 절제와 중용의 미덕으로 그리스도의 가르침을 일상 생활에서 몸소 실천한 인물이었다. 다티니가 라포 마체이와 처음 인연을 맺은 것은 가난한 학생이었던 라포의 학비를 지원하면서부터다. 라포는 다티니보다 열다섯 살이나 어렸지만 이후 두 사람은 친구가 되었다. 라포는 30년 동안 온화하고 끈질기고 변함없이 다티니에게 올바른 삶을 살라고 조언했다. 라포만큼 다티니에게 직설적인 화법으로 잘못을 지적한 사람은 없었다.

라포는 다티니에게 보낸 편지에서 탐욕과 분노가 다티니의 가장 큰 문제점이라고 거침없이 지적했다. 분노와 탐욕은 모든 설교가들이 호되게 질타한 중대한 죄였고, 특히 탐욕은 다티니와 같은 상인이 저지르기 쉬운 죄였다. 라포는 다티니에게 구원받고 싶다면 가난한 사람들에게 베풀고 신의 뜻에 따라 살라고 충고했다. 그의 편지 곳곳에는 나이 많은 친구에 대한 애정 어린 충고와 질책이 잘 담겨 있다.[46]

....

[††] 도미니치는 약간 위험한 종교적 견해를 가지고 있었고, 이로 인해 기성 교회와 성직자들과 약간의 마찰이 있었다. 볼로냐 수도원 원장에게 볼로냐에서 설교할 수 있게 허가해 달라고 요구했을 때, 수도원장은 이를 거절했다. J. Baldwin, *Masters, princes and merchants: the social views of Peter the Chanter and his circle* (Princeton, 1970), vol. 1, p. 333.

만약 당신이 신께서 당신에게 허락한 것(나는 그것이 당신의 것이 아니라고 생각합니다. 왜냐하면 그것은 어떤 인간에게도 속한 것이 아니기 때문입니다.) 중 일부를 가난한 사람들에게 나눠 주지 않는다면 당신은 그것에 대한 정당한 셈을 치르지 않는 것입니다. 나는 그렇게 되는 것은 아닌지 두렵습니다.

나는 이 세상의 헛된 것들을 많이 가진 부유한 남녀들을 위해서 당신이 성대한 연회를 개최한다는 소식을 종종 듣습니다. 그것은 좋은 일입니다. 그러나 가난한 사람들도 당신의 훌륭한 저택을 구경하고 당신의 음식으로 배를 채우고 영양 보충을 할 수 있도록 하십시오. 그러면 신께서는 '너는 내가 너에게 허락한 집에 나의 친구들을 초대한 적이 한 번은 있구나!'라고 말씀하시면서 당신을 나무라지 않을 것입니다.

이미 배를 타고 먼 대양에 나갔는데 바람이 반대 방향으로 불어와 항구로 방향을 돌릴 수 없게 된 사람보다 더 크게 운명의 놀림을 받은 사람은 없다고 다티니에게 말씀해 주십시오. 우리의 항구는 주님입니다. 주님께서 우리를 창조하셨습니다. 주님께서 우리를 부르십니다. 주님께서는 백 번이고 우리의 선물을 되돌려 주셨습니다. 모든 인간은 사악하고 욕심이 많으며, 우쭐대고 믿음이 없고, 시기하고 이기적입니다. 인간이 약간의 사랑을 보여 준다면 그것은 상인이 장사를 위해 보이는 관심일 뿐입니다. 당신은 나에게 좋은 일을 많이 해 주셨고, 저도 그렇게 할 것입니다. 그러나 청하건대 당신의 가장인 남편이 그런 사악한 인간들과 사귀지 않도록 해 주십시오. 할 수 있다면 그가 사악하고 세속적인 거래들을 그만두도록 하십시오. 신 안에서는 모든 것이 가능합니다. 그가 마지막에는 우리에게 얼마 남지 않은 시간을 신을 위해서 쓸 수 있도록 해 주십시오. 우리는 적어도 평화롭게 죽을 수 있도록 노력해야 합니다. 왜냐하면 경기가 이미 끝났을 때 말에 올라타는 것은 너무 늦은 일이기 때문입니다.

흑사병도 다티니의 참회를 촉발하는 중요한 동기였던 것 같다. 다티니는 흑사병을 여섯 차례나 경험했고, 특히 마지막으로 경험한 1399년의 흑사병은 죽음에 대한 공포를 더욱 가중시켰다. 그래서 다티니는 흑사병을 피하기 위해 순례 여행을 떠나기도 했다. 순례는 구원과 사면을 얻는 가장 좋은 방법 중 하나였다. 중세 교회는 순례에 많은 사면을 부여했고, 순례는 그리스도를 모방함으로써 신의 용서를 구하는 행위였기 때문이다. 1399년 다티니는 65세의 고령에도 불구하고, 소박한 하얀색 옷감으로 만든 긴 정장에다 머리에 두건을 쓰고, 허리에는 수도사의 끈을 매고 손에 촛불을 들고서 수천 명의 사람들과 함께 맨발로 9일간의 순례 여행을 떠났다. 다행히 다티니는 순례에 소요된 비용뿐만 아니라 순례 과정에 대해서도 간단한 기록을 남겼다.[47]

나 다티니는 그리스도와 그리스도의 어머니 성모 마리아의 격려로 1399년 8월 28일 오늘 순례 여행을 떠나기로 결심했다. 당시 피렌체와 피렌체 영토의 많은 주민들에게 또한 주변 지역의 많은 주민들에게도 일반화된 관행에 따라 온몸에 하얀색 옷을 걸치고 맨발로. 왜냐하면 모든 사람들 아니면 적어도 대다수의 기독교인들은 신

프라토의 로미타 예배당 벽에 그려진 프레스코화. 왼쪽이 마르게리타, 오른쪽이 다티니.

을 사랑하는 마음으로 머리에서 발끝까지 하얀색 옷을 입고서 세상을 둘러보는 순례 여행을 떠났기 때문이다.

그리고 그날 나는 친구들과 함께 데 토르나퀸치 광장에 있는 집에서 아침 일찍 출발했고, 우리 모두는 맨발로 산타 마리아 노벨라 광장으로 갔고 그곳에서 우리의 주님인 예수 그리스도의 몸을 영접하는 영성체에 경건하게 참여했다. 그 다음 경건하게 우리는 산타 마리아 노벨라 구역의 십자가상과 산타 크로체 구역의 십자가상을 보고서 산 갈로 출입문을 빠져나왔다. 모두 맨발이었고 막대기로 우리 몸을 채찍질하면서 모든 기독교인들이 해야만 하는 것처럼 경건하고 좋은 마음으로 우리 주님인 예수 그리스도에게 우리의 죄를 고했다.

다티니의 최종 유언장은 그가 돈과 구원은 함께할 수 없다는 이데올로기에 굴복했음을 보여 준다. 그는 구원을 얻고자 자신의 전 재산을 가난한 사람들에게 유증했다.[†] 다티니가 참회를 한 것은 임종 직전이 아니라 죽기 10년 전쯤이었다. 당시 가난한 사람에게 모든 재산을 나눠 줄 좋은 방법을 찾던 그는 산 파비아노 수도원장에게 조언을 구했다. 수도원장은 두 가지 제안을 했는데, 첫 번째는 프라토 근처의 '라 사카'라 불리는 언덕 위에 있는 약간의 땅과 수도원을 사서 그것을 마음에 드는 교단에 기부하는 것이었고, 두 번째는 유산 관리를 프라토 성직자들에게 맡기는 것이었다. 라포는 이 제안을 듣고 분개했지만 유언장은 그대로 작성되었다. 이후 2년 동안 라포는 다티니를 끈질기게 설득했다. 라포는 성직자들은 탐욕스러운 늑대라 여겼고, 그들에게 돈을 맡기면 헛되이 탕진할 것이라고 이야기했다. 결국 다티니는 1400년 유언장을 수정했다. 바뀐 유언장의 핵심 내용은, 유산 관리를 성직자의 손에 맡기지 않는다는 것이다. 이는 당시 성직자에 대한 불신이 상당했음을 암시한다.

1410년 7월 31일, 다티니는 라포를 불러 마지막 유언장을 다시 작성케 했다. 최종 유언장은 1410년 고친 유언장과 크게 다르지 않았다.[48] 그는 10만 피오리노에 상당하는 전 재산을 프라토의 가난한 사람을 위해 남겼다. 그리고 아내와 딸과 손녀에게 일정 정도의 재산과 지참금을, 하인들에게도 현금과 지참금을 남겨 주었고, 모든 노예를 해방시켰다. 자신을 위해 일했던 가난한 장인들의 채무도 면제

[†] 상인들이 가난한 사람들에게 재산을 남긴 유일한 이유가 구원은 아니라고 주장하는 사가들도 있다. F. L. Galassi, "Buying a passport to heaven : usury, restitution, and merchants of medieval Genoa," Religion, vol. 22(1992), p. 314.

해 주었다. 그리고 그는 자기 영혼의 안녕과 구원을 위해서 프라토의 모든 교회에 5리라를, 성모 마리아 교회에 초 열두 개를 항상 켜 놓아 달라고 부탁하면서 300피오리노를 유증했다. 마지막으로 다티니는 1,500피오리노를 따로 남겨 두었는데, 이는 부당하게 벌거나 고리대금으로 번 이익을 돌려주기 위한 조처였던 것 같다. 고리대금으로 번 이윤을 돌려주라는 그의 당부는, 비록 그가 일상생활에서 고리대금업자라는 사회적 비난과 제제를 직접 받은 적이 거의 없음에도 불구하고 마음속에는 여전히 부담이 있었음을 시사한다.[†]

결국 다티니가 임종 시 가장 고민한 문제는 구원이었다. 그는 유언 집행자들에게 자기 영혼의 안녕에 더 많은 신경을 써 달라고 간곡히 당부했다. 자신의 영혼을 위해 교회에 항상 불을 밝히고 미사를 올려 달라는 부탁, 유언 집행자들에게 자신이 평소에 잘 알고 지낸 그리스도의 가난한 사람들을 친절하게 대해 달라는 부탁, 최종적으로 재산의 대부분을 그리스도의 가난한 사람들을 위해 써 달라는 부탁 등은 최후의 순간에 젊은 날의 잘못을 반성하고 내세의 구원을 얻고자 한 상인의 열망에서 나온 것이다.[49]

분명 다티니의 일생은 경건하고 종교적이며 윤리적인 삶과는 거리가 멀어 보인다. 그런 그가 전 재산을 가난한 사람들에게 유증했다는 사실은 쉽게 납득하기 어렵다. 하지만 다티니에게는 또 다른 면이 공존하고 있었다. 그는 교회의 가르침뿐만 아니라 기존의 관습을

[†] 15세기 메디치 가문 출신 상인들도 유언장에서 고리대금으로 번 이윤을 원래 주인들에게 되돌려 줄 것을 자식들에게 당부했다. F. E. de Roover, "Restitution in Renaissance Florence", *Studi in onore di Armando Sapori* (Milano, 1957), pp. 775-789.

아무런 문제 제기 없이 맹종했고, 열심히 설교를 찾아 듣고 교회 건설에 돈을 기부했으며, 나이가 들수록 자신의 삶에 문제가 있다고 느꼈다. 그렇다고 이것만으로는 다티니의 마지막 결심을 속 시원히 해명하기 어렵다. 이 정도의 종교적 생활은 당시의 일반화된 관행으로 누구나 하는 것이었기 때문이다.

이때 다티니의 유증을 개인적인 차원의 회개 행위로 이해해서도 안 된다. 왜냐하면 12세기 후반 영국 출신 상인 고드릭Godric, 12세기 후반 왈도파의 창시자인 리옹 출신의 고리대금업자 피에르 왈도Pierre Waldo, 프란체스코 수도회를 만든 아시시의 성 프란체스코San Francesco d'Assisi, 15세기 초 아레초 출신의 부유한 상인 라자로 페이Lazzaro Pei, 15세기 중 후반 메디치 가문 출신의 상인 줄리아노Juliano와 그의 아들 프란체스코 등 많은 상인들이 이런 식의 유증을 했기 때문이다.[††]

다티니 문서를 통해서 우리가 얻을 수 있는 해답은, 시대가 그로 하여금 그렇게 하도록 만들었다는 것이다. 도시와 상업이 발달하면서 이자에 대한 긍정적인 인식이 커지고 정통 교회와 부패한 성직자들이 부과하는 규범들이 설득력을 잃어가고 있었지만, 교회가 만들어 낸 돈과 상업을 둘러싼 이데올로기는 일반 대중에게 여전히 위력을 발휘하고 있었다. 교회가 의도적으로 생산 유포한 이데올로기가 나중에는 중세 상인들의 몸속에 체화되고 내재된 도덕규범이 되어

[††] 제노바 출신의 블란카르도, 시에나 출신의 야코포 안졸리에리, 아스티 출신의 솔라리, 피아첸차 출신의 거상 간둘포 데 아르첼리스, 피렌체 출신의 폴코 포르티나리 등등. B. N. Nelson, "The usurer and the merchant prince ; italian businessmen and the ecclesiastical law of restitution, 1100-1550", *Journal of Economic History*, no. 7(1947), pp. 113-114.

있었던 것이다.[50]

　돈이 초래할지도 모르는 저주는 구원을 희망하는 모든 상인들의 마음을 여전히 무겁게 짓누르고 있었다. 돈은 결정적이고 너무나 중요한 시간에 최종적인 구원을 방해했다. 구원을 얻는 가장 간단하고 확실한 방법은 모든 것을 환원하는 것이었다. 그렇기 때문에 다티니를 포함해 다수의 중세 상인들이 재산의 일부 또는 전체를 교회나 가난한 사람들에게 남긴 것은 무엇보다도 구원을 얻기 위함이었다고 말할 수 있다. 결국 상인들은 중세 말에도 여전히 돈과 영생을 모두 얻지 못한 채 돈과 지옥 사이에서 치열한 투쟁을 계속하고 있었던 것이다.

1 이리스 오리고, 《프라토의 중세 상인 : 이탈리아 상인 프란체스코 다티니가 남긴 위대한 유산》, 남종국 옮김, 앨피, 2009.

2 지중해 역사에 관해서는 국내에 번역된 두 권의 책을 참조. 장 카르팡티에 · 프랑수아 르 브룅, 《지중해의 역사》, 강민정 · 나선희 옮김, 한길사, 2006. ; 데이비드 아불라피아, 《위대한 바다 : 지중해 2만 년의 문명사》, 이순호 옮김, 책과함께, 2013.

3 W. Heyd, *Histoire du commerce du Levant au Moyen Age* (Leipzig, 1885~1886).

4 E. Ashtor, *Levant trade in the Later Middle Ages* (Princeton, 1983).

5 시기는 다르지만 다음 논문에 따르면 15세기 중엽 교황청 도시 로마로 매년 엄청난 양의 직물이 수입되고 있었다. A. Esch, "L'importazioni nella Roma del primo Rinascimento (il loro volume secondo I registri doganali romani degli anni 1452~1462," *Aspetti della vita economica e culturale a Roma nel Quattrocento, Prima serie : Studi e richerche*, no. XVII(1981), pp. 9-79.

6 I. Origo, *The merchant of Prato : Francesco di Marco Datini* (Middlesex : Penguin Books, 1979), p. 33.

7 Y. Renouard, *Les relations des papes d'Avignon et des compagnies commerciales et bancaires de 1316 à 1378* (Paris, 1941), pp. 280-281.

8 I. Origo, *The merchant of Prato : Francesco di Marco Datini* (Middlesex : Penguin Books, 1979), p. 43.

9 산 베르나르디노가 상인들에게 한 설교 내용은 다음 참조. I. Origo, *The world of San Bernardino* (New York, 1962), pp. 77-97 ; E. de Roover, *Business, banking, and economic thoughts in Late Medieval and Early Modern Europe* (Chicago and London, 1974), p. 343.

10 E. Bensa, *Francesco di Marco da Prato : notizie e documenti sulla mercatura italiana del secolo XIV* (Milano, 1928), pp. 26-27.

11 I. Origo, *The merchant of Prato : Francesco di Marco Datini* (Middlesex : Penguin Books, 1979), p. 46.

12 A. Sapori, *Studi di storia economica* (Firenze, 1940), vol. 1, pp. 160-161 ; I. Origo,

The merchant of Prato : Francesco di Marco Datini (Middlesex : Penguin Books, 1979), pp. 146-147, 150.

[13] 교황과 피렌체 간의 갈등에 관해서는 마키아벨리의 이야기를 참조하라. N. Machiavelli, *History of Florence* (Book Jungle), pp. 178-181.

[14] I. Origo, *The merchant of Prato : Francesco di Marco Datini* (Middlesex : Penguin Books, 1979), pp. 146-147, 150.

[15] J. Baldwin, *Masters, princes and merchants : the social views of Peter the Chanter and his circle* (Princeton, 1970), vol. 1, pp. 261-295 ; A. Vauchez, "Homo mercator vix aut numquam potest Deo placere : quelques réflexions sur l'attitude des milieux ecclésiastiques face aux nouvelles formes de l'activité économiques au XIIᵉ et au début du XIIIᵉ siècle," *Le marchand au Moyen Age* (Reims, 1988), pp. 215-216.

[16] 고리대금 관련 법령에 관해서는 다음 논문 참조. T. P. McLaughlin, "The teaching of the canonists on usury", *Medieval Studies*, no. 1(1939), pp. 82-107, no. 2(1940), pp. 1-22.

[17] G. Sivery, "La notion économique de l'usure selon saint Thomas," *Revue du Nord*, no. 86(2004), pp. 697-708.

[18] I. Origo, *The merchant of Prato : Francesco di Marco Datini* (Middlesex : Penguin Books, 1979), p. 151.

[19] 르 고프, 김정희 옮김,《돈과 구원》, 이학사, 1998, 100~102쪽.

[20] B. N. Nelson, "The usurer and the merchant prince : italian businessmen and the ecclesiastical law of restitution, 1100-1550", *Journal of Economic History*, no. 7(1947), p. 104, 121.

[21] I. Origo, *The merchant of Prato : Francesco di Marco Datini* (Middlesex : Penguin Books, 1979), p. 345.

[22] M. E. Bratchel, "Usury in the Fifteenth Century Lucchesia : images of the petty moneylender," *Journal of european economic history*, no. 32(2003), p. 251, 253.

[23] F. L. Galassi, "Buying a passport to heaven : usury, restitution, and merchants of medieval Genoa," *Religion*, vol. 22(1992), p. 313 ; B. N. Nelson, "The usurer and the merchant prince : italian businessmen and the ecclesiastical law of restitution, 1100-1550", *Journal of Economic History*, no. 7(1947), p. 104, 121.

[24] R. H. Tawney, *Religion and the rise of capitalism* (Penguin Books, 1977), p. 42, 58.

[25] J. Heers, "Il Commercio nel Mediterrane alla fine del secolo XIV e nei primi anni del

XV", in *Société et économie à Gênes* (XIVᵉ~XVᵉ siècles), p. 157.

[26] B. Doumerc, "Par Dieu écrivez plus souvent ! La lettre d'affaires à Venise à la fin du Moyen Age", in *La circulation des nouvelles au Moyen Age* (Paris, 1994), p. 100.

[27] J. Le Goff, *Marchands et banquiers du Moyen Age* (Paris : Que-Sais-Je?, 1956), pp. 11-26.

[28] 자크 에르스는 이 자료를 이용해 1400년경 지중해 무역에 관한 상세한 논물을 출판했다. J. Heers, "Il commercio nel Mediterraneo alla fine del sec. XIV e nei primi anni del XV", in *Société et économie à Gênes* (XIVᵉ ~ XVᵉ siècles) (London, 1979), pp. 157-209.

[29] 이리스 오리고,《프라토의 중세 상인 : 이탈리아 상인 프란체스코 다티니가 남긴 위대한 유산》, 남종국 옮김, 앨피, 2009, 347~353쪽.

[30] 이리스 오리고,《프라토의 중세 상인 : 이탈리아 상인 프란체스코 다티니가 남긴 위대한 유산》, 남종국 옮김, 앨피, 2009, 329~332쪽.

[31] 이리스 오리고, 379~384쪽.

[32] 이리스 오리고, 499쪽.

[33] 이리스 오리고, 505~522쪽.

[34] 이리스 오리고, 531~534쪽.

[35] 이리스 오리고, 551~575쪽.

[36] 이리스 오리고, 576~594쪽.

[37] Nancy G. Siraisi, *Medieval and Early Renaissance Medicine : An Introduction to Knowledge and Practice*, (Ashgate, 1990), p. 100.

[38] H. Pirenne, "Les périodes de l'histoire sociale du capitalisme", *Bulletin de l'Académie royale de Belgique*, no. 5(1914) ; J. Le Goff, *Marchands et banquiers du Moyen Age* (Paris, 1980), 6th ed., pp. 70-71.

[39] 그라티아누스(이탈리아어로 조반니 그라치아노)의 경제에 관해서는 다음 논문 참조. 남종국, 〈12세기 교회법학자 그라티아누스의 경제 윤리〉,《대구사학》, 112집(2013), 135~160쪽.

[40] J. Le Goff, *Marchands et banquiers du Moyen Age* (Paris, 1980), 6th ed., pp. 70-71.

[41] E. de Roover, *Business, banking, and economic thoughts in Late Medieval and Early Modern Europe* (Chicago and London, 1974), p. 336.

[42] I. Origo, *The merchant of Prato : Francesco di Marco Datini* (Middlesex : Penguin Books,

1979), p. 9. 다티니를 다룬 또 다른 개설서는 E. Bensa, *Francesco di Marco da Prato : notizie e documenti sulla mercatura italiana del secolo XIV* (Milano, 1928)다. 오리고의 책에 대해서는 주경철, 《역사의 기억, 역사의 상상》, 문학과지성사, 1999, 100~116쪽, 〈하느님과 이윤의 이름으로〉 참조.

43 르 고프, 김정희 옮김, 《돈과 구원》, 이학사, 1998.

44 F. L. Galassi, "Buying a passport to heaven : usury, restitution, and merchants of medieval Genoa", *Religion*, no. 22(1992), p. 314.

45 I. Origo, *The merchant of Prato : Francesco di Marco Datini* (Middlesex : Penguin Books, 1979), p. 327.

46 I. Origo, *The merchant of Prato : Francesco di Marco Datini* (Middlesex : Penguin Books, 1979), p. 218, 223.

47 I. Origo, *The merchant of Prato : Francesco di Marco Datini* (Middlesex : Penguin Books, 1979), p. 311.

48 I. Origo, *The merchant of Prato : Francesco di Marco Datini* (Middlesex : Penguin Books, 1979), pp. 342-346.

49 A. Ja. Gurevich, "The merchant", J. Le Goff, ed., *Medieval callings* (Chicago, 1987), p. 272.

50 E. S. Tan, "Origins and evolutions of the medieval church's usury laws : economic self-interest or systematic theology", *Journal of European Economic History*, no. 34(2005), p. 263.

11세기 이래로 언제까지나 전성기를 누릴 것 같았던 이탈리아 상
인들에게도 몰락의 순간이 찾아왔다. 쇠퇴의 징후는 이미 15세기부
터 나타나기 시작했다.[1] 1453년 오스만제국이 비잔티움제국을 무너
뜨린 사건은 제노바 상인들에게 엄청난 타격을 주었다. 콘스탄티노
플 내에 위치한 제노바 상관 지역 페라는 중세 말 제노바 상인들에
게 제일의 상업 중심지였다.[2] 1261년 이후 비잔티움제국의 국제무역
을 좌지우지할 정도였던 제노바 상인들에게 제국의 몰락은 제노바
상인의 핵심 상권을 상실하는 것이었다.

여기에 1498년 바스코 다 가마의 인도 항로 개척이 이어졌다. 이
는 동방에서 들어오는 향신료 무역에서 막대한 부를 얻고 있던 베

---

[1] 찰스 P. 킨들버거, 《경제 강대국 흥망사 : 1500~1900》, 주경철 옮김, 까치, 2004.

[2] S. A. Epstein, *Genoa and the Genoese, 958~1528* (Chapel Hill and London : The University of North Carolina Press, 1996), p. 286.

네치아에 청천벽력과도 같은 사건이었다. 베네치아 연대기 작가 지롤라모 프리울리는 만약 이것이 사실이라면 이보다 더 베네치아의 명운을 좌우하는 중대한 사건은 없을 것이라며, 이 소식이 제발 사실이 아니기를 빌었다.[3]

1494년 프랑스의 샤를 8세Charles VIII(재위 1483~1498)가 이탈리아를 침공하면서 이탈리아 본토는 다수의 외국 군대들이 각축을 벌이는 전쟁터로 변했다. 당시 피렌체 출신의 작가는 침략군을 야만인으로 간주하며 "그들은 스위스인, 가스코뉴인, 노르만인, 브르타뉴인, 스코틀랜드인 등으로 이루어진 짐승과 같은 무리"라면서 당시 상황을 개탄했다. 1527년에는 신성로마제국 황제 카를 5세가 로마를 침략했다. 용병이 주축이 된 황제군은 로마를 약탈하고 여인들을 유린했으며, 교황 율리우스 2세의 무덤까지 파헤쳐 교황의 손가락에 있던 반지까지 훔쳤다.[4]

의심의 여지없이 열거한 사건들은 이탈리아의 쇠퇴와 몰락을 증명한다. 다수의 역사가들이 이 시기를 지나며 이탈리아 상업도시들이 주도했던 지중해 시대는 가고 대서양 국가들이 선도하는 내서양 시대가 열렸다고 말한다.[5] 한 시대를 주도했던 이탈리아 상인들의 시대가 끝났다는 것이다. 그러나 문제는 그렇게 간단하지 않다. 이탈리아 상업도시들은 중세 후반 국제무역에서 벌어들인 부와 어려운 시

---

[3] G. Priuli, *I diarii* (Bologna, 1938), vol. 1, p. 153 ; 남종국, 〈16세기 지중해 향신료 무역〉, 《서양중세사연구》, 제26호(2010), 261쪽.

[4] 장문석, 《근대정신은 어떻게 탄생했을까?》, 민음인, 2011, 123~127쪽.

[5] 근대 유럽 해상 팽창의 역사에 관해서는 탁월한 저서(주경철, 《대항해 시대 : 해상 팽창과 근대세계의 형성》, 서울대학교출판부, 2008) 참조.

대를 헤쳐 나가며 축적한 경험을 활용해 어려운 국면에 대처해 나갔다.[6] 그런 점에서 이탈리아 상업도시의 몰락과 쇠퇴는 느리고 완만하게 진행되었으며 종종 새로운 전성기를 누리기도 했다.[7]

특히 제노바 상인들의 적응력은 탁월했다. 브로델은 변화하는 상황에 적응하는 제노바 상인의 능력은 감탄할 정도라고 감탄했다. 실제로 제노바의 쇠퇴 과정은 매우 느리게 진행되었다. 어떤 의미에서 제노바는 완전히 무너진 적이 한 번도 없었다고 말할 수 있다. 오스만제국이 중세 후반 제노바 상인들의 핵심 사업 무대였던 비잔티움제국을 무너뜨리자, 다수의 제노바 상인들은 북서아프리카와 이베리아 반도로 상업 거점을 옮기며 살아남았다. 이렇게 이동한 제노바의 인력과 자본은 포르투갈과 에스파냐가 새로운 대륙을 찾는 데 크게 기여했다. 1492년 아메리카 항로를 개척한 콜럼버스가 제노바 출신이었고, 콜럼버스의 항해에 자금을 지원한 프란체스코 피넬로 Francesco Pinello 또한 제노바 출신 상인이었다.

제노바 상인들은 16세기 들어 은행과 금융업에서 새롭게 두각을 나타냈다. 제노바 상인들은 이전까지 지중해 무역에서 엄청나게 벌어들인 자금력을 기반으로 점차 국제적인 은행가로 변신해 갔다. 16세기에는 에스파냐와 손을 잡고 아메리카에서 나오는 은 거래를 담당했다. 18세기 초 제노바의 해외투자 규모는 유럽에서 네덜란드 다음으로 컸다.[8] 이는 영국이 제국주의 시절에 번 돈으로 아직도 국제

....

[6] 찰스 P. 킨들버거, 《경제 강대국 흥망사 : 1500~1900》, 주경철 옮김, 까치, 2004, 108쪽.

[7] 남종국, 〈16세기 지중해 교역의 쇠퇴와 대서양의 흥기에 대한 반론 제기〉, 《동국사학》, 56권(2014), 245~286쪽.

[8] V. Zamagni, "The rich in a late industrializer : the case of Italy, 1800~1945", W. D. Rubenstein (ed.),

금융시장에서 큰손 역할을 하는 것과 비슷하다. 브로델은 18세기에
도 제노바는 다시 한 번 이탈리아 반도에서 가장 활기찬 모터 역할
을 했으며, 이탈리아 통일운동 시기에는 산업을 창조하고 근대적인
해군을 만들었으며 이탈리아 은행도 제노바의 작품이라고 주장했
다. 비록 국제적인 차원에서 제노바의 전성기는 1627년을 전후하여
끝이 났지만, 그 여력은 향후 200~300년간 지속되었다는 것이다.[9]

베네치아의 상업도 다 가마의 인도 항로 개척으로 즉각 몰락하
지 않았다. 1512~1515년 아시아를 여행한 포르투갈인 토메 피레스
Thome Pires는 여행기에서 말라카의 주인이 되는 자는 베네치아의 숨
통을 끊을 수 있다고 했지만,[10] 그런 일은 일어나지 않았다. 1530년대
이후 지중해를 통한 베네치아의 향신료 무역이 다시 한 번 활력을
되찾았기 때문이다. 16세기 중엽에는 15세기 최고 전성기 수준 또는
그 이상의 향신료가 베네치아로 수입되었다. 인도 항로를 경유한 향
신료 무역이 지중해 향신료 무역을 영구적으로 무너뜨린 것은 17세
기에 이르러서였다. 결국 베네치아는 인도 항로 개척 이후 한 세기
이상을 잘 버텨 냈던 것이다.

게다가 16세기 말에는 향신료가 베네치아 무역과 경제의 전부가
아니었다.[11] 키프로스와 소아시아 반도에서 면화가, 크레타 섬에서는
올리브유가, 이오니아 섬들에서는 건포도가, 이집트에서는 설탕이,

Wealth and wealthy in the modern world (New York, 1980), p. 125.

[9] 페르낭 브로델, 《물질문명과 자본주의 III-1》, 주경철 옮김, 까치, 1997, 236~237쪽.

[10] A. Cortesão (trans. and ed.), *The suma oriental of Tomé Pires* (London, 1944), vol. 2, p. 287.

[11] 베네치아의 쇠퇴와 몰락에 관해서는 다음 책 참조. B. Pullan (ed.), *Crisis and change in the Venetian economy in the Sixteenth and Seventeenth centuries* (London, 1968).

발칸 반도에서는 밀랍과 가죽이 베네치아로 수입되고 있었고, 이 상품의 상당 부분이 북부 이탈리아와 남부 독일로 팔려 나갔다. 그런 점에서 베네치아는 16세기 말까지도 여전히 동방과 서유럽을 연결하는 상업 중심지로서 기능하고 있었다.[12]

18세기 초 베네치아 도제였던 니콜로 콘타리니Niccolo Contarini는 영광스러웠던 과거를 회상하면서 16세기 베네치아 상황을 다음과 같이 묘사했다.

"당시 공화국은 해외의 모든 군주의 신뢰를 받았고, 모든 세력과 공개적으로 우호적인 관계를 유지하고 있었습니다. 게다가 우리 공화국은 모든 점에서 풍요로웠습니다. 비옥한 토지, 베네치아인들의 근면함 그리고 좋은 지리적 위치가 잘 통제된 공화국에 그 모든 것을 베풀었습니다. 모든 지역에서 베네치아로 물건들이 흘러들어 왔습니다. …… 아마도 16세기 말 베네치아는 과거 그 어느 때보다 위대했던 것 같습니다."

비록 상당한 과장이 들어 있지만, 도제의 이야기는 베네치아의 영화가 15세기 말 이후 완전히 끝나지 않았음을 짐작케 한다.[13]

여러 가지 측면에서 베네치아의 몰락은 17세기에 이르러서야 나타나기 시작했다. 이전까지 지중해 무역에서 베네치아가 자랑한 최대

[12] D. Sella, "Crisis and transformation in venetian trade", B. Pullan (ed.), *Crisis and change in the venetian economy in the sixteenth and seventeenth centuries* (London, 1968), p. 90.

[13] D. Sella, "Crisis and transformation in venetian trade", B. Pullan (ed.), *Crisis and change in the venetian economy in the sixteenth and seventeenth centuries* (London, 1968), p. 88.

장점은 선박이었다. 그러나 17세기 들어 베네치아가 보유한 선박의 규모가 현저하게 줄었고, 이러한 상황을 개선하기 위해 베네치아 정부가 내린 특단의 조치마저 큰 효과를 발휘하지 못했다. 17세기 발생한 종교전쟁으로 인해 베네치아는 가장 중요한 고객이었던 남부 독일을 잃었다. 그리고 1669년 베네치아는 동지중해에 위치한 식민지 크레타 섬을 오스만제국에 빼앗김으로써 지중해 해상 강국으로서의 지위를 사실상 잃어버리게 되었다.[14]

분명 이탈리아 상업도시들의 쇠퇴는 점진적이고 느리게 진행되었다. 그러나 부인할 수 없는 또 다른 사실은, 16세기가 더 이상 이탈리아 상인의 전성시대가 아니었다는 점이다. 물론 16세기에도 이탈리아 상업도시들은 국제무역, 은행업, 제조업 등에서 나름의 역할을 하고 있었다. 하지만 새로운 강자들이 부상하면서 이탈리아 도시들이 행사하던 독점적 주도권은 무너졌다.[15] 이탈리아 도시국가의 시대가 끝난 것이다.

---

[14] 통상 베네치아의 쇠퇴를 가져온 중요한 계기들로는 포르투갈과의 향신료 무역에서의 경쟁, 잉글랜드와의 모직물 산업에서의 경쟁, 조선업에서 네덜란드 및 잉글랜드와의 경쟁 등이 거론된다. R. T. Rapp, *Industry and economic decline in Seventeenth-century Venice* (Cambridge, 1976), pp. 1-2.

[15] Y. Renouard, "Lumières nouvelles sur les hommes d'affaires italiens au Moyen Age", *Annales: Economies, Sociétés, Civilisations*, 10e année, N. 1(1955), p. 78.

참고문헌

† 필사본

베네치아 시립 문서고 Archivio di Stato di Venezia

- 원로원 회의록Senato Misti, Senato Mar, Senato Incanti di galere
- Procuratori di San Marco
- Miscellanea Gregolin
- Miscellanea di carte non appartenenti a nessun archivio
- Ufficiali sopra le mercanzie del Levante, reg. 1

제노바 시립 문서고 Archivio di Stato di Genova

- Antico Comune
- Archivio Sergio
- San Giorgio
- Archivio notarile

프라토 시립 문서고 Archivio di Stato di Prato

- Francesco di Marco Datini의 서신
- Busta 1171 : Quaderni de prezzi e di carichi di navi

† 사료

G. Adam, "De modo Saracenos extirpandi", Mas-Latrie and Kohler(ed.), *Recueil des historiens des Croisades. Documents arméniens* (Paris, 1869~1906), tome II.

G. Airaldi, *Gli annali di Caffaro(1099~1163)*(Genova : Fratelli Frilli Editori, 2002).

A. J. Andrea, *Contemporary sources for the fourth Crusade* (Brill, 2000).

G. Astuti, *Il libro dell'entrata e dell'usita di una compania mercantile senese del secolo XIII (1277~1282)* (Torino, 1934).

M. Balard, *Notai genovesi in Oltremare. Atti rogati a Cipro da Lamberto di Sambuceto, vol. 1 : 1296-1299* (Genova, 1983).

Bar Hebraeus, *Chronicon syriacum*, P. S. Bruns and G. W. Kirsch(ed. and trans.)(Lipsiae, 1789).

A. Castellani(ed.), *La prosa italiana delle origini : testi toscani de carattere pratico* (Bologna, 1982), vol. 1.

E. Cecchi, *Le lettere di Francesco Datini alla moglie Margherita(1385~1410)* (Prato, 1990).

R. Cessi and P. Sambin, *Le deliberazioni del consiglio dei Rogati(Senato) : serie mixtorum* (Venezia, 1960).

M. Chiaudano and M. Moresco(ed.), *Il cartolare di Giovanni Scriba*, 2 vols. (Roma-Torino, 1935).

M. Chiaudano (ed.), *Notai Liguri del sec. XII : Oberto Scriba de Mercato, 1190* (Torino, 1938).

M. Chiaudano (ed.), *Notai Liguri del sec. XII : Oberto Scriba de Mercato 1186* (Torino, 1940).

M. Chiaudano, *Il libro delle fiere di Champagne della compagnia degli Ugolini(1255~1262), Studi e documenti per la storia del diritto commerciale italiano nel secolo XIII* (Torino, 1930).

Niketas Choniates, *O city of Byzantium. Annals of Niketas Choniates*, trans. H. J. Magoulias (Detroit : Wayne State University Press, 1984).

C. Ciano, *La pratica di mercatura datiniana* (Milano, 1964).

J. Cinnamus, *Ioannis Cinnami epitome rerum ab Ioanne et Alexio Comnenis gestarum.* August Meineke(ed.), vol. 2 of Corpus scriptorum historiae byzantinae (Bonn, 1836).

Robert de Clari, *La conquête de Constantinople* (Paris : Champion Classique, 2004).

A. Cortesão (trans. and ed.), *The suma oriental of Tomé Pires* (London, 1944), vol. 2.

F. F. Crane, ed., *The exempla or illustrative stories from the sermons vulagres of Jacques de Vitry* (London, 1890).

C. Dawson, *Mission to Asia* (Toronto, 1987).

J. Day, *Les douanes de Gênes 1376~1377* (Paris, 1963).

L. De Mas Latrie, "Privilège commercial accordé en 1320 à la république de Venise par un roi de Perse", *Extrait de la Bibliothèque de l'Ecole Chartes* no. 31(1870), pp. 72-102.

C. Desimoni, "Actes passés à Famagouste de 1299 à 1301 par devant le notaire génois Lamberto de Sambuceto", *Archives de l'Orient Latin*, vol. 2(1884), pp. 1-120.

G. Di Lorenzo Chiarini, *El libro di mercatantie et usanze de' paesi*, F. Borlandi(ed.) (Torino, 1936).

B. Dini(ed.), *Una pratica di mercatura in formazione* (Firenze, 1980).

Dino Compagni, *Chronicle of Florence*, tr. by D. E. Bornstein (Philadelphia, 1986).

R. Doehaerd and C. Kerremans, *Les relations commerciales entre Gênes, la Belgique et l'Outremont d'après les archives notariales génoises, 1400~1440* (Brussel, 1952).

R. Doehaerd, *Les relations commerciales entre Gênes, la belgique et l'Outremont d'après les archives notariales génoises aux XIIIᵉ et XIVᵉ siècles* (Roma and Bruxelles, 1941).

L. Dorez(ed.), *Chronique d'Antonio Morosini : extraits relatifs à l'histoire de France* (Paris, 1901).

J. E. Eierman, H. C. krueger, Robert L. Reynolds (ed.), *Notai Liguri del sec. XII : Bonvillano* (Genova, 1939).

M. Hall, H. C. Krueger, R. L. Reynolds (ed.), *Notai Liguri del sec. XII : Guglielmo Cassinese, 1190-92* (Torino, 1938).

M. W. Hall-Cole, H. C. Krueger, Robert L. Reynolds, R. G. Reinert (ed.), *Notai Liguri del sec. XII : Giovanni di Guiberto, 1200-1211* (Genova, 1939-1940).

Anna Komnene, *The Alexiad*, translated by E. R. A. Sewter (London : Penguin Books, 2009).

Fidenzio of Padua. "Liber recuperationis Terre Sancte." In Girolamo Golubovich(ed.), *Biblioteca bio-bibliografica della Terra Santa e dell' Oriente francescano* Vol. 2, pp. 1-60. Quaracchi near Florence : Collegio di S. Bonaventura, 1913.

B. Foster, *The local port book of Southampton 1435~1436* (Southampton, 1963).

C. Gadrat, *Une image de l'Orient au XIVᵉ siècle. Les Mirabilia descripta de Jordan Catala de Sévérac* (Paris : Ecole des Chartes, 2005).

G. Golubovich, *Biblioteca bio-bibliografica della Terra Santa e dell'Oriente Francescano*

(Quaracchi, 1919).

Ibn Jubayr, *The travels of Ibn Jubayr, trans. R. Broadhurst* (London, 1952).

Jean Kinnamos, *Chronique*, translated by J. Rosenbelum (Nice : Les Belles Lettres, 1972).

H. C. Krueger, R. L. Reynolds (ed.), *Noati Liguri del sec. XII e del XIII : Lanfranco 1201-1226* (Genova, 1951-1953).

E. Langlois(ed.), *Les registres de Nicholas IV : recueil des bulles de ce pape* (Paris, 1905), vol. II.

L. Legrand (ed.), "Relations du pèlerinage à Jérusalem de Nicolas de Martoni, notaire italien, publié par Léon Legrand", *Revue de l'Orient Latin*, tome 3 (1895), pp. 566-669.

L. Liagre de Sturler, *Les relations commerciales entre Gênes, la Belgique et l'Outremont : d'après les archives notariales génoises aux XIIIe et XIVe siècles* (Roma and Brussels, 1969).

R. S. Lopez, "Un text inédit : le plus ancien manual de technique commerciale", *Revue Historique*, vol. 243(1970), pp. 67-76.

N. Machiavelli, *History of Florence* (Book Jungle).

F. Melis, *Documenti per la storia economica dei secoli XIII~XVI* (Firenze, 1972).

R. Morozzo della Rocca and A. Lombardo, *Documenti del commercio veneziano nei secoli XI-XIII* (Torino, 1940).

C. Moseley (tr.). *The travels of Sir John Mandeville* (London : Penguin books, 1983).

R. Orlandi(ed.), *Tarifa zoè noticia dy pexi e mesure* (Venezia, 1925).

Georgios Pachymeres, *De Michaele et Andronico Palaeologos Libri tredecim, Corpus scriptorum historiae byzantinae*, vol. 32, part 1 (Bonn, 1835), pp. 419-426.

C. Paoli and A. Piccolomin, *Lettere volgari del secolo XIII scritte da Senesi* (Bologna, 1871).

R. Pavoni, *Atti rogati a Cipro da Lamberto di Sambuceto(6 luglio ~27 ottobre 1301)* (Genova, 1982).

F. B. Pegolotti, *La pratica della mercatura* (Cambridge, 1936).

R. Predelli, *I libri commemoriali della Republica di Venezia : Regestri* (Cambridge University Press, 2012). vol. 1.

V. Polonio, *Atti rogati a Cipro da Lamberto di Sambuceto (3 luglio 1300~agosto 13012)* (Genova, 1982).

M. Pozza and G. Ravegnani, *I trattati con Bisanzio 992~1198* (Venezia, 1993).

G. Priuli, *I diarii* (Bologna, 1938).

Ercole Ricotti(ed.), *Liber Jurium Reipublicae Genuensis, Tomus I (Historiae Patriae Monumenta*, VII, Torino, 1854).

Angelo Sanguineti and Gerolamo Bertolotto(eds.), "Nuova serie di documenti sulle relazioni di Genova coll'Impero bizantino", *Atti della Società Ligure di Storia Patria* 28(1896~1898), pp. 337-573.

Imperiale di Sant'Angelo(ed.), *Codice diplomatico della repubblica di Genova* (Roma, 1936~1942), 3vols.

M. Sanudo, *The book of the secrets of the faithful of the cross : Liber secretorum fidelium Crucis*, tr. Peter Lock (Ashgate, 2011).

A. Sapori, *I libri di commercio dei Peruzzi* (Milano, 1934).

S. Sassi, *Sulle scritture di due aziende mercantili veneziane del Quattrocento* (Napoli, 1950).

S. Sassi, *Lettere di commercio di Andrea Barbarigo, mercnate veneziane del quattrocento* (Napoli, 1950).

H. Simonsfeld, *Der Fondaco dei Tedeschi und die deutschvenezianischen Handelsbeziehungen, Quellen und Forschungen*, 2vol., (Stuttgart, 1887).

Giorgio Stella, *Annales Genuenses*, Giovanna Petti Balbi(ed.) (Bologna, 1975) (Rerum Italicarum Scriptores. Fasc. 1-7 del Tomo XVII, parte II.).

G. M. Thomas(ed.), *Diplomatarium veneto-levantinum sive Acta et diplomata res venetas, graecas atque levantis illustrantia a. 1300~1454* (Venezia, 1880), vol.1 : Monumenti storici pubblicati dalla r. deputazione veneta di storia patria, ser. I, 5.

A. Van den Wyngaert, *Sinica Franciscana* (Quaracchi, 1929), vol. 1.

G. Villani, *Storia di Giovanni Villani* (Firenze, 1587).

Geoffroy de Villehardouin, *La conquête de Constantinople* (Paris, 2004).

H. Yule, *Cathay and the way thither*, etc. New edition by H. Cordier, 4 vols., *Haklut Society* (London, 1913~1916).

H. Yule (tr.), *The travels of Friar Odoric* (Cambridge, 2002).

레오나르도 브루니, 《피렌체 찬가》, 임병철 옮김, 책세상, 2002.

† 2차 자료

D. Abulafia, *The great sea. A human history of the Mediterranean* (Oxford, 2011).

D. Abulafia (ed.), *The Mediterranean in history* (London, 2003).

D. Abulafia, *The two Italies : economic relations between the norman kingdom of Sicily and the northern communes* (Cambridge, 1977).

D. Abulafia, *Italy, Sicily and Mediterranean 1100~1400, Variorum Reprints* (London, 1987).

D. Abulafia, "Southern Italy and the florentine economy, 1265~1370," *Economic History Review*, vol. 34(1981), pp. 377-388.

D. Abulafia, "The impact of the Orient : economic interactions between East and West in the Medieval Mediterranean", D. A. Agius and I. R. Netton(ed.), *Across the Mediterranean frontiers. Trade, politics and religion, 650~1450* (Turnhout, 1997), pp. 1-40.

D. Abulafia, *The western mediterranean kingdoms 1200~1500 : the struggle for dominion* (London, 1997).

M. Angold, *The fourth Crusade* (Harlow, 2003).

B. Arbel(ed.), *Intercultural contacts in the Medieval Mediterranean* (London, 1996).

B. Arbel, "Venetian trade in fifteenth Acre : the letters of Francesco Bevilaqua(1471 ~1472)", *Asian and African Studies*, 22(1988), pp. 227-288.

E. Ashtor, "L'exportation des textiles occidentaux dans le Proche Orient musulman au bas Moyen Age(1370~1517)", *Studi in memoria di Federigo Melis*, vol. 2 (Napoli, 1978), pp. 303-377.

E. Ashtor, *Levant trade in the Later Middle Ages* (Princeton, 1983).

E. Ashtor, "The venetian cotton trade in Syria in the Later Middle Ages", *Studi Medievali*, XVII(1976), pp. 675-715.

E. Ashtor, "The venetian supremacy in levantine trade : monopoly or pre-colonialism?", *Journal of European Economic History* III(1974), pp. 5-53.

E. Ashtor, "Le monopole de Barsbay d'après des sources vénitiennes", *Anuario de Estudios Medievales*, 9(1974~1979), pp. 551-572.

E. Ashtor, "Profits from trade with the Levant in the fifteenth century", *Bulletin of the School of Oriental and African Studies*, 38(1975), pp. 250-275.

E. Ashtor, "The volume of levantine trade in the Later Middle Ages(1379~1498)", *Journal of European Economic History*, 4(1975), pp. 573-612.

M. Balard, *La Romanie génoise (XIIe ~début du XVe siècle)* (Genova-Roma, 1973).

M. Balard, "Les Vénitiens en Chypre dans les années 1300", *Byzantinische Forschungen*, tome 12(1987), pp. 587-603.

M. Balard, "Famagouste au début du XIVe siècle", J. Heers(ed.), *Fortifications, portes de villes, places publiques dans le monde méditerranéen* (Paris, 1985), pp. 279-295.

M. Balard, "L'activité commerciale en Chypre dans les années 1300", P. Edbury, *Crusade and settlement* (Cardiff, 1985), pp. 251-263.

M. Balard, "Les Gênois en Asie centrale et en Extrême-Orient au XIVe siècle : un cas exceptionnel?", *Economies et sociétés au Moyen Age. Mélanges offerts à Edouard Perroy* (Paris, 1973), pp. 681-689.

M. Balard, "Precursori di Cristoforo Colombo : I Genovesi in Estremo Oriente nel XIV secolo", *Atti del Convegno Internazionale di Studi Colombiani* (Genova, 1978), tome 1, pp. 149-164.

M. Balard, "Gênes et la mer Noire(XIIIe-XVe siècles)", *Revue Historique*, CCLXX(1983), p. 31-54.

M. Balard(ed.), *Le marchand au Moyen Age* (Reims, 1988).

M. Balard, *La Méditerranée médiévale : espaces, itinéraires, comptoirs* (Paris : Picard, 2006).

M. Balard, *Les Latins en Orient. XIe-XVe siècle* (Paris : Puf, 2006).

J. Baldwin, *Masters, princes and merchants : the social views of Peter the Chanter and his circle* (Princeton, 1970).

J. W. Baldwin, "The medieval merchant before the bar of canon law", *Papers of the Michigan Academy of Science, Arts, and Letters*, vol. 44(1959), pp. 287-299.

L. Balletto, "Francesco Draperio", *Dizionario biografico dei Italiani* (Roma, 1992), XLI,

pp. 681-684.

L. Balletto, "Commerce et lignes de navigation entre Occident et Proche-Orient au XVe siècle", *Orient et Occident du IXe au XVe siècle* (Paris, 2000), pp. 121-141.

E. Basso, "Genovesi e Turchi nell'Egeo medievale : Murad II e la 《Societas Folie Nove》", *Quaderni Medievali*, vol. 36(1993), pp. 31-52.

E. Basso, *Genova : un impero sul mare* (Cagliari, 1994).

R.-H. Bautier, "Marchands siennois et draps d'Outremonts aux foires de Champagne", *Annuaire-Bulletin de la Société d'Histoire de France*, (1945), pp. 87-107.

R.-H. Bautier, "Les Tolomei de Sienne aux foires de Champagne. D'après un compte-rendu de leurs opérations à la foire de mai de Provins en 1279", *Recueil de travaux offerts à M. Clovis Brunel* (Paris, 1955), pp. 106-129.

R.-H. Bautier, "Les foires de Champagne. Recherches sur une évolution historique", *Recueils de la société Jean Bodin pour l'histoire comparative des institutions, vol. 5 : La Foire* (Paris, 1983), pp. 97-147.

Robert-Henri Bautier, "Les relations économiques des Occidentaux avec les pays d'Orient au Moyen Age", *Sociétés et compagnies de commerce en Orient et dans l'Océan Indien* (Paris, 1970), pp. 263-321.

C. Bec, *Les marchands écrivains. Affaires et humanisme à Florence, 1375~1434* (Paris, 1967).

C. F. Beckingham (ed.), *Prester John : the Mongols and the ten lost tribes* (Aldershot : Variorum, 1996).

M. Bellomo, "Giuristi cremonesi e scuole padovane. Ricerche su Nicola da Cremona", *Studi in onore di Ugo Gualazzini*, vol. 1 (Milano, 1981), pp. 81-93.

M. Bellomo, "Giuristi e inquisitori del Trecento. Ricerca su testi di Iacopo Belvisi, Taddeo Pepoli, Riccardo Malombra e Giovanni Calderini", *Per Francesco Calasso. Studi degli allievi* (Roma, 1978), pp. 9-57.

E. Bensa, *Francesco di Marco da Prato. Notizie e documenti sulla mercattura italiana del secolo XIV* (Milano, 1928).

E. Bensa, "Il testamento di Marco Datini", *Archivio storico pratese*, no. 5(1925), pp. 74-78.

M. Berindei and G. Migliardi Di O'riordan, "Venise et la Horde d'Or fin XIIIe~début

XIVᵉ siècle. A propos d'un document inédit de 1324", *Cahiers du monde russe et soviétique*, 29(1988), pp. 243-256.

E. Besta, *Riccardo Malombra professore nello studio di Padova consultore di stato in Venezia. ricerche* (Venezia, 1894).

G. Bigwood, "Les Tolomei en France au XIVᵉ siècle", *Revue Belge de Philologie et d'Histoire* 8(1929), pp. 1109-1130.

W. P. Blockmans, "Transactions at the Fairs of Champagne and Flanders 1249~1291", *Faculteit der Letteren*(2011), pp. 993-1000.

Ph. Borgard, J.-P. Brun and M. Picon(eds.), *L'alun de Méditerranée. Colloque international* (Napoli and Aix-en-Provence, 2005).

F. Bourquelot, *Études sur les foires de Champagne sur le nature, l'étendue et les règles du commerce qui s'y faisait aux XIIᵉ, XIIIᵉ et XIVᵉ siècles* (Paris, 1865).

S. Borsari, *Venezia e Bisanzio nel XII secolo. I rapporti economici* (Venezia, 1988).

S. Borsari, "Il crisobullo di Alessio I per Venezia", *Annali dell'Istituto Italiano per gli studi storici*, 2(1970), pp. 111-131.

S. Borsari, "Il commercio veneziano nell'impero bizantino nel XII secolo", *Rivista storica italiana*, LXXVI(1964), pp. 982-1011.

S. Borsari, "Per la storia del commercio veneziano col mondo bizantino nel XII secolo", *Rivista storica italiana*, LXXXVIII(1976), pp. 104-126.

G. I. Bratianu, *Recherches sur le commerce génois dans la Mer noire au XIIIᵉ siècle* (Paris, 1929).

V. Branca(ed.), *Mercanti scrittori, ricordi nella Firenze tra Medioevo e Rinascimento* (Milano, 1986).

C. M. Brand, *Byzantium confronts the West* (Cambridge, 1968).

M. E. Bratchel, "Usury in the Fifteenth Century Lucchesia : images of the petty moneylender", *Journal of european economic history*, no. 32(2003), pp. 249-276.

F. Braudel, *Civilizations and capitalism : the perspective of the world* (London, Collins, New York, 1984)

Ph. Braunstein, *Venise, portrait historique d'une cité* (Paris, 1971).

Ph. Braunstein, "Relations d'affaires entre Nurembergeois et vénitiens à la fin du XIVᵉ siècle", *Mélanges d'Archéologie et d'histoire publiés par l'Ecole Française de Rome*,

76(1964), pp. 227-228.

Ph. Braunstein, "Remarques sur la population allemande de Venise à la fin du Moyen Age", *Venezia, centro di mediazione tra Oriente e Occidente(secoli XV~XVI)* (Firenze, 1977), vol.1, pp. 233-243.

Ph. Braunstein, "Réseaux familiaux, réseaux d'affaires en pays d'Empire : les facteurs de sociétés (1380~1520)", *Le négoce international XIIIᵉ~XXᵉ siècle*, ed. E. M. Crouzet, (Paris, 1989), pp. 23-34.

Ph. Braunstein, *Venise, portrait historique d'une cité* (Paris, 1971).

Ph. Braunstein, "Appunti per la storia di una minoranza : la popolazione tedesca di Venezia nel Medioevo", R. Comba, G. Piccini, and G. Pinto(eds.), *Strutture familiari, epidemie, migraziani nell'Italia medievale* (Napoli, 1984), pp. 511-517.

G. I. Bratianu, *Recherches sur le commerce génois dans la mer noire au XIIIᵉ siècle* (Paris, 1929).

H. Bresc, *Un monde méditerranéen : économie et société, 1300~1450* (Roma and Palermo, 1986).

H. F. Brown, "The Venetians and the Venetian quarter in Constantinople to the close of the twelfth century", *Journal of Hellenic Studies*, XI(1920), pp. 66-88.

W. M. Bowsky, *The finance of the commune of Siena 1287-1355* (Oxford : Clarendon Press, 1970).

W. M. Bowsky, *A Medieval Italian Commune : Siena under the Nine, 1287-1355* (Berkeley, Los Angeles, London : University of California Press, 1981).

G. A. Brucker, *Florentine politics and society, 1343-1378* (Princeton : Princeton University Press, 1962).

L. Buenger Robbert, "Rialto businessman and Constantinople, 1204~61", *Dumbarton Oaks Papers*, vol. 49(1995), pp. 43-58.

E. H. Byrne, "Genoese trade with Syria in the twelfth century", *The American Historical Review*, vol. 25(1920), pp. 191-219.

E. H. Byrne, "Commercial contracts of the Genoese in the syrian trade of the twelfth century", *Quarterly Journal of Economics*, XXXI(1916~17), pp. 128-170.

E. H. Byrne, "Genoese colonies in Syria", *The Crusades and other historical essays presented to Dana C. Munro*, L. Paetow(ed.), (New York, 1928), pp. 139-182.

E. H. Byrne, "Easterners in Genoa", *Journal of the American Oriental Society*, vol.

38(1918), pp. 176-187.

C. Cahen, "L'alun avant Phocée", *Revue d'histoire économique et sociale*, tome 41(1963), pp. 433-447.

C. Cahen, "Douanes et commerce dans les ports méditerranéens de L'Egypte médiévale d'après le Minhadj d'al-Makhzumi", *Journal of the Economic and Social History of the Orient*, vol. VII, par III(1964), pp. 217-314.

E. Chapin, *Les villes de foires de Champagne des origines au début du XIVe siècle* (Paris, 1937).

M. Carr, "Trade or crusade? The Zaccaria of Chios and Crusades against the Turks", N. G. Chrissis and M. Carr(ed.), *Contact and conflict in Frankish Greece and the Aegean, 1204-1453. Crusade, religion and trade between Latins, Greeks and Turks* (Surrey : Ashgate, 2014), pp. 115-134.

M. Chiaudano, "Mercanti genovesi del secolo XII", *Studi storici ed economici in memoria di Currado Barbagallo* (Napoli, 1970), pp. 132-142.

G. Christ, *Trading conflicts : Venetian merchants and Mamluk officials in late Medieval Alexandria* (Leiden and Boston : Brill, 2012).

E. Congdon, "Venetian merchant activity with Mamluk Syria (886~893/1481~1487)", *Al-Masaq*, 7(1994), pp. 1-30.

O. R. Constable, *Housing the stranger in the Mediterranean world : lodging, trade, and travel in late antiquity and the Middle Ages* (Cambridge, 2003).

E. Crouzet-Pavan, *Venise triomphante. Les horizons d'un mythe* (Paris : Albin Michel, 2004).

G. Dahl, *Trade, trust, and networks. Commercial culture in late medieval Italy* (Lund, 1998).

R. Davidsohn, *Storia di Firenze* (Firenze : Sansoni, 1956).

J. Danstrup, "Manuel I's coup against Genoa and Venice in the light of byzantine commercial policy", *Classica et Mediaevalia*, 10(1949), pp. 195-219.

G. W. Day, *Genoa's response to Byzantium, 1155~1204. Commercial expansion and factionalism in a medieval city* (Urbana and Chicago, 1988).

L. De Mas Latrie (ed.), *Histoire de l'île de Chypre sous le règne des princes de la maison de Lusignan* (Paris, 1852~1855) vol. 2 and 3.

G. de Poerk, *La draperie médiévale en Flandre et en Artois, technique et terminologie* (Bruges, 1951).

I. de Rachewiltz, *Papal envoys to the great Khan* (London, 1971).

Y. Renouard, "Lumières nouvelles sur les hommes d'affaires italiens au Moyen Age", *Annales : Economies, Sociétés, Civilisations* vol. 10 (1955), pp. 387~404.

F. E. De Roover, "Partnership accounts in twelfth century Genoa", *Business History Review*, 15(1941), pp. 87~92.

R. de Roover, *Money, banking and credits in medieval Bruges : italian merchant-bankers, Lombards and money-changers* (Cambridge, 1948).

E. de Roover, *Business, banking, and economic thoughts in Late Medieval and Early Modern Europe* (Chicago and London, 1974).

R. De Roover, "The story of Alberti company Florence, 1302~1348," J. Kirshner, ed., *Business, banking and economic thought in late medieval and early modern Europe* (Chicago, 1974), pp. 14~59.

E. de Roover, "Restitution in Renaissance Florence", *Studi in onore di Armando Sapori* (Milano, 1957), pp. 775~789.

I. Del Punta, "Principal italian banking companies of the XIIIth and XIVth centuries : a comparison between the Ricciardi of Lucca and the Bardi, Peruzzi and Acciaiuoli of Florence", *Journal of European Economic History*, 33(2004), pp. 647~662.

Delemau, Jean · O'Connell, Matthew, *History of Paradise : the garden of Eden in myth and tradition* (Illinois, 2000).

M. Del Treppo, *Amalfi medioevale* (Napoli, 1977).

M. del Treppo, *I mercanti catalani e l'espansione della corono d'Aragona nel secolo XV* (Napoli, 1972).

J. Delumeau, *L'alun de Rome XV~XIX siècle* (Paris, 1962).

N. Di Cosmo, "Mongols and merchants on the Black Sea frontier in the thirteenth and fourteenth centuries : convergences and conflicts", R. Amitai and M. Biran, eds., *Mongols, Turks, and others : Eurasian nomads and the sedentary world* (Leiden and Boston, 2005), pp. 391~424.

N. Di Cosmo, "A note on the Tana route and 14th century international trade",

Aspects of Altaic Civilization III. Proceedings of the 30th Meeting of the Permanent International Altaistic Conference, (Bloomington, 1990), pp. 20-32.

R. Doehaerd, "Les galères génoises dans la Manche et la mer du Nord à la fin du XIIIᵉ siècle et au début du XIVᵉ siècle", *Bulletin de l'Institut historique belge de Rome*, 19(1938), pp. 5-76.

Q. V. Doosselaere, *Commercial agreements and social dynamics in Medieval Genoa*, (Cambridge, 2009).

J. E. Dotson, "A problem of cotton and lead in medieval italian shipping", *Speculum*, 57(1982), pp. 52-62.

J. E. Dotson, "Perceptions of the East in fourteenth century italian merchants' manuals", *Across the Mediterranean frontiers : trade, politics and religion, 650~1450* (Brepols, 1997), pp. 173-192.

B. Doumerc, "An exemplary maritime republic : Venice at the end of the Middle Ages", *War at sea in the Middle Ages*, ed. J. B. Hattendorf and R. W. Unger (Woodbridge, 2003), pp. 151-165.

B. Doumerc, "Les flottes d'Etat, moyen de domination coloniale pour Venise", M. Balard (ed.), *Coloniser au Moyen Age* (Paris, 1995), pp. 115-126.

B. Doumerc, "Par Dieu écrivez plus souvent! La lettre d'affaires à Venise à la fin du Moyen Age", *La circulation des nouvelles au Moyen Age* (Paris, 1994), pp. 99-109.

A. Ducellier, "Deux projets vénitiens d'assassinat du roi Zsigmond(1415~1419)", *Etudes finno-ongriennes*, 8(1971), pp. 61-66.

P. Edbury, *The kingdom of Cyprus and the Crusades 1191~1374* (Cambridge, 1991).

F. Edler, *Glossary of medieval terms of business. Italian series 1200~1600* (Cambridge, 1934).

P. Engel and A. Ayton, *Realm of St. Stephen : A History of Medieval Hungary* (International Library of Historical Studies)(2005).

S. A. Epstein, *Genoa and the genoese, 958~1528* (Chapel Hill, 1994).

Jeremy S. S. Edwards and Sheilagh C. Ogilvie, *What lessons for economic development can we draw from the champagne fairs?* (Munich, 2011).

E. D. English, *Enterprise and liability in Sienese banking, 1230~1350* (Cambridge, 1988).

E. P. Epstein, *Genoa and the Genoese, 958~1528* (Chapel Hill, 1996).

E. P. Epstein, *Wills and wealth in medieval Genoa, 1150~1250* (Cambridge, MA, 1984).

E. P. Epstein, *An island for itself : economic development and social change in late medieval Sicily* (Cambridge, 1992).

A. Esch, "L'importazioni nella Roma del primo Rinascimento (il loro volume secondo I registri doganali romani degli anni 1452~1462", *Aspetti della vita economica e culturale a Roma nel Quattrocento, Prima serie : Studi e richerche*, no. XVII(1981), pp. 9-79.

R. D. Face, *The caravan merchants and the fairs of Champagne : a study in the techniques of medieval commerce* (University of Wisconsin,1957).

R. D. Face, "Techniques of business in the trade between the fairs of Champagne and the south of Europe in the 12th and 13th centuries", *Economic History Review*, 2nd series(1957/58), pp. 427-438.

G. Ferrand, "Une navigation européenne dans l'Océan indien au XIVe siècle", *Journal Asiatique*, vol. 1(1922), pp. 307-309.

K. Fleet, *European and Islamic trade in Early ottoman state : The merchants of Genoa and Turkey* (Cambridge University Press, 2004)

G. Forcheri, *Navi e navigazione a Genova nel trecento. Il Liber Gazarie* (Genova : Istituto internazionale di studi liguri Bordighera, 1974).

P. Frankopan, "Byzantine trade privileges to Venice in the eleventh century : the chrysobull of 1092", *Journal of Medieval History*, vol. 30 (2004), pp. 135-160.

L. Friangioni, *Milano fine Trecento* (Firenze, 1994), 2vols.

P. Freedman, *Out of the East* (New Haven and London, 2008).

E. B. Fryde, *Studies in medieval trade and finance* (London, 1983).

E. B. Fryde, *William de la Pole : merchant and king's banker* (Worcester, 1988).

E. B. Fryde, "Italian maritime trade with medieval England(c. 1270~c. 1530)," *Recueils de la Société Jean Bodin*, vol. 32(1974), pp. 291-337.

E. B. Fryde, "Loans to the english crown 1328~31," *English Historical Review*, 70(1955), pp. 198-211.

E. B. Fryde, "Public credit with special reference to North-Western Europe," M. M. Postan, E. E. Rich and E. Miller, ed., *The Cambridge Economic History of Europe*, vol. 3 (Cambridge, 1963), chapter 7.

E. B. Fryde, "Edward III's wool monopoly : a fourteenth century trading venture," *History*, new series, 37(1952), pp. 8-24.

A. R. Gadolin, "Alexius I Comnenus and the venetian trade privileges : a new interpretation", *Byzantion*, L(1980), pp. 439-446.

F. L. Galassi, "Buying a passport to heaven : usury, restitution, and merchants of medieval Genoa", *Religion*, vol. 22(1992), pp. 313-326.

M. Giagnacovo, *Mercanti a tavola. Prezzi e consumi alimentari dell'azienda Datini di Pisa(1383~1390)* (Firenze, 2002).

J. Gleeson-White, *Double entry. How the merchants of Venice created modern finance* (New york and London, 2011).

S. D. Goitein, *A Mediterranean Society* (Berkeley, 1967).

S. D. Goitein, "From the Mediterranean to India : documents on the trade to India, South Arabia and East Africa from the eleventh and twelfth centuries", *Speculum*, vol. 29(1954), pp. 181-197.

S. D. Goitein, "Sicily and Southern Italy in the Cairo Geniza documents", *Archivio Storico per la Sicilia Orientale*, 67 (1971), pp. 9-33.

R. Grousset, *The empire of the Steppes. A history of Central Asia*, trans. by N. Walford (Rutgers : The State University of New Jersey, 2002).

A. Ja. Gurevich, "The merchant", J. Le Goff, ed., *Medieval callings* (Chicago, 1987), pp. 242-283.

R. Halleux, "L'alun dans la littérature des recettes du 1er au XIIᵉ siécle", *L'alun de Méditerranée. Colloque international organisé par le Centre Camille Jullian* (Napoli and Aix-en-Provence, 2005), pp. 9-12.

J. Heers, "Types de navires et spécialisation des trafics en Méditerranée à la fin du Moyen Age", M. Mollat(ed.), *Le navire et l'économie maritime du Moyen Age au XVIIIᵉ siècle* (Paris, 1958), pp. 107-118.

J. Heers, "Il commercio nel Mediterraneo alla fine del secolo XIV e nei primi anni del XV", *Archivio Storico Italiano*, 113(1955), pp. 157-209.

J. Heers, *Gênes au XVᵉ siècle : activité économique et problèmes sociaux* (Paris, 1961).

M.-L. Heers, "Les Génois et le commerce de l'alun à la fin du Moyen Age", *Revue d'histoire économique et sociale*, tome 32(1954), pp. 41-53.

D. Herlihy, *Pisa in the Early Renaissance* (New Haven, 1958).

W. Heyd, *Histoire du commerce du Levant au Moyen Age* (Leipzig, 1885~1886).

J. C. Hocquet, *Venise et la mer XIIᵉ~XVIIIᵉ siècle* (Paris, 2006).

J. C. Hocquet, *Le sel et la fortune de Venise, 1250~1650* (Lille, 1978~1979), 2vols.

J.-C. Hocquet, "La vie mouvementée du marchand Mairano", *Historia*, 88(2004), pp. 12-17.

G. A. J. Hodgett, *A social and economic history of Medieval Europe* (Oxen, 1972).

F. C. Hodgson, *The early history of Venice from the foundation to the conquest of Constantinople A. D. 1204* (George Allen, 1901).

N. Housley, *The Avignon papacy and the Crusades, 1305~1378* (Oxford : Clarendon Press, 1986).

E. S. Hunt, "A new look at the dealings of the Bardi and Peruzzi with Edward III", *Journal of Economic History*, 50(1990), pp. 149-162.

E. S. Hunt, *The medieval super-companies. A study of the Peruzzi company of Florence* (Cambridge, 1994).

H. Inalcik, *The Ottoman empire : the classical Age 1300~1600* (London, 1973).

P. Jackson, *The Mongols and the West, 1221~1410* (Harlow, 2005).

D. Jacoby, "Italian privileges and trade in Byzantium before the Fourth Crusade", *Anuario de Estudios Medievales*, 24(1994), pp. 351-357.

D. Jacoby, "Trade with Egypt from the mid-tenth century to the fourth Crusade", *Thesaurisamata*, vo. 30(2000), pp. 25-77.

D. Jacoby, *Commercial exchange across the Mediterranean : Byzantium, the Crusader Levant, Egypt, and Italy* (Hampshire, 2005).

D. Jacoby, "The chrysobull of Alexius I Comnenus to the Venetians : the date and the debate", *Journal of Medieval History*, 28(2002), pp. 199-204.

D. Jacoby," The economy of latin Constantinople, 1204~1261", A. Laiou(ed.), *Urbs capta : the fourth Crusade and its consequences* (Paris, 2005), pp. 195-214.

D. Jacoby, "The rise of a new emporium in the eastern Mediterranean : Famagusta in the late thirteenth century", *Meletai kai hypomnemata, Hidryma archiepiskopou Makariou*, III(1984), pp. 145-179.

D. Jacoby, "L'expansion occidentale dans le Levant : les Vénitiens à Acre dans la seconde moitié du treizième siècle", *Jorrnal of Medieval History*, 3(1977), pp. 225-264.

D. Jacoby, "A Venetian manual of commercial practice from Crusader Acre", *I comuni italiani nel regno crociato di Gerusalemme*, G. Airaldi and B. Z. Kedar (eds.) (Genova, 1986), pp. 403-428.

D. Jacoby, "Citoyens, sujets et protégés de Venise et de Gênes en Chypre du XIIIe au XVe siècle", *Byzantinische Forschungen*, vol. 5(1977), pp. 159-188.

D. Jacoby, "The trade of Crusader Acre : the levantine context", *Archivio Storico del Sannio*, vol. 1-2(1998), pp. 103-120.

D. Jacoby, "L'alun et la Crète vénitienne", *Byzantinische Forschungen*, 12(1987), pp. 129-142.

D. Jacoby, "Production et commerce de l'alun oriental en Méditerranée, XIe~XVe siècles", *L'alun de Méditerranée. Colloque international organisé par le Centre Camille Jullian* (Napoli and Aix-en-Provence, 2005), pp. 219-267.

Edouard Jordan, "La faillite des Buonsignori", *Mélanges Paul Fabre : Etudes d'histoire du Moyen Age* (Paris, 1902), pp. 416-435.

C. Judde de Larivière, *Naviguer, commercer, gouverner. Economie maritime et pouvoirs à Venise(XVe~XVIe siècles)* (Leiden, 2008).

E. D. Kaeuper, *Bankers to the Crown : the Riccardi of Lucca and Edward I* (Princeton, 1973).

B. Z. Kedar, *Merchants in crisis* (New Haven and London, 1976).

B. Z. Kedar, "Chi era Andrea Franco?", *Atti della società Ligure di Storia Patria*, no. 17(1977), pp. 369-377.

H. Kellenbenz, "The fustian industry of the Ulm regions in the fifteenth century and early sixteenth centruy", N. B. Harte and K. G. Ponting(ed.), *Cloth and clothing in medieval Europe. Essays in memory of professor E. M. Carus-Wilson* (London, 1983), pp. 259-276.

Hodong Kim, "The unity of the Mongol empire and continental exchanges over Eurasia", *Journal of Central Eurasian Studies*, vol. 1(2009), pp. 15-42.

J. Kirshner(ed.), *Business, banking and economic thought in late medieval and early modern*

Europe (Chicago, 1974).

J. Kirschner and K. Lo Prete, "Peter John Olivi's treatises on contracts of sale, usury and restitution : minorite economics or minor works?", *Quaderni fiorentini*, no. 13(1984), pp. 233-268.

B. Krekic, "Four florentine commercial companies in Dubrovnik (Ragusa) in the first half of the Fourteenth Century", H. A. Miskimin et al., ed., *The medieval city* (New Haven, 1977), pp. 25-41.

H. C. Krueger, "The genoese traveling merchant in the 12th century", *Journal of European Economic History*, 22(1993), pp. 251-283.

H. G. Krueger, "The routine of commerce between Genoa and Northwest Africa during the twelfth century", *The Mariner's Mirror*, XIX(1933), pp. 417-438.

H. G. Krueger, "Genoese merchants, their partnerships and investments, 1155 to 1164", *Studi in onore de Armando Sapori*(1957), vol. 1, pp. 255-272.

H. G. Krueger, "Wares of exchange in the twelfth century genoese african trade", *Speculum*, 12(1937), pp. 57-71.

H. G. Krueger, "Post-war collapse and rehabilitation in Genoa(1149~1162)", *Studi in onore di Gino Luzzato* (Milano, 1949), vol. 1, pp. 117-128.

D. F. Lach, *Asia in the making of Europe. Volume I : The Century of Discovery* (London, 1965).

J. Le Goff, *Pour un autre Moyen Age* (Paris : Gallimard, 1977).

F. C. Lane, "Venetian shipping during the commercial revolution", *Venice and history. The collected papers of F. C. Lane* (Baltimore, 1966), pp. 3-24.

F. C. Lane, "Rhythm and rapidity of turnover in venetian trade of the fifteenth century", *Venice and history. The collected papers of F. C. Lane* (Baltimore, 1966), pp. 109-127.

F. C. Lane, *Andrea Barbarigo : merchant of Venice, 1418~1449* (Baltimore, 1944).

F. C. Lane, "Family partnerships and joint ventures", *Venice and history. The collected papers of Frederic C. Lane* (Baltimore, 1966), pp. 36-55.

F. C. Lane, *Venetian ships and shipbuilders of the Renaissance* (Baltimore, 1934).

F. C. Lane, "Merchant galleys, 1300~1334 : private and communal operation", *Venice and history. The collected papers of Frederic C. Lane* (Baltimore, 1966), pp. 193-226.

F. C. Lane, "Fleet and fairs-the function of the venetian muda", *Venice and history. The collected papers of Frederic C. Lane* (Baltimore, 1966), pp. 128-142.

F. C. Lane, "Cargaisons de coton et réglementations médiévales contre la surcharge des navires de Venise", *Revue d'histoire économique et sociale*, vol. 15(1962), pp. 21-31.

F. C. Lane, "Progrès technologiques et productivité dans les transports maritimes de la fin du Moyen Age", *Revue Historique*, vol. 510 (1974), pp. 277-302.

F. C. Lane and R. C. Mueller, *Money and banking in medieval and Renaissance Venice* (Baltimore and London : Johns Hopkins University Press, 1985).

J. Larner, *Marco Polo and the discovery of the world* (New Haven and London, 1999).

J. Le Goff, *Marchands et banquiers du Moyen Age* (Paris, 1980).

J. Le Goff, *Pour un autre Moyen Age* (Paris : Gallimard, 1977).

A. Leopold, *The Crusade Proposals of the Late Thirteenth and Early Fourteenth Century* (Aldershot : Ashgate, 2000).

A. R. Lewis, "Northern european sea power and the straits of Gibraltar, 1031~1350", *Order and innovation in the Middle Ages : essays in honor of Joseph R. Strayer* (Princeton, 1976), pp. 139-164.

L. Liagre, "Le commerce de l'alun en Flandre au Moyen Age", *Le Moyen Age*, tome 61(1955), pp. 177-206.

R. S. Lopez, *Benedetto Zaccaria : ammiraglio e mercante nella Genova del Duecento* (Genova : Fratelli Frilli Editori, 2004).

R. S. Lopez, *The commercial revolution of the Middle Ages 950~1350* (Cambridge, 1976).

R. Lopez, *L'attività economica di Genova nel marzo 1253, secondo gli atti notarili del tempo* (Genova, 1935).

R. Lopez, "European merchants in the medieval Indies. The evidence of commercial documents", *The Journal of Economic History*, vol. 3(1943), pp. 164-184.

R. S. Lopez, "Le marchand génois : un profil collectif", *Annales : économie, sociétés et civilisations*, 8(1958), pp. 501-515.

R. S. Lopez, "Nuove luci sugli italiani in Estremo Oriente prima di Colombo", *Studi Colombiani*, vol. 3(1951), pp. 337-398.

R. S. Lopez, "Nouveaux documents sur les marchands italiens en Chine à l'époque mongole", *L'Académie des Inscriptions et Belles-Lettres : comptes-rendus*, no. 2(1977),

pp. 445-458.

R. S. Lopez, "China silk in Europe in the Yuan period", *Journal of the American Oriental Society*, vol. 72(1952), pp. 72-76.

R. Lopez and I. W. Raymond, *Medieval trade in the Mediterranean world* (New York, 1955).

R. S. Lopez, "Stars and spices : the earliest italian manual of commercial practice", *Economy, society and government in medieval Italy*, ed. D. Herlihy et al., (Kent, 1969), pp. 35-42.

G. Luzzatto, *Storia economica di Venezia del XI al XVI secolo* (Venezia, 1961).

T. F. Madden, *Enrico Dandolo and the rise of Venice* (Baltimore, 2003).

T. F. Madden, "Venice and Constantinople in 1171 and 1172 : Enrico Dandolo's attitude towards Byzantium", *Mediterranean Historical Review*, 8(1993), pp. 166-185.

T. F. Madden, "The chrysobull of Alexius I Comnenus to the Venetians : the date and the debate", *Journal of Medieval History*, 28(2002), pp. 23-41.

T. F. Madden, *Venice. A new history* (London, 2012).

T. F. Madden, *The Fourth Crusade : the conquest of Constantinople* (Philadelphia, 1997).

M. E. Mallet, *The florentine galleys in the Fifteenth century* (Oxford, 1967).

E. E. Kittell and T. F. Madden, *Medieval and Renaissance Venice* (Urbana and Chicago : University of Illinois Press, 1999).

P. Magdalino, *The Empire of Manuel I Komnenos, 1143~1180* (Cambridge, 2002).

M. E. Martin, "The Venetians in the Byzantine empire before 1204", *Byzantinische Forschungen*, 13(1988), pp. 201-214.

E. Maschke, "La mentalité des marchands européens au Moyen Age", *Revue d'histoire économique et sociale*, no. 42(1964), pp. 457-484.

M. F. Mazzaoui, *The italian cotton industry in the Later Middle Ages 1100~1600* (Cambridge, 1981).

M. F. Mazzaoui, "La diffusione delle tecniche tessili del cotone nell'Italia dei secoli XII~XVI", *Tecnica e società nell'Italia dei secoli XII~XVI* (Pistoia, 1987), pp. 157-172.

T. P. McLaughlin, "The teaching of the canonists on usury", *Medieval Studies*, no. 1(1939), pp. 82-107, no. 2(1940), pp. 1-22.

W. H. McNeil, *Venice : the hinge of Europe, 1081~1797* (Chicago, 1974).

F. Melis, *Origini e sviluppo delle assicurazioni in Italia(secoli XIV~XVI)* (Roma, 1975).

W. Miller, "The Zaccaria of Phocaea and Chios(1275~1329)", *Journal of Hellenic Studies*, vol. 31(1911), pp. 42-55.

W. Miller, "The genoese colonies in Greece", *Essays on the Latin Orient* (Cambridge, 1921), pp. 283-354.

R. Mueller, *The Venetian money market : books, panics, and the public debt, 1200-1500* (Johns Hopkins University, 1997).

G. Müller, *Documenti sulle relazioni delle città toscane coll'Oriente cristiano e coi Turchi fino all'anno MDXXXI* (Firenze, 1879).

A. C. Moule, *Christians in China before 1550* (London, 1930).

W. K. Mujani, "The fineness of Dinar, Dirhama and Fals during the Mamluk period", *Journal of Applied Sciences Research*, 7(2011), pp. 1895-1900.

J. H. Munro, "The Low Countries' export trade in textiles with the Mediterranean basin, 1200~1600 : a cost-benefit analysis of comparative advantages in overland and maritime trade routes", *The International Journal of Maritime History*, Vol. 11, No. 2 (December 1999), pp. 1-30.

J. M. Najemy, *A history of Florence 1200~1575* (Oxford, 2006).

NAM, Jong Kuk, *Le commerce du coton en Méditerranée à la fin du Moyen Age* (Leiden and Boston : Brill Academic Publishers, 2007).

B. N. Nelson," The usurer and the merchant prince : Italian businessmen and the ecclesiastical law of restitution, 1100~1500", *Journal of Economic History*, no. 7(1947), pp. 104-122.

D. M. Nicol, *Byzantium and Venice : a study in diplomatic and cultural relations* (Cambridge, 1988).

D. M. Nicol, *The last centuries of Byzantium* (Cambridge, 1993).

P. Nold, *Pope John XXII and his Franciscan Cardinal. Bertrand de la Tour and the Apostolic Poverty Controversy* (Oxford : Clarendon Press, 2003).

J. J. Norwich, *A history of Venice* (Knopf, 1982).

G. Olgiati, "Il commercio dell'allume dei domini dei Gattilusio nel XV secolo", *Meseonika tetradia*, I(1996), pp. 373-398.

I. Origo, *The merchant of Prato : Francesco di Marco Datini* (Middlesex : Penguin Books, 1979).

I. Origo, *The world of San Bernardino* (New York, 1962).

G. Ortalli, "Venice and papal bans on trade with the Levant : the role of the jurist", B. Arbel(ed.), *Intercultural contacts in the medieval Mediterranean* (London, 1996), pp. 242-258.

M. Ouerfelli, *Le sucre : production, commercialisation et usages dans la Méditerranée médiévale* (Leiden, 2007).

S. P. Pach, "La route du poivre vers la Hongrie médiévale", *Mélanges en l'honneur de Fernand Braudel. Histoire économique du monde méditerranéen 1450~1650* (Toulouse, 1973), pp. 449-458.

J. F. Padgett and W. W. Powell, *The Emergence of Organization and Markets* (Princeton : Princeton University Pres, 2012).

S. Papacostea, "Kilia et la politique orientale de Sigismond de Luxembourg", *Revue Roumaine d'histoire*, 15(1976), pp. 421-436.

J. Paviot, "Buscarello de'Ghisolfi, marchand génois intermédiaire entre la Perse mongole et la Chrétienté latine(fin du XIIIme~début du XIVme siècles", *La Storia dei Genovesi*, 11(1991), pp. 107-117.

M. N. Pélékidis, "Venise et la mer Noire du XIe au XVe siècle", *Thesaurismata Bollettino dell'Istituto Ellenico Di Studi Bizantini e Postbizantini* (Venezia, 1970), pp. 14-51.

E. Pergallo, "Development of the compound entry in the 15th century ledger of Jachomo Badoer, a venetian merchant", *The Accounting Review*, vol. 58(1983), pp. 98-104.

M. N. Pearson (ed.), *Spices in the Indian Ocean World* (Aldershot : Variorum, 1996).

L. Petech, "Les marchands italiens dans l'empire mongol", *Journal Asiatique*, 250(1962), pp. 549-574.

A. Pertusi, "Venezia e Bisanzio", *DOP*, 33(1979), pp. 1-22.

L. Petech, "Les marchands italiens dans l'empire mongol", *Journal Asiatique*, 250(1962), pp. 549-574.

J. Philips, *The fourth Crusade and the sack of Constantinople* (London, 2004).

H. Pirenne, "Les périodes de l'histoire sociale du capitalisme", *Bulletin de l'Académie royale de Belgique*, 1914.

G. Pistarino, "Chio dei Genovesi", *Studi Medievali*, vol. 10(1969), pp. 3-68.

M. M. Postan, E. E. Rich and E. Miller(ed.), *The Cambridge economic history of Europe*, vol. 3, (Cambridge, 1963).

E. Power, *The english wool trade in english medieval history* (Oxford, 1941).

John H. Pryor, "Byzantium and the Sea : Byzantin Fleets and the History of the Empire in the Age of the Macedonian Emperors, c. 900-1025 CE", in John B. Hattendorf & W. Richard, *War at Sea in the Middle Ages and the Renaissance* (Woodbridge : The Boydell Press, 2003), pp. 83-104

J. H. Pryor & E. M. Jeffreys, *The Age of the Dromon : the Byzanin Navy ca.500-1204* (Brill Academic Publishers, 2006).

J. H. Pryor, *Geography, technology, and war : studies in the maritime history of the Mediterranean 649~1571* (Cambridge, 1988).

J. Pryor, "Foreign policy and economic policy : the Angevins of Sicily and the economic decline of Southern Italy, 1266~1343", L. O. Frappel(ed.), *Principalities, powers and estates : studies in medieval and early modern government* (Adelaide University Press, 1979), pp. 43-55.

J. H. Pryor, "The Venetian fleet for the Fourth Crusade", M. Bull and N. Housley (ed.), *The Experience of Crusading, 1 : Western Approaches* (Cambridge, 2003), pp. 103-123.

J. H. Pryor, "The origins of the commenda contract", *Speculum*, 52(1977), pp.5-37.

J. H. Pryor, "Commenda : the operation of the contract in long distance commerce at Marseilles during the thirteenth century", *Journal of European Economic History*, 13(1984), pp. 397-440.

J. H. Pryor, "Mediterranean commerce in the Middle Ages : a voyage under contract of commenda", *Viator*, 14(1983), pp. 133-194.

B. Pullan (ed.), *Crisis and change in the Venetian economy in the Sixteenth and Seventeenth centuries* (London, 1968).

R. T. Rapp, *Industry and economic decline in Seventeenth-century Venice* (Cambridge, 1976), pp. 1-2.

D. E. Queller and T. F. Madden, *The fourth Crusade : the conquest of Constantinople* (Philadelphia, 1997).

D. E. Queller and I. B. Katele, "Attitudes towards the Venetians in the fourth Crusade : the western sources", *The International History Review*, vol. 4(1982), pp. 1-36.

P. Racine, "Note sur le trafic veneto-chypriote à la fin du Moyen Age", *Byzantinische Forschungen*, vol. 5(1977), pp. 307-329.

Y. Renouard, *Les hommes d'affaires italiens du Moyen Age* (Paris, 1968).

Y. Renouard, *Les relations des papes d'Avignon et des companies commerciales et bancaires de 1316 à 1378* (Paris, 1941).

Y. Renouard, "Une expédition de céréales des Pouilles en Arménie par les Bardi pour le compte de Benoit XII", *Etudes d'Histoire Médiévale*, vol. 2 (Paris, 1968), pp. 793-824.

K. L. Reyerson, *The art of the deal : intermediaries of trade in medieval Montpellier* (Leiden : Brill, 2002), p. 8.

R. Reynolds, "Genoese trade in the late twelfth century, particularly in cloth from the fairs of Champagne", *Journal of Economic and Business History*, vol. 3(1931), pp. 362-381.

R. L. Reynolds, "Origins of modern business enterprise : medieval Italy," *Journal of European economic history*, 12(1952), pp. 350-365.

R. Reynolds, "The market for northern textiles in Genoa", *Revue Belge de Philologie et d'Histoire*, vol. 8(1929), pp. 831-851.

J. Richard, *Histoire des Croisades* (Paris, 1996).

J. Richard, "Le royaume de Chypre et l'embargo sur le commerce avec l'Egypte", *Académie des Inscriptions et Belles Lettres, comptes-rendus des séances de l'année 1984* (Paris, 1984), pp. 120-134.

J. Richard, "Les navigations des Occidentaux sur l'océan indien et la mer Caspienne(XIIe~XVe siècles)", *Sociétés et compagnies de commerce en Orient et dans l'Océan Indien* (Paris, 1970), pp. 353-363.

D. Romano, *The likeness of Venice. A life of doge Francesco Foscari, 1373~1457* (Yale University Press, 2007).

F. A. Rouleau, "The Yangchow latin tombstone as a landmark of medieval christianity in China", *Harvard Journal of Asiatic Studies*, vol. 17(1954), pp. 346-365.

A. A. Ruddock, *Italian merchants and shipping in Southampton 1270~1600* (Southampton, 1951).

S. Runciman, *The sicilian Vespers : a history of the mediterranean world in the thirteenth century* (Cambridge, 1958).

E. Russell, "The societies of the Bardi and the Peruzzi and their dealings with Edward III", G. Unwin(ed.), *Finance and trade under Edward III* (London, 1918), pp. 93-135.

A. Sapori, *Studi di storia economica* (1955), vol. 1, p. 630.

A. Sapori, *The italian merchant in the Middle Ages* (New York, 1970).

A. Sapori, *La crisi delle compagnie mercantile dei Bardi e dei Peruzzi* (Firenze, 1926).

A. Sapori, "L'interesse del denaro a Firenze nel trecento (dal testamento d'un usuraio)", *Archivio storico Italiano*, no. 10(1928), pp. 161-186.

P. Sardella, *Nouvelles et spéculations à Venise au début du XVIe siècle* (Paris, 1948).

A.-E. Sayous, "Les opérationsdes banquiers en Italie et aux foires de Champagne pendant le XIIIe siècle", *Revue historique*, tome CLXX(1932), pp. 1-31.

S. Schein, *Fideles Crucis. The Papacy, the West, and the Recovery of the Holy Land 1274~1314* (Oxford : Clarendon Press, 1991).

J. Schneider, "Les marchands siennois et la Lorraine au XIIIe siècle", *Studi in onore de Armando Sapori*(1957), vol. 1, pp. 391-416.

D. Sella, "Crisis and transformation in venetian trade", B. Pullan (ed.), *Crisis and change in the venetian economy in the sixteenth and seventeenth centuries* (London, 1968), pp. 88-105.

K. M. Setton, *The Papacy and the Levant(1204~1571)* (Philadelphia, 1976).

R. Silverberg, *The realm of Prester John* (Athens, 1972).

Ch. Singer, *The earliest chemical industry. An essay in the historical relations of economics and technology illustrated from the alum trade* (London, 1948).

Siraisi, Nancy G., *Medieval and Early Renaissance Medicine : An Introduction to Knowledge and Practice* (Ashgate, 1990).

G. Sivery," La notion économique de l'usure selon saint Thomas", *Revue du Nord*, no. 86(2004), pp. 697-708.

P. Spufford, *Money and its use in Medieval Europe* (Cambridge, 1988).

A. M. Stahl, *Zecca : the mint of Venice in the Middle Ages* (Johns Hopkins University Press, 2000).

S. K. Stantchev, *Embargo : the origins of an idea and the implications of a policy in Europe and the Mediterranean, ca. 1100~ ca. 1500* (University of Michigan, 2009).

D. Stöckly, *Le système de l'incanto des galées du marché à Venise(fin XIIIᵉ~milieu XVᵉ siècle)* (Leiden, 1995).

S. M. Stuard, *Gilding the Market : Luxury and Fashion in Fourteenth-Century Italy* (Philadelphia, 2006).

E. S. Tan, "Origins and evolutions of the medieval church's usury laws : economic self-interest or systematic theology", *Journal of European Economic History*, no. 34(2005), pp. 263-281.

R. H. Tawney, *Religion and the rise of capitalism* (Penguin Books, 1977).

R. Unger, *The ship in the medieval economy, 600~1600* (London, 1980).

A. Vauchez, "Homo mercator vix aut numquam potest Deo placere : quelques réflexions sur l'attitude des milieux ecclésiastiques face aux nouvelles formes de l'activité économiques au XIIᵉ et au début du XIIIᵉ siècle", *Le marchand au Moyen Age* (Reims, 1988), pp. 211-217.

W. von Strömer, *Die Gründung der Baumwollindustrie in Mitteleuropa* (Stuttgart, 1978).

W. von Strömer, "Die Kontinentals-perre Kaiser Sigismunds gegen Venedig 1412~1413, 1418~1433 und die Verlagerung der transkontinentalen Transportwege", *Transporti e sviluppo economico, secoli XIII~XVII*(1986), p. 61-84.

G. Székely, "Les facteurs économiques et politiques dans les rapports de la Hongrie et de Venise à l'époque de Sigismond", V. Branca(ed.), *Venezia e Ungharia nel Rinascimento* (Firenze, 1973), pp. 37-52.

H. Takayama, "Law and monarchy in the south," D. Abulafia, ed., *Italy in the central middle ages* (Oxford, 2004), pp. 76-81.

F. Thiriet, "Candie, grande place marchande dans la première moitié du XVᵉ siècle", *Etudes sur la Romanie greco-vénitienne* (London : Variorum Reprints, 1977), pp. 338-352.

F. Thiriet, *La Romanie vénitienne au Moyen Age* (Paris, 1959).

J. Trenchs Odena, "De Alexandrinis : ' El commercio prohibido con los Musulmanes y el papadi de Avinon durante la prima mitad del siglo XIV." *Anuario de estudios medievales,* 10(1980) : 237-318.

U. Tucci, "Le commerce vénitien du vin de Crète", K. Fridland (ed.), *Maritime food transport* (Köln, Weimar, and Vienna, 1994), pp. 199-211.

U. Tucci, "Mercanti veneziani in Asia lungo l'interario poliano", *Venezia e l'Orient : 25 corso internazionale di alta cultura* (Firenze, 1987), pp. 307-321.

U. Tucci, "Il commercio del vino nell'economia Cretese", G. Ortalli (ed.), *Venezia e Creta* (Venezia, 1998), pp. 183-206.

O. Tuma, "Some notes on the significance of the imperial chrysobull to the Venetians of 992", *Byzantion,* LIV(1984), pp. 358-366.

E. Vallet, *Marchands vénitiens en Syrie à la fin du XVᵉ siècle* (Paris, 1999).

W. B. Watson, "The structure of the florentine galley trade with Flanders and England in the fifteenth century," *Revue Belge de Philologie et d'Histoire,* vol. 39(1961), pp. 1073-1091.

J. Wansbrough, "Venice and Florence in the Mamluk commercial privileges", *Bulletin of the School of Oriental and African Studies,* XXVIII(1965), pp. 483-523.

H. Wescher, *The Cloth trade and the fairs of Champagne* (Basle, 1948).

C. Wright, *The Gattilusio lordship and the Aegean world 1355-1462* (Leiden : Brill, 2014),

B. S. Yamey, "Accounting and the rise of capitalism : further notes on a theme by Sombart", *Journal of Accounting Research,* vol. 2(1964), pp. 117-136.

H. Yule, *The book of Ser Marco Polo, the venetian, concerning th kingdoms and marvels of the East,* 3th edition (London, 1921).

G. Yver, *Le commerce et les marchands dans l'Italie méridionale au XIIIᵉ et au XIVᵉ siècle* (New York, 1903).

V. Zamagni, "The rich in a late industrializer : the case of Italy, 1800~1945", W. D. Rubenstein (ed.), *Wealth and wealthy in the modern world* (New York, 1980), pp. 123-166.

L. Zdekauer, "Documenti senesi riguardanti le fiere di Champagne(1294)", *Studi*

Senesi, XII(1896), pp. 335-360.

G. Zippel, "L'allume di Tolfa e il suo commercio", *Archivio della R. Società Romana di Storia Patria*, XXX(Roma, 1907), pp. 389-462.

† 한글 자료

르네 그루쎄, 《유라시아 유목제국사》, 김호동 옮김, 사계절, 1998.

시오노 나나미, 《바다의 도시 이야기 : 베네치아 공화국 1천년의 메세지》, 정도영 옮김, 한길사, 1996.

존 줄리어스 노리치, 《비잔티움 연대기》, 남경태 옮김, 바다출판사, 2007.

단테, 《신곡》, 김의경 옮김, 혜원출판사, 1991, 94~100쪽.

마르코 폴로, 《마르코 폴로의 동방견문록》, 김호동 옮김, 사계절, 2000.

야코프 부르크하르트, 《이탈리아 르네상스의 문화》, 이기숙 옮김, 한길사, 2003.

페르낭 브로델, 《물질문명과 자본주의》, 주경철 옮김, 까치, 1997.

재닛 아부-루고드, 《유럽 패권 이전 : 13세기 세계체제》 박흥식·이은정 옮김, 까치, 2006.

데이비드 아불라피아, 《위대한 바다 : 지중해 2만년의 문명사》, 이순호 옮김, 책과함께, 2013.

이리스 오리고, 《프라토의 중세 상인 : 이탈리아 상인 프란체스코 다티니가 남긴 위대한 유산》, 남종국 옮김, 앨피, 2009.

리사 자딘, 《상품의 역사 : 르네상스의 새로운 역사》, 영림카디널, 2003.

르 고프, 자크, 《돈과 구원 : 고리 대금업자에서 은행가로》, 김정희 옮김, 이학사, 1998.

장 카르팡티에·프랑수아 르브룅, 《지중해의 역사》, 강민정·나선희 옮김, 한길사, 2006.

로저 크롤리, 《500년 무역 대국. 부의 도시 베네치아》, 우태영 옮김, 다른세상

찰스 P. 킨들버거, 《경제 강대국 흥망사 : 1500~1900》, 주경철 옮김, 까치, 2004.

루카 파치올리, 《1494 베니스 회계 : 베니스 상인의 계산과 기록》, 이원로 옮김, 다산북스, 2011.

J. M. 홉슨, 《서구 문명은 동양에서 시작되었다》, 정경옥 옮김, 에코리브르, 2005.

크리스토퍼 히버트, 《메디치 가 이야기. 부 패션 권력의 제국》, 한은경 옮김, 생각의
　　나무, 2001.

고명수, 〈쿠빌라이 정부의 大都건설과 역참교통체계 구축〉, 《중앙아시아연구》제15
　　호, 2010, 163~188쪽.
고명수, 《쿠빌라이 정부의 交通·通商 진흥 정책에 관한 연구-소위 '팍스 몽골리카'
　　(Pax Mongolica)의 성립조건 형성과 관련하여》, 박사학위논문(2009).
김원중, 《근세 초 대항해 시대의 마지막 승자는 누구인가?》, 민음인, 2010.
김호동, 《동방 기독교와 동서문명》, 까치, 2002.
남종국, 〈4차 십자군과 베네치아의 경제 발전〉, 《전북사학》, 32호(2008).
남종국, 〈16세기 지중해 향신료 무역〉, 《서양중세사연구》, 26호(2010).
남종국, 〈16세기 지중해 교역의 쇠퇴와 대서양의 흥기에 대한 반론 제기〉, 《동국사
　　학》, 56권(2014).
남종국, 〈12세기 교회법학자 그라티아누스의 경제 윤리〉, 《대구사학》, 112집(2013),
　　135~160쪽.
남종국, 〈중세 이탈리아 상인 다티니의 일상생활 : 돈과 구원의 문제〉, 《상명사학》,
　　13-14합집(2008), 125~151쪽.
남종국, 《중세 지중해 교역은 유럽을 어떻게 바꾸었을까?》, 민음인, 2011.
남종국, 〈1395년 베네치아 향신료 무역〉, 《동국사학회》, 54집(2013), 337~373쪽.
박한제 외 지음, 《아틀라스 중국사》, 사계절, 2010.
성제환, 《피렌체의 빛나는 순간 : 르네상스를 만든 상인들》, 문학동네, 2013.
손세관, 《베네치아 : 동서가 공존하는 바다의 도시》, 열화당, 2007.
신준형, 《신준형의 르네상스 미술사 전 3권》, 사회평론, 2014.
안상준, 〈템플 기사단의 해체와 필리프 4세〉, 《프랑스사연구》, 28호(2013), 5~28쪽.
양정무, 《상인과 미술 : 서양 미술의 갑작스러운 고급화에 관하여》, 사회평론, 2011.
유희수, 〈Jacques de Vitry의 대중설교와 exemplum〉, 《서양중세사연구》, 2호(1997),
　　77~107쪽.
이은기, 《르네상스 미술과 후원자》, 시공사, 2002.
장문석, 《근대정신은 어떻게 탄생했을까?》, 민음인, 2011.
주경철, 《대항해 시대 : 해상 팽창과 근대세계의 형성》, 서울대학교출판부, 2008.
주경철, 《역사의 기억, 역사의 상상》, 문학과지성사, 1999.

ㅇ

근대 자본주의와 혁신의 기원

이탈리아 상인의 위대한 도전

2015년 4월 30일 초판 1쇄 발행
2021년 3월 15일   2쇄 발행

지은이 | 남종국
펴낸이 | 노경인 · 김주영

펴낸곳 | 도서출판 앨피
출판등록 | 2004년 11월 23일 제2011-000087호
주소 | 우)120-842 서울시 영등포구 영등포로 5길 19(37-1 동아프라임밸리) 1202-1호
전화 | 02-336-2776   팩스 | 0505-115-0525
전자우편 | lpbook12@naver.com
홈페이지 | www.lpbook.co.kr

ISBN 978-89-92151-66-5

이 저서는 2010년 정부(교육부)의 재원으로 한국연구재단의 지원을 받아 수행된 연구임
(NRF-2010-812-A00029). 원 과제명 : 중세 이탈리아 상인.